Solés Blumenbuch

Impressum:

© 2011
Phoebe-Verlag, e.K., Bocholt

Zeichnungen: Bettina Oehmen
Umschlaggestaltung: Johannes Oehmen
Gesamtherstellung: Rehms-Druck GmbH, Borken

ISBN: 978-3-9811956-8-2

Solés Blumenbuch

von

Bettina Oehmen

Hymne

Der Atem der Erde
fächelt über mein Gesicht,
näselt, vertraut wie ein Eskimo,
in den Blättern der Kiwi, verwuschelt
liebevoll den rosanen Schopf der Malve,
haucht über den angeschlagenen Spiegel
im Teich, flüstert der Schwertlilie so
Unglaubliches ins Ohr, dass sie sich
rücklings ins Bett der Frösche legt,
hänselt die Sumpfdotterblumen,
die sich mit aufgeblätterten
Gesichtern an seine
Lippen
hängen
und den Tau
abschütteln, der das
Lächeln der Sonne barg.
Der Atem der Erde, der uns umfängt.

VORWORT

Meine Beziehung zu Pflanzen war immer schon gut. Als Kind nutzte ich die Nähe meines Elternhauses zu kleinen Restwäldern, die der Abholzung entgangen waren. Sie wurden meine Trutzburgen gegen die wachsende Industrialisierung im Dortmunder Norden. Doch obwohl ich auf Bäume kletterte, tapfer an zugemüllten Teichen spielte, im Kornfeld zwischen Kornblumen und Mohn lag, bis es keine Kornblumen und keinen Mohn mehr gab und schließlich auch der Weizen verschwand und einer Halle Platz machte, und obwohl ich mich an der Schafherde erfreute, die am Hang der kanalisierten Emscher entlangzog und den Hirten dabei beobachtete, wie er aufpasste, dass keines seiner Schützlinge in die schwarze, blubbernde, ungeklärte Brühe fiel, erfüllte mich das alles mit großer Traurigkeit. Ich war ein Kind, das davon überzeugt war, Deutschland sei ein hässliches Land, das sich keiner freiwillig würde anschauen wollen. Und so bestaunte ich besonders den Besuch aus dem Ausland, den es hin und wieder zu uns nach Dortmund-Mengede verschlug. Fuhren wir auf der Autobahn, spürte ich den Schmerz der Bäume, denen wir mit dem Auspuff unseres und der vielen anderen Autos die „Lunge" verstopften. Und als ein Teil des Ickerner Buschs dem Bau einer neuen Autobahn zum Opfer fiel, war ich wochenlang vom Sterben unseres Planeten überzeugt.

Inzwischen hat sich viel in Deutschland verändert, die Emscher wird nach und nach re-naturalisiert, Deutschland ist Vorreiter geworden im Umweltschutz. Und obwohl der Wald noch stöhnt, wird inzwischen allgemein wahrgenommen, dass er stöhnt und geheilt werden muss und kann. Die Deutschen und der Wald – das ist eine alte Liebesgeschichte, wahrscheinlich war es der Zustandsbericht über den Wald, der die Deutschen in den frühen 80ger Jahren aufrüttelte und schrittweise dazu geführt hat, dass wir die Natur schützen, nicht nur weil wir sie brauchen, sondern weil wir erkannt haben, wie sehr wir sie lieben.

Ein Rundgang durch den Garten oder Park, ein einziger Spaziergang im Wald - und schon erscheinen Sorgen relativiert, es werden Lösungen geboren, Stille kehrt ein in von Gedanken zerfurchten Gehirnen, wenn sich deren Besitzer einlassen auf die Schwingung der Bäume, Sträucher und Blumen. Alles schwingt, alles klingt, jede Pflanzengattung hat eine eigene Musik, mit der sie uns heilen kann. Der Waliser Arzt Edward Bach hat in den 1930er Jahren eine Methode entwickelt, mit der er die Pflanzenfrequenzen auf Wasser übertragen und für die Heilung der aus ihrer Urschwingung geratenen Menschen nutzen konnte. Und auch wenn sein Vorgehen von „Fachleuten" heute immer noch als „pseudowissenschaftlich" und die Wirkung als „Placebo-Effekt" eingestuft wird, erfreut sich die Bach-Blütentherapie einer steigenden Beliebtheit. Geheilte Tiere und Kinder beweisen die Wirksamkeit der Schwingungsübertragung aus dem Pflanzenreich, denn sie „bilden" sich die Heilung nicht „ein." Abgesehen davon ist der „Placebo-Effekt", das „Ein-Bilden" unseres Wunsches und somit seine Erfüllung, ein Wunder, ein weiterer Hinweis auf die uns innewohnende Macht; er beweist, dass wir uns letztlich mit Gedankenkraft selber helfen können, ja, dass wir unsere Realität durch unsere Gedanken schaffen. Irgendwann wird sich die Wissenschaft konstruktiv mit dem Placebo-Effekt befassen und so eine weitere Tür in die Welt der Wunder aufstoßen. Der promovierte Chemiker Klaus Volkamer hat sich bereits in seinem Buch „Feinstoffliche Erweiterung der Naturwissenschaften" (zweite Auflage 2009) mit der Bachblütentherapie befasst, auf Seite 313 kann man dort die Wirkung dieses segensreichen Verfahrens anhand eines Blutbilds sehen. Dieses Blutbild beweist, dass wir es mit einer effektiven Heilung durch Blütenenergie zu tun haben. Die Blüten helfen uns, durch ihre heilsamen Schwingungen in unsere eigene Schwingung und somit Unabhängigkeit zurückzufinden und unsere Kräfte wieder besser zu nutzen.

Schwingungen kann man wahrnehmen. Nicht nur Tiere können es, sondern auch wir Menschen. Und wie auch wir viele Botschaften non-verbal vermitteln, indem wir denken und fühlen und dadurch ein bestimmtes energetisches Feld erzeugen, kann man auch sagen: Pflanzen können sprechen, indem sie Frequenzen erzeugen. Mit diesem Buch habe ich dem Wunsch vieler Freunde entsprochen, das aufzuschreiben, was die Pflanzen zu mir sagen. Sie sprechen zu jedem Menschen, und ich bin fest davon überzeugt, dass es nicht mehr lange dauern wird, bis wir alle wieder alles hören und sehen. Weil wir es so wollen.

Die Beschreibungen der Wirkungsfelder der einzelnen Pflanzenarten beziehen sich auch auf karmische Prozesse, denn wir sind das Resultat all unserer gelebten Leben, nicht nur dieses einen, für uns unmittelbar wahrnehmbaren. Viele dieser Spuren, die sich bisher im Nebel der nicht mehr greifbaren Vor-Vergangenheit versteckten, werden aufgespürt und in Harmonie gebracht, damit wir heil werden und unseren großen Plan, nämlich das Paradies auf Erden zu errichten, vollbringen können. Der liebende Mensch ist heil. Der heile Mensch beinhaltet das Paradies. Wer es in sich trägt, wird es auch im Außen erschaffen. Das ist unser aller Ziel, nachdem wir auf der Erde lernen wollten und konnten, wie es sich im Spannungsfeld zwischen Gut und Böse anfühlt. In der Liebe überwinden wir die Dissonanz, die sich aus der Zweipoligkeit entwickelt. Wir verbinden das Trennende und schaffen eine Frequenz der Einheit, ohne dass wir uniform werden. Jeder wird sich als Original empfinden und seine Fähigkeiten zum

Ganzen beitragen können. Denn Einheit meint in diesem Zusammenhang: Vielfalt aus der Liebe heraus. Dies bedeutet: wir stehen nicht mehr unter unserem eigenen Druck, wir stehen nicht mehr in Konkurrenz zueinander, wir befinden uns nicht mehr im Schatten eines anderen. Vielfalt aus der Liebe heraus bedeutet: wir alle dürfen authentisch sein, wir müssen uns nicht mehr verstellen, wir bereichern die Schöpfung durch unsere Schöpfungen. Das muss nichts „Großes" sein, nein, diese Schöpfungen im Kleinen beziehen sich auf all das, was wir denken, fühlen und umsetzen aus unserem ureigenen Wahrnehmen heraus.

Ich habe jeder Blume meist mehrere Gedichte beigesellt. Häufig genug artikulierten die Dichter die geheime Botschaft der Pflanzen oder wandten sich an sie mit einer Hingabe und Liebe, die zutiefst berührt. Die Gedichte zeigen, wie wichtig die Pflanzen immer schon für die Menschen waren, wie sehr sie sich darauf bezogen, mit ihnen sprachen, ihre Symbolik verstanden und Kraft aus ihnen bezogen. Und auch wenn die Gedichte vielleicht mancherorts den Fluss des Textes hemmen und das Blumenbuch zu einem halb-wilden Garten machen, in dem sich immer wieder vorwitzige Pflanzen selbstständig machen und in die offiziellen Beete wuchern, sehe ich sie doch als unverzichtbaren und fruchtbaren „Aus-Wuchs" unserer Kultur an und gebe ihnen deshalb die Freiheit, in ihrer individuellen Schönheit überall

aufzuleuchten. Das mag bei einem Bestimmungs-
buch unkonventionell sein, aber seit wann war
die Natur, um die es hier geht, je konventionell?
Wo ich auf Anhieb kein Gedicht fand, horchte
ich selber nach und schrieb auf, was ich schreiben
sollte. Mein Name steht dann nicht dabei. Das
bedeutet: es wird immer auch der Dichter in uns
angesprochen, ich stehe für uns alle - wir alle sind
Mittler dessen, was uns von „höherer" Stelle aus
eingeflüstert wird.

Auf die Beschreibung der traditionellen Bachblü-
ten (außer Enzian, Geißblatt und Ginster) habe ich
verzichtet, da diese inzwischen überall nachzulesen
ist. Die 140 Pflanzen, die ich hier vorgestellt habe,
umfassen natürlich nur einen winzigen Bruchteil
dessen, was auf der Erde wächst. Begreiflicher-
weise musste ich wählen. Natürlich sind auch die
sogenannten „Un-Kräuter" mit dabei. Ich weiß,
dass ich sie in diesem Rahmen nicht verteidigen
muss. Dazu schon mal ein wunderbares Gedicht
von Sarah Kirsch:

Sarah Kirsch (1935)
Selektion

Welche Unordnung die Rosenblätter
sind aus den Angeln gefallen der Wind
blies sie ums Haus auf die Gemüsebeete.
Streng getrennt wachsen hier in den Gärten
Magen- und Augenpflanzen, der Schönheit bleibt
ein einziges Beet
während den ausgerichteten Reihen

früher Kartoffeln Möhren Endivien Kohl
ein Exerzierplatz eingeräumt wird.

Die Wirrnis des Gartens verwirrt
auch den Gärtner, jetzt muss
durchgegriffen werden angetreten Salat
richtet euch Teltower Rüben Rapunzel
auf den Abfallhaufen Franzosenkraut
Wucherblume falsche Kamille und Quecke
es ist verboten die nackten Füße
wieder ins Erdreich zu stecken.

Um botanisch korrekt zu sein, habe ich mich kundig gemacht. Das war manchmal ein sehr lustiger Vorgang, ich möchte nur ein Beispiel geben, nämlich die Abhandlung eines Japaners über die Pfingstrose. Ich hielt es für sinnvoll, einen anderen Stil zu wählen (vielleicht ist auch einfach nur ein Übersetzungsprogramm verantwortlich), ich denke aber, dass dieser Text seine „Fans" finden wird. Ich bin bereits einer von ihnen:

„Aussprache von (Pfingstrose) in Japan ist „botan."
Vorher Meiji Periode, Fleisch genommen von quadrupeds wurde selten in Japan verbraucht, das zu passend ist Buddhismus. So, in den Fällen wo solches Fleisch angefaßt wurde, wurde es paraphrasiert, die Namen der Blumen verwendend. Die botan Bezeichnung wurde (und wird noch verwendet), verwendet um zu paraphrasieren wilder Eber Fleisch. Dieses kommt von der blumigen ähnlichkeit des geschnittenen Fleisches, wenn es einem Teller ausgestreut wird. Ein anderes Beispiel ist sakura (Kirschblüten) das für Pferdefleisch steht. 1957 Indiana Generalversammlung verabschiedete ein Gesetz, um die Pfingstrose zu bilden Zustandblume von Indiana, ein Titel, den er zu diesem Tag

hält. Es ersetzte zinnia, das die Zustandblume seit 1931 gewesen war. Boshafte Nymphen wurden gesagt, um sich in den Blumenblättern der Pfingstrose zu verstecken, die folglich diese ausgezeichnete Blume veranlaßt, die Bedeutung der Schande oder Bashfulness in der Sprache der Blumen gegeben zu werden. Es wurde nach Pæon, ein Arzt zu den Göttern genannt, die den Betrieb auf Einfassung Olymp von der Mutter von Apollo erhielten. Sobald errichtet, mag die Pfingstrose alleine gelassen werden und bestraft die, die versuchen, sie zu verschieben, indem sie wieder nicht für einige Jahre blühen. Sobald jedoch es hergestellt, produziert herrliche Blüte jedes Jahr für Dekaden. (Genommen von Die Sprache der Blumen, redigiert worden durch Sheila Pickles, 1990) Pfingstrosen werden auch weitgehend wie gewachsen dekorative Betriebe für ihre sehr großen, häufig duftenden Blumen. Pfingstrosen neigen anzuziehen Ameisen zu den Blumeknospen. Dieses liegt am diesem Nektar Formen auf der A."

1. Anis (Pimpinella anisum)

Anis

Mit
deinem
schimmernden
Goldgeschmack
liegst du auf der
Zunge wie ein
Gedicht, feine
Spitze
aus
Blüten, ein
Gelächel dein Duft,
Gesten
der Liebe,
Staub aus Licht.

Der Anis gehört zur Familie der Doldenblütler. Sein Name heißt im Griechischen eigentlich „Dill" („anethum"), was auf einer Verwechslung beruhte. Er stammt ursprünglich aus dem Nahen

Osten, in Ägypten gibt es schon seit über 3500 Jahren Zeugnisse von ihm. Noch heute verwendet man im arabischen Raum den Vornamen Anis, was „freundlich" bedeutet. Er gilt dort als Zauber gegen den bösen Blick und schlechte Träume. Ausgrabungen auf der griechischen Insel Santorin im 16. Jahrhundert vor Christus bestätigen seine uralte Verwendung als wichtige Heilpflanze, schmackhafte Nahrungsbeigabe (auch bei Würzweinen) und wohlriechendes Öl. In Europa wurde er vielfach in Klostergärten angebaut. In Norddeutschland galt er als Glück bringende Opferspeise (Opferkringel), die bei Gelagen, Reiterspielen und Brauchtumsfesten in den Met oder später das Bier gebrockt wurde. Bräute verteilten dieses Getränk an besondere Gäste. Am Andreastag geerntet (30. November; in Böhmen „Anischtag"), wurde ihm die stärkste Wirkung zugesprochen, vor allem auch im aphrodisischen Bereich, und so war es Brauch, dass die Frauen ihren Männern im Herbst, wenn auf dem Feld nicht mehr viel zu tun war, Anisgetränke vorsetzten.

Der Anis liebt helle Standort und nährstoffreiche, nicht zu feuchte Böden. Die Blätter an den leicht flaumhaarigen Stängeln sind unten herzförmig und an den Rändern eingesägt, nach oben hin werden sie fiedriger. Die Blüten stehen in weißen Doppeldolden aus fünfzähligen kleinen Blüten. Die braunen Samen sind länglich eiförmig, nach oben

spitz zulaufend und gelb gerippt; sie enthalten u. a. ätherisches Öl (zu 99 % Anethol), Anissäure, Kaffeesäure, Kampfer, Cumarine und Vitamin C. Im Juli bis September kann man die Samen ernten und trocknen. In der Küche wird Anis vor allem für süßes Backwerk benutzt, dazu in Schnäpsen wie dem französischen Pastis, zusammen mit Fenchel und Wermut dem Absinth („La fée verte", grüne Fee), dem italienischen Sambuca, dem griechischen Ouzo und dem türkischen Raki, Getränken, die man 1 zu 3 mit Wasser mischt. Das ätherische Öl des Anissamens in höheren Dosen gegeben (ab 45 Tropfen) wirkt regelrecht wie ein Betäubungsmittel, gegen Schlaflosigkeit kann man Anissamen kauen. Geringer dosiert bewirkt er Entspannung, Gelassenheit, Entkrampfung. Anis wirkt antibakteriell, krampflösend, verdauungsfördernd, entblähend, harntreibend und schleimlösend. Der Tee wird deshalb bei Erkältungskrankheiten ebenso angewandt wie bei Verdauungsbeschwerden, Übelkeit und Erbrechen; er fördert die Milchbildung bei stillenden Müttern und ist blähungsvorbeugend auch bei den gestillten Kindern.

Die Energie des Anis' bewirkt eine sanfte, aber nachhaltige Steigerung der Lebensfreude. Zu häufig lassen wir uns fallen in einen Zustand des Mittelmaßes. Das bezieht sich nicht auf unser Können, sondern auf die Intensität unseres Erlebens. Wir plätschern herum, wir lassen uns treiben, ohne

15

zu wissen, wohin, wir beklagen uns, dass nichts passiert, wir werden herabgezogen von Gefühlen der Sinnlosigkeit und Gleichgültigkeit. Doch niemand zwingt uns dazu, lau und antriebslos zu sein, es ist unsere Entscheidung, in welcher Weise wir reagieren. Wir können andere Personen oder Situationen oder gar das Schicksal für das, was wir erfahren, verantwortlich machen, letztendlich wird uns dies jedoch nicht aus dem Un-Glück heraushelfen. Wollen wir unser Glück bewirken, müssen wir uns zuerst dazu entscheiden. Und dann müssen wir all unsere Kraft dareinsetzen, das Glück zu leben.

Anis vernetzt uns mit unserer Urschwingung, in der wir, unbelastet von den „negativen" Erfahrungen des aktuellen und aller vergangenen Leben, den Alltag wieder neu sehen und verwandeln können. Er hilft uns, unsere Tage so zu gestalten, dass sie uns wieder interessieren, er zeigt uns, wie wir etwas Schönes, Interessantes daraus machen können, indem wir die Kleinigkeiten genießen und die großen Erlebnisse intensiver erfahren. Und er zeigt uns unsere eigene Schönheit, unsere Vielfalt, er macht uns uns selber wieder schmackhaft, sodass wir uns auch interessant finden, wenn weit und breit kein Mensch zu finden ist, der uns sagt: „Was bist du für ein toller Mensch!" Es ist schön, wenn man dies zu hören bekommt, aber wir brauchen es nicht. Jeder einzelne von uns ist nämlich interessant und einzigartig. Und wenn

*wir dies begriffen haben, werden wir uns in uns
selber wohl fühlen, egal, ob wir in einer Partnerschaft leben oder nicht, egal ob Freunde um uns
herum sind oder ob wir gerade eine Phase erleben,
in der wir auf uns selber gestellt sind.*

ICH BIN MEINES GLÜCKES SCHMIED.

2. Apfel (Malus domestica)

Ludwig Uhland (1787-1847)
Einkehr

Bei einem Wirte, wundermild;
da war ich jüngst zu Gaste;
ein goldner Apfel war sein Schild
an einem langen Aste.
Es war der gute Apfelbaum,
bei dem ich eingekehret;
mit süßer Kost und frischem Schaum
hat er mich wohl genähret.
Es kamen in sein grünes Haus
viel leichtbeschwingte Gäste;
sie sprangen frei und hielten Schmaus
und sangen auf das beste.
Ich fand ein Bett zu süßer Ruh
auf weichen, grünen Matten;
der Wirt, er deckte selbst mich zu
mit seinem kühlen Schatten.
Nun fragt' ich nach der Schuldigkeit,
da schüttelt' er den Wipfel.
Gesegnet sei er allezeit
von der Wurzel bis zum Gipfel!

18

Der Apfel gehört zur Familie der Rosengewächse. Er genoss immer schon eine hohe Wertschätzung. Bei der ersten dokumentierten griechischen Olympiade im Jahre 776 vor Christus winkte dem Sieger als Preis ein Apfel! Allein in Deutschland gibt es über tausend Sorten. Ein Apfel enthält über 30 Mineralstoffe und Spurenelemente! Dabei stecken die wichtigsten Inhaltsstoffe in oder knapp unter der Schale, den Apfel zu schälen bedeutet also, ihm seine Wirkkraft zu nehmen. Wenn man seine Wirkstoffe etwas genauer unter die Lupe nimmt, sieht man, dass er zu 85 % aus Wasser besteht, dazu enthält er viel Kalium, Magnesium, Calcium, Vitamin C, Eiweiß, Kohlenhydrate, Zucker, Ballaststoffe und winzige Mengen Fett. Die Gerbsäure darin wirkt desinfizierend, der hohe Basengehalt reguliert die Magensäure. Die Apfelkerne beinhalten geringe Anteile der giftigen und gleichzeitig heilsamen Blausäure; wie üblich kommt es hier auf die Dosierung an.

Pablo Neruda (1904-1973)
Der gestohlene Zweig

In die Nacht werden wir dringen,
um einen blühenden Zweig zu stehlen.
Wir werden die Mauer übersteigen,
im Dunkel des fremden Gartens,
zwei Schatten im Schatten.
Noch ist der Winter nicht vorbei
und der Apfelbaum erscheint
jählings verwandelt:
ein Wasserfall duftender Sterne.

In die Nacht werden wir dringen,
bis hinauf an ihr zitterndes Firmament,
und deine kleinen Hände und die meinen
werden die Sterne stehlen.
Und heimlich zu unserem Haus,
in Nacht und Dunkel,
wird dringen mit deinen Schritten
der lautlose Schritt des Duftes
und mit Sternenfüßen
der lichte Leib des Frühlings.

Der Apfel, Ver-Körperer des Heil- und Einsseins, wirkt darmregulierend und immunisierend, Apfelkuren werden empfohlen bei Arterienverkalkung, zu hohem Blutdruck, Rheuma und Gicht, Leber- und Nierenproblemen, akuten und chronischen Durchfallerkrankungen. Nach den „neuesten wissenschaftlichen Erkenntnissen" hilft er sogar bei Krebs, Herzinfarkten und Gedächtnisschädigungen durch Parkinson und Demenz! Diese neuen Erkenntnisse decken sich natürlich mit dem alten Wissen um die Heilkraft des Apfels, den man in England mit dem allseits bekannten Spruch ehrt: „An apple a day keeps the doctor away", was natürlich nur für naturbelassene echte Äpfel, also alte Sorten gilt und nicht für die überzüchteten, müden Exemplare, die man heutzutage im Supermarktregal vorfindet und die den ursprünglichen Artenreichtum vergessen lassen.

Die mythische Frucht steht im Mittelpunkt vieler Sagen und Erzählungen, Schneewittchen und Wilhelm Tell sind nur Beispiele. Sie war vie-

len Göttinnen geweiht, zum Beispiel Ishtar, Hera und Venus. Bei dem Samhain-Fest der Kelten in der Nacht vom 31. Oktober zum 1. November, dem Halloween-Fest bzw. Allerheiligen, galt der Apfel als Symbol von Tod und Wiedergeburt; die „Apfelinsel" Avalon, der im Nebel verborgene geheime Ort, war ein Heiligtum, dessen Name sich von „Aballo", dem indogermanischen Wort für Apfel herleitet. Der flächendeckende Blütenschimmer, der die Insel und viele andere Orte auf der Welt immer wieder wie ein Zauber überhaucht, verheißt steten Neubeginn, immer wieder neu erwachsende Reinheit und Un-Schuld.

Paul Eluard (1895-1952)
Frühling

Am Strand sind ein paar Wasserpfützen
im Wald sind Bäume von Vögeln überbevölkert
der Schnee schmilzt im Gebirge
die Zweige der Apfelblüten glänzen blütenübersät
und überstrahlen die blasse Sonne.
An einem Winterabend in einer sehr harten Welt
sah ich diesen Frühling neben dir Unschuldige
es gibt keine Nacht für uns
Verfall kann dir nichts anhaben
und du willst nicht frieren
Unser Frühling ist ein Frühling der Recht hat.

Der Apfel steht für Fruchtbarkeit, Vergänglichkeit und auch für den sogenannten „Sündenfall", in dem es ja um den Baum der Erkenntnis geht. Und so kommen wir direkt zur Schwingungsin-

formation der weißen, oft rosig angehauchten Blüten. Die Schwingung der Apfelblüte, die den Apfel als Frucht in sich trägt, hilft uns, wenn wir zweifeln und uns von uns selber entfernt haben, wenn wir keinen Sinn mehr im Leben sehen und uns einsam und unverstanden fühlen. Sie verbindet uns mit unserem höheren Selbst und stellt die Einheit von Körper, Seele und Geist wieder her. Sie steht für vollkommene Harmonisierung, die Kugel, den Kreis. Wir kommen und gehen wie Ebbe und Flut, wie Tag und Nacht, Jugend, Alter, Tod, eins folgt auf das andere in ewigem Kreislauf. Doch dieses Kommen und Gehen bezieht sich nur auf unsere Erdinkarnationen, wir kommen und gehen nur scheinbar, in Wirklichkeit sind wir ewig. Das „Rundsein" des Apfels, die einende Kraft seiner Frequenz, ist Sinnbild für die Erkenntnis unserer Einheit mit der gesamten Schöpfung. Diese Erkenntnis beinhaltet den Zustand des reinen Seins, ohne Frage und Antwort. Wir sind, wir wissen, ohne wissen zu müssen, wir sind das Wissen selbst.

ICH BIN EINS MIT DER SCHÖPFUNG.
ICH RUHE IN MIR WIE DAS KIND IM MUTTERLEIB.
ICH RUHE IM WISSEN. ICH BIN.

3. Akelei (Aquilegia)

Die Akelei

Licht durchschimmert zarte Wände,
ein Geheimnis scheint dein Klingen
und den Schatten zu durchdringen.
Ist der Anfang stets ein Ende,
steht bevor die Zeitenwende!
Mag das Licht mit Dunkel ringen -
du wirst liebevoll bezwingen,
was sich gibt in deine Hände.

Die Akelei gehört zur Familie der Hahnenfußgewächse. Die etwa siebzig Arten sind vorwiegend
in den gemäßigten Gebieten der Nordhalbkugel
beheimatet. Die zierlichen Laubblätter der Akelei sind abgerundet und an den Rändern eingekerbt. Ähnlich wie beim Lotos perlt das Wasser
von ihnen ab und säubert dabei die Pflanze von
Schmutz. Dieser „Lotoseffekt", den man auch
bei der Kapuzinerkresse und dem Frauenmantel

beobachten kann, war Vorbild für die Herstellung biomimetisch-technischer Produkte (die Bionik ist inzwischen eine anerkannte Disziplin, um geniale Vorgänge in der Natur in Technik umzusetzen). Aus den Blattrosetten erheben sich an vielen verzweigten Stängeln die behelmten, bespornten, kostbar aussehenden Blüten, die aus fünf kronartigen Hochblättern und fünf Kelchblättern bestehen. Die Bienen gelangen mit ihren Rüsseln nicht bis an den Grund der Blüten, hier sind die Hummeln mit langen Rüsseln bevorteilt. Doch die Hummeln mit kurzem Rüssel beißen einfach in den Sporn und der daraus hervordringende Nektar lockt dann auch die Bienen an. Leider wird in diesem Falle nichts aus der Bestäubung. Die Akelei blüht in den Farben violett, blau, weiß, rosa bis rot oder gelb; neuere, gezüchtete Formen sind zweifarbig.

Paul Celan (1920-1970)
Rosenschimmer

Die wilden Rosen wissen um uns beide:
wär sonst ihr Licht der leise Gnadenschein?
Ich tu dir leicht ein Wehendes zuleide:
du darfst nur schweben und darfst trunken sein.
Wenn ich mich nun mit Wolkentuch verkleide,
wird dir der Regen süßer als der Wein.
Dein Herz gehört den Rosen meiner Heide.
Ich aber denk ans Blau der Akelein.

Lange vor dem Christentum galt die Akelei als Aphrodisiakum. Bei den Germanen war sie

Freya gewidmet, der Göttin der Fruchtbarkeit, des Frühlings, des Glücks und der Liebe sowie des Zauberns. Diese Göttin, die unserem „Freitag" ihren Namen gegeben hat, war eine spektakuläre Gestalt, die in einem von wilden Katzen gezogenen Wagen fuhr, ein von Zwergen geschmiedetes Halsband trug („Brinsingamen") und ein Gewand besaß, mit dem sie wie ein Falke durch die Luft fliegen konnte. Das Halsband war das Symbol der Früchte des Himmels und der Erde und verstärkte Freyas magische Kräfte. Sie beschenkte die Menschen durch ihre Tränen: Weinte sie, so verwandelten sich die Tränen, die ins Meer fielen, in Bernstein, die Tränen, die auf den Felsen auftrafen, in Gold. Freya entspricht der römischen Venus, daher heißt die Akelei auch „Venuswagen." Später nannte man sie in Italien „Amor nascosto" (Geheime Liebe). Sie wird seit langem als Mittel gegen Impotenz verwandt. Die Meskaki-Indianer in Nordamerika bereiteten mit der kanadischen Akelei, Glimmererde, Schlangenfleisch und anderen Zutaten einen Trank, der die Sinne anregte.

Johann Wolfgang Goethe (1779-1832)
Akelei

Schön erhebt sich der Aglei
und senkt das Köpfchen herunter.
Ist es Gefühl oder ist's Mutwill?
Ihr ratet es nicht.

Weitere im Volksmund gebräuchliche Bezeichnungen weisen auf ihr zauberisches Wirkungsfeld hin: „Elfenschuh", „Zigeunerglocken", „Narrenkappen" und das lateinische „Aquila" (Adler). Die Akelei ist leicht giftig, sie enthält Linolsäure, Magnoflorin, Blausäureglykosid und Myristinsäure. Getrocknete und zerstampfte Samen, die auch Bestandteil der mittelalterlichen „Hexensalben" (zum Fliegen) waren, wurden als Absud gegen Läuse und anderes Ungeziefer verwandt. Durch Erhitzen verliert sich das Gift, deshalb kann man Akelei-Tee gegen Verdauungsbeschwerden, als Rheuma- und Gichtmittel und zur Blutreinigung unbesorgt trinken. Man nutzte die Pflanze früher auch zur Heilung bei Wassersucht, Gelbsucht, Skorbut, Erkrankungen von Milz, Leber und Galle und bei Wunden und Geschwüren. Hildegard von Bingen empfahl sie bei Fieber und Milchschorf. In dem 1606 erschienen medizinischen Werk „Horn des Heyls menschlicher Blödigkeit" heißt es über die Akelei: „ . . . es ist gut hitzigen Leuten, die gerne zürnen." Weiterhin hilft sie bei Menstruationsbeschwerden, Augenleiden, Nervosität, Schwächezuständen und Hautkrankheiten. In einigen Gegenden sammelte man die Akelei im Frühjahr, aß sie als Frischgemüse gegen Krebs oder pulverisierte die getrockneten Blätter als wichtigen Zusatz zu einer Krebsarznei.

Ralph Waldo Emerson (1803-1882)
aus **Die Hummel**

... Widerwärtiges und Schmutz
hat mein Insekt nie gesehen;
vielmehr wohnt es unter Veilchen
und unter Blaubeerglöckchen,
Ahornsaft und Osterglocke,
Gras mit grüner Flagge mitten an dem Schaft,
Wegewarte, die zum Himmel passt,
Akelei mit Honighorn,
duftendem Farn und Ackermennig,
Klee, Gartenleimkraut, Natternzunge
und Heckenrosen;
sonst war alles unbekannte Öde;
alles war Bild, als es vorüberflog.
Viel weiser als menschliche Seher,
gelbbehoster Philosoph! ...

Die Schwingung der Akelei ist dort nötig,
wo wir uns als spirituelle, geistige, politische,
wirtschaftliche Vorkämpfer sehen, dort, wo wir
möglichst viele Menschen von unserer Meinung
überzeugen wollen, wo uns aber dafür die Leich-
tigkeit und Toleranz abhanden gekommen und
einem stählernen Durchsetzungswillen gewichen
ist; dort, wo wir uns für klüger und besser halten
als andere, obwohl in unserem tiefsten Inneren
genau die gegenteilige Überzeugung herrscht:
dass wir nämlich eigentlich minderwertig sind
und deshalb um Anerkennung kämpfen müssen.
Ideologien können uns einen besonderen
Stellenwert in den Augen der anderen verleihen.
Mithilfe von Ideologien, so gut sie auch gemeint

sind, vermögen wir es, uns an die Spitze einer ganzen Bewegung setzen und Massen mit uns zu reißen. Kritisch wird dies, wenn die Motivation dazu nicht in der Sache, sondern in unserem zu wenig ausgeprägten Selbstbewusstsein liegt und wir die Sache benutzen. Letztlich führt nämlich die öffentliche Anerkennung zu nichts, wenn man nicht gleichzeitig an sich selber glaubt. Dies haben schon viele Menschen erfahren, die zuerst berühmt und verehrt, später fallengelassen wurden und nichts übrig behielten von dem ehemaligen Glanz; stattdessen versanken sie in Selbstmitleid oder Melancholie, gaben sich der Wut hin oder dem Alkohol. Dies gilt im Kleinen wie im Großen. Egal, ob wir ein politischer oder geistiger Führer sind oder ein relativ machtloser Stammtischklopfer, der mit der Faust aufschlägt und Wahrheiten auf einige Sätze reduziert – wir werden nichts bewirken, wenn wir nicht an uns glauben, uns lieben und diese Liebe weitergeben durch unsere Überzeugungen, die stets von Humor getragen werden sollten, von Milde und Weisheit, nicht von Unbeugsamkeit, Starrsinn und Härte.

Wenn wir also in diesem Zwiespalt stecken: dem Glauben, etwas Gutes zu wissen, gekoppelt mit dem Willen, dies zu verbreiten und der Frustration, dass keiner etwas davon wissen will, verhilft uns die Frequenz der Akelei, den Scharfblick auf uns selber wiederzubekommen, den wir sonst nur für andere reserviert haben. Die Akelei bildet den ide-

alen Kämpfer in uns aus, den Menschen, der sich seiner Verantwortung im Rahmen der Schöpfung bewusst ist, sich verpflichtet fühlt, mehr Wissen über die Zusammenhänge zu erlangen und diese zum Nutzen aller anzuwenden. Getragen sein soll dieses Kämpfertum für die großen oder kleinen Dinge des Lebens von Leichtigkeit und Toleranz, von Liebe und Hingabe. Die sexuelle Kraft, die an sich eine neutrale Kraft ist, die in alle möglichen Richtungen gewandt werden kann, wird hier transformiert und in den Dienst der Sache gestellt.

Ich stelle mich in den Dienst der Sache.

4. Aronstab (Arum maculatum)

Der Aronstab

Will
ich die
Welt erobern,
setze ich meine
Macht
in
die
Erlangung
des Maßes.

Der Aronstab wächst am liebsten in Laubwäldern und bevorzugt gut durchmischten, feuchten Boden. Seine Blätter sind pfeilförmig, glänzend grün, manchmal braun gefleckt. Ein grünlichweißes tütenartiges Hüllblatt umgibt den braunen Kolben. In diese „Fliegenkesselfalle" verirren sich die Insekten wegen des verlockenden Aasgeruchs und werden so gewissermaßen gezwungen, den Stempel des Aronstabs zu befruchten. Wegen

dieser unfreiwilligen „Unwiderstehlichkeit" legten früher die Mädchen Aronstabblätter in ihre Schuhe und sagten: „Zehrwurzelkraut, ich zieh dich in meine Schuh, ihr Junggesellen, lauft mir alle zu." Er galt als Phallussymbol und wurde als Aphrodisiakum genutzt.

Der Aronstab ist giftig; vor allem die süß schmeckenden roten Beeren haben schon manches Weidetier getötet, auch die Blätter enthalten Oxalsäure, das Saponin Aroin und das Alkaloid Coniin. Wirklich gefährlich ist der Aronstab für den Menschen nicht, trotzdem sollte man vermeiden, ihn zu berühren, weil sich Hautrötungen und Blasen bilden können. Die Beeren rufen Übelkeit, Krämpfe, schwere Entzündungen mit Blutungen, Erbrechen und Durchfall hervor, zusätzlich können die Lippen und Mundschleimhäute schmerzhaft anschwellen. Durch Abkochen verliert die Pflanze ihre Giftigkeit.

In Notzeiten wurde die Wurzel wegen ihres hohen Stärkegehalts als Mehlersatz („Zehrkraut" gegen Auszehrung) benutzt, weiterhin galt der Arum als Schönheitsmittel: „Etliche Weiber brennen aus Kraut, Wurzel und Blumen vom Aron ein kräfftig Wasser, welches das Gesicht schön macht und die Runtzel vertreibt", berichtet der im 16. Jahrhundert lebende Botaniker Tabernaemontanus. Blätter und Beeren werden eingesetzt bei allen entzündlichen Erkältungskrankheiten, sie wirken gegen Heiserkeit, Magen- und Darmreizungen

(„Magenwurz"), Mundschleimhautentzündung, Mumps, Scharlach und Masern. Empfehlenswert ist die homöopathische Nutzung des Aaronstabs.

Der Name „Aronstab" oder „Judenstab" verweist auf das alte Testament 2. Mose 7/10: „Und Aaron warf seinen Stab vor den Pharao und vor seine Knechte hin, und er ward zur Schlange." Dieser Bezug bewog Hieronymus Bock, einen deutschen Botaniker aus dem 16. Jahrhundert, zu der Empfehlung: „Wenn man mit dieser Wurzel räuchert, vertreibet sie Schlangen . . . " Ein weiterer Bezug in 4. Mose 17, 21-23: „Mose redete mit den Israeliten, und alle ihre Fürsten gaben ihm zwölf Stäbe, ein jeder Fürst je einen Stab, nach ihren Sippen, und der Stab Aarons war auch unter ihren Stäben. Und Mose legte die Stäbe vor dem HERRN nieder in der Hütte des Gesetzes. Am nächsten Morgen, als Mose in die Hütte des Gesetzes ging, fand er den Stab Aarons vom Hause Levi grünen und die Blüte aufgegangen und Mandeln tragen. Mit diesem Zeichen wurde die Vormachtstellung Moses und Aarons über die Kinder Israel bewiesen." Eine dritte Deutung verweist auf Josua und Kaleb, die mit vielen Früchten beladen ins gelobte Land geschickt wurden. Den Stab, an dem sie die große Weintraube trugen, steckten sie in die heilige Erde und hervor spross der Aronstab!

Der Aronstab heißt auch „Trommelschlegel", „Eselsohr" und „Pfaffenspint" (wobei „spint"

wahrscheinlich für „spunt" steht, den Pfahl, der in
Weinfässer geschlagen wird - eine typisch mittel-
alterliche Abrechnung mit unkeuschen Mönchen).

Robert Frost (1874-1963)
aus **Mein Schmetterling**

. . . Die Gräserwogen machten mich vom Denken
schwindlig,
die Brise brachte drei Gerüche,
und eine Gemmenblüte schwang in einem Zauberstab . . .

*Die Schwingung des Aronstabs verhilft zu einem
Ausgleich der inneren und äußeren Wahrheit. Wie
sieht mein Kosmos aus, aus welchen Informationen habe ich mir mein Weltbild gebaut? Unterscheidet es sich sehr von dem anderer Menschen?
Wo sollte ich beginnen, um zu überprüfen, ob ich
etwas auch anders sehen und/oder fühlen kann?
Wo belüge ich mich, um etwas vorzugaukeln, was
nicht da ist? Wo benutze ich andere, um an mein
Ziel zu kommen? Wie aufrichtig bin ich mir und
anderen gegenüber? Welchen Stellenwert hat die
Sexualität für mich? Setze ich sie ein, um mir und
anderen zu schaden oder lebe ich sie so, dass ich
von ihrer Kraft profitiere? Sehe ich Sexualität als
ein notwendiges Übel an? Macht sie mir Angst?
Oder betone ich sie im Gegenteil zu sehr und kann
an nichts anderes mehr denken? Der Aronstab
hilft, die Schwingung zu mitten und alles wieder
ins rechte Maß zu setzen. Weder das „zu viel"
noch das „zu wenig" nützt dem Menschen, nur*

33

das „genau richtig."

Immer, wenn mein Weltbild von anderen in Frage gestellt wird, wenn man mich kritisiert, anfeindet oder auch nur belächelt, ist es an der Zeit hinzuschauen. Denn was nützt mir ein Leben, das auf Lüge und Selbstbetrug aufgebaut ist? Ich darf mich selbst betrügen und meine Sinne, Herz und Hirn vernebeln, ich muss es aber nicht tun. Die Schwingung des Aronstabs verhilft zu mehr Objektivität im Umgang mit sich selbst. Er befähigt, aus dem eigenen System auszusteigen, es sich von oben anzuschauen, um es gegebenenfalls zu korrigieren. Wir wissen selbst ganz genau, wo wir zu einer Seite hin übertreiben und wo stattdessen das rechte Maß zu finden ist.

ICH BEFREIE MICH VON SELBSTTÄUSCHUNG.
ICH FINDE DAS RECHTE MASS.

5. Augentrost (Euphrasia)

Friedrich Rückert (1788-1866)
aus Deutscher Blumengarten

Augentrost
ist ein Kraut, das soll dastehn.
Wer getrost
es mit Augen an darf sehn,
dem muss Lust zu Herzen gehen.
Schad' o Frost
nie meinem Augentrost!

Der Lippenblütler „Euphrasia" gehört zu den Sommerwurzgewächsen. Euphrasia bedeutet „Freude, Frohsinn", deshalb nennt man es auch „Lichtkraut." Die einjährige Pflanze wird etwa 30 Zentimeter hoch. Der Augentrost gehört zu den Halbschmarotzern, das bedeutet, dass seine Saugwurzeln der Wirtspflanze, die er wählt, Nährstoffe und Wasser entziehen; dabei kann er auch ohne Wirt existieren. Das Schmarotzertum

bedeutet nicht unbedingt etwas Negatives, denn durch den Jahreskreislauf, das Abfallen und Verrotten der Blätter des Nutznießers wird der Boden oft aufgewertet, sodass wiederum die Wirtspflanze profitiert und üppiger wachsen kann. Die Bauern sind jedoch nicht immer begeistert von der Pflanze, die mit ihren Saugwurzeln dem Boden wertvolle Nährstoffe entzieht. Im Volksmund wird sie darum humorvoll und nachsichtig „Weiddieb", „Heuschelm" oder „Wiesenwolf" genannt.

Die gefiederten weichpelzigen Blätter der Pflanze sehen jungen Brennnesseltrieben ähnlich, an denen die kleinen gelappten Blüten mit der charakteristischen gewellten Zunge der Lippenblütler wie Äuglein hervorschauen. Sie blühen weiß mit dunkel-violetten Strähnen und einem gelbgefleckten Schlund. Bevorzugter Standort sind lichte Wälder, Wiesen, Uferhänge.

In der „Signaturenlehre" des Paracelsus wird das Aussehen der Blüte in direkten Bezug zur Heilkraft gesetzt: „Eufragia hat in ir die form und biltnus der augen, daraus folget nun, so sie eingenomen wird, so stellet sie sich in ir glit und in die form des glits, also das eufragia ein ganz aug wird. [. . .] alle glider der menschen haben ir form dermaßen in den wachsenden dingen, auch in gesteinen, auch in metallen und mineralibus." Culpeper, ein Botaniker aus dem 17. Jahrhundert befindet: „Augentrost hat die Macht, die im Alter schwindende Sehkraft zu unterstützen und

zu verbessern." Die Pflanze ist somit ein altes Heilmittel bei Augenleiden wie Bindegewebsentzündungen, Gerstenkorn, Lidrandirritationen und Überanstrengung. Die Italiener nennen die Pflanze „Luminella" (Licht für die Augen), die Engländer „eyebright" (Augenglanz), die Franzosen gar „casse-lunettes" (Brillenzerstörer). Sie wirkt weiterhin gegen Kopfschmerzen, Migräne, Schlafprobleme, Erkältungskrankheiten, Heuschnupfen, Verdauungsbeschwerden und Völlegefühl. Augentrost enthält ätherische Öle, das Glykosid Rhynanthin, Aucubin, Bitterstoffe, Gerbstoff, Harz, Öl, Zucker, Mineralsalze, Euphratansäure und aromatische Bestandteile. Man kann das Kraut zur Blütezeit zwischen Juni bis Oktober sammeln und im Schatten trocknen. Die homöopathische Nutzung ist empfehlenswert.

Der Augentrost

Mit
kleinen
Augen sieht
man oft große
Dinge.

Der Augentrost hilft mit seiner Frequenz, die Augen zu öffnen und zu klären für den inneren und äußeren Kosmos. Das, was man in sich entdecken kann, wenn man genau hinschaut, ist genauso interessant, als würde man eine Weltreise

unternehmen. Wichtig ist der ungetrübte Blick, der Blick, der ohne Ängste und Zweifel auskommt, der keine blinden Flecken zulässt, der die Analyse der eigenen Persönlichkeit im Visier hat, ohne sich gleich in Grund und Boden zu kritisieren. Wer sich mit dem Ziel anschaut, Gefühle und Verhaltensweisen zu korrigieren, falls sie nicht mit dem übereinstimmen, was man wirklich will, wird durch die Energie der Euphrasia unterstützt, sie verleiht Einsicht, Augenmaß, Überblick.

Man lernt Situationen schneller und besser einzuschätzen, indem man sich fragt: „Warum ist es geschehen? Was habe ich damit zu tun? Was kann ich daraus lernen?" Man gewöhnt sich an, die Schwingung der Beteiligten besser wahrzunehmen und nicht von falschen Voraussetzungen auszugehen à là: „Der andere mag mich nicht, er hat etwas gegen mich." Oder: „Dieser Mensch ist voller Hass und Neid. Ich will nichts mit ihm zu tun haben." Oder: „So ein Idiot! Wie kann man nur so dumm/gefühllos/unachtsam/respektlos etc. sein?" Man wird sich seltener und schließlich gar nicht mehr irren und kann dann nie mehr von Menschen enttäuscht sein, weil man ihre Wahrheit schon längst erkannt hat. Womöglich hat der andere gravierende Probleme mit sich selbst, oder er befindet sich in einer für ihn hoffnungslos scheinenden Situation. Indem man diesen Menschen also aus der neuen Einsicht heraus ebenso vorbehaltlos annimmt wie sich selbst, wird man

jede Krise entschärfen, jeden Streit beilegen, jedes Missverständnis klären können. Es wird keinen „Krieg" geben, im Gegenteil: die allgemeine Erkenntnis und Erkenntnisfähigkeit wird grundlegend gefördert. Augentrost beschert Ein-Sicht.

ICH LASSE MICH NICHT ZUR KRITIK VERLEITEN. ICH SCHAUE GENAUER HIN. ICH WENDE MICH DEM ANDEREN IN JEDER LEBENSLAGE ZU.

6. Baldrian (Valeriana officinalis)

Johann Peter Hebel (1760-1826)

Wenn die Natur nicht so wäre, wie sie ist,
wenn wir Baldrian und Wohlgemut,
Ehrenpreis und Augentrost,
und alle Pflanzen im Feld und Wald,
die uns in gesunden und kranken Tagen
zu mancherlei Zwecken nützlich sind,
selber aussäen, warten und pflegen müssten,
wie würden wir alsdann erst klagen
über des viel bedürftigen Lebens Mühe und Sorgen!

Die Gattung der Baldriangewächse umfasst
etwa 150 bis 250 Arten. Man findet den Baldrian
in Europa und sonst überall in den gemäßigten
Breiten Amerikas, Afrikas und Asiens an Wald-
und Wegesrändern in Wuchshöhen zwischen 50
und 100 Zentimetern. Der Baldrian trägt viele
volkstümliche Beinamen, wie „Katzenkraut",

denn die Katzen wälzen sich gerne in Baldrian, dessen Geruch sie im Gegensatz zum Menschen stärker wahrnehmen und dass wie ein Aphrodisiakum auf sie wirkt. Man nennt den Baldrian auch „Elfenkraut", „Mondwurzel", „Marienwurzel" und „Theriakwurzel"; letzteres weist auf das im Mittelalter hergestellte Anti-Seuchenmittel hin, dessen Bestandteil der Baldrian war. Er enthält „Valepotriate" (spezielle Baldrianwirkstoffe), Alkaloide, Gerbsäure, Schleimstoffe und ätherische Öle, die Monoterpene Borneol und Campher, dazu Sesquiterpene (Terpene sind chemische Verbindungen, die in den Pflanzen als Sekundärstoffe natürlich enthalten sind). Die weißen bis rosafarbenen Dolden und gefiederten Blätter duften sehr zart, die Wurzel hingegen entfaltet nach der Trocknung einen intensiven bis unangenehmen Geruch. Zu Heilzwecken gräbt man sie zwischen September und Oktober aus, wäscht und kämmt sie mit einem groben Kamm. Danach muss man sie sorgfältig im Schatten trocknen lassen.

Der Name „Baldrian" steht in Beziehung zum Sonnengott Baldur, bei den „Asen", dem jüngeren Göttergeschlecht der nordischen Mythologie, ist er der Gott der Sonne, des Frühlings, des reinen Lichts, der Gerechtigkeit und Schönheit, ein Verteidiger des Guten. (Das ältere Göttergeschlecht vor den zwölf Asen nennt man „Wanen"). Die lateinische Bezeichnung „Valeriana" leitet sich von dem Verb „valere" (gesund sein) her. Bei

den Griechen und Römern stand er als Allheilmittel in hohem Ansehen, ferner sah man ihn als
Glücksbringer und im engeren Sinne als hilfreich
bei der Verführung, denn er löst Verspannungen
und steigert die Konzentrationsfähigkeit, indem
er die Energien wieder frei fließen lässt. Im Mittelalter riet ein geheimes Liebesrezept: „Nimm
Baldrian in den Mund und küsse die, die du haben
willst, sie wird dir gleich in Liebe gehören." Otto
Brunfelds schreibt in seiner Kräuterkunde 1530
über destillierten Baldrian: „Es macht holdtselig,
eyns und friedsam, wo zwei des Wasser drinken."
Dabei gilt: In kleinen Gaben wirkt er anregend,
höher dosiert entspannend. Den Germanen galt
der Baldrian als heilige Räucherungspflanze gegen böse Geister, später sagte man: „Baldrian,
Dost und Dill – kann die Hex' nicht, wie sie will"
(„Hexenkraut").

Baldriantee hilft bei Augenproblemen („Au-
genwurz"), Kopfschmerzen, Blutandrang im
Kopf, Asthma, nervöse Magenbeschwerden
oder krampfartiges Erbrechen, Beschwerden bei
den Wechseljahren, geistige Überanstrengung,
nächtliches Aufschrecken der Kinder, allgemeiner
Nervosität, Schlaflosigkeit und Angstzuständen.

Baldrian holt uns einerseits aus dem Tiefschlaf.
Manchmal verdösen wir unsere Tage, wir nehmen
uns selber nur unscharf wahr, leben, wie schon
andere vor uns gelebt haben, ahmen das nach,

was man uns vormacht und scheren nie aus der vorgegebenen Linie aus. Die Energie des Baldrians weckt uns und verleiht uns die Energie, unsere Leben zu verändern und dem anzupassen, was wir uns wünschen. Gleichzeitig lässt uns der Baldrian entspannen. Zu lange schon standen wir unter Druck und hatten das Gefühl, den Anforderungen der Umwelt nicht entsprechen zu können, zu lange verachteten wir uns deswegen. Jetzt können wir endlich aufwachen und dabei locker lassen und uns vertrauen.

Die Frequenz des Baldrians bewirkt die Befreiung von Hemmungen und Selbstzweifeln, die Versöhnung mit unserem Potential. Wir alle sind Lichtwesen und wollen wieder zum Licht. Doch wir haben uns entschieden, die Dunkelheit kennenzulernen. Auf dem Weg durch ein Reich, das wir nicht ausreichend kennen, verlieren wir immer mal wieder die Orientierung und verirren uns oder wir geraten ins Straucheln und fallen, rappeln uns aus eigener Kraft oder mit fremder Hilfe wieder auf und gehen oder stolpern weiter. Dabei verlieren wir scheinbar unsere „Unschuld", unsere „Reinheit." Wir denken, fühlen, handeln und sprechen in einer Weise, die oft mit unserer ursprünglichen Sehnsucht nach dem Guten nicht mehr übereinstimmt. Die Traurigkeit, der Selbstekel, die Ängste und Zweifel, die daraufhin in uns entstehen, hindern uns daran, wieder zu uns zu kommen.

Der Baldrian nimmt uns die Angst vor uns selber, vor dem, was wir getan haben und dem, was
wir tun könnten, wenn wir die Kontrolle über uns
verlieren. Er löst die Angst vor dem Abgrund auf
und versöhnt uns mit dem Anteil der Hexe und
des Zaubermeisters in uns. Er öffnet uns wieder
die Türen in das Lichtreich des Zauberischen, er
hilft uns, sowohl im Dunkeln als auch im Hellen
besser zu sehen und zu erkennen, wohin unser
Weg in diesem Leben führen soll.

ICH TRAUE MICH LOCKER ZU LASSEN.
ICH GLAUBE AN MICH.

44

7. Bärlauch (Allium ursinum)

Bärlauchzauber

Der Bärlauchelf
macht eins zu vier,
und dreizehn schenkt er dir.

Der Bärlauch gehört zu den Zwiebelgewächsen und wird seiner Wirkstoffe und des Geschmacks wegen auch „Knoblauchspinat" oder „Waldknoblauch" genannt. Er gedeiht am besten in schattigen, humusreichen Wäldern, an Bächen, unter Sträuchern oder auf Auen; dort bildet er regelrechte Kolonien, was besonders zur Blütezeit ein wunderschönes Bild ergibt, denn die weißen Scheindolden setzen sich aus vielen weißen Sternen zusammen. Vorwiegend nutzt man die Blätter für Soßen und als Salatbeigabe; da man sie vor der Blüte ernten soll, besteht Verwechslungsgefahr mit den giftigen Maiglöckchen oder den jungen

Aronstabblättern. Der Bärlauch kommt in ganz Europa vor, allerdings steht er mancherorts auf der roten Liste, er gilt, besonders in Deutschland und Österreich, als gefährdet.

Bärlauch war schon den Kelten und Römern als Heilpflanze bekannt, auch die Germanen glaubten, er verleihe Bärenkräfte, man hatte beobachtet, dass Bären nach dem Winterschlaf Bärlauch fraßen, um sich für das kommende Jahr zu stärken. Bärlauch regt den Stoffwechsel an, hilft bei Verdauungsbeschwerden, Herzkrankheiten, Bluthochdruck, Pilzerkrankungen, Hautproblemen, er wirkt entgiftend und keimtötend. Er enthält neben Schwefel Vitamin C, ätherische Öle, Eisen, Magnesium und andere Mineralien. Er wird auch „Hexenzwiebel" genannt wegen seiner sagenhaften, wiederum dem Knoblauch ähnlichen Fähigkeit, das „Böse" abzuwehren. „Zigeunerlauch" heißt er, weil die Zigeuner, bei denen er als „Jungbrunnen" gilt, ihn seit uralten Zeiten als Tinktur in Alkohol oder Öl bei obengenannten Krankheitsbildern einsetzen. Seine Heilwirkung ist auch den nordamerikanischen Indianern seit langem bekannt.

Die Schwingungsinformation des Bärlauchs schützt vor einer Überflutung aus dem Unterbewusstsein, das noch nicht von ungünstigen, sogenannten „schlechten" Gedanken und Gefühlen gereinigt ist. Der Bärlauch hilft, diese zu

erkennen und umzuwandeln. Oft wollen wir
das Gute und bewirken das Gegenteil. Wir sind
frustriert und wüten gegen uns, die Mitmenschen
oder das blinde Schicksal, das uns immer wieder
zu Tätern stempelt, obwohl wir uns als Opfer
fühlen. Dabei erkennen wir unseren Anteil nicht,
wir sind zu sehr in uns verstrickt, fühlen uns im
Recht und verstehen nicht, wieso wir immer in
die Ecke gedrängt und beschuldigt werden.

Die Energie des Bärlauchs hilft uns zu erkennen, wo wir ungeklärte oder negative Absichten
verfolgen, ohne es zu bemerken oder bemerken
zu wollen. Sie macht klarer, zuversichtlicher, dem
Hellen zugewandter. Die Kraft, die sonst als zwie-
spältig empfunden wird, weil ihre Quelle ungewiss
ist, wird durch die Bärlauchenergie gebündelt, sie
hilft, einen „besseren" Menschen aus uns zu machen, einen Menschen, der an sich glaubt und weiß,
dass man das Negative in Positives umwandeln
kann, indem man sich selbst endlich annimmt.
Er macht aus dem Opfer nicht automatisch den
Täter, sondern den selbstbewussten, verantwor-
tungsvollen Menschen, der sein Schicksal in die
Hand nimmt, statt sich ohnmächtig und Personen
oder Menschen ausgeliefert fühlen zu müssen. Der
Bärlauch hilft uns aus dem Zustand des „Ich kann
nicht, ich darf nicht, ich habe es nicht verdient,
ich werde es nie schaffen" heraus und bewirkt
Erkenntnis, Umsetzung und Tat.

Er fördert auch das soziale Bewusstsein und leitet an dort einzugreifen, wo sich die Dinge sonst zum Schlechten entwickeln würden. Die klassischen Situationen, in denen jemand Hilfe braucht, aber keiner den Mut hat einzuschreiten gehören dazu ebenso wie die vielen kleinen Begebenheiten, in denen wir eine Wende zum Guten herbeiführen können, indem wir Stellung beziehen. Nicht immer dürfen wir dem Geschehen seinen Lauf lassen, manchmal müssen wir eingreifen, manchmal auch kämpfen. Dort, wo wir aus Angst oder Gleichgültigkeit eine Hilfestellung unterlassen, machen wir uns schuldig. Der Bärlauch leitet an und hilft, der Situation angemessen zu entscheiden.

ICH ERGREIFE MEINE CHANCEN JETZT.
MEINE SELBSTVERANTWORTUNG LÄSST MICH
HANDLUNGSFÄHIG WERDEN.

8. Bartnelke (Dianthus barbatus)

Theodor Storm (1817-1888)
Nelken

Ich wand ein Sträußchen morgens früh,
das ich der Liebsten schickte;
nicht ließ ich sagen ihr, von wem
und wer die Blumen pflückte.

Doch als ich abends kam zum Tanz
und tat verstohlen und sachte,
da trug sie die Nelken am Busenlatz
und schaute mich an und lachte.

„Dianthus barbatus" heißt wortwörtlich „Bärtige Zeusblume" (im altgriechischen bedeutet „Dios" Gott oder Zeus und „anthos" Blume, Blüte). Ihre Stammheimat sind die Pyrenäen, die Karpaten, der Balkan, Russland, die Mandschurei und China. Anders als ihre eleganteren Verwandten ist sie robuster und dickstieliger und wird bis zu sechzig

Zentimeter groß. Im ersten Jahr bildet die Pflanze eine Basisrosette aus schmalen lanzettlichen Laubblättern, erst im zweiten Jahr blüht sie. In den prächtigen rot, rosa bis weißen Blütenständen stehen bis zu dreißig runde gefiederte Einzelblüten zusammen, die fünf Kelchblätter sind röhrig verwachsen, die fünf Kronblätter sind genagelt und gefranst („Genagelt" bedeutet: sie besitzen einen langen Stil und eine Platte, am Übergang befindet sich eine Nebenkrone, die „Ligula"). Es gibt einfache und gefüllte Sorten. Die Kelch- und Kronblätter der gefüllten Bartnelke liegen locker übereinander und verleihen das typisch gefiederte Aussehen der Nelken. Sie samt sich selber aus, ist also eine problemlose Staudenpflanze. Die Blüten sind essbar.

Nelken begleiten die Menschen schon seit langer Zeit. Ihre Blüten wurden genutzt, um Bier, Wein und Essig zu parfümieren, man bereitete Saucen und Salate mit ihnen zu; im asiatischen Raum sind sie beliebter Zusatz zu Teesorten, im warmen Wasser blühen sie regelrecht auf und sind eine Augenweide. Im Mittelalter galten sie als Symbol für die Gottesmutter Maria; man findet sie häufig auf religiösen Darstellungen, aber auch in Stilleben. Darüber hinaus assoziierte man die Form der Blüten und Früchte mit den Nägeln, mit denen man Christus ans Kreuz schlug. Man nannte sie deshalb „negelken." Das erklärt die Zeile in dem bekannten Abendlied „Guten Abend, gut' Nacht,

mit Rosen bedacht, mit Näglein besteckt, schlüpf unter die Deck'", ein Text, der sicher manches Kind zum Grübeln gebracht hat. Die rote „Mainelke" wurde zum Symbol der Arbeiterbewegung. Man nutzte sie als Aroma für Wein, Bier, Essig, Saucen und Salate oder kandierte die dekorativen Blüten. In der Volksheilkunde setzte man sie bei Magenverstimmung und Fieber ein.

*Die Energie der Nelke bringt die Leichtigkeit und Vielfalt des Seins zum Ausdruck. Wir werden wieder daran erinnert, warum wir auf der Erde sind. Wir sind nicht „not-gedrungen" hier, um zu leiden, es hängt sehr stark von unserem Verhalten ab, wie wir durch unser Leben gehen. Um das Gute und Schöne zu bewirken, müssen wir uns nicht aufopfern. Dieses Gerücht ist durch das falsch verstandene Christentum entstanden. „Unser lieber Herr Jesus Christus hat sich auch geopfert, deshalb sollten wir uns nicht beklagen und ihm nacheifern." Aussprüche wie diese haben für Jahrhunderte der vermeintlichen Aufopferung gesorgt, in Wirklichkeit jedoch meistens die Scheinheiligkeit gefördert oder die Sinnlosigkeit bewirkt, das Aufgeben vieler schöner uns innewohnender Kräfte, die wir nicht nutzten, weil wir sie für egoistische Triebbefriedigung hielten.
Der Schöpfer hat uns in einem Reichtum und einer Vielfalt geschaffen, die wir leben sollen, nicht unterdrücken. Die ganze Schöpfung erzählt*

von größtmöglicher Einfallskraft, und da soll der Mensch sich zurückhalten und keinen Gebrauch von seiner Kraft machen? Doch, wir sollen es, und jetzt mehr als zuvor, denn die Erde hat unseren Einfallsreichtum dringend nötig!

Dort, wo wir leiden, wo es keinen Ausweg zu geben scheint, hebt uns die Nelkenenergie empor und flüstert uns zu: „Gib nicht auf. Erinnere dich an deine Flügel. Erhebe dich und triumphiere über dein Elend. Mach dem wahren Menschen in dir Ehre. Es gibt immer eine Lösung!" Die Nelke vernetzt uns somit mit unserer edelsten Kampfeskraft, mit dem Beharrungsvermögen, das uns befähigt, das, was wir uns vorgenommen haben auch durchzusetzen, mag es auch noch so schwierig sein. Das „Und dennoch!" trägt uns zum Erfolg und lässt das Schwere wieder leicht werden.

Ich gebe nicht auf! Ich bin ein wahrer Mensch. Ich bin stolz und frei und schön! Ich habe viel zu geben. Ich werde etwas zum Ganzen beitragen!

52

9. Basilikum (Ocimum basilicum)

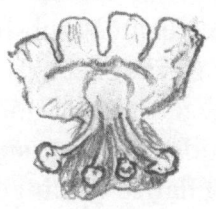

Das Basilikum

Als Kind
war der König klein,
als Jüngling schrumpfte er.
Erst, als er endlich seinen Thron
bestieg, begann er zu wachsen.

Das Basilikum gehört zur Familie der Lippenblütler und wird auch „Königskraut" oder „Königsbalsam" genannt (im Griechischen heiß „basileus" „König" und „ozein" bedeutet „riechen"). Das einjährige Basilikum wächst in gemäßigten Breiten, im tropischen Afrika und in Asien, inzwischen auch in Mittel- und Südamerika. Es bevorzugt lockere, nährstoffreiche, warme, sonnige Standorte. Unter zwölf Grad hört es auf zu gedeihen. Belege für seine Nutzung findet man um die 1000 vor Christus in Vorderindien, Funde in Pyramiden belegen seinen Anbau in Ägypten. Im

12. Jahrhundert wurde er von Mönchen mit nach Mitteleuropa gebracht und dort in Klostergärten angebaut. Es gibt etwa sechzig verschiedene Sorten mit unterschiedlichem Wirkstoffgehalt und Aussehen. Das Kraut erreicht Wuchshöhen zwischen zwanzig und sechzig Zentimeter. Seine spitz-ovalen Blätter wachsen gegenständig und sind glänzend grün, die Blattränder wölben sich nach unten. Ab Juli bildet die Pflanze verlängerte Stängel mit vielblütigen ährigen Blütenständen in weiß. Es sind die typischen Lippenblütlerblüten mit großer Unterlippe und welliger kürzerer Oberkante. Die ganze Pflanze duftet intensiv aromatisch.

Basilikum enthält viele ätherische Öle, Vitamine, Gerbstoffe, Flavonoide und Kaffeesäure (letzteres der mit am häufigsten vorkommende sekundäre Stoff in Pflanzen). In der Kosmetikindustrie nutzt man Basilikum für Duftmischungen. Es ist Hauptbestandteil der italienischen Würzpaste „Pesto" und ist aus der mediterranen Küche nicht wegzudenken; somit wird es inzwischen auf der ganzen Welt verwandt, denn die Mittelmeerküche findet immer mehr Anhänger. Getrocknet verliert es einen großen Teil seines Aromas, man sollte ihn möglichst frisch verwenden. Um die Pflanze nicht absterben zu lassen, sollte man die oberen Blattpaare abschneiden, damit sich die unteren Triebe verdoppeln und üppig nachwachsen.

Es hilft bei Appetitlosigkeit, Blähungen, Völlegefühl, Magen- und Darmerkrankungen, Magengeschwüren, Wurmbefall, Krämpfen („Krampf-kräutel"), Infektionen, Fieber, Schlaflosigkeit, Schwindel, Erschöpfung und Migräne („Hirn-kraut"). Es fördert die Milchbildung bei stillenden Müttern (in einer Mischung aus Anis, Fenchel, Koriander und Dillsamen), wunde Brustwarzen und rissige Wunden kann man mit einer Auflage aus kaltem Basilikumtee und Rosenwasser heilen. Basilikumtee fördert die Menstruation und stei-gert die Libido. Frische, zerriebene Blätter helfen gegen Insektenstiche. Als Tee getrunken wirkt es belebend, erwärmend bis schweißtreibend, beru-higend und schmerzlindernd, es hilft bei Übelkeit, Blähungen und Nierenerkrankungen, mit Honig und Thymian wirkt es lindernd bei Keuchhusten. Als Gurgelwasser heilt der kalte Tee Mundfäule. Man sammelt die Blätter am besten während der ersten Blüte.

Basilikum

Im
Zypressengelichter
seh ich dich, König und
Diener im Kosmos der Düfte,
schwankend unter der Berührung
aus Sonne und Wind, Hände, die dich
streicheln wie dein Duft meine Sinne.
Lieblich und herb, wie die Lieder
der Grillen, schenkst du dich
mir ohne Zaudern und
Zagen, und in mir
singst du nun,
singst du
von mir.

Das Basilikum hilft uns das Original zu werden, das in jedem von uns steckt. Indem wir uns nicht länger verbergen, sondern an den Bühnenrand treten und uns den anderen zeigen, können sie uns besser wahrnehmen und einschätzen. Indem wir nicht länger „Ja, ja", „nein, nein" sagen, ohne es zu meinen, wird man uns endlich sehen. Die Neigung uns zu verstecken rührt aus der Kindheit. Wir bekamen nicht die notwendige Unterstützung für die Entwicklung eines „gesunden" Selbstbewusstseins, deshalb irrten wir herum, ohne zu finden, ja, sogar, ohne genau zu wissen, was wir suchten. Wir lernen, die meist ungewollten Verletzungen durch andere zu überwinden und unsererseits keine Verletzungen mehr zuzufügen. Der nächste Schritt ist gleich in der Basilikumenergie mit inbegriffen:

Auch sie verhilft wie der Bärlauch zu größerer Tatkraft. Dort, wo der Mensch durch sein Umfeld und das eigene, zu enge, zu konventionelle Denken gelähmt ist, verleiht das Basilikum größere Einsicht und die Fähigkeit zur Umsetzung der neu erkannten Wert- und Handlungsmaßstäbe. Zu oft denken wir, wir könnten Situationen nicht verändern, wir müssten uns mit einem Missstand abfinden und ihn still erdulden oder in ohnmächtigem, resigniertem Zorn bedauern. Unsere Vorstellungskraft ist eingeengt, obwohl sie in Wahrheit unbegrenzt ist. Unsere Phantasie ist fähig, uns in andere Wirklichkeiten zu katapultieren; dort gibt es keine Grenzen, alles ist möglich, wir müssen es uns nur ausdenken.

Was hindert uns daran, diese Fähigkeit in unseren Alltag zu integrieren? Wir können und dürfen, ja, wir sollen sogar ein buntes Leben führen. Das bedeutet keine Verantwortungslosigkeit, kein Chaos, sondern eine größere Vielfalt. Das Basilikum hilft uns, zu entdecken, wo genau wir uns begrenzen, es lehrt uns, unseren Gedanken zuzuhören und den Missetätern auf die Spur zu kommen, den Sätzen wie „Ich kann das nicht. Man tut so etwas nicht. Das wird nie etwas. Es lohnt sich nicht.“ Diese Sätze können wir ausmustern, sie nützen nicht, sondern schaden. Und dann werden wir endlich schwungvoll den Neubeginn wagen und unsere Kraft, die gefesselt war, in den Gebieten entfalten, die wir noch gar nicht oder zu wenig beachtet hatten. Festgefahrenes kommt in Schwung und bekommt eine andere, eine ganz neue und oft unerwartete Richtung.

ICH ERKENNE MEINE FÄHIGKEIT ZUR WANDLUNG.
ICH BIN MUTIG UND VOLLER TATKRAFT.
ICH BESCHREITE NEUE WEGE.

10. Beifuß (Artemisia vulgaris)

Der Beifuß

Raumgreifend
verschafft er
demjenigen Luft,
der zu atmen versteht.

Die unscheinbare Pflanze aus der Familie der Korbblütler wächst an Feldrainen, Böschungen, Mauern, Zäunen und auf Schuttplätzen. Sie bevorzugt nährstoffreiche warme Böden. Der Beifuß ist nach der Göttin Artemis benannt, der Zwillingsschwester Apolls. Diese ist die Göttin des Mondes, der Jagd, Beschützerin der Frauen und Hüterin der Geburt und des Todes. Die zwischen 50 und 150 Zentimeter hohe Staude hat dreifach fiederspaltige graugrüne Blätter, die an der Unterseite silbrig filzig aussehen. Die rispenförmigen gelben Blütenstände bilden sich zwi-

schen Juli und September, dann kann man auch am besten das Kraut ernten, die Wurzel hingegen besser im Herbst.

Der Beifuß, schon seit dem Neolithikum nachgewiesen, wird auch „Sonnenwendkraut" oder „Johannesgürtelkraut" genannt, weil er, zu Johanni geerntet und mit Eisenkraut vermischt als Gürtel geflochten um den Leib getragen, als Mittel gegen Verhexungen galt. Schon der germanische Donnergott Thor trug einen Johannisgürtel aus Beifußwurzelstückchen, mit deren Hilfe er die Menschen vor Riesen und anderen unberechenbaren Mächten schützte. Die Indianer nutzen ihn für Räucherzeremonien zu dem gleichen Zweck. Bei den Germanen hieß er „Mugwurz" (Machtwurzel), im „Neunkräutersegen" wird er an erster Stelle aufgeführt. Aus „Mugwurzel" wurde „Mutwurzel", man trug sie als Amulett um den Hals, um mutiger und furchtloser zu werden.

Nach Plinius verleiht der Beifuß Ausdauer beim Laufen, sein Öl lindert Bein- und Fußbeschwerden, daher rührt sein deutscher Name. Er enthält Flavonoide, Bitterstoffe, Gerbstoff und ätherische Öle (Cineol, Absinthol). Er riecht angenehm aromatisch, sein Öl wird in der Parfümindustrie geschätzt. Beifußtee kräftigt und reguliert die Verdauung, hilft bei allgemeinem Schwächezustand und beruhigt das Zentralnervensystem. Er lindert die Symptome der Epilepsie, mit Andorn gemischt beruhigt er das Herz, wenn es „stolpert." Ferner

setzt man Beifuß in der Frauenheilkunde ein, zum Beispiel bei Menstruationsbeschwerden und Unterleibskrämpfen („Weibertee", „Jungfernkraut"). Beifuß vertreibt Ungeziefer („Fliegenkraut") und ist das Gewürz für die traditionelle Martinigans („Gänsekraut").

Seine Energie fördert das spirituelle Fortkommen und schützt vor Irrwegen, die sich dem Suchenden immer wieder präsentieren und ihn verführen. Eine der großen Versuchungen ist die Machtausübung, die sich mit Manipulationswillen paart. Macht kann Gutes oder Schlechtes bedeuten. Positiv wirkt sie sich aus, sobald jemand in seiner Mitte ruht, sich mit seinem Herzen verbunden hat und aus der Fülle seiner Kraft schöpft; negativ, wenn die Kraft gebündelt wird, um andere zu benutzen, wenn Ziele angestrebt werden, die letztlich weder dem Wohl des einzelnen noch der Gemeinschaft dienen.

Es gibt viele Situationen, die uns korrumpieren, denen wir nicht wiederstehen können. Menschen, die sich schwächer vorkommen, neigen dazu, den Stärkeren zu vergöttern und ihm in allem zu folgen. Manch einer, der sich dadurch stärker fühlt, als er es selbst empfindet, wird dadurch ein rechthaberisches Wesen entwickeln, er wird die Gefolgschaft einfordern. Er wird beginnen, denjenigen mit Missachtung, Schweigen oder Zurechtweisung zu traktieren, der nicht alles genauso

sagt und ausführt, wie der Anführer es will und
für gut heißt. Dies bezieht sich nicht nur auf klare
„Führer-Gefolgschaft"-Situationen, sondern kann
sich in Liebesbeziehungen entwickeln, in Ehen,
in Freundschaften, im Beruf oder in familiären
Beziehungen. Derjenige, der folgt, wird seinerseits
ähnliche Strukturen demjenigen gegenüber entwickeln, den wiederum er als schwächer empfindet.
Dies erzeugt eine ungesunde Spirale der Macht,
die letztlich jeden alles verlieren lässt.

Es gilt, immer wachsam zu bleiben, niemanden
zu dominieren, immer im besten Sinne einfach und
zugänglich zu bleiben, natürlich und humorvoll.
Wir sind nicht besser als die anderen, jeder hat
etwas zu geben. Manchmal ist es so, dass der eine
dem anderen behilflich sein kann. Dann sollen wir
da sein, den vorübergehenden Schwächezustand
des anderen aber auf keinen Fall ausnutzen. Der
Beifuß hilft uns dabei, auf dem rechten Weg zu
bleiben und schnell voranzukommen, unbehelligt
vom Wirken der Mächte, die das Gute verhindern
und uns zur Manipulation verleiten wollen.

ICH BLEIBE NATÜRLICH UND EINFACH. ICH LASSE
MICH NICHT ZUR MACHT VERFÜHREN.

11. Beinwell (Symphytum)

Der Beinwell

In deinen
Glöckchen
blüht das Herz
der Erde, dein Blatt
ist sanft wie eine heilende
Hand, deine Wurzel ein Strahl
der Weisheit. Läute meine Wende ein.

Der Beinwell gehört zur Familie der Raublattgewächse. Es gibt 20 bis 25 Arten, die sich über
Europa, Nordafrika und Asien verteilen. Er bevorzugt feuchte Wiesen, Uferböschungen, Gräben
und gedeiht gut im Garten. Er wird im Schnitt
bis zu 70 Zentimeter groß. Die Blätter sind groß,
spitz-lanzettlich, fleischig und behaart und werden
aufgrund ihres Allantoin-Gehaltes geschätzt, welcher den Zellaufbau fördert. Die rosa bis weißen,
manchmal auch gelben Blüten hängen glockenartig

nach unten. Die Wurzel ist lang und schmal, innen ist sie hell und außen dunkelbraun, man sticht sie für Heilzwecke im Herbst oder zeitigen Frühjahr. Da sie zum Schimmeln neigt, empfiehlt es sich, sie in kleine Stücke zu schneiden und an trockenen warmen Orten zu konservieren, ansonsten sollte man sie am besten frisch zu Salben oder Tinktur verarbeiten. Beinwell enthält Gerbstoffe, Zucker, Cholin, Asparagin und Saponine. Saponine (Seifenstoffe) sind sekundäre Pflanzenstoffe, die den Körper reinigen und entschlacken helfen. Er ist schwach giftig (Pyrrolizidinalkoloide), man kann aber die Blätter spinatähnlich zubereiten oder in Bierteig getaucht ausbacken.

Er wird auch „Beinwurz" oder „Wallwurz" genannt, der nicht mehr so gebräuchliche Name „Consolida" leitet sich vom Lateinischen „consolidare" her (in griechisch: symphyein), was Zusammenwachsen bedeutet. Im Althochdeutschen bedeutet „Wallen" ebenfalls das Zusammenheilen der Knochen. Man verwendet ihn noch heute in der Naturheilkunde bei Knochenbrüchen, Prellungen, Zerrungen, Verstauchungen, Sehnenscheidenentzündungen und schlecht heilenden Wunden. Zusätzlich verwandte man ihn gegen Husten, Verdauungsprobleme und Nierenschwäche.

Im energetischen Bereich können wir ihn folgerichtig für das Heilen seelischer Wunden nutzen. Wenn wir in der Kindheit oder im späteren Leben

durch Zurückweisung, Lieblosigkeit, physische oder psychische Gewalt verletzt wurden, könnten wir in Starre verfallen, in Apathie, in die reglose Opferhaltung, die uns verleiten würde, eine Entschädigung für das erlittene Unrecht von den anderen zu erwarten. Diese Haltung würden wir auf alle Menschen und Situationen übertragen. Wir würden derweil unsere Verletzungen pflegen und erneuern, indem wir immer wieder darüber nachdenken und den Schmerz fühlen, uns in ihn vergraben, denn er ist alles, was wir zu besitzen und zu kennen meinen. Außerhalb des Schmerzes beginnt das unerforschte Terrain. Wer weiß, wie sich das Leben dort anfühlt? Wer weiß, ob wir fähig wären, ohne den Schmerz und die daraus folgende Erwartung an die Umwelt zurechtzukommen. Wir sind es doch gar nicht gewohnt, die Verantwortung für uns vollkommen zu übernehmen.

Die Beinwellenergie hilft uns aus der Passivität, die uns entscheidungs- und handlungsunfähig gemacht hat und führt zu unserer wahren Größe zurück. Sie zeigt uns, wie schön es ist, verantwortlich zu sein und mitbestimmen zu dürfen, wo es hingeht. Verantwortung macht das Leben nicht schwerer, sondern leichter, denn es verbindet uns mit unserer Kraft. Wir erfreuen uns an allem, was uns gelingt und wollen mehr ausprobieren, mehr erleben!

Und auch dort, wo wir verletzt haben, wo wir uns in den Mittelpunkt gestellt, nicht geliebt und den anderen übersehen hatten, bringt uns der Beinwell wieder in das rechte Maß zurück. Er leiht uns seine Kraft, um uns wieder mit uns selbst zu vernetzen, diesem Lichtwesen, das sich weder schwächlich und hinfällig, ausgeliefert und als Opfer fühlt, noch übermächtig, manipulativ und verdrängend gibt.

ICH HEILE UND WERDE GEHEILT.

12. Brennnessel (Urtica dioica)

Heinrich Hoffmann von Fallersleben (1809-1894)
Brennnessel

Brennnessel, verkanntes Kräutlein, Dich muss ich
preisen,
dein herrlich Grün in bester Form baut Eisen,
Kalk, Kali, Phosphor, alle hohen Werte,
entsprießend aus dem Schoß der Mutter Erde,
nach ihnen nur brauchst Du Dich hinzubücken,
die Sprossen für des Leibes Wohl zu pflücken,
als Saft, Gemüse oder Tee sie zu genießen,
das, was umsonst gedeiht in Wald, auf Pfad und Wiesen,
selbst in noch dürft'ger Großstadt nahe Dir am
Wegesrande,
nimm's hin, was rein und unverfälscht die gütige Natur
dir heilsam liebend schenkt auf ihrer Segensspur!

(Fallersleben ist auch Verfasser zahlreicher Volkslieder
und des Deutschlandlieds)

Die Brennnesseln in der Ordnung der Rosen-
artigen werden auch „Rotes Feuer" genannt. Bei
den Germanen hießen sie wegen des sengenden
Blitzschmerzes, der von der Pflanze ausgeht, nach
dem Blitz- und Donnergott „Donarnessel", später
„Donnernessel." Die Brennnessel ist aufgrund
ihrer Anspruchslosigkeit nahezu auf der ganzen
Welt verbreitet, es gibt sie sogar in tropischen
und subtropischen Wäldern. In Mitteleuropa ist
sie mit vier Arten vertreten (Große und Kleine,
Röhricht- und Pillenbrennnessel). Der Stängel
ist unverzweigt und mit Brennhaaren versehen,
die die Pflanze gegen Feinde schützen sollen. Die
Härchen sind in Wirklichkeit kleine Röhren mit
an den Köpfchen eingelagerter Kieselsäure, die
schon bei leichter Berührung abbrechen, sich wie
eine Spritzenkanüle in die Haut bohren und eine
ameisensäurehaltige Substanz von sich geben,
dazu Serotonin, Histamin, Natriumformiat und
Acetylcholin, letzteres ist für die Schmerzübertra-
gung auf die Nervenenden zuständig. Das feurige
Brennen hält sich in etwas abgeschwächter Form
oft noch Stunden nach der Berührung, es bilden
sich Quaddeln auf der Haut, manchmal treten
Entzündungen auf. Ein sofort wirkendes Mittel
ist frischer Spitzwegerichsaft, den man nur meistens nicht zur Hand hat. Ein Kräuterkundiger
mit Galgenhumor beschrieb die Pflanze um 1600
als diejenige, die man „sogar bei Nacht am Griff
erkennen könne."

Die Brennnesselblätter sind am Ansatz herzförmig und laufen nach oben spitz zu, an den Rändern sind sie stark gezähnt. Aus den darin enthaltenen Fasern stellte man lange das „Leinen der armen Leute" her, den Nesselstoff. Die männlichen und weiblichen Blüten sind bei der Großen Brennnessel im Gegensatz zur Kleinen einhäusigen Brennnessel („Urtica urens") auf verschiedene Pflanzen verteilt, deshalb („dioica" /„diözisch", zweihäusig). Sie stehen in Rispen, blühen weiß, seltener blass violett und sind bei den Bienen sehr beliebt.

Doch auch für Menschen sind die Brennnesseln sehr nährstoffreich und haben in Notzeiten immer wieder für die flächendeckende Versorgung mit gesundem Gemüse gesorgt. Die Blätter enthalten mehr Eiweiß als Sojabohnen, dazu viel Chlorophyll, Karotinoide, Mineralstoffe wie Magnesium, Calcium, Silicium, Eisen, Lezithin, Gerbstoff und die Vitamine A und C. Deshalb wurde Brennnesselspinat zubereitet, Suppen, Pfannkuchen, Brote, Käse und vieles mehr; der nussige, leicht säuerliche Geschmack ist für den feinen Gaumen wie geschaffen. Man kann die frischen Triebe pflücken, wenn man die feinen Härchen der Stängel von unten nach oben streicht, man kann aber auch mit Handschuhen pflücken und die Blätter hart abduschen, kurz in heißem Wasser blanchieren oder sie in einem Tuch wringen, sodass die Härchen brechen.

Im getrockneten Zustand verliert sich die unangenehme Wirkung, deshalb wird das Kraut gerne zur Tierfütterung benutzt. Bei Gärtnern ist sie wegen ihres hohen zellaufbauenden Kieselsäuregehalts als Pflanzenjauche sehr beliebt. Brennnesseln gehörten lange zum Kanon der „Färbekräuter": die Wurzeln sorgen, mit Alaun vorgebeizt, für einen dunkelgelben, die Blätter bei entsprechender Vor- und Nachbehandlung durch Zinn und Kupfer und einem Entwicklungsbad in Ammoniak für einen eleganten graugrünen Farbton.

Die Wirkstoffe der Brennnessel werden seit alters her für die Behandlung von Stoffwechselstörungen, Gicht, Rheuma, Darmproblemen, Nierensteinen, Blasenentzündungen, Prostata- und Menstruationsbeschwerden genutzt. Hartgesottene Rheumakranke wagen es, nackt durch ein Brennnesselfeld zu gehen und erfahren einige Stunden später, wenn der „Heilschmerz" nachgelassen hat, tatsächlich eine Besserung. Diese Methode ist aber nicht massentauglich. Paracelsus empfahl Brennnesseln mit Ziegenmolke und Nesselsaft gegen die Gelbsucht. Hildegard von Bingen und Pfarrer Kneipp lobten sie wegen ihrer schleimlösenden Fähigkeit. Der Tee wirkt Blut erneuernd (hoher Eisengehalt), entgiftend, entwässernd und entzündungshemmend. In der Homöopathie wird sie u. a. auch bei Hautreizungen und Allergien verwandt. Für eine Entschlackungskur eignet sich Brennnesselsaft.

Karl Krolow (1915-1999)
Gemeinsamer Frühling

Das haben wir nun
wieder alles gemeinsam:
einen singenden Baum
mit Vögeln statt Blättern,
die Brennnesselkur, den Aufguss
von Huflattich.
Das gemeinsame Motiv,
die kollektive Luft.
Uns gehören
die Tauben auf dem Dach.
Die Dose Bier
schmeckt wieder im Freien.
Nun muss sich alles, alles
wenden.
Die leeren Seiten
füllen sich mit Bedeutung.
Das Schreiben über den Frühling
macht allen Spaß.

Die Brennnesselschwingung hilft uns, wenn wir uns verhärtet und abgeschottet haben. Wir lassen andere nicht an uns herankommen, ziehen, aus Angst, verletzt zu werden, die stolze Einsamkeit vor und empfinden dabei bittere Freude und tiefe Einsamkeit. Nähe gilt uns als Macht- und Kontrollverlust, wir haben Angst, den Schmerz der Zurückweisung erneut erdulden zu müssen. Deshalb meiden wir die Nähe, halten uns die Leute vom Leib, granteln, gelten als Sonderlinge. Obwohl dieser Rückzug unserem Willen entspricht, halten wir uns für arme „einsame Wölfe", deren Zynismus gerechtfertigt ist und die nichts Gutes

mehr von den Menschen erwarten.

Die Brennnesselenergie hilft uns, uns den Mitmenschen wieder zuzuwenden, sie gibt uns die Kraft, die inneren Verletzungen zu erkennen, zu analysieren, einzuordnen und zu überwinden, indem wir unseren eigenen Anteil daran erkennen und die Verantwortung für uns selber zu tragen bereit sind. Auf diesem Weg erkennen wir auch das Ausmaß der Verletzung, die wir den anderen schon allein deswegen zugefügt haben, indem wir uns von ihnen abwandten und zurückzogen, manchmal sogar ohne die Möglichkeit einer Klärung zu geben. Und selbst wenn der Versuch einer Klärung stattgefunden hat, stellen sich Tatbestände eben immer wieder anders dar – jeder hat seine individuelle Sicht der Dinge, seinen eigenen Kosmos, aus dem heraus er blickt, urteilt, agiert und reagiert. Die Brennnesselschwingung befähigt uns, diese Strukturen bei uns und beim anderen aufzuspüren und echte Toleranz zu entwickeln. So entsteht wahre Vielfalt. Folglich bewirkt die Brennnessel den Wunsch, wieder teilzunehmen am Leben, an der Geselligkeit, an der reinen Lebensfreude. Wir verwandeln uns vom brummigen verletzten Eigenbrötler in den zugänglichen fröhlichen Menschen, der wir im Original auch eigentlich sind.

ICH BIN UNVERLETZLICH UND VERLETZE NIEMANDEN. ICH WENDE MICH DEN MENSCHEN WIEDER ZU.

13. Brombeere (Rubus fruticosus)

Christian Wagner (1835-1918)
Auf der Lichtung

Sommermittag auf dem Hochwald brütet,
aber auf der Lichtung treu behütet
vom Geflechte dunkler Brombeerranken,
wachen auf des Waldes Lichtgedanken.
Falter sind es, die so farbenprächtig,
auf der Lichtung, sonnig halb und nächtig,
diese Brombeerblüten still umbeben,
Purpurdisteln geistergleich umschweben.
Sagt mir an ihr stillen Geisterfalter
auf der Lichtung: Wie viel Zeitenalter
ihr im Banne laget bei den Toten,
eh ihr wurdet solche Wunderboten?

Weltweit gibt es Tausende, allein in Europa
mehr als 2000 Arten der uralten, im Althochdeutschen sogenannten „bramberi" (in Englisch heißt
sie „bramble"), was soviel heißt wie: „Beere des
Dorngebüschs." Dabei zählt man die Brombee-

re gar nicht zu den Beeren, sondern ähnlich den Kirschen zu den Sammelsteinfrüchten. Sie gehört zu den Rosengewächsen und kann mithilfe ihrer Dornen bis zu drei Meter hoch ranken. Die bogenförmigen, gekrümmten oder gestreckten Zweige gedeihen wild in lichtdurchlässigen Wäldern, auf Ödland, an Feldrändern und am besten auf stickstoffhaltigen kalkigen Böden. Die Blätter sind eiförmig, an den Rändern eingesägt und stachelig und werden im Winter nicht abgeworfen. Erst im zweiten Jahr werden Seitentriebe mit Blüten gebildet. Die Blüten sind weiß, manchmal rosig überhaucht und besitzen fünf Kron- und fünf Kelchblätter. Die schwarze, glänzende Frucht ist eine Sammelfrucht und besteht aus etwa 20 - 40 kugelrunden Einzelteilchen. Oft sieht man zur gleichen Zeit im Brombeergebüsch Blüten und Früchte verschiedener Entwicklungsgrade in grün, rot und schwarz. Die Frucht ist im Gegensatz zur Himbeere fest am Blütenboden angewachsen. Traditionell werden Brombeeren zu Marmelade, Kuchen, Desserts, Wein, Schnäpsen und Likören verarbeitet. Die Blätter dienten früher in der Lederindustrie als Färbepflanzen.

Die Brombeere enthält u. a. Vitamin C, Kalium, Magnesium, Salicylsäure, Flavone, ätherisches Öl, Pektin, Bernsteinsäure, Milchsäure und Gerbstoffe, weswegen man einen Aufguß der Blätter als Mittel zur Blutreinigung, bei Verdauungsbeschwerden, leichten Durchfällen, Blasenentzündungen, Fieber und als Entzündungshemmer bei Mund- und Ra-

chenschleimhautentzündungen nutzt. Die Früchte kräftigen das Bindegewebe, sind blutzuckersenkend und stärken das Immunsystem. Warmer Brombeersaft hilft zudem gegen Heiserkeit. Die stachelige Urform ist durchsetzungsstark, wer jemals versucht hat, wilde Brombeeren aus seinem Garten wieder auszusortieren, wird konfrontiert mit einem mächtigen, dornenbesetzten Überlebenswillen. Die zarte, weiße Blüte, die sich in die tiefschwarze, aromatische Frucht verwandelt, deutet auf ihre Schwingungsinformation: Durchsetzungswille, Präsenz, Stärkung der Lebenslust.

Die Brombeere

Meine Sinnlichkeit
ist ein schwarzes Kleid,
an dem die Klöppelspitzen
wie kleine Falter sitzen.
Schau, wie dir Lebenspracht
mit mir ins Auge lacht.

Folglich wirkt die Energie der Brombeere positiv auf uns ein, wenn wir kein gutes Verhältnis zu unserem Körper haben. Wir finden ihn zu dick, zu dünn, zu groß, zu klein, zu eckig, zu schmal, zu dickbusig, zu flach und vieles mehr. Wir quälen ihn mit Diäten, mit unseren Zweifeln oder beidem, signalisieren ihm unser Misstrauen und koppeln uns immer wieder von ihm ab. Das vollziehen wir mit einer Zähigkeit, die wir nicht als Stärke, sondern im Gegenteil, als Versagertum definieren. Die Energie der Brombeere vernetzt

74

uns wieder mit dem Wissen, dass wir genau den Körper haben, den wir uns wünschten und dass er, wenn er unser volles Vertrauen genießt, uns ganz zur Verfügung stehen wird. Denn der Körper muss nicht mehr gegen die Information kämpfen: „Ich hungere dich jetzt aus! Das kann so nicht weitergehen. Null-Diät!"

Diese Ankündigung wird er auf keinen Fall kampflos hinnehmen, im Gegenteil: Er wird dafür sorgen, dass wir großen Hunger bekommen und bei der nächsten Gelegenheit schwach werden und umso mehr essen. Er ist schließlich mit seinen Kontrollstationen verantwortlich für unser Überleben. Wenn wir ihm hingegen sagen: „Ich liebe dich. Du bist ein wunderbarer Körper. Ich werde dafür sorgen, dass es uns beiden zusammen richtig gut geht", dann sind sogar Diäten von Erfolg gekrönt. Und es geht nicht nur um die Gewichtsfrage, sondern auch um die Anerkennung unserer Sinnlichkeit. Die Brombeere hilft uns, in unserem Körper die Luxuswohnung zu erkennen, die er ja tatsächlich ist, und diese Luxuswohnung mitzugestalten. Und sie hilft uns, die ungeheure Durchsetzungskraft und Zähigkeit in uns wieder in Themen einfließen zu lassen, die für uns von größerer Wichtigkeit sind, zum Beispiel der Umsetzung unserer Fähigkeiten in Handlungen.

ICH LIEBE MEINEN KÖRPER. ZUSAMMEN SIND WIR STARK UND KÖNNEN ALLES ERREICHEN, WAS WIR UNS VORNEHMEN!

14. Buschwindröschen (Anemone nemorosa)

Oskar Loerke (1884-1941)
aus **Der Weltenbaum**

. . . Der Baum singt milder, zupft die Blätter anders:
und blaue Glorie gießt ein junges Leben
um Höhn und Gründe, Alpenanemonen
erblühn mit Millionen weißer Rädchen . . .

Die Anemonen gehören zu den Hahnenfußgewächsen. Ihr Name leitet sich von dem griechischen
„Anemos" her, was „Wind" bedeutet, während
„nemorosa" auf den Standort hinweist: „hainbe-
wohnend." Zart und licht, sehr verletzlich, doch
stark in der Wirkung. Eine griechische Sage berichtet, die Göttin Flora, Ehefrau des Windgottes
Zephyr, sei auf eine Nebenbuhlerin eifersüchtig
gewesen, die Nymphe Anemona, und habe diese in eine Blume verwandelt. In der christlichen
Mythologie steht die Anemone für das vergos-

sene Blut der Märtyrer, für Krankheit und Tod und für die sieben Schmerzen der Muttergottes Maria; dieser Schmerzen wird im katholischen Ritus einen Tag nach „Kreuzerhöhung" am 15. September gedacht. Es sind 1) Die Weissagung des Simeon, als Jesus (als männlicher Erstgeborener) dem Tempel geweiht wird. Simeon erkennt in Jesus den Messias. Warum ist das ein Schmerz für die Mutter? Es ist die Erkenntnis, den Sohn an Größeres verlieren zu müssen. 2) Flucht nach Ägypten. 3) Der zwölfjährige Jesus im Tempel 4) Begegnung von Jesus und Maria am Kreuzweg 5) Kreuzigung 6) Kreuzabnahme 7) Grablegung Jesu.

Der Wurzelstock, ein Rhizom, ist unterirdisch stark verzweigt. Die gestielten Blätter sind dreiteilig, zipeflig und fiederspaltig. Der behaarte Blütenstängel entspringt aus der Vereinigung dreier Hochblätter. Es bilden sich pro Pflanze ein, selten zwei endständige Blüten aus sechs bis zwölf weißen, oft rosa überhauchten abgerundeten Perigonblättern, die in zwei Kreisen angeordnet sind (Perigonblätter sind Kron- und Kelchblätter in einem). Sie umstehen zahlreiche Staubblätter mit weißen Fäden und gelben Beuteln. Während der Nacht und bei Regen schließt sich das Buschwindröschen und lässt den Kopf glockenartig nach unten hängen.

In manchen Gegenden heißt es, wer die ersten drei Blüten des Buschwindröschens esse, bleibe das ganze Jahr über gesund. Es bevorzugt frische,

nährstoffreiche, lockere Lehmböden, kann sich jedoch auch anpassen. Man findet es in vielen Teilen Europas und Ostasiens auf schattigen Wiesen, in Gebüschen, in Laub-, Misch- und Nadelwäldern und an Berghängen. In den Alpen gedeiht es bis in Höhen von 2000 Metern.

Die Anemone wird auch „Hexenblume", „Giftblume" oder „Kopfschmerzblum" genannt, weil sie das giftige, scharf schmeckende Protoanemonin enthält, das Hautreizungen, Schwindel, Erbrechen, Durchfälle, Nierenentzündung und Lähmungserscheinungen hervorrufen kann. In getrocknetem Zustand verliert das Buschwindröschen seine Giftigkeit. Daher konnte man auch in Tirol unversehrt die getrockneten Wurzeln und Blätter rauchen, um Rauschzustände zu erzeugen, die man „Hexenerkenntnis" nannte. In der Volksmedizin wurde die Pflanze gegen Warzen verwandt, weiter bei Rheuma; auch als Pfeilgift fand es Nutzung.

Sanft ist
das Licht, das,
im Walde verstreut
in dir sich nun bündelt,
geerntet dein kleines Lächeln.
Stiller geworden such ich und finde,
horch auf die Zeichen,
ich sehe die Herzen in
Rinde geschnitten......
der Weg ist gewiesen.

Gottfried Benn (1886-1956)
Anemone

Erschütterer, - Anemone,
die Erde ist kalt, ist nichts,
da murmelt deine Krone
ein Wort des Glaubens, des Lichts.
Der Erde ohne Güte,
der nur die Macht gerät,
ward deine leise Blüte
so schweigend hingesät.
Erschütterer, - Anemone,
du trägst den Glauben, das Licht,
den einst der Sommer als Krone
aus großen Blüten flicht.

*Die Schwingung des Buschwindröschens
hebt uns auf die Ebene des inneren Leuchtens
und lässt uns Dunkelheit überwinden, die aus
Lieblosigkeit entstanden ist. Es handelt sich um
blinde Flecken, die im Energiefeld entstehen und
durch die Buschwindröschenenergie wieder mit
Farbe und Licht aufgefüllt werden. Wir werden
in vielen kleinen Schritten zur Liebe zurückgeführt. Dies bedeutet: Alltagsarbeit. Wir sollen
auf die Kleinigkeiten achten, auf Situationen, in
denen wir spontan lieblos reagieren oder agieren,
in denen wir freudlos sind, grummelig, innerlich
auf Personen oder Lebensumstände schimpfen,
Schuldzuweisungen von uns geben oder bittere
bis zynische Bemerkungen machen. Dabei sind
wir immer gefordert, nicht nur hier und da. Liebe
bedeutet Liebe, nicht hier und da mal eine gute*

Tat zu vollbringen. Liebe ist ein großes warmes Gefühl, das sich mühelos mittteilt und das uns hilft, in den kleinen Situationen großmütig und humorvoll zu reagieren, wo wir sonst kleinlich, penetrant und besserwisserisch daherkommen.

Das Buschwindröschen hilft uns zu erkennen, wann und wo wir uns lieblos verhalten und verleiht uns die Flexibilität, nicht nur umzudenken, sondern auch „um-zufühlen" und „um-zuhandeln." Die Erfolge auf dem Weg werden uns mit zunehmend großer Freude erfüllen.

Ich nehme den Alltag mit Humor.
Ich bleibe beharrlich in meiner Liebe.
Kleine Schritte führen mich
zum grossen Ziel.

15. Butterblume (Ranunculus)

Arno Holz (1863-1929)

Schönes, grünes, weiches Gras.
Drin
liege ich.
Mitten zwischen Butterblumen!
Über mir,
warm,
der Himmel:
ein weites, zitterndes Weiß,
das mir die Augen langsam, ganz langsam
schließt.
Wehende Luft . . . ein zartes Summen.
Nun
bin ich fern
von jeder Welt,
ein sanftes Rot erfüllt mich ganz,
und deutlich spüre ich,
wie die Sonne mir durchs Blut rinnt –
minutenlang.
Versunken alles. Nur noch ich.
Selig!

Der Name „Butterblume" ist ein Synonym für den Hahnenfuß, zu dessen Familie er gehört. Die Gattung ist mit ca. 600 Arten weltweit verbreitet (außer in der Antarktis und im tropischen Tiefland). Die Butterblume, eine ausdauernde krautige Pflanze, die man sowohl auf fetten Wiesen, an Ackerrändern und im Garten findet, hat eine intensive Strahlkraft. Die kleinen gelben Blüten wirken durch den ölhaltigen Überzug wie gelackt. Der lateinische Name „Ranunculus" bedeutet „Fröschlein" und bezeichnet die Vorliebe vieler Hahnenfußarten für einen feuchten, schattigen Standort. Die Pflanze ist giftig und wird vom Weidevieh vermieden; getrocknet verliert sie ihre Schädlichkeit. Sie enthält Protoanemonin (Haut- und schleimhautreizend), Saponine, Vitamin C, Gerbstoff, die Aminosäuren Asparagin (Name von „asparagus" Spargel) und Arginin mit hohem Stickstoffgehalt (Arginin leitet sich her vom lateinischen „argentum", weil die Aminosäure zuerst als Silbersalz isoliert wurde). Homöopathisch aufbereitet wirkt Ranunculus bei Hautausschlägen mit Bläschenbildung, bei Augenentzündung, Muskelschmerzen und Erkältungen. In der Volksmedizin wird er gegen Warzen eingesetzt.

Christian Morgenstern (1871-1914)
Butterblumengelbe Wiesen

Butterblumengelbe Wiesen,
sauerampferrot getönt, -
o du überreiches Sprießen,
wie das Aug' dich nie gewöhnt!
Wohlgesangdurchschwellte Bäume,
wunderblütenschneebereift –
ja, fürwahr, ihr zeigt uns Träume,
wie die Brust sie kaum begreift.

Die Energie der Butterblume fördert unsere Demut und unseren Mut. Sie lehrt uns zu unterscheiden, wann wir das eine und wann das andere als Handlungsgrund annehmen; beides jedoch soll tief in uns verankert sein. Die Demut lässt uns einfach und direkt werden, zugänglich und natürlich. Wir bauen keinen Wall um uns, um durch Hochmut andere von unseren Fehlern und „Defiziten" abzulenken. Und wir zaubern kein Verwirrspiel durch Übermut, in dem der andere uns nicht mehr erkennen kann und uns für jemand anderen hält. Der demütige Mensch erkennt die Wunder der Schöpfung an, deren Teil und Schöpfer er gleichzeitig ist, er ordnet sich ein, ohne unterzugehen, er ist dankbar für alles, für die kleinsten Dinge, die man auch als selbstverständlich hinnehmen und übersehen könnte.

Aus der Demut schöpfen wir unseren Mut, den Mut, für uns einzustehen, uns zu zeigen, wer und wie wir sind; und den Mut, für andere ein-

zustehen, indem wir für sie da sind, wenn sie uns brauchen. Und sie brauchen uns immer, denn die menschliche Gemeinschaft definiert sich durch das „Zusammen-Leben", das „Zusammen-Lieben", eine Seinsform, für die selbst der Einsiedler in seiner Einsamkeit Energie zur Verfügung stellt, wenn er reif genug dafür ist.

Die Energie der Butterblume lässt uns zudem entspannen und wohlig ausdehnen. Sie vermittelt Wärme, Geborgenheit, sie nährt unser Herz und lässt es langsam und sicher schlagen. Wir ruhen im Schoß der Mutter Erde, sie sorgt für unser Wohlergehen. Vertrauen und Demut erfüllen uns ganz.

ICH BIN DEMÜTIG UND MUTIG.
ICH STEHE FÜR MICH UND ANDERE EIN.

16. Christrose (Helleborus niger)

Eduard Mörike (1804-1875)
Auf eine Christblume

Tochter des Waldes, du Lilienverwandte,
so lang von mir gesuchte, unbekannte,
im fremden Kirchhof, öd und winterlich,
zum erstenmal, o schöne, find ich dich!
Von welcher Hand gepflegt du hier erblühtest,
ich weiß es nicht, noch wessen Grab du hütest;
ist es ein Jüngling, so geschah ihm Heil,
ist's eine Jungfrau, lieblich fiel ihr Teil.
Im nächtgen Hain, von Schneelicht überbreitet,
wo fromm das Reh an dir vorüberweidet,
bei der Kapelle, am kristallnen Teich,
dort sucht ich deiner Heimat Zauberreich.
Schön bist du, Kind des Mondes, nicht der Sonne;
dir wäre tödlich andrer Blumen Wonne,
dich nährt, den keuschen Leib voll Reif und Duft,
himmlischer Kälte balsamsüße Luft.
In deines Busens goldner Fülle gründet
ein Wohlgeruch, der sich nur kaum verkündet;
so duftete, berührt von Engelshand,

der benedeiten Mutter Brautgewand.
Dich würden, mahnend an das heilge Leiden,
fünf Purpurtropfen schön und einzig kleiden:
Doch kindlich zierst du, um die Weihnachtszeit,
lichtgrün mit einem Hauch dein weißes Kleid.
Der Elfe, der in mitternächtger Stunde
zum Tanze geht im lichterhellen Grunde,
vor deiner mystischen Glorie steht er scheu
neugierig still von fern und huscht vorbei.

Die Christrose, auch „Schneerose" oder „Weihnachtsrose" genannt, blüht schon, wenn der Frost das Land noch fest im Griff hat, mit Vorliebe züchtet man Gattungen, die zu Weihnachten aufblühen. Der griechische Beiname der stark giftigen Pflanze setzt sich aus „helein" (töten) und „bora" (Speise) zusammen. „Niger" ist lateinisch und heißt „schwarz"; dies bezieht sich auf die Farbe der Wurzel. Eine christliche Legende besagt, ein Hirte sei ohne Geschenk zum Jesuskind gekommen. Er habe vor Scham geweint, und siehe da: aus seinen Tränen erwuchsen Christrosen, die der Hirte dem Kind freudestrahlend überreichen konnte.

Die Christrose gehört zur Gattung der Nieswurze und in die Familie der Hahnenfußgewächse und wächst bis in eine Höhe von 1900 Metern. In Deutschland findet man sie wildwachsend nur in Bayern. Die immergrüne, mehrjährige Pflanze bevorzugt schattige bis halbschattige, kühle und helle Standorte, dazu einen kalkhaltigen, humusreichen Boden. Sie kann bis zu 20 Jahre alt werden und erreicht durchschnittliche Wuchshöhen von

20 bis 30 Zentimetern.

Die handförmigen großen Laubblätter sind lang gestielt und im unteren Bereich tiefgrün und ledrig. Die Blüten mit fünf eiförmigen Kelchblättern sind strahlend weiß, rosafarben oder rot. Die Hüllblätter verfärben sich nach der Blütenwelke grün oder rötlich und bleiben lange erhalten. Die eigentlichen Kronblätter sind zu Nektarblättern mit spiralig angeordneten leuchtend gelben Staubblättern umgebildet. Sie stellen eine reiche Nektar-Bienenweide dar und duften intensiv. Da die Christrose sehr früh blüht, ist die Narbe sehr lange befruchtungsbereit. Wenn alles andere nicht klappt, greift sie auf Selbstbefruchtung zurück. An ihren Samen bildet sie fettreiche Anhängsel aus, die sogenannten „Elaiosomen" (griechisch: „elaion", Öl), die zusammen mit Zucker, Stärke, Eiweiß und Vitaminen eine ergiebige Futterquelle für Ameisen darstellen. Diese schleppen die Samen in ihren Bau, trennen das Anhängsel ab und transportieren den Samen wieder heraus (griechisch: „Myrmekochorie", Ameisenverbreitung). Auf diese Weise müssen sich die Christrosen, das Schneeglöckchen, das Waldveilchen, die Wolfsmilch und viele andere Pflanzen keine Sorge um ihre Zukunft mehr machen.

Die Christrose gehört vor allem durch das Protoanemonin, Saponine und das herzwirksame Steroidsaponin Hellebrin, einen Wirkstoffe, der dem Digitalis des Fingerhuts verwandt sind, zu

den stark giftigen Heilpflanzen. Vergiftungssymptome sind Schwindel, Durchfall, Erbrechen, verlangsamter Puls, Herzrasen, Atemnot, Delirium, Herzstillstand. Man sagte früher: „Drei Tropfen machen rot, zehn Tropfen machen tot." Das lateinische Wort „helleborosus" bedeutet „nicht bei Verstand." Die Römer nutzten die Wurzel im Schnupfpulver als Mittel, die dunklen Säfte der Galle auszuniesen und damit Wahnsinn und Epilepsie zu heilen. In Mitteleuropa übernahm man das Rezept und nannte es „Schneeberger Schnupftabak"; das Protoanemonin reizt die Schleimhäute derartig, dass man niesen muss; deshalb auch der deutsche Beiname „Nieswurz". Hippokrates empfahl Helleborus als abführendes und harntreibendes Mittel.

Aus dem Jahre 600 vor Christus ist überliefert, wie Solon einen Krieg mit Hilfe der Christrose gewann. Er belagerte die Stadt Kirrha, leitete den Fluss um, der die Stadt mit Trinkwasser versorgte und ließ Helleborus-Wurzeln hineinschütten. Nach einer Wartezeit, in der das Wasser genügend Gift aufgenommen hatte, durfte der Fluss wieder in sein altes Bett zurückkehren. Die Einwohner, die freudig von dem Wasser tranken, bekamen daraufhin so starken Durchfall, dass die Stadt kampflos von Solons Armee eingenommen werden konnte.

Im Mittelalter war man davon überzeugt, dass man mit Hilfe der Christrose böse Geister austreiben konnte, man nutzte sie gegen die Pest und

steckte Schweinen zur Abwehr der Schweinepest Christrosenblüten ins Ohr. Sie war Bestandteil von Hexensalben, weil „ihr Gift das Delirium hervorruft", dazu glaubte man, sie erhalte die ewige Jugend. Verarbeitete man die Wurzel zu einem feinen Pulver und streute ihn auf dem Boden aus, sollte derjenige, der darüberschritt, unsichtbar werden! Blühte die Christrose in der dunklen Jahreszeit und vor allem genau zu Weihnachten, rechnete man mit einem guten, von Gott gesegneten Jahr („Orakelblume"). Wollte man es genauer wissen, stellte man um Weihnachten zwölf Christrosenblüten in Wassergläser, wobei jede Blüte einen Monat verkörperte. So konnte man genauestens vorhersagen, wie sich das Wetter in den einzelnen Monaten entwickeln würde (geschlossene Knospe bedeutete „Regen", geöffnete Knospe „Sonne").

In der Heilkunde verwendete man die Wurzeln wegen ihrer Giftigkeit nur eingeschränkt, dennoch waren sie in Gebrauch als Brech- und Abführmittel, gegen Herzschwäche, Wassersucht, Harnverhalt, Neuralgien und Hautkrankheiten („Krätzeblum"). Die Christrose fördert zudem die Monatsblutung und beschleunigt die Geburt. Die Homöopathie kann unter Umgehung der Giftwirkung die Heilkraft der Pflanze voll ausschöpfen, deshalb ist eine homöopathische Behandlung ungefährlich und sinnvoll. Hauptindikationen sind Melancholie, Psychosen, Delirien, Mutismus, Apathie, Hirn-

hautentzündung und chronische Ödeme.

Die Christrose hilft, die Gegensätze von Hell und Dunkel auszugleichen und durch die Liebe zu einen. Nur, wenn wir unser Dunkel, unsere innere Nacht annehmen, können wir auch den Tag und mit ihm das Licht leben. Die Botschaft des Weihnachtsfestes besagt genau dies: Licht in die Dunkelheit bringen und sie dadurch hell machen. Man kann es auch noch anders sagen: wir sind von unserer Natur her Lichtwesen. Wenn wir uns verkörpern, vermählen wir unser Licht mit dem Dunkel der Materie. Denn der Körper ist leblos, dunkel und schwer, solange wir ihn nicht bewohnen und von innen erleuchten. Die dunkelgrüne Weihnachtstanne ist ein Symbol dafür, sie repräsentiert den Körper, die Kerzen unseren Lichtanteil, der Schmuck am Baum steht für all unsere bunten schönen Fähigkeiten. Wenn die Kerzen brennen, erleuchten sie den Baum weit über seine Grenzen hinaus wie auch wir dies tun mit unserer Ausstrahlungskraft bis hin zum sogenannten „Heiligenschein."

Christus, der die Liebe ist, ist auch das Licht, er verwandelt die Materie und geht uns voran. Er zeigt uns, dass wir alles Dunkle durch Liebe in Licht verwandeln können. Der Anteil in uns, den wir noch nicht erlöst haben, die dunklen Triebe, Gefühle, Gedanken, das selbstzerstörerische Element, Wut, Hass, Neid, der Wahnsinn,

die Hemmungslosigkeit, die Begierde, maßlose Selbstüberschätzung, Rachsucht, Perversion – all das hilft die Christrose erkennen, annehmen und wandeln. Dabei wird die Erkenntnis der Polarität vertieft: nur im Dunkeln leuchten die Kerzen besonders hell. Es geht also um das Annehmen des Schöpfungsgedankens, das Annehmen der Möglichkeit von Gut und Böse, damit wir ganz sind und aus der Fülle heraus leben können.

ICH NEHME MEIN DUNKEL AN UND WANDLE ES
UM IN STRAHLENDES LICHT.

17. Dill (Anethum graveolens)

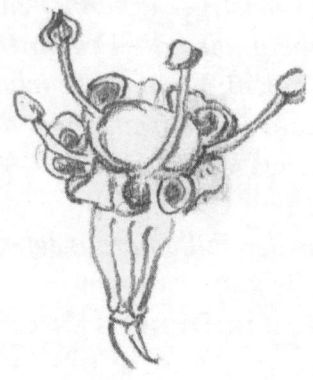

Bibel, Matthäus 23,23

Weh euch, ihr Schriftgelehrten und Pharisäer, ihr
Heuchler!
Ihr gebt den Zehnten von Minze, Dill und Kümmel und
lasst das Wichtigste im Gesetz außer Acht:
Gerechtigkeit, Barmherzigkeit und Treue.
Man muss das eine tun, ohne das andere zu lassen.

Dill, auch Gurkenkraut genannt, gehört zur
Familie der Doldenblütler und ist eins der meist-
geliebten Gewürze der Deutschen. Er stammt aus
Vorderasien und wurde schon im alten Ägypten
auf einem Papyrus von 1500 vor Christi als
schmerzlinderndes Mittel aufgeführt. Auch in
Griechenland und Rom wurde er als Heil- und
Kulturpflanze angebaut. Die Gladiatoren pfleg-
ten sich vor Kämpfen mit stärkendem Dillöl ein-
zureiben. Nach Mitteleuropa gelangte er durch

reisende Mönche, die ihn, wie so viele andere ausländische Pflanzen, in Klostergärten heimisch machten. Schon bald war er Bestandteil von Klosterweinen, denn er galt als triebdämpfend (siehe Hildegard von Bingen).

Peter Hacks (1928-2003)
Vernunftreiche Gartenentzückung

Die Kartoffel auch ist eine Blume.
Und mit gelben Federn blüht der Mais.
Und gereicht es nicht dem Dill zum Ruhme,
wie er zierlich Frucht zu tragen weiß?
Ihr in eurem Prunk und Wohlgeruche,
stolze Rosen, bleiche Lilien,
ließet nagen uns am Hungertuche.
Nur was nützet, ist vollkommen schön.

Im Volksglauben wurde Dill gegen Hexen, Dämonen und Mitmenschen verwandt, die einem übel wollten. Weiterhin legte man Dillsträußchen unter das Kopfkissen, um Schlafstörungen, Alpträumen, Mondsüchtigkeit und Schnarchen vorzubeugen. Manche Frauen platzierten vor der Hochzeit ein paar Senf- und Dillsamen in ihre Brautschuhe und flüsterten während der Trauung verstohlen: „Ich hab' Senf und Dill, mein Mann muss tun, was ich will. Wenn ich rede, schweig du still." Badete man in Dill, war man als Frau unwiderstehlich.

Der Dill hat fiedrige, stark aromatisch schmeckende Blätter (ähnlich wie Anis, Kümmel oder

Fenchel). Die Dolden blühen gelb und setzen sich aus vielen kleinen Einzelblüten zusammen, die fünf verwachsene Kelchblätter aufweisen. Dill enthält Protein, Kohlenhydrate, Fett, ätherische Öle und Mineralstoffe wie Kalium, Calcium und Natrium. Durch die ätherischen Öle (in den Samen bis zu 5 %) ist er appetitfördernd, krampflösend (auch bei Gebärmutterkrämpfen) und wirkt antibakteriell. Er unterstützt die Verdauung, hilft gegen Blähungen und bewirkt tiefen und erholsamen Schlaf. Er fördert die Milchproduktion bei stillenden Müttern und verhindert dadurch Koliken bei den Kleinkindern. Wer die Samen kaut und hinterher ausspuckt, hat einen reinen Atem.

Dill
Sanft lindert der Gefiederte,
holt ein den Blick des Hastenden,
wendet und lehrt ihn
Spiele mit goldgesäumten Horizonten.

Die Schwingungsenergie des Dills wirkt reinigend und aufhellend. Sie hebt uns aus dem Alltäglichen in den Bereich des Besonderen, das heißt: die Dillschwingung macht uns fähig, über die Alltäglichkeiten zu staunen, sie nicht mehr als selbstverständlich hinzunehmen, sondern sich zu wundern und zu erfreuen an den vielen Schöpfungsgeheimnissen, die uns auf Schritt und Tritt begegnen. Der Dill hilft uns auch, die Geheimnisse in uns zu entdecken, unsere Wesensart zu ergründen

*und sie klarer und ohne Umwege zum Ausdruck
zu bringen. Der weibliche Aspekt in uns wird
gefördert, unsere Intuition wird dabei geschärft,
wir lernen wieder mehr auf unser Bauchgefühl
zu hören. Wir werden locker und entspannt und
leicht gefiedert wie das Dillkraut selber.*

Es hilft uns bei Entscheidungen und lockert uns,
damit wir nie in Zugzwang geraten. Wir lernen,
nicht immer nachzufragen und uns zu versichern,
ob das, was wir tun, auch richtig und angemessen
ist. Stattdessen wächst unser Vertrauen in unser
eigenes Urteilsvermögen, wir werden einfühlsamer und können besser einschätzen, welche
Handlungsweisen oder Worte vonnöten sind. Wir
wissen dann auch besser, wann wir schweigen oder
nichts unternehmen sollen. Unsere Entspanntheit
wird sich schließlich auf alle anderen Menschen
in unserem Umfeld übertragen.

ICH BIN LOCKER UND ENTSPANNT.
ICH VERTRAUE AUF MEINE INNERE STIMME.

18. Edelkastanie (Castanea sativa)

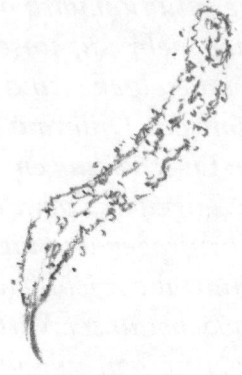

Johann Wolfgang Goethe (1779-1832)
aus dem Buch Suleika

An vollen Büschelzweigen,
Geliebte, sieh nur hin!
Laß dir die Früchte zeigen,
umschalet stachlig grün.
Sie hängen längst geballet,
still, unbekannt mit sich;
ein Ast, der schaukelnd wallet,
wiegt sie geduldiglich.
Doch immer reift von innen
und schwillt der braune Kern,
er möchte Luft gewinnen
und säh die Sonne gern.
Die Schale platzt, und nieder
macht er sich freudig los;
so fallen meine Lieder
gehäuft in deinen Schoß.

Der auch Esskastanie oder Marone genannte Baum aus der Buchenfamilie diente lange der Bevölkerung Südeuropas als Hauptnahrungsmittel, sie galt, besonders in abgelegenen kargen Regionen, als Brot der Armen. Die glänzend braunen Früchte, eingehüllt in eine große grünstachelige Kugel, enthalten Kohlenhydrate, Saccharose, Stärke, Gerbstoffe, viel Kalium, Schwefel und wenig Fette. Die Bäume können ein hohes Alter erreichen, wobei sie ab dem hundertsten Geburtstag zum Hohlsein neigen. Der „Kastanienbaum der hundert Pferde" (Castagno dei cento cavalli) am Osthang des Ätnas auf Sizilien gilt als einer der ältesten Bäume der Welt, er wird auf 2000 bis 4000 Jahre geschätzt. Höhe und Umfang sind identisch: jeweils 22 Meter. 1745 wurde er unter Naturschutz gestellt. Sein Name rührt von einer alten Legende her: eine Königin sei zusammen mit ihrem Gefolge von hundert Reitern durch ein Unwetter überrascht worden und habe sich, da Sturm und Regen, Donner und Blitz bis zum Abend anhielten, mit mehreren ihrer Beschützer unter dem Baum vergnügt.

Die Edelkastanien werden entweder geröstet oder gekocht, als Beilage oder Püree gegessen, sie werden zu Mehl und dann zu Broten oder Pfannkuchen verarbeitet, man findet sie in Desserts und Hauptspeisen, in Likören und Bier. Ihre Blätter helfen durch ihren schleimlösenden und entzündungshemmenden Aspekt bei Bronchitis,

Keuchhusten oder Asthma. Man verwendet sie auch bei Durchfallerkrankungen, Rheuma und Appetitlosigkeit.

Die Edelkastanie hilft uns, uns in der Materie zu verankern, ohne in ihr völlig aufzugehen und an ihr zu verzweifeln. Wenn wir uns zu sehr auf sie einlassen, vergessen wir unsere wahre Natur, wir erinnern uns nicht mehr daran, dass wir lichte, unsterbliche Wesen sind. Wir glauben an all das, was uns im täglichen Leben geschieht. Und da unsere Sehnsucht nach Liebe sehr stark ist, neigen wir dazu, an den Menschen und ihren Verhaltensweisen zu verzweifeln. Wir lassen uns zu sehr auf das Dunkel ein, das unserem Licht entgegengesetzt ist und gelangen an unsere Grenzen, wollen nicht mehr vertrauen, nicht mehr glauben und im Extremfall nicht mehr leben.
Die Edelkastanie hilft uns, mit einem Teil im Himmel zu wurzeln. Wir verankern uns im Spirituellen, sind verbunden mit unserer Göttlichkeit und können gleichzeitig das Menschsein genießen. Solange wir auf der Erde sind, nehmen wir unser Menschsein an, mit allen Folgen. Wir nehmen unsere Fähigkeit wieder in uns auf, als Mittler zwischen Himmel und Erde zu agieren, ohne dem einen den Vorrang zu geben.

ICH LIEBE MEIN MENSCHSEIN. ICH LIEBE MEINE GÖTTLICHKEIT. BEIDES ERFÜLLT MICH MIT HÖCHSTEM GLÜCK.

19. Efeu (Hedera helix)

Edith Holden (1871-1920)
Efeu

Beständig kriecht es durch den Wald
mit langen, grünen Trieben.
An jedem Baume macht es Halt,
an manchen ist's geblieben;
bis hoch hinauf zum Wipfel fast
mit ungezählten Sprossen
hat es den Stamm und jeden Ast
ins grüne Netz geschlossen.
Der Efeu ist's! Sein Laub so blank
zeigt vielerlei Gestalten.
Erst spät im Jahr wird sein Gerank
den Blütenschmuck entfalten.
Die Blüten grün und unscheinbar
und bläulich schwarz die Beeren –
vor Hunger wird die Vogelschar
im Winter sie begehren.
Im Winter, wenn gespenstisch kahl
die Ulmen, Eichen, Linden,
dann kann das Aug' in Berg und Tal
noch grünen Efeu finden.

Der Efeu aus der Familie der Araliengewächse bringt das schier unmögliche Kunststück zuwege, mithilfe seiner Haftwurzeln an nahezu jeder Wand hochzuklettern und sie so zu begrünen, dass man die Ranken mit den überaus durchsetzungsstarken Haftwurzeln kaum aus den Gemäuerritzen wieder herausbekommt.

Efeu erklimmt im Schnitt Höhen von 20 Metern. Die langen Ranken sind besetzt mit drei- bis fünflappigen dunkelgrünen Blättern. Die Blühsprosse stehen aufrecht und tragen grünlichweiße kugelige Blütendolden, die süßlich duften. Die Blütezeit findet zwischen September und Oktober statt, das ist im Gegensatz zu anderen Pflanzen sehr spät, die zum großen Teil dann schon reife Früchte tragen. Deshalb tummeln sich viele Insekten an der wichtigen Nahrungsquelle: Bienen, Wespen, Schwebfliegen. Die Früchte sehen aus wie Brombeeren, die aus vielen kleinen Blaubeeren zusammengesetzt sind. Sie werden von den Vögeln geliebt und verbreitet.

Sämtliche Pflanzenteile sind giftig und enthalten a-Hederin und Falcarinol. Schon der „Genuss" von zwei bis drei der sehr bitteren Beeren kann Brennen im Mund, Krämpfe, Erbrechen, Durchfall, Kopfschmerzen, Pulsbeschleunigung auslösen, größere Mengen sind tödlich. In der Volksheilkunde wird er wegen schleim- und krampflösender Eigenschaften gegen Bronchitis eingesetzt. Ein Sud kann empfängnisverhütend und sogar abtreibend wirken.

Bis zu 450 Jahre kann Efeu alt werden. Malerisch überrankt er manche Tempel, Kirchen, alte Villen, aber auch romantische Ruinen. Die Griechen verehrten ihn und waren überzeugt von der Anwesenheit der Götter genau dort, wo besonders viel Efeu wuchs. Er wird dem Apoll und den Musen zugeordnet. Weiterhin wurden die Götter des Weins, der ägyptische Osiris, der griechische Dionysos und der römische Bacchus mit Wein- und Efeulaub bekränzt dargestellt. Er steht für Sinnenfreude und Durchsetzungskraft, aber auch Treue und ewiges Leben. In Westfalen wurde im Zusammenhang mit Liebe und Heirat damit orakelt. Es wird erzählt, dass, nachdem Tristan und Isolde, das sagenhafte Liebespaar, auch im Tod getrennt wurden, der Efeu, der auf beiden Gräbern wuchs, emporrankte und sich mitten auf dem Kirchdach vereinigte.

Rainer Maria Rilke (1875-1926)
aus Requiem

. . . Sieh her,
dieser Kranz ist so schwer.
Und sie werden ihn auf dich legen,
diesen schweren Kranz.
Kann's dein Sarg aushalten?

Wenn er bricht
unter dem schwarzen Gewicht,
kriecht in die Falten
von deinem Kleid
Efeu.

Weit rankt er hinauf,
rings rankt er dich um,
und der Saft, der sich in seinen Ranken bewegt,
regt dich auf mit seinem Geräusch;
so keusch bist du.
Aber du bist nicht mehr zu.
Langgedehnt bist du und lass.
Deines Leibes Türen sind angelehnt,
und nass
tritt der Efeu ein . . .

Der Efeu kann Quälgeist sein, indem er die Bäume oder Häuser überrennt, gezähmt ist er allerdings bewundernswert in seiner Durchsetzungskraft und einfachen Schönheit. Er lehrt, die eigene Kraft richtig einzuteilen, weder verschwenderisch damit umzugehen, noch sie diktatorisch aufzudrängen. Wir alle verfügen über ungeahnte Kräfte, nicht jeder weiß davon. Viele halten sich für schwach, obwohl sie es in Wahrheit nicht sind. Genauer: Häufig denken wir uns schwach und sind es dann auch. Jeder Zweifelgedanke hält uns zurück und nimmt uns den Schwung. Jedes: „Ich kann nicht, ich schaffe es nicht" wird zu einem Nichtkönnen und Nichtschaffen. Es speist sich aus der Überzeugung der eigenen Wertlosigkeit. Wir kennen oft unsere Schwächen besser als unsere Vorzüge. Woher stammt diese seltsame Negativeinschätzung? Häufig übernehmen wir sie aus unserem familiären Umfeld, wo auch der Mangel gedacht und gefühlt wird. Nicht selten werden auch Sätze gesagt wie: „Du bist eben

zu dumm dazu" oder *„Aus dir wird nie etwas"*
oder *„Immer enttäuschst du mich."* Dies ist ein
*Spiegel dessen, was Mutter oder Vater, Oma oder
Opa von sich selbst ebenfalls denken, weil man
es ihnen vermutlich auch gesagt hat.*

*Die Frequenz des Efeus verhilft uns wieder
zum Bewusstsein unserer Stärke. Er vermittelt
uns, dass keine Mauer zu hoch und somit kein
Hindernis unüberwindlich ist, wenn man sich
vorher gut verankert hat. Wie verankern wir uns?
Indem wir auf uns bauen, indem wir wissen, dass
wir stark sind, können wir unsere Kräfte bündeln,
auf ein Ziel ausrichten und in Erfolg umsetzen.
Der Tod? Er schreckt uns nicht. Wir überdauern
ihn. Man kann uns nicht ausrotten, wir bleiben
oder kommen immer wieder. Das ist unsere Stärke: die Ewigkeit. Nur der Körper suggeriert uns,
dass wir gefährdet sind, der Geist weiß: wir sind
unsterblich. Wird der Geist durch den Körper
korrumpiert, beginnt er den Tod zu denken und
die Seele, die mitten zwischen beiden steht, verwirrt sich. Deshalb füllt uns der Efeu mit dem
Wissen um die Abwesenheit des Todes. Er klärt
den Geist und hilft ihm, die Führerschaft wieder
zu übernehmen.*

IM BEWUSSTSEIN MEINER STÄRKE KANN
ICH ALLES ERREICHEN.

20. Ehrenpreis (Veronica chamaedrys)

Eva Strittmatter (1930-2011)
Blüten und Düfte

Die Erle im Licht. Fast kaukasische Bläue.
Der kleine Wind, der die Birke verwirrt.
Das ist die wirklich beständige Treue:
Der Ehrenpreis blüht, der bläßliche, scheue.
Die Erde erfüllt ihr Gesetz unbeirrt.
Die Düfte, die Düfte, das Leben von Bäumen
und Sträuchern und Stauden im Mai.
Die Ebereschenblüten verschäumen
gilbend den Dunst von gebrühtem Salbei.
In allen Gräben, an allen Hängen
blüht Wiesenkerbel; fast ohne Geruch.
Er trägt dafür auf den Überlängen
seiner grünen Ständer ein Spitzentuch,
geklöppelt aus weißen Blütensternen.
Vielmeterlanges Tuch wellt im Wind.
Neu sind jedes Jahr ein paar Worte zu lernen,
denen Düfte und Blüten zutraulich sind.

Der Ehrenpreis stammt aus der Familie der Wegerich-Gewächse. Sein Name rührt von der Wertschätzung des „Wald-Ehrenpreises" in der Volksheilkunde („Ihm sei Ehr und Preis als vera unica medicina"). Der Zeiger für lockeren, stickstoffreichen Boden wird auch „Gewitterblümle" oder „Katzenäugle" genannt oder „Männertreu", weil sich die Blüten beim Pflücken leicht lösen. Es gibt bis zu 450 Arten, sehr häufig in unseren Breitengraden ist der „Gamander-Ehrenpreis." Der Ehrenpreis bevorzugt lehmige Sandböden, Äcker, Gärten, Wiesen und Weiden. Er ist klein und krautig mit kriechendem Wurzelstock und behaarten aufsteigenden Stängeln. Die Blätter sehen aus wie kleine, auf den Kopf gestellte Eier, sie sind an den Rändern eingekerbt. Die reich besetzten Ähren bestehen aus vierzähligen blauen Blüten mit einem weißen Auge und zwei Staubblättern. Früher hieß es, nach Gewittern blühe die Veronica besonders häufig. Es wurde auch behauptet, wenn man die Pflanze pflücke, rufe man ein Gewitter hervor. Dies bezieht sich womöglich auf ihre leicht berauschende Wirkung, wenn man ein paar Blüten zu sich nimmt.

In Afrika wird eine seiner Arten gegen Ruhr und Hämorrhoiden verwandt, in anderen Ländern nutzte man ihn als schwachen Aufguss gegen Durchfall, bei Magen-, Leber- und Darmbeschwerden und Rheuma. Stärkere Aufgüsse wurden als Brust- und Hustentee genutzt, dafür sammelte

man das herbe Kraut mit den Blüten. Dieser Tee wirkt besonders gut in Verbindung mit Huflattichblättern, Lungenkraut und Spitzwegerich bei trockenen Bronchialkatarrhen mit starkem Hustenreiz. Noch wirksamer ist frischer Presssaft. Obwohl man den Ehrenpreis schätzte und ihm die Beinamen „Grundheil und Wundheil" gab, wird er in der Heilkunde heute kaum noch verwandt. In Frankreich sind gamanderhaltige Heilmittel sogar inzwischen verboten, weil es aufgrund der Inhaltsstoffe (Bitterstoffe, Gerbstoffe, Saponine) zu Leberschäden kam. Der hohe Saponin-Gehalt kann beim Weidevieh zu Vergiftungen führen.

Ehrenpreis

Der ist groß,
der nichts auf Größe gibt
und sie dennoch anstrebt im
Bewusstsein des allgemeinen
Mangels an wahrer Größe.

Die Schwingungsinformation der Ehrenpreis-Blüte: Klarheit, Durchblick bei innerer Verstrickung, Selbsterkenntnis, Fähigkeit zur Analyse, Einblick in die Flüchtigkeit des menschlichen Daseins und Ewigkeit des Übermenschlichen. Der Ehrenpreis wirkt dort aufbauend, wo wir uns klein gemacht haben, uns nichts zutrauen, uns durch Personen oder das Schicksal bestrafen lassen und nichts dagegen unternehmen. Er hilft uns in unsere ursprüngliche innere Größe hinein,

deren Bewusstwerdung die Voraussetzung dafür ist, dass man uns nicht nur sieht, sondern auch wahrnimmt und respektiert. Er macht uns beredter, löst unsere Zunge, damit wir unsere Meinung verständlich äußern können und lässt uns fähig werden, auch vor größeren Menschengruppen zu sprechen. Sobald wir unsere Berufung erkannt haben, können wir ihr furchtlos nachgehen und die Ziele in dem Bewusstsein ansteuern, dass wir durch die Erfahrungen, die wir mit dem Gefühl der Kleinheit gemacht haben, nie zu aufgeblasener Größe neigen werden. Der Ehrenpreis hält uns, selbst wenn wir fliegen in Bodennähe, sodass wir nicht im negativen Sinne abgehoben agieren. Das macht uns überzeugender, denn nur der einfache, demütige Mensch wird die Liebe glaubhaft vermitteln.

IN DEMUT FÜHLE ICH MEINE GRÖSSE.

21. Eibisch (Althaea officinalis)

Der Pfad

Mit
Eibischaugen
schau ich dich an.
Freund, sieh in mich
ein. Dein Blicken wird
zauberhaft wandeln auf
Pfaden, die niemand,
noch niemand
je vor dir
beschritt.

Der „echte Eibisch", auch „Arznei-Eibisch"
und „Heilwurzel" genannt (das griechische „al-
thea" bedeutet Heiler) gehört zur Familie der
Malvengewächse und ist schon seit langer Zeit
als Arzneipflanze bekannt und beliebt. Er wird
selten größer als 1,50 Meter und wächst in Südeuropa und in wilden Kolonien auf den Steppen
Russlands, Kasachstans bis ins Altai-Gebirge.

Die gelappten, ungleich gezähnten Blätter sind spitz-eiförmig und samtartig behaart ("Samtpappel"). Seine trichterförmigen Blüten mit den zusammengewachsenen Staubfäden (Colonna) blühen in warmen Rosatönen. Man findet den Eibisch wildwachsend, auf Salzböden im Binnenland, in Meeresnähe und als gezähmte Variante in Gärten.

In römischen Rezepten taucht das Eibischgrün samt Blüten immer wieder im Zusammenhang mit Füllungen für Spanferkel und Wild auf, dazu galt es als Suppenkraut und gesunde Salatbeigabe. Bei Hungersnöten kochte und briet man die möhrenähnliche, leicht stärkehaltige weiße Wurzel. Sie gilt auch als das älteste Hustenbonbon der Welt, denn man trocknete die Wurzel und lutschte sie; in der raffinierteren Küche wurde sie kandiert. Der klebrig weiße Saft der Althaea Radix (der Wurzeln) wurde vor der Entdeckung des "Gummi arabicum" als Kleber verwandt. Diesen Effekt nutzten die Franzosen, die den "Kleber" von Stängeln, Blättern und Wurzeln mit aufgeschlagenem Eiweiß und Zucker vermischten und die "pâte de guimauve" erfanden (wörtlich übersetzt: "gui" Mistel, "mauve" Malve), aus der später das amerikanische "Marshmallow" ("Marsh" Sumpf, "Mallow" Malve) hervorging. Die Gelatine ersetzte den Eibisch zu Beginn des 20. Jahrhunderts.

Seisei (1867-1937)
Haiku

Wie reich sie aufging
an diesem kühlen Morgen,
die Eibischblüte!

Der Eibisch ist entzündungshemmend und Blutzucker senkend. Er enthält in allen Pflanzenteilen Schleimstoffe, vor allem die Wurzeln werden aufgrund ihres hohen Schleimgehalts bei Heiserkeit und Reizungen im Mund- und Rachenraum eingesetzt ("Schleimwurzel"). In vielen Hustentees ist heute noch Eibischwurzel ein wichtiger Bestandteil. Wegen seiner wertvollen Inhaltsstoffe ist der Tee ein hervorragendes Mittel, um Alterserscheinungen vorzubeugen. Die Wurzeln eignen sich zudem als Auflage bei Geschwüren und Verbrennungen. Man sammelt Blätter und Blüten im Juni, die Wurzeln im März.

Der Eibisch macht uns hellfühlig und hellseherisch. Er hilft uns bei der Erkundung der feinsten Regungen, die wir häufig verspüren, ohne es zu bemerken oder ihren Ursprung zu kennen. Er verhindert dabei, dass wir uns beständig mit uns selber beschäftigen und versponnen und unspontan werden, weil wir zu sehr unter unserer eigenen Beobachtung stehen. Er bewirkt stattdessen eine zunehmende Natürlichkeit, die uns unsere Schwächen, Nöte, aber auch Vorzüge hinnehmen

110

und bei Bedarf korrigieren lässt. Wir lernen durch seine Schwingung, liebevoller mit uns umzugehen, uns Fehler zu verzeihen, Tag für Tag einfühlsamer, geduldiger und humorvoller zu werden.

Der Eibisch verbindet uns ferner mit unserer Fähigkeit, Stimmungen aufzufangen, in andere hineinzuhören, Sorgen und Nöte zu spüren, die im Mitmenschen kreisen, auch Wut oder Hassgedanken wahrzunehmen und diese zur Sprache zu bringen, ohne zu werten, geschweige denn zu verurteilen. Das führt aus engstirnigem Denken heraus, erweitert den Horizont und lässt uns und die anderen freier atmen. Dabei vertrauen wir zunehmend darauf, dass uns die richtigen Worte zur richtigen Zeit „ein-fallen", indem wir innerlich Platz machen für jemanden, der durch uns sprechen oder agieren will. Das heißt nicht, dass wir zu willenlosen Medien herabgestuft werden, sondern dass wir uns ganz bewusst zur Zusammenarbeit mit hochschwingenden Wesenheiten wie Engeln entschlossen haben. Wir lernen, dies selbstverständlich zu finden und auch nicht groß darüber zu reden.

ICH BESCHREITE UNGEWOHNTE WEGE.
ICH SEHE UND FÜHLE MEHR.

22. Eisenhut (Aconitum napellus)

Eisenhut

Wo sollen wir rasten, wo ruhn,
wenn niemand den Himmel uns weiset?
Was nützt unser alltäglich Tun,
wenn niemand mit Liebe uns speiset?

Die Angst frisst uns auf und wir frieren
im Angesicht unserer Pein,
auf tausend und einen Tod stieren
wir, zittern, auf ewig allein.

Und nur, wer den Abgrund gesehen
und wer ihn verwindet, wird leise
den Lebensweg gradewegs gehen
auf lichtvolle liebende Reise.

Der Blaue Eisenhut, auch „Sturmhut" oder
„Wolfswurz" genannt, ist ein Hahnenfußgewächs
und hat eine durchschnittliche Wuchshöhe von
100 bis 150 Zentimetern. Der griechischen Sage

nach entstand er aus dem Geifer des Höllenhundes Zerberus, den Herakles aus der Unterwelt mitgebracht hatte. Dort gibt es auch den Berg „Akonitos", der Pate für den botanischen Namen des Eisenhuts war. In Europa gedeihen neben dem blauen auch der „Bunte Eisenhut" und der gelbblühende „Wolfseisenhut." Ursprünglich stammt er aus Sibirien, verteilte sich aber im Laufe der Eiszeit in Europa, Asien und Amerika. Er bevorzugt stickstoffhaltige Böden und feuchte, schattige Plätze in höheren Lagen und. Der Eisenhut mit der helmartigen Blüte ist durch seinen hohen Alkaloid-Gehalt eine der giftigsten Pflanzen, die wir in Europa kennen. Die handförmig geteilten Blätter wachsen wechselständig an aufrechten Stängeln. Die Blüten sind fünfzählig und zwittrig und stehen in meist verzweigten bis zu 50 Zentimeter hohen Trauben, die eine gewisse Ähnlichkeit mit dem Rittersporn aufweisen. Die Blüten sind vollkommen auf Hummelbestäubung ausgerichtet. Die beiden Hüllblätter auf der Unterseite bilden einen perfekten Landeplatz, eine Führungsrinne für die Hummelrüssel führt direkt zum begehrten Nektar an einem nach außen umgebogenen Sporn, kurz: ein Hummelparadies!

Eisenhut, auch „Giftkraut", „Ziegentod" oder „Würgling", enthält verschiedene Alkaloide (darunter Aconitin) und Alkamine. Die Vergiftungserscheinungen sind Nervenkribbeln, Übelkeit, Erbrechen, Frieren, Schweißausbrüche,

vermehrter Harnfluss, Zuckungen, Angst und schließlich Atemlähmung und Herzversagen. Auf all diesen Gebieten ist er, wie alle Giftpflanzen, bei richtiger Anwendung auch heilsam. Die Hälfte der vierhundert Arten findet man in China. In indischen und chinesischen Schriften wird er häufig als Pfeilgift erwähnt, man nutzte ihn allerdings auch, um lästige Nebenbuhler oder sich selbst zu ermorden. In China verzeichnete man zwischen 1980 und 1984 allein in der chinesischen Provinz Sichuan 35 Morde durch den Eisenhut, 16 Selbstmorde und 21 Fälle von versehentlicher medizinischer Überdosierung oder Verwechslung mit anderen Pflanzen. Zwischen 1989 und 1993 gab es in Hongkong 35 Vergiftungsfälle durch falsche Zubereitung der traditionellen chinesischen Medizin. Immer noch werden in vielen Ländern Wildtiere wie Bären, Wölfe oder „lästige" Nagetiere mit Aconitum vergiftet. Als Bestandteil der mittelalterlichen Hexensalbe bewirkte er das furchteinflößende Kribbeln auf der Haut, da die Nerven bei Körperkontakt sofort auf das Gift ansprechen. Empfehlenswert ist nur die homöopathische Anwendung. Aconitum gilt hier als eines der wichtigsten Fieber- und Schmerzmittel, es hilft bei schwer verlaufenden Erkältungskrankheiten mit Husten, Bruststichen, Herzinfarkt, bei heftigen, akuten Beschwerden, Angstattacken und Todesfurcht.

Seine Schwingungsinformation: Eisenhut führt uns in das Zentrum unserer Angst, er öffnet uns die Augen und hebt uns wieder auf die Ebene der Furchtlosigkeit, die sich mit dem Wissen der eigenen Unsterblichkeit verbindet. Die beiden Hauptängste, nämlich die vor einem Leben ohne Liebe und die vor dem Tod, werden uns genommen, indem die tiefe Einsicht in die Liebesnatur unserer Schöpfung gewonnen wird. Der Eisenhut überflutet uns mit der Frequenz der Einheit und Liebe, der Geborgenheit und des Trostes. Je mehr wir uns in Panik- und Angstattacken verstrickt sahen, umso intensiver spüren wir seine Heil bringende Schwingung. Er hilft uns, die extreme Fähigkeit zu fühlen besser zu nutzen, indem wir unsere starken Empfindungen auf das Positive, Lichte, Schöne ausrichten, das in allem als Gegenpol enthalten ist. Überall dort, wo es Böses und Angsteinflößendes gibt, ist das verborgene Licht besonders stark. Indem wir den Vorhang zurückziehen und das Licht wieder in den Mittelpunkt unserer Bühne stellen, haben wir die Angst in Kraft und Liebe gewandelt.

ICH BIN FURCHTLOS. ICH BIN VOLLER VERTRAUEN UND LIEBE DAS LEBEN.

23. Elfenblume (Epimedium)

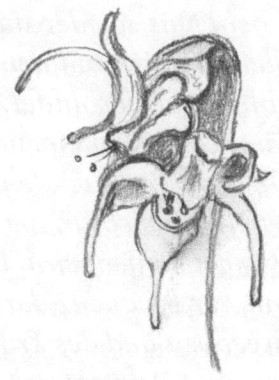

Die Elfenblume

Ein Gewand
aus zartem Licht.
Du lächelst, meine Schöne.
Gelblieblich sendest du deine
Strahlen aus dem Gefieder des
Blattwerks, des rotgeränderten,
aufmerksam lauschenden.
Springst du jetzt
gleich auf dein
Heuschreckenpferd
oder willst du dich lieber
in linde Lüfte erheben, um
die Himmel in uns ein wenig
leichter
zu machen?

Die Elfenblume versteckt sich mit ihren zarten gelben, weißen oder rosafarbenen Rispen hinter herzförmigen Blättern. Sie gehört zur Familie der Berberitzen und ist mit etwa vierzig Arten bekannt.

Sie ist eine ausdauernde, krautige Pflanze, die sich durch den kriechenden Wurzelstock (Rhizom) flächig verbreitet. Ihr natürliches Verbreitungsgebiet erstreckt sich hauptsächlich über Asien und den Mittelmeerraum. Die Elfenblume bevorzugt schattige Standorte mit feuchtem, durchlässigem, nährstoffreichem Boden. Sie wird etwa 30 Zentimeter hoch. Die gefiederten Laubblätter sind herzförmig und an den Rändern gesägt. Die eleganten gespornten Blüten stehen in Trauben und sind zygomorph, verfügen also über spiegelgleiche Hälften. Die acht Blütenhüllblätter teilen sich in vier Kelch- und vier Kronblätter, dazu sind vier Staubblätter vorhanden. Nachdem die Blütezeit im Sommer vorbei ist, bilden sich trockene Kapselfrüchte. Man nennt sie auch „Bischofsmütze" oder noch unromantischer „Sockenblume."

Im Heilbereich wird sie in der chinesischen Medizin schon lange als Potenzmittel geschätzt, das dem Mittel Viagra überlegen ist, weil es die Blutzufuhr zum Penis verbessert, den Testosteronspiegel erhöht und die Spermienbildung anregt. Die Elfenblume soll sich auch bei Ziegenherden luststeigernd auswirken, daher der geläufige Beiname „Ziegenkraut." Insgesamt wirkt sie anregend, durchblutungsfördernd, Blutdruck senkend, stärkt das Gedächtnis, hilft bei Asthma, Bronchitis, Husten und Gebärmutterkrebs. Eine Tasse Tee pro Tag wirkt verjüngend auf den gesamten Organismus. Eine Überdosierung bewirkt Schwindel, Erbrechen und Nasenbluten.

Sie wirkt unscheinbar und wird als robuster Bodendecker verwandt, doch es steckt eine große Verwandlungskraft in ihr. Die Elfenblume macht leicht und frei, sie lässt das Leben wie ein Spiel erscheinen und verleiht der Vorstellungskraft, dem großen Realitätsbildner, ihre Flügel. Ihre Schwingung reproduziert die ursprüngliche, leichte Schöpferkraft, den Sprung aus dem Unverkörperten, aus dem reinen Sein in die Materie. Derjenige, der sein Leben auf materielle Werte gegründet hat, der nur an das glaubt, was er sieht und anfassen kann, wird eines Besseren belehrt. Das Elfenhafte, Bunte, Unirdische mischt sich in sein Denken und Fühlen und führt in die innere Befreiung. Die Elfenblume hilft dem Menschen aus Uninspiriertheit, innerer Unfruchtbarkeit und Materialismus heraus, sie lässt ihn wieder an Wunder glauben und verleiht ihm die Gabe, mehr zu sehen. Er wird fähig gemacht, kreative Lösungen zu finden, wenn sich als sicher geglaubte Umstände plötzlich verändern. Die Sexualität, die sich womöglich schwer gemacht hat und sich kompliziert und störend auf die Liebe auswirkte, kann wieder spielerisch und sinnlich ausgelebt werden. Eine Liebe, die die Sexualität integriert, entfernt nicht von der Spiritualität. Spirituell sind wir von Geburt an, und alles, was wir im Bewusstsein dieser Lichtqualität leben, verbindet uns mit uns selber und dem Grund unseres Daseins.

ICH BIN LEICHT UND BESCHWINGT, DAS LEBEN IST EIN SPIEL, DAS ICH MITGESTALTEN DARF.

24. Elfenkrokus (Crocus tommasinianus)

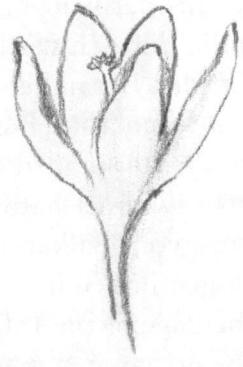

Theodor Storm (1817-1888)
Hinter den Tannen

Sonnenschein auf grünem Rasen,
Krokus drinnen blau und blass;
Und zwei Mädchenhände tauchen
Blumen pflückend in das Gras.
Und ein Junge kniet daneben,
Gar ein übermütig Blut,
Und sie schaun sich an und lachen –
O wie kenn ich sie so gut!
Hinter jenen Tannen war es,
Jene Wiese schließt es ein –
Schöne Zeit der Blumensträuße,
Stiller Sommersonnenschein!

Krokusse sind in Mitteleuropa seit dem 12. Jahrhundert bekannt, vor allem durch den „Crocus sativus", dessen orangegelben Stempelfäden ein begehrter Stoff zum Färben, Würzen und Heilen war. Safran zählt zu den teuersten Gewürzen der

Welt, denn für 1 Kilo braucht man ca. 200 000 Blüten, die Ernte kann nur per Hand erfolgen. Der Elfenkrokus aus der Gattung der Krokusse gehört zur Familie der Schwertliliengewächse. Der Beiname ehrt den Botaniker Mutius Joseph Spiritus Ritter von Tommasini, Bürgermeister von Triest, der sich im 19. Jahrhundert der Erforschung der Flora Istriens gewidmet hatte. Ursprünglich stammt die Pflanze vom Balkan und wächst bevorzugt auf kalkigen Böden in lichten Laubwäldern bis in Höhenlagen von 1500 Metern. Als Zierpflanze ist sie inzwischen in ganz Europa zu finden, häufig auch als „Stinsenpflanze." Damit bezeichnet man die verwilderten Formen eingeführter Zierpflanzen, die in der Natur überdauern, selbst wenn die Häuser und dazugehörigen Ziergärten aufgegeben worden sind.

Der Elfenkrokus ist eine ausdauernde krautige Knollenpflanze mit einer mittleren Wuchshöhe von 12 Zentimetern. Ihre Blütezeit beginnt schon im Februar. Die Laubblätter sind lang und schmal und besitzen einen weißen Mittelnerv. Die trichterförmigen Blüten besitzen sechs Kelchblätter und dottergelbe Staubbeutel und sind vorwiegend violett, manchmal weiß. Das Licht scheint durch seine lanzettförmigen Blütenblätter und lässt ihn jenseitig erscheinen.

Ernst Stadler (1883-1914)
Frühlingsnacht

Die Kirschbaumblüten im lichtdurchschwemmten Garten
sind wie Kandelaber von Millionen Kerzen,
die das Vollmondfeuer angesteckt. Die zarten Kissen
grüngesprengten Rasens zwischen Crokusbeeten
sind besteckt mit weißen Perlensäumen,
und die kühle spiegelhelle Luft
ist ein feiner Schleier von gewebtem Silber,
den die Lenznacht heimlich glühend um die
weiße warme Nacktheit ihrer Glieder hängt.

Der Elfenkrokus hilft, das Licht in der Dunkelheit zu entdecken oder es dort hinein zu leiten. Jeder Mensch besitzt die Kraft, Licht zu verbreiten, der Elfenkrokus erinnert uns daran und fordert uns dazu auf, diese Kraft überall zu benutzen, besonders dann, wenn eine Krise den Alltag überschattet. Schon morgens können wir die Entscheidung zum Licht treffen. Lassen wir es zu, dass Sorgen, Ängste, Zweifel unser Denken und Fühlen überschatten? Grummeln wir innerlich, obwohl wir doch gerade erst unsere Augen geöffnet haben? Welche Gedanken lassen wir zu, sobald wir aus dem Reich der Träume in die Wirklichkeit entlassen werden?

Der Elfenkrokus erinnert uns daran, dass wir ein schönes Leben haben wollen und es durch die Kraft unserer Gedanken bewirken können. Indem wir unsere Partnerschaft oder unser Single-Leben, das Leben mit oder ohne

Kindern, unsere Wohn- und Arbeitsverhältnisse, unser Verhältnis zu Verwandten, Freunden und Bekannten daraufhin untersuchen, was schön daran ist, nützlich, erheiternd, erfolgversprechend, lehrreich – verwandeln wir das Schwere in etwas Leichtes. Unsere ursprüngliche Überzeugung, als Kind leicht, liebevoll, unternehmungslustig und optimistisch gewesen zu sein, verbindet sich mit der neu gewonnen Überzeugung, dass man sein ganzes Leben nach den Maximen des Kindes ausrichten kann, wenn man es nur will. Wir wollen leicht sein? Wir sind es, indem wir es uns wieder bewusst machen. Wir wollen mehr wissen? Wir dürfen es, wir müssen nur fragen, forschen, hinter die Kulissen schauen. Wir wollen geistig und körperlich beweglich sein? Wer hindert uns daran? Wir wollen lieben? Wir können es mühelos, da es unser Daseinsgrund ist und unserer Natur entspricht. „Aus alt mach neu", das ist die Devise des Elfenkrokus.

ICH BIN LICHT. ÜBERALL DORT,
WO ICH HINGEHE, WIRD ES HELL.

25. Engelwurz (Angelika archangelica)

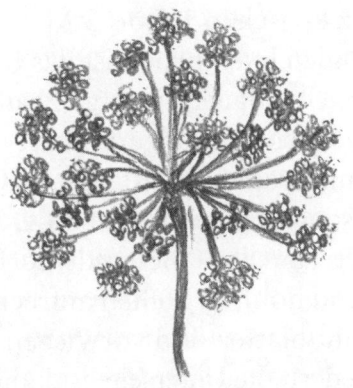

Engelwurz

Liebelicht
singen die Blüten
die Lieder aus bitteren
Düften, und süßer erklingt
dein Leid. Engelgleich wirst du
erkennen, dass Flügel dir wachsen,
wo immer du lächelst und liebst,
und dass Leiden in sanftgleichen
Hüllen entgleitet. Und Glück,
dieses Glück, das wir alle
erstreben, wird sein.

Die Engelwurz mit den halbkugeligen Blütenständen voller grünlich-weißer Blümchenaugen
wird in der Volksmedizin wegen ihrer vielfältigen
Wirkstoffe geschätzt. Sie gehört zur Familie der
Doldenblütler und ist vorwiegend in Nord- und
Osteuropa, im Himalaya, in Sibririen und Nordamerika verbreitet. Die Engelwurz bevorzugt

nährstoffreiche nasse Tonböden. Die zwei- bis vierjährige Pflanze, die nur einmal blüht, erreicht Wuchshöhen zwischen 1,2 bis 3 Metern. Bei den wild wachsenden Exemplaren ist das Rhizom, das knollenartige Überdauerungsorgan, rübenförmig, bei Kulturpflanzen ist es abgerundeter und kürzer. Es enthält Angelicasäure, Kaffeesäure, Chlorogen- und Furmarsäure, Harze, Flavonoide, ätherisches Öl und weitere, an die 60 Bestandteile. Die Stängel sind gerillt und hohl, sie stehen aufrecht, die lang gestielten Laubblätter sind vorwiegend zwei- bis dreifach gefiedert, die Unterseite ist kahl, die Blattränder sind rauh und gezähnt. Die Blütendolden duften nach Honig und locken viele Insekten an.

Die Wurzeln voller Bitterstoffe setzt man gegen Magen-Darmbeschwerden ein, das ätherische Öl gegen Rheuma, Neuralgien und Schlafprobleme wird auch häufig Kräuterschnäpsen und Likören zugesetzt („Chartreuse", „Bénédictine", „Boonekamp"). Es wirkt innerlich gegen Schlaflosigkeit und äußerlich gegen Gicht und rheumatische Beschwerden. Man sollte Überdosierungen vermeiden, denn dann kann das ätherische Öl toxisch sein. Alkoholische Auszüge und Tees werden bei Verdauungsproblemen wie Blähungen, Magen-Darmkrämpfen und Völlegefühl angewandt. Angelika regt die Magensaftproduktion an und wirkt antibakteriell und entzündungshemmend. Das Vitamin B 12 setzt Glückshormone frei und wirkt gegen Depressionen. Im Mittelalter galt die

Engelwurz als dem Erzengel Michael geweiht, man nutzte sie als Heilmittel gegen Pest und Hexerei.

Die hohe Frequenz der Engelwurz wurde immer schon wahrgenommen. Sie speist ähnlich wie die Elfenblume und der Elfenkrokus das lichte Element in unser System ein, das geflügelte, farbig-durchsichtige, das Element, das uns an unsere Leichtigkeit erinnert, an unsere Herkunft. Sie verleiht die Fähigkeit, leicht zu nehmen, was vorher als schwer empfunden wurde, indem sie uns hochhebt und von oben schauen lässt. Von oben betrachtet, erkennen wir zielsicher unsere Irrtümer, wir können sie korrigieren, ohne in langwierigen Verstrickungssituationen zu verbleiben. Wir können auch denen raten, die den Überblick noch nicht haben, ohne jedoch schulmeisterlich aufzutreten. Jeder ist Schüler und Lehrer zugleich, Lernen und Lehren sind zwei Genüsse, denen wir uns aus reiner Lebensfreude hingeben dürfen.
Die Engelwurz appelliert an unser Herz, immer liebevoll zu sein. Alles, was wir fühlen, denken, tun und sagen, soll von dieser Kraft getragen sein. Der Engel, der jedem von uns als Begleiter mitgegeben wurde, wirkt in jeder Sekunde mit seiner extremen Liebesfähigkeit auf uns ein, damit uns der Weg leichter fallen möge. Wer sich von der Kraft der Engelwurz tragen lässt, erkennt nach einiger Zeit, dass es viel einfacher ist zu lieben als zu hassen. Erst der Hass verkompliziert das

Leben, dazu der Missmut, Neid, der Geiz, die Besserwisserei, der Jähzorn. Auch Angst, Zweifel und Unsicherheit, die extreme Anpassung, der Verlust der Identität, die Selbstaufgabe, die Freudlosigkeit – all das macht Kommunikation zu einem Verwirrspiel, in dem es kaum Gewinner geben kann. Die Engelwurz sorgt mit ihrer Betonung der Liebe für Einfachheit und Klarheit. Wer liebt, muss all die anderen anstrengenden Gefühle „negativer" Art nicht mehr fühlen. Der Liebende ist vollkommen frei. Diese Erkenntnis, die uns schließlich bis auf den Grund unserer Sele durchdringt, ist das Geschenk der Engel.

MEIN ENGEL IST BEI MIR. ER BRINGT MICH ZUM LÄCHELN. ER NIMMT MIR DIE ANGST UND LEHRT MICH DIE LIEBE.

26. Enzian (Gentiana verna)

Der Enzian

Unter der schweren Hand des Himmels
duckt er sich nicht aus einem Zweifel
heraus, sondern aus der Einsicht in
die Vollkommenheit der Schöpfung.

Dass der König Genthios die Heilkraft der
Pflanze 167 vor Christus entdeckt haben soll ist
nur im Hinblick auf die Namensgebung der Pflanze
interessant, die schon weit früher bekannt war.
Die 300 bis 400 Arten der stark gerbstoffhaltigen
bitteren Pflanze wachsen in hohen Bergregionen,
in Europa sind sie mit etwa 37 Arten vorwiegend
in den Alpen bis zu 3500 Metern Höhe vertreten.
Der ausdauernde krautige Frühlingsenzian (das
lateinische „ver" bedeutet Frühling) hat eine
mittlere Wuchshöhe von 15 bis 20 Zentimetern,
er bevorzugt präalpine Silikat- und Kalk-Mager-

rasen, Heidewiesen, ungedüngte Schafweiden, auch Moore und Flussauen. Am Boden bildet er hellgrüne Blattrosetten mit lanzettlichen schmalen Laubblättern. Die röhrenförmigen leuchtend blauen Stieltellerblüten sind endständig, sie schließen sich bei bedecktem Himmel, Regen oder Hagel. Im Herbst bilden sich ungestielte Kapseln mit vielen winzigen elliptischen Samen, die vorwiegend durch den Wind oder durch Ameisen verbreitet werden.

Es ist eine alte Weisheit, dass Bitterstoffe unseren Körper gesund erhalten, denn „der Tod sitzt im Darm" (Paracelsus). Bitterstoffe sorgen für die Gesundheit und Gesundung des Verdauungstraktes. Folglich wird Enzian eingesetzt bei Verdauungsschwäche, Völlegefühl, Appetitlosigkeit, Sodbrennen, Magenbeschwerden aller Art, aber auch bei Folgekrankheiten der Übersäuerung wie Rheuma und Gicht, dazu Krampfadern, Blutarmut und Durchblutungsproblemen. In der Pflanzenheilkunde spielt hierbei nicht nur der blaue, sondern auch der gelbe Enzian eine große Rolle.

William Cullen Bryant (1794-1878)
An den gefransten Enzian

Du Blüte, glänzend in des Herbstes Tau
und mit des Himmels Blau gefärbt,
die du dich öffnest, wenn das stille Licht
folgt auf den scharfen Frost der Nacht.

Du kommst nicht, wenn das Veilchen sich
über windende Bäche und unsichtbare Quellen neigt

oder die Akelei, in Purpur gekleidet,
über der Lerche verborgenem Neste nickt.

Du wartest lang und kommst allein,
wenn die Wälder kahl, die Vögel fortgezogen sind,
wenn Fröste und kürzer werdende Tage ankünden,
daß das alternde Jahr seinem Ende sich nähert.

Dann blickt dein holdes und stilles Auge
durch seine Fransen auf zum Himmel,
blau – blau, als ob der Himmel eine Blume
von seinen azurenen Mauern hätte fallen lassen.

Ich wollte, daß, wenn ich
die Todesstunde sich mir nahen sehe,
so die Hoffnung, in meinem Herzen erblühend,
zum Himmel schaute, wenn ich scheide.

*Die Schwingung des Enzians hilft uns, die
Zweifel, den großen Erfolgsverhinderer, loszu-
lassen und die Energie umzuwandeln, die durch
das Grübeln und sich-in-Frage-Stellen gebunden
war. Täglich sind wir konfrontiert mit Zweifeln
in unserem Inneren und den Zweifeln und „Ent-
Mutigungen" in unserem Umfeld. Wie oft wird
gesagt: „Das schaffst du nicht. Das ist unmöglich. Pass auf, du fällst herunter. Geh kein Risiko
ein. Glaubst du etwa, man hätte extra auf dich
gewartet? Das Leben ist kein Kinderspiel. Besser der Spatz in der Hand als die Taube auf dem
Dach." Wir werden so lange geimpft mit den
Zweifeln aller vorhergehenden Generationen, bis
wir unseren Mut verloren haben und jeden Schritt*

zehnmal bedenken, und, wenn wir ihn gewagt haben, zehnmal rückgängig machen wollen. Der Enzian hebt den Schleier hoch, der durch diese Gehirnwäsche über unserem Bewusstsein liegt und erinnert uns daran, dass viel mehr möglich ist, als wir inzwischen denken.

Dort, wo seine Heimstatt ist, in den Bergen, im Angesicht des Himmels, öffnen sich auch die Sinne des Menschen und werden weit. All das, was in den Tälern und Ebenen eine Rolle spielt, wird weniger wichtig, nur das Wahre, die Essenz bleibt bestehen. Wollen wir uns einen Überblick verschaffen, gehen wir nach „oben", auf die höhere Ebene, von dort schauen wir nach unten, um zu beurteilen, was übrigbleibt und nach oben, um uns zu vergewissern, woher wir kommen und wohin wir gehen. Wir werden wieder mit uns selbst verbunden, jeder Zweifel wird in die Schranken gewiesen, Kleinlichkeit und Misstrauen, engstirniges Denken, Selbstsucht – all das bleibt auf der Strecke, wenn die Energie des Enzian uns hilfreich „unter die Arme greift" und uns in die inneren Gebirgsregionen unseres Seins führt.

ICH BIN FREI VON ZWEIFELN.
ICH BIN MIR SICHER,
DASS ALLES EINEN SINN HAT.
ICH BIN VERBUNDEN MIT DEM GÖTTLICHEN.

27. Erdbeere (Fragaria vesca)

Ludwig Tieck (1773-1853)
aus Frühlingserwachen

Nie vergisst der Frühling wiederzukommen;
Wenn Störche ziehn, wenn Schwalben auf der Wiese sind,
Kaum ist dem Winter die Herrschaft genommen,
So erwacht und lächelt das goldene Kind . . .
Dann geht er und schläft im waldigen Grund
Und haucht den Atem aus, den süßen;
Um seinen zarten, roten Mund
Im Grase Viol' und Erdbeer' sprießen.
Wie rötlich und bläulich lacht
Das Tal, wenn er erwacht . . .

Die Erdbeere, die zur Gattung der Rosengewächse gehört, erfreut sich weltweit höchster Wertschätzung. Der Botaniker Hieronymus Bock schreibt im 16. Jahrhundert etwas prosaisch: „Die Köche seind der Erdbeeren auch gewar worden, machen gute Müßlein darauß." Seit der Steinzeit in ihrer Wildform bekannt, wurde sie erst im

18. Jahrhundert durch Kreuzung zu der Frucht, die wir auf Märkten und in Läden zu kaufen gewohnt sind. Dabei vereinte man vor allem die schon etwas größerfruchtige amerikanische „Scharlach-Erdbeere", die französische Siedler am St. Lorenz-Strom entdeckt hatten, mit der noch größeren „Chile-Erdbeere." Von den römischen Dichtern gepriesen (Ovid bezeichnete die „frega" als Speise des Goldenen Zeitalters, „vesca" heißt essbar; auch Plinius und Vergil erwähnen sie in ihren Schriften), war sie lange der Inbegriff von Lebenslust, Verlockung und Sinnlichkeit. In der christlichen Malerei wurde sie umgedeutet, als Paradiespflanze porträtiert und der Maria als Symbol der Rechtschaffenheit zugesellt. Ein der germanischen Göttin Freya nachgesagter Brauch wurde später der Maria zugeschrieben. Freya versteckte Kinder, die gestorben waren, in Erdbeeren und nahm sie dann heimlich mit nach Wallhall, dem Ruheort der Götter. Daher bildete sich die Legende, nach der Maria einmal im Jahr herabsteige, um auf der Erde Erdbeeren für die verstorbenen Kinder im Paradies zu sammeln.

Die wilde Erdbeere mit eirunden gesägten Blättern und gestielten fünfzähligen Blüten ist eine krautige, mehrjährige und wintergrüne Pflanze, die lichte Laub- und Nadelwälder und durchlässige, feuchte, nährstoffreiche Böden bevorzugt. Im Gegensatz zur Gartenerdbeere wird sie nicht größer als 25 Zentimeter. Sie besitzt etwa 20 gel-

be Staubblätter und im Zentrum grünliche-gelbe Fruchtblätter. Ihr hohes Pollenangebot und der leicht zugängliche Nektar machen sie beliebt bei Fliegen, Bienen und anderen Insekten. Ameisen lecken oft nur den Nektar auf und tragen nichts zur Bestäubung bei. Wenn es allerdings um die Früchte geht, sind die Ameisen dabei; sie schleppen die Erdbeeren in ihren Bau, füttern ihre Larven damit und werfen die kleinen Samen wieder heraus. Obwohl wir die süßen roten Früchte als Beeren bezeichnen, gehören sie streng genommen zu den Sammelnussfrüchten. Dies bezieht sich auf die kleinen harten Samen, mit denen die Frucht gesprenkelt ist und die wieder ausgeschieden werden. Viele weitere Tiere, Füchse, Dachse, Eichhörnchen, Mäuse, Igel, Schnecken, Vögel, beteiligen sich nur zu gerne an der Fress-Verbreitung der Erdbeere („Endochorie"). Diese kann sich allerdings auch selber helfen, indem sie sich zusätzlich durch Ausläufer vermehrt, die sich bewurzeln und neue Blattrosetten bilden („Blastochorie"). Außerdem gibt es noch die Verbreitung durch die Trocknung der Frucht am Stängel, wobei die Nüsschen schließlich herunterfallen („Barochorie").

Die Samenkörnchen enthalten viele Bitterstoffe, die die daraus hergestellten Marmeladen etwas gewöhnungsbedürftig werden lassen; es empfiehlt sich deshalb eine Mischung mit Kultur-Erdbeeren. In der Heilkunde benutzte man einen Aufguss aus

den gerbstoffreichen Erdbeerblättern bei leichten Durchfällen und Gicht, auch die frischen Früchte sind heilsam.

Verwandlung (Die Erdbeere)

Wie aus dem Weiß ein Rot wird
und aus der Blüte die Frucht,
so wird aus dem Lächeln des Säuglings
die Liebe zur Menschheit.

Die weißen Blüten mit dem gelben Zentrum verkörpern Frische und Verheißung. Die Energie der Erdbeerblüte weckt unsere Lebensgeister, sie lässt das Blut wieder durch unsere Adern strömen, als wären wir Kinder auf der Suche nach neuen Abenteuern. Sie erinnert uns an den Genuss, den die Welt bietet und an die Möglichkeit, mittels unserer Sinne diese Vielfalt auszuloten. Die süße rote Beere steht hier für die reiche Ernte, die uns bevorsteht, wenn wir das Leben ausschöpfen und all seinen Wundern die Ehre erweisen. Eine Erdbeere nicht zu genießen hieße innerlich verdorrt zu sein, psychisch alt und krank, freudlos und ohne Aussicht auf persönliches Glück. Wer sich selbst so kasteit, wird auch sein Umfeld vergiften. Wer kennt nicht aus der Literatur, aus Filmen oder eigener Anschauung die Menschen, die nicht genießen können und somit auch den anderen nichts gönnen? Dies wird häufig ausgelebt durch Bestrafung und Selbstbestrafung in religiösem

Fanatismus, Prinzipienreiterei in der Familie und im Beruf, in Entsagung und übermäßiger Pflichterfüllung. Dort, wo wir uns mental, seelisch oder körperlich in irgendeiner Weise eingesperrt haben, wirkt die Erdbeere lösend, befreiend – sie ist der Schlüssel zu unserem selbstgebauten Gefängnis.

ICH BIN VOLLER LIEBE!
MEINE SINNE ERWACHEN ZU NEUEM LEBEN!

28. Estragon (Artemisia dracunculus)

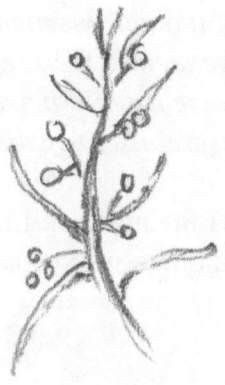

Estragon

Müde bist du,
gehst zu einer Ruh,
die dir nicht dienen will.
Helf ich dir, dann wirst du
sehen lernen müssen, sehnen
lernen, wünschen und erfüllen
lernen, wirst dein Leben neu
erfinden lernen und dann
lehren, wie man dient.

Der Korbblütler Estragon ist einst aus dem fernen
Osten eingewandert und ist wild vorwiegend in
Südeuropa anzutreffen. Den Namen „Artemisia"
verdankt er der Mondgöttin Diana, die später mit
Artemis, der Göttin der Jagd, verschmolz. Der
abenteuerliche Beiname „dracunculus" entstand
aus dem arabischen „Tharcûn", woraus in Italien
zuerst „tarcon" wurde, dann „dragone" und in
Mitteleuropa „Schlangendrachantkraut" oder

„Dragonbeifuß", woraus sich die Bezeichnung „Estragon" entwickelte, womöglich weil die Wurzel einem Schlangenkörper und die Blätter einer Schlangenzunge ähneln. Im Altertum heilte man mit Estragon die Bisse von Giftschlangen, im Mittelalter galt er, am Körper getragen, als wirksames Mittel gegen Schlangenangriffe. „Dragunwermut" nannte man ihn aufgrund seines dem Wermut ähnlichen Geschmacks.

Er blüht selten und dann nur in kleinen gelben Rispen. Kurz vor der Blüte ist der Gehalt an ätherischen Ölen am höchsten, nur dann entfaltet er sein volles Aroma als Küchenkraut. In der französischen Mischung „Fines herbes" ist er mit seinem feinen, an Anis erinnernden Geschmack neben Schnittlauch, Petersilie und Kerbel unverzichtbar. Die erste schriftliche Erwähnung stammt aus China um das Jahr 2000 vor Christus. Im alten Indien braute man einen Stärkungstrunk aus Estragon und Fenchel. Araber würzten ebenfalls ihre Speisen damit, die Mauren brachten ihn nach Spanien, die Kreuzfahrer nach Mittel- und Nordeuropa.

Er enthält Gerbstoffe, Bitterstoffe, Flavanoide, ätherische Öle und Mineralstoffe wie Kalium und Natrium. Wie die meisten bitteren Küchenkräuter wirkt er verdauungsfördernd, regt den Gallenfluss und die Nierentätigkeit an, hilft gegen Appetitlosigkeit, Blähungen, Magenprobleme, Wassersucht. Zusätzlich wirkt er stärkend bei

Erkältungskrankheiten und Husten. Eine Massage mit Estragon-Öl lindert Muskelkrämpfe.

Die Estragon-Energie richtet uns auf, wenn wir nachlassen und müde werden, wenn wir nachgeben und ausweichen wollen. Sie hilft uns, jeden Morgen mit neuer Kraft zu beginnen und zu wissen, dass sich das Leben lohnt und dass wir bereit waren, es zu leben, weil wir unsere guten Gründe dafür haben. Der Estragon stärkt den Widerstand gegen negative Einflüsse von außen und verhilft zu größerer Gelassenheit im Umgang mit den negativen Gedanken und Gefühlen, die in uns wohnen. Dazu brauchen wir nicht nur intellektuelle, sondern auch emotionale Stärke.

Wenn wir lernen, gelassen mit den dunklen Seiten umzugehen, wenn wir sie nicht überbewerten, nicht bis aufs Blut bekämpfen, wenn wir gelassen und liebevoll alles in uns annehmen, dann hat das Böse keine Macht mehr über uns. Es bedient sich unserer Angst, um in uns zu wachsen und sich mit äußeren bösen Energien zu verbünden. Der angstfreie Mensch ist nicht anfällig dafür, er wird nie bedrängt, besiegt oder besetzt werden. Der angstfreie Mensch vertraut bis ins Letzte der Höheren Macht, die uns geschaffen und die Liebe in uns eingepflanzt hat. Denn die Liebe ist stärker als alles andere. Selbst der schlimmste Verbrecher will eigentlich nur geliebt werden. Indem wir uns selbst diese bedingungslose Liebe schenken und

uns sagen, dass wir uns vollkommen annehmen,
machen wir uns unbesiegbar.

Wir gewinnen unseren Lebensmut zurück, das
Altbekannte bekommt neue Dimensionen, wir
lassen uns darauf ein wie ein Spieler im positiven
Sinne. Abgestumpftheit und Überdruss, Verzweif-
lung, Depression, Zynismus – all das kann wei-
chen, weil wir uns anders wahrnehmen lernen,
frisch und unverbraucht, unverdorben, in der
ursprünglichen Reinheit unserer Urschwingung.

ICH BIN JUNG UND WACH. ICH DIENE DER WELT
MIT MEINEN FÄHIGKEITEN, INDEM ICH SIE LEBE.

29. Farn (Polypodiopsida)

Hildegard von Bingen (um 1098-1179)

Der Farn ist warm und trocken und hat auch ein
mittleres Maß an Saft.
Der Teufel flieht die Pflanze, und sie hat gewisse Kräfte,
die an die der Sonne gemahnen,
weil sie wie die Sonne das Dunkle erhellt.

Sie vertreibt so Trugbilder, fantasias,
und deswegen lieben sie die bösen Geister nicht.
An dem Platze, an dem sie wächst,
übt der Teufel sein Gaukelspiel selten aus,
und das Haus, an dem der Teufel ist,
meidet und verabscheut sie.

Blitz, Donner und Hagel fallen dort selten ein,
und auf dem Acker, auf dem sie wächst,
hagelt es selten. Wer den Farn bei sich trägt,
ist sicher vor den Nachstellungen des Teufels und vor
bösen Anschlägen auf Leib und Leben.

Die Farne gehören zur Familie der Gefäßsporenpflanzen, von den weltweit etwa 12.000 Arten sind in Europa 200 beheimatet; sie gedeihen vorwiegend in Wäldern, in Mauerritzen, an schattigen Ufern und Burgwänden. Durch Versteinerungen wissen wir, dass es Farne schon seit etwa vierhundert Millionen Jahren gibt. Damals bildeten sie große Wälder zusammen mit anderen Pflanzen, die heute ebenfalls nur noch in Miniaturformat existieren; sie sind die Basis für die weltweiten Kohlevorkommen. Nur noch in den Tropen findet man großwüchsige Baumfarne.

Der junge Farn lugt im Frühjahr zuerst mit dekorativ eingerollten Blattspitzen hervor, bevor die gefiederten, weit ausladenden Wedel sich in lichtgrün entfalten und schnell nachdunkeln. Die Sporen, mit deren Hilfe sich Farne vermehren, finden sich auf der Blattunterseite und werden „Sori" genannt. In den alten Geschichten verbergen sich Zwerge und Elfen unter den breit gefächerten Farnwedeln, im Reich von Licht und Schatten und den geometrischen Mustern, die sich zauberisch daraus ergeben. Im Mittelalter war es den Menschen hingegen verdächtig, dass die Farne weder Samen noch Keimlinge besaßen. Man nannte sie wenig schmeichelhaft „Hexenleiter", „Teufelswisch" und „Hurenkraut" und traute ihnen alles mögliche Schlechte zu. Andererseits wurde der Glaube verbreitet, die Farne blühten in der Johannisnacht und wer dann den daraus

abgeworfenen Samen bei sich trage, sei entweder unsichtbar oder gefeit gegen böse Mächte. Diese Überzeugung hielt sich so lange, bis der Botaniker Hofmeister Mitte des 19. Jahrhunderts die Vermehrung durch Sporen glaubhaft nachweisen konnte: die Sporen mit einem männlichen und einem weiblichen Vorkeim werden herausgeschleudert und gedeihen durch Tau und Regen zu neuen Pflanzen heran.

Wegen ihrer Eigenschaft, Ungeziefer zu vertreiben hießen sie auch „Motten-, Flöh- und Wanzenkraut" und wegen ihrer heilkräftigen Wirkung gegen Bandwürmer „Wurmkraut." Da der Wurmfarn allerdings hochgiftige Bestandteile hat, wird er heutzutage nicht mehr verwandt. Hildegard von Bingen empfahl ihn zusätzlich zur Behandlung von Rückenproblemen und gegen rheumatische Beschwerden und betonte den Lichtcharakter der Gattung, der gegen alles Böse immun mache.

Diesen Lichtcharakter vermitteln die Farne tatsächlich in einer sehr hohen Frequenz. Sie helfen uns, aufrecht durch unser Leben zu gehen und uns nicht einschüchtern zu lassen. Wir werden darin unterstützt, Zivilcourage zu beweisen, wir lernen, im Notfall uns und unsere Mitmenschen zu verteidigen, wir stehen für lebenswichtige Prinzipien ein wie die Würde des Menschen, die Verteidigung bestimmter Prinzipien wie Aufrich-

tigkeit und Zuverlässigkeit, den Erhalt unserer Erde und all ihrer Bewohner. Um die notwendige Basis dafür zu haben, müssen wir in uns ruhen, uns vertrauen, gut strukturiert sein und bestimmten inneren Gesetzen folgen. Der Farn gründet uns in uns selber, er führt uns aus Unsicherheit, Entscheidungslosigkeit, Angst, Zweifel, Ohnmacht, Opfertum in die Fähigkeit, uns zu positionieren, einen Standpunkt zu vertreten, zu wissen, was wir denken und fühlen und somit wollen. Dadurch sind wir gefeit gegen die „bösen" Mächte, die gleichzeitig mit uns erschaffen wurden, wir setzen unseren Weg fort und lassen uns nicht beirren.

ICH VERTEIDIGE DAS LICHT.
ICH LASSE MICH NICHT EINSCHÜCHTERN.

30. Fenchel (Foeniculum vulgare)

Der Fenchel

Ein Fächer bin ich, ein Fächer des Lebens.
Schlägst du mich auf, so zeige ich dir
deine möglichen Welten;
lässt du mich liegen, so
siehst du nur diese
eine. Gefällt
sie dir?
Dann
lass
mich
ruh'n.

Der Fenchel gehört zu den Doldenblütlern und ist der einzige Vertreter seiner Gattung. Schon in den alten Hochkulturen, zum Beispiel in Ägypten, Arabien und China, wurde er als Gemüse, Gewürz- und Heilpflanze geschätzt. In einer Keilschrift der Hethiter wird der Fenchel (marasanha) wegen seiner magischen Eigenschaft zur Verfluchung der

144

von ihnen im Krieg zerstörten Städte erwähnt. Den Echten Fenchel gibt es als Wildform, als Gewürz- oder Gemüsefenchel. Er bevorzugt einen warmen Standort mit mäßig trockenem, nährstoffreichem Lehm- oder Lössboden. Seine Wuchshöhe variiert zwischen 40 Zentimetern und zwei Metern. Die Wurzeln, längliche grünlich-weiße zwiebelartige Knollen, kann man vielfältig verwenden. Die Blätter an dem stielrunden gestreiften kahlen Stängel sind fiederspaltig und haarförmig geschlitzt. Die doppeldoldigen Blütenstände enthalten etwa 20 bis 30 Einzeldolden, die wiederum aus circa 14 bis 30 goldgelben zwittrigen fünfzähligen Einzelblüten bestehen. Die zylindrigen, fünfrippigen Samen reifen im Spätsommer heran. Im mitteleuropäischen Volksglauben hieß es, wer am Johannistag Fenchel in das Schlüsselloch seines Hauses stecke, sei das ganze Jahr über gefeit gegen das Böse.

Fenchel enthält u. a. ätherische Öle (Anethol, Fenchon), Bor, Kampfer, Cumarine, Kaffeesäure, Kieselsäure, Mineralstoffe, Flavonoide, Stärke und Vitamine, darunter im Kraut einen hohen Vitamin C-Gehalt. In Indien liebt man ihn, er ist Bestandteil der Gewürzmischung „Panch Phoron" und wird, mit oder ohne Zuckerkandierung, gegen Mundgeruch gekaut. In unserer Küche ist das Grün beliebt in Fischsaucen, Dips, die Knolle als Salat oder gedünstetes Gemüse, die Dolden würzen eingelegte Gurken, die Samen Brot, Bonbons, Tee und alkoholische Getränke.

Er besitzt entgiftende, krampf- und schleimlösende Eigenschaften, wirkt sich beruhigend auf den gesamten Magen- und Verdauungstrakt aus, zum Beispiel bei Blähungen oder Magenkrämpfen, und stärkt im Allgemeinen, wie schon Plinius, der römische Gelehrte, befand: „Er macht Begierde zum Essen, stärket die leiblichen Geister, mehret den natürlichen Samen und richtet die hangenden Mannsruten wieder auf." Im indischen Kamasutra heißt es, die Manneskraft werde gestärkt mit einer Mischung aus Milch, Fenchelsaft, Honig, Zucker und Lakritz. Wie der Anis fördert Fenchel die Menstruation und die Milchbildung bei stillenden Müttern („Frauenfenchel"). Zusätzlich wirkt er bei Schlaflosigkeit, Migräne, Erkältungen, Bronchitis und Herzschwäche. Massagen mit Fenchelöl lindern rheumatische Beschwerden.

Seine Schwingungsinformation: nur wer wurzelt, wird keimen, blühen und samende Früchte tragen. Wir sollen all das, was in uns steckt, leben und nichts davon unterdrücken. Denn jeder Einzelne von uns ist so kostbar und unvergleichlich, dass der Menschheit etwas fehlen wird, wenn wir es nicht beitragen. So vieles schon ist nicht gelebt worden, weil wir uns für klein und unwichtig hielten. Die Energie des Fenchels hilft uns, zu unseren Fähigkeiten zu stehen und sie der Welt zu zeigen. Es können winzig kleine Puzzleteilchen sein, Bewegungen, Sätze, der Ausdruck in unseren Augen,

ferner Handlungen, die uns unwichtig erscheinen, aber für andere als Inspiration dienen können. Wir erreichen dies, indem wir uns leben, das Original, nicht die Kopie, uns in unserer Schönheit, ohne Eitelkeit, Hochmut und Besserwisserei, sondern einfach, herzlich und verbindlich.

ICH LEBE MEINE VIELFALT.
ICH MACHE DIE WELT BUNTER.

31. Feuerlilie (Lilium bulbiferum)

Die Feuerlilie

Aus deinem Lavakelch flammt Gefühl
in einer altverwunsch'nen Weise, es
drängt und nimmt, was ihm gebührt
und fragt nicht lang und bang danach.
Es entführt, wie ein wild gewordener
Verliebter, auf seinem schäumenden Ross.
Vollkommen soll die Hingabe sein,
ohne Vorbehalte, ohne Zweifel,
reine Liebe soll sein, im Feuer gestählt
und voll inniger Freude, voll der
Zärtlichkeit leuchtender Augen.

Die Feuerlilie ist in ihrer Wildform vor allem
in den Gebirgen von Süd- und Mitteleuropa, dazu
im Apennin und in den Pyrenäen weit verbreitet.
Sie bevorzugt warme Kalkböden auf Bergwiesen,
Schutthalden, Gebüschränder. Die ausdauernde
krautige Pflanze erreicht Wuchshöhen zwischen 20

und 90 Zentimetern. Aus der eiförmigen weißen Zwiebel wächst im Frühjahr ein wolliger aufrechter Stängel mit schmalen, langen, lanzettlichen Blättern. In den Blattachsen entstehen Brutknöllchen („Bulbillen"), die ausgereift zu Boden fallen und sich innerhalb von zwei bis drei Jahren zu blühfähigen Zwiebeln entwickeln. Ab Mitte Mai öffnet sich der orangerote, braun gefleckte Blütenstern mit den sechs aufrecht stehenden Blütenhüllblättern, den „Tepalen."

Wegen ihrer feuerroten Farbe war diese Lilie beliebt in der niederländisch-flämischen Malerei. Im Gegensatz zur Madonnenlilie, die auch in der sakralen Kunst Unberührtheit und Reinheit symbolisiert, stand und steht die Feuerlilie für Sinnenfreude und Lebenszugewandtheit. Man nannte sie den „goldt gilg." Anders als ihre Genossinnen duftet die Feuerlilie nicht, besticht hingegen durch ihre Präsenz und Schönheit; wie ein Flammenstrauß züngelt sie gen Himmel. Wie mit allen anderen Pflanzen hielt man es in Europa mit der Feuerlilie so: entweder sie war heilig oder des Teufels. So war sie fester Bestandteil des „Sonnwendbüschels", das zusammen mit anderen „Zauberkräutern" in das Sonnwendfeuer geworfen wurde, um Unwetter abzuhalten. Im Hause allerdings sollte man sie möglichst nicht aufstellen, denn sie stand im Ruf, Blitze anzuziehen.

Arno Holz (1863-1929)

Hinter einem alten,
windschief krumpeligen grauen krustelig flechtenbunten
nach Teer, ausgeschwitztem Harz und praller dicker
brütendster Sommersonne duftenden Bretterzaun,
durch den sich mit dürren, rissigen, schwarzgrün
knorrigen Ästen, fettblätterig, zackfiederig, breittellerig,
mitten ein Holunderbusch drängt,
träumt am Weg ein Gärtchen.

Auf Spitzzehen, kaum daß ich mich mit meinen beiden
Händen noch so eben gerade halten kann,
kucke ich hinüber.

Feuerlilien, Türkenbund,
tiefblauer, mannshoher schlankstolzer Rittersporn,
Flammenblumen, Federnelken, Stockrosen,
Löwenmaul, Fuchsschwanz, Hahnenkamm
blühen wild durcheinander . . .

*Die Schwingung der Feuerlilie verhilft zu sprü-
henden Einfällen und Durchsetzungskraft, sie
zündet Erloschenes wieder an, holt den Menschen
aus der Resignation, Depression oder Apathie und
verbindet ihn mit seiner Urkraft. Der Mensch wird
erinnert an sein Schöpferpotential, an das feurige
Element des ersten Chakras, das Widderpotential
des Frühlings. Wir sollen lieben, wir sollen leben,
wir sollen alles in und um uns mit Lichtkraft erfüllen, indem wir jeden Tag voller Humor nehmen,
ohne nicht beeinflussen lassen von schwermütigen
Stimmungen, nicht zurückhalten von pessimisti-
schen Vorhaltungen, die sich als Realismus tarnen*

und doch nur die Tatkraft lähmen. Und doch ist die Schwingung der Feuerlilie nicht unbändig und verantwortungslos. Sie verbindet überschäumende Tatkraft mit übergeordneter Weisheit, sodass nichts wirklich erzwungen wird, sondern nur initiiert. Sie wirkt im positiven Sinne ansteckend auch auf die Umgebung. Wer den Anschub nicht wahrnehmen möchte, darf weiter so leben wie bisher. Wer jedoch die Änderung ersehnt, wird sie hiermit bekommen.

ICH BIN VOLLER LEBEN! ICH BIN VOLLER IDEEN!
ICH BIN VOLL FEURIGER LIEBE!

32. Fingerhut (Digitalis purpurea)

Der Fingerhut

Mütterlich
und fern der
Sorge schütze ich
den Freien, der mir
entwuchs.

Der „Rote Fingerhut" hat sich von seinem ursprünglichen Verbreitungsort in Thüringen und
dem Harz inzwischen in ganz Deutschland aus-
gebreitet. Man findet ihn in lichten Wäldern, an
Waldwegen, auf Kahlschlägen und Lichtungen.
Er bevorzugt sonnige bis halbschattige Standorte und lockeren, humusreichen und kalkarmen,
eher sauren Boden. Der Fingerhut ist zweijährig.
Im ersten Jahr bildet er eine Rosette aus großen,
lang gestielten pelzigen Blättern mit gekerbtem
Rand. Im zweiten Jahr treibt er einen aufrechten
Stängel, an dem etwa 40 bis 50 Blüten traubig

übereinanderstehen. Die hülsenartigen Blütenstände richten sich nach dem Licht, steht die Pflanze in der Sonne, weisen die Blüten gen Süden. Die Insekten müssen zur Befruchtung hineinschlüpfen, es handelt sich nämlich bei dem Fingerhut um eine „Rachen- und Einkriechblume" mit innen dicht anliegenden Staubbeuteln und Narben. Der untere Teil der Blüte dient als Landerampe für Hummeln. Im Sommer bilden sich Kapselfrüchte mit vielen kleinen Ballonfliegersamen.

Die Fingerhutblüten sind typische Elfenkopfbedeckungen. In englischen und irischen Sagen kommen auch böse Elfen vor, die den Füchsen Fingerhutblüten wie Handschuhe überstreifen, damit diese lautlos im Hühnerstall hausen können. Die Maserung der Blüten identifizierte man als Fingerabdrücke der Elfen (die moderne Forschung hingegen deutet sie als Staubbeutel-Attrappen, die gewährleisten, dass viele Hummeln den Fingerhut besuchen). Darum wird der Fingerhut auf Englisch „foxglove" genannt; auf Deutsch wird er „Fuchskraut" genannt oder „Unserer lieben Frauenhandschuh", was, positiv gedeutet, einen Zusammenhang herstellt mit seiner medizinischen Heilwirkung.

Otto Julius Bierbaum (1865-1910)
Frühlingskur

Pfingstwunder blühn auf Deinem Hute,
Aus Deinen Augen lacht der Mai,
Dein Herz ist längst vom Winter frei,
Du flinke Fee vom Fingerhute.

Mir aber hockt noch in den Gliedern
Das Winterwehthum dumpf und schwer.
Kuriere Du mich, und ein Heer
Dicht' ich zum Danke Dir von Liedern.

Und, das versteht sich wohl am Rande,
Nicht Lieder bloß, nein, Küsse auch,
Und was uns sonst des Frühlings Hauch
Einschmuggelt noch als Contrebande.

Wie sie da lacht, die süße Pute!
Nun bin des Frühlings ich gewiss;
Des Winters Wolkenpelz zerriss
Die flinke Fee vom Fingerhute.

Der Fingerhut, dessen Name sich vom lateinischen „digitus" (Finger) ableitet, wurde 2007 zur Giftpflanze des Jahres gewählt. Alle Bestandteile sind giftig. Schon der Verzehr von zwei Blättern kann zum Tode führen, ihre Bitterkeit hindert jedoch die Menschen, freiwillig davon zu essen. Vor allem bei Herzinsuffizienz kommt die Heilwirkung des Fingerhutes wegen des Hauptbestandstoffes Digitalis zum Tragen. Lange wurde er gemieden, und nur Kräuterfrauen und Schamanen trauten sich zu, mit ihm zu arbeiten. Im Aberglauben verwandte man ihn gegen den ‚bösen Blick'. Im

18. Jahrhundert erst begann nach und nach seine Einbürgerung in die wissenschaftlich anerkannte Medizin. Empfehlenswert ist die sachkundige homöopathische Anwendung bei folgenden Symptomen: große Übelkeit, Erbrechen, ständiger Urindrang, Herzmuskelschwäche, Leberleiden und Ödeme. Digitalis kann einem Herzinfarkt vorbeugen. Es hilft ferner gegen Fall- und Todesträume.

Die Energie des Fingerhuts verhilft zu selbstloser Liebe, vor allem im elterlichen und partnerschaftlichen Bereich. Da, wo Kinder oder Partner zu sehr ‚bemuttert' werden (durch Frauen oder Männer), wo wir weibliche oder männliche „Übermütter" sind, verhilft die Schwingung zu der Erkenntnis, das jeder seinen Freiraum braucht, um in die Eigenständigkeit zu kommen, und dass zu viel Fürsorge das Gegenteil von Liebe bedeuten kann, ja, dass diese Art von Zuwendung einengend und erstickend wirkt. Das Vertrauen in das Kind oder den Partner verhilft diesem zu einer gesunden Selbsteinschätzung und stützt den Mut, das Leben anzupacken und nach eigenen Vorstellungen zu gestalten. Um dieses Vertrauen geben zu können, muss man es auch zu sich selber haben. Es kann sein, dass wir als Kinder entmutigt wurden, dass man uns auf Schritt und Tritt zu mehr Vorsicht anhielt, dass man uns eher die Risiken als die Freuden des Daseins nahebrachte. Und dass wir dadurch ängstlich und zweiflerisch wurden.

Der Fingerhut wirkt somit im Basisbereich, er vernetzt uns mit dem Wissen um unsere eigene Kraft und signalisiert, dass alles, was wir anstreben und mutig anpacken, für uns erreichbar ist und dass wir uns von keinem scheinbaren Misserfolg entmutigen lassen. Im Gegenteil: Widerstand stärkt und lässt uns noch genauer, kraftvoller und mutiger auf unser Ziel zugehen.

ICH VERTRAUE.
ICH LASSE LOS.
ICH GEBE RAUM.

33. Flieder (Syringa vulgaris)

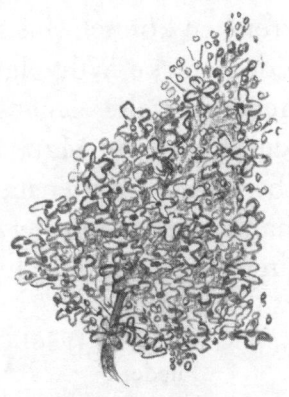

Börries von Münchhausen (1874-1945)
Weißer Flieder

Nass war der Tag – die schwarzen Schnecken krochen,
doch als die Nacht schlich durch die Gärten her,
da war der weiße Flieder aufgebrochen,
und über alle Mauern hing er schwer.

Und über alle Mauern tropften leise
von bleichen Trauben Perlen groß und klar,
und war ein Duften rings, durch das die Weise
der Nachtigall wie Gold geflochten war.

Die 20 bis 25 Arten dieses Ölbaumgewächses entfalten ihre größte Wirkkraft auf die Psyche des Menschen im Frühling, wenn die weißen, rosafarbenen oder violetten Blütenrispen ihren betörenden Duft entfalten. Der Syringa Vulgaris stammt ursprünglich aus Südosteuropa und liebt kalk- und nährstoffreiche, nicht zu trockene

Böden, dazu am besten sonnige Standorte. Die sommergrünen Sträucher, die auch die Größe von Bäumen erreichen können (bis zu sechs Metern Höhe), bilden starke Wurzelgeflechte aus. Sie haben einfache, gestielte, gegenständige (gegenüberstehende) Blätter. Im Mai bilden sich die prächtigen kolbenartigen Blütenstände mit eng an- und übereinanderstehenden vierzähligen Blüten und verbreiten ihren süßen, schweren Duft.

Karl Kraus (1874-1936)
Flieder

Nun weiß ich doch, s'ist Frühling wieder.
Ich sah es nicht vor so viel Nacht
und lange hatt' ich's nicht gedacht.
Nun merk' ich erst, schon blüht der Flieder.

Wie fand ich das Geheimnis wieder?
Man hatte mich darum gebracht.
Was hat die Welt aus uns gemacht!
Ich dreh' mich um, da blüht der Flieder.

Und danke Gott, er schuf mich wieder,
indem er wiederschuf die Pracht.
Sie anzuschauen aufgewacht,
so bleib' ich stehn. Noch blüht der Flieder.

Der Duft des Flieders wird in der Lyrik und Prosaliteratur vieler Länder besungen, in Indien, Pakistan, Nepal, Afghanistan, China, Japan, Korea, in Südosteuropa und natürlich in unseren Breitengraden. Im zehnten Jahrhundert brachten ihn die Mauren nach Spanien, um ihn dort in ih-

ren prachtvollen Gärten anzupflanzen. Er wurde seiner Schönheit und des Dufts wegen schnell in die süd- und mitteleuropäische Bauerngartenkultur übernommen. Da man im Deutschen noch keine Bezeichnung für das spezielle Hellviolett kannte, übernahm man in Anlehnung an das französische „Lilac" (Flieder) die Farbbezeichnung „Lila"; die Franzosen haben es ihrerseits von den Mauren („lilak"). „Violette" ist übrigens auch französisch und bedeutet „Veilchen."

Der Flieder enthält neben ätherischen Ölen viele Bitterstoffe, die ihn für Pflanzenfresser uninteressant, als Heilmittel jedoch umso interessanter machen. Wie alle bitteren Pflanzen hilft der Flieder bei Verdauungsbeschwerden und Magenproblemen (Blüten- oder Fliederfrüchtetee), bei Gicht und Rheuma (Blätter, Blüten und Rinde). Gegen Fieber hilft ein Tee aus jungen Fliederblättern oder zerstoßener Rinde, die man am besten im Frühjahr sammelt.

Otto Julius Bierbaum (1865-1910)
Flieder
(Erinnerungsblatt an M. M.)

Stille, träumende Frühlingsnacht . . .
Die Sterne am Himmel blinzelten mild,
Breit stand der Mond wie ein silberner Schild,
In den Zweigen rauschte es sacht.
Arm in Arm und wie in Träumen
Unter duftenden Blütenbäumen
Gingen wir durch die Frühlingsnacht.

Der Flieder duftet berauschend weich;
Ich küsse den Mund Dir liebeheiss,
Dicht überhäupten uns blau und weiss
Schimmern die Blüten reich.
Blüten brachst Du uns zum Strauße,
Langsam gingen wir nach Hause,
Der Flieder duftete liebeweich ...

Die Schwingung des Flieders hilft bei Unschlüssigkeit. Wie soll man sich entscheiden: Ist das eine besser oder das andere? Ist der eine besser oder der andere? Was soll ich aus meinem Leben machen, wie soll und kann ich es gestalten? Der Flieder verhilft zu mehr Zielorientiertheit und verringert die Beeinflussbarkeit durch andere Menschen, die es vielleicht gut mit einem meinen, jedoch nicht immer den Überblick haben. Er verwandelt Verwirrung in Klarheit, das Labyrinth in eine Prachtallee. Er nimmt das Weiche im Menschen und bringt es zu höchster Blüte: die Fähigkeit, zu genießen, ohne sich zu verlieren; die Fähigkeit, herzlich und offen zu sein, ohne unterzugehen und sich vereinnahmen und ausnutzen zu lassen; zu blühen und duften, ohne die falschen Insekten anzuziehen; zu wissen, was man will, ohne sich zu verhärten.

Der Flieder verhilft zur Fähigkeit, das Leben in seiner ganzen Prachtfülle zu genießen und seinerseits für Fülle zu sorgen. Indem wir erkennen, dass wir alle für jeden verantwortlich sind, lernen wir uns zu öffnen und zu geben. Der Freigebi-

ge beschenkt nicht nur mit materiellen Gaben, sondern auch mit dem Prinzip der Freigebigkeit. Wir sollen unsere Liebe nicht horten, sondern verteilen: Wir sollen nicht überlegen, wer unsere Liebe verdient hat – alle haben sie verdient. Liebe wägt nicht ab, Wärme und Herzlichkeit verteilt sich automatisch, wenn wir sie nicht bewusst zurückhalten. Und warum sollten wir dies tun? Um jemanden zu strafen? Der Flieder macht all dies bewusst und hilft dabei, die alten Mechanismen der Bestrafung und Selbstkasteiung aufzuheben. Sein Duft betört und überwindet ebenso wie seine Schwingung. Zurück bleibt ein großes Loslassen, ein sich Ergeben in die Schönheit der Schöpfung.

ICH ENTFALTE MICH.
ICH LEBE IN MEINEM KÖRPER UND
NEHME IHN VOLLKOMMEN AN.
ICH LIEBE MIT GANZER KRAFT
UND ALL MEINEN SINNEN.

34. Flockenblume (Centaurea montana)

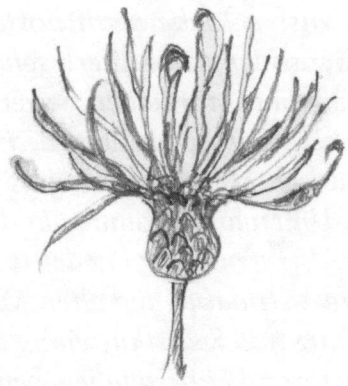

Flockenblume

Im Himmel
blau Verwurzelte,
atmend der Erdmutter
silbernsanften Trost.

Die Pflanze aus der Korbblütlerfamilie ist eng verwandt mit den Kornblumen. Die mehrjährige krautige Pflanze bevorzugt lichte Wälder, Fettwiesen und Hochstaudenfluren und erreicht Wuchshöhen zwischen 20 bis 50 Zentimetern. Sie kommt vor allem in Mittel- und Südeuropa in Höhen von 500 bis 2200 Metern vor. Die Blätter sind ganzrandig und lanzettförmig, die Oberseite ist spärlich silbergrau behaart und rau. Meist bildet sich auf einem Stängel nur eine blaugestrahlte, fransige Blüte mit rot-violettem Kern. Die Flockenblume ist Bestandteil traditio-

neller Bauerngärten. Die in der Heilkunde früher häufig verwandten Blüten enthalten Bitterstoffe, Gerbstoffe, Farbstoffe und Schleim und wurden wegen ihrer günstigen Wirkung auf Galle und Leber bei Verdauungsproblemen wie Darmträgheit bis Verstopfung und Appetitlosigkeit angewandt. Auch bei Augen-, Hals- oder Hautentzündungen setzte man sie erfolgreich ein.

Das energetische Feld der Flockenblume wirkt vor allem auf den Bereich Angst ein, im speziellen die Art der Angst, die die Haare zu Berge stehen lässt, die Angst vor dem Unnennbaren, dem Abgrund, dem Bösen, dem extremen Dunkel, das alles verschlingt, dem Antipoden der Leichtigkeit. Die Flockenblume stärkt, versichert, lässt ruhig atmen, gibt sicheren Boden unter den Füßen, verbindet wieder mit dem Wissen der Unverletzlichkeit und Unsterblichkeit. Sie verleiht eine stille Kraft, eine Widerständigkeit im positiven Sinne. Was auch immer passieren mag – wir lassen uns nicht unterkriegen und gehen immer weiter zu unserem Ziel: die Einschleusung des Lichts in die Materie, die Verwirklichung der Liebe.

ICH HABE KEINE ANGST. VOR NICHTS UND NIEMANDEM HABE ICH ANGST.
ICH BIN VOLLKOMMEN SICHER UND BEHÜTET.

35. Forsythie (Forsythia intermedia)

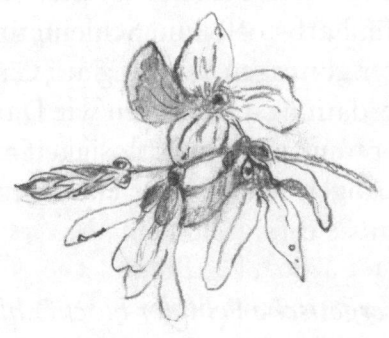

Erwachen (Forsythie)

Wie Insekten
hängen die Blüten an
den Forsythien; gelbgeflügelt
scheinen sie aufsteigen zu wollen
in die Lüfte, die schon nach Honig
riechen. Nach langer Blindheit
schauen die Birken mit
grünen Augen umher;
auf wippenden
Zweigen schaukeln
Meisen, skandieren den
wilden Reigen des Windes,
der sie umwirbt. Noch immer
trägt der Himmel des Winters
Namenszug,
doch unterm
warmen Regen
wird er bald verwischen.

Die Forsythie aus der Familie der Ölbaumgewächse wird auch „Goldlöckchen" oder „Gold-
flieder" genannt; wie Blumensträuße nehmen sich
die triumphierend goldgelbblühenden und zudem
anspruchslosen Büsche im Frühling aus. Deshalb
fehlen sie in kaum einem deutschen Garten. Dabei
stammen sie eigentlich aus dem hoch entwickelten
chinesischen Kaiserreich und kamen erst 1833 über
Japan nach Europa. Die Besonderheit des aufrecht
wachsenden Strauchs, der bis zu vier Metern groß
werden kann: die Blüten erscheinen im März noch
vor den Blättern. Diese sind vierzählig und sehen
aus wie Elfenhüte. Schneidet man die Zweige der
Forsythie herunter, schießen sie mit Macht wieder
empor, fast höher als vorher. Die Forsythie bevorzugt mäßig trockenen, durchlässigen und nicht
zu nährstoffreichen Boden, dazu einen sonnigen
Standort.

Alle Pflanzenteile sind gering giftig; in den Blüten finden sich Glykoside und ätherische Öle, in
Blättern, Früchten und Samen Saponine und Glykoside. Die Vergiftungserscheinungen Übelkeit,
Bauchschmerzen und Durchfall lassen sich mit
ausreichender Flüssigkeitszufuhr rasch beheben.
In der chinesischen Medizin wird die „Lian Qiao"
wegen ihrer antibakteriellen und entzündungshemmenden Wirkung geschätzt, die Früchte sind wirksam gegen Pilze und Bakterien, sie senken Fieber,
heilen Entzündungen und lösen Giftstoffe aus dem
Körper. Ein Absud aus den Blättern und Zweigen
ist hilfreich bei der Behandlung von Brustkrebs.

Die Energie der Forsythie weckt uns aus dem langen Winterschlaf der Desorientierung und Vergesslichkeit. Sie verbindet uns mit dem, was wir „gesunden Menschenverstand" nennen. Gesund ist ein Menschenverstand dann, wenn er mit dem Herzen verbunden ist. Und so hilft uns die Forsythie, wenn wir verkopft sind, zu intellektuell, wenn wir von unseren Gefühlen abgeschnitten und ihnen damit ausgeliefert sind, weil wir sie nicht verstehen. Die Forsythie hilft dabei, den Kanal zwischen Herz und Verstand zu öffnen, sie lässt uns uns selber erkennen mit unseren Bedürfnissen, unserer inneren Schönheit, unserer Verletzlichkeit, lässt uns verstehen, warum wir in dieser Inkarnation so und nicht anders sind und was wir daraus lernen wollen. Wir sind uns nicht länger selber ein Rätsel, unser Verstand dringt ein in unsere Gefühlsgeheimnisse, beides verschmilzt zu einer Einheit. Dieses „Ein-Verständnis" mit uns selber verleiht uns mehr Leichtigkeit und mehr Beweglichkeit, mehr Lebensfreude und Präsenz.

ICH VEREINE HERZ UND VERSTAND.
BEIDES HAT SEINEN PLATZ.

36. Frauenmantel (Alchemilla vulgaris)

Johannes Trojan (1837-1915)
Frauenmantel

Das Kräutlein treibt ein rundes Blatt
Wie keines ringsherum es hat.
Mit zierlich eingekerbtem Rand
Ist für den Tau es angespannt,
Recht als ein Schälchen hingestellt,
in welches Perl'auf Perle fällt.
So hebt es auf des Himmelstau,
der niedersinkt auf Flur und Au,
Manch Elflein gegen Morgen kommt,
das dürstet, dem zu trinken frommt,
Schöpft aus dem Schüsselchen und spricht:
Ein bessres Labsal gibt es nicht.

Es gibt bis zu tausend Arten des Frauenmantels,
einer Gattung aus der Familie der Rosengewächse.
Die Pflanze mit den kelchartigen gelappten Blättern
und den goldgelb blühenden feinen Rispen ist in
Europa, Asien und Afrika beheimatet, in Europa

ist sie mit etwa 300 Arten vertreten.

Der Frauenmantel enthält viele Bitterstoffe und ätherische Öle. Er wird auch „Liebfrauenmantel", „Silbermantel", „Alchemistenkraut" oder „Taubecher" genannt, letzteres nach den Guttationstropfen, den Wassertropfen, die morgens wie kostbare durchsichtige Perlen in den Blattkelchen liegen. Der lateinische Name leitet sich von dem arabischen „Alkemelych" her, was „Alchemie" bedeutet. Die „kleine Alchemistin" wurde die Pflanze genannt, weil Alchemisten diese Tropfen für Experimente nutzten und sogar Gold aus den magischen Tropfen gewinnen wollten, die die Pflanze aus ihrem eigenen Saft an den Blatträndern absondert. Man nennt sie auch „Immertau", weil die Tropfen auch dann noch zu sehen sind, wenn der Morgentau auf den anderen Pflanzen schon verdunstet ist. Die Druiden nutzten sie für rituelle Reinigungen. Interessant sind die immer wieder erfolgten Übertragungen von sogenannten „heidnischen" Wahrnehmungen auf christliche Identifikationsfiguren, im Heilbereich vor allem auf die Jungfrau Maria („Unsere liebe Frau"), Sinnbild für die weibliche Liebe, den Trost und mütterlichen Schutz.

Der Frauenmantel enthält Gerbstoffe, Bitterstoffe, Saponine, Tannine, Phytosterin und Glykoside, dazu Pflanzenhormone ähnlich dem weiblichen Progesteron. In der Naturheilkunde wird Frauenmanteltee vor allem bei der Behandlung

von Frauenkrankheiten genutzt wie zum Beispiel Unterleibsbeschwerden, Menstruationsschmerzen, Problemen im prämenstruellen Bereich, Krämpfen, Gebärmutterprobleme, sexuellen Problemen, zu geringer Milchbildung, bei den Wechseljahren und als Sitzbad bei Weißfluss. Auch vor und nach der Geburt ist der Tee zu empfehlen. Wegen dieses Wirkungsbereichs wird die Pflanze auch „Weiberkittel", „Frauenhilf" und „Milchkraut" genannt. Den Männern hilft sie bei nachlassender Potenz. Zusätzlich wird Frauenmantel eingesetzt bei Wunden, Geschwüren und Schmerzen aller Art, bei Ödemen, Herz- und Nierenschwäche, Schlaflosigkeit und Kopfschmerzen.

Frauenmantel

Wunder
ist dort, wo die
Perlen des Lichts
in deinen Händen
Liebe in unsere
Herzen
zaubert.

Die Schwingung des Frauenmantels wirkt bei Frauen und Männern ausgleichend auf den intuitiven, kreativen, empfänglichen Bereich. Die Pflanze verhilft uns zu einem Zustand der inneren Ruhe, fördert Selbstverständnis und Natürlichkeit in Einklang mit der Mutter Erde. Sie führt uns sanft, aber beharrlich aus dem überspannten,

*hektischen Gehabe des atemlosen Alltags und
aus dem atemlosen hektischen Gehabe unseres
Inneren, vor allem des Kopfes, der, vollgestopft
mit Gedanken, nicht zur Ruhe kommen kann.
Der Frauenmantel lässt uns die Stille wiederfin-
den, den Einklang, die wahre Harmonie, die nur
aus der Übereinstimmung mit uns und der Natur
erwachsen kann. Seine Frequenz vereint die weiblichen mit den männlichen Aspekten, sodass die
Intuition sich mit Erdung verbinden kann, das
Abstrakte mit dem Konkreten, die Kreativität
mit Umsetzung, das Empfangen mit dem Geben,
das Passive mit dem Aktiven. Er lässt uns verstehen, dass wir aus eigener Kraft Wunderbares
hervorbringen können, Unverwechselbares, dass
wir schöpferisch sein können und dürfen, ohne
uns minderwertig vorzukommen. Alles ist in uns,
das ganze Universum ist in uns abgebildet, das
Große ist im Kleinen und umgekehrt. Das sollen
wir allen zeigen, indem wir es leben.*

ALLES IST IN MIR, MÄNNLICHES UND
WEIBLICHES. ICH LIEBE MEINE INNEREN
GEGENSÄTZE UND VERSÖHNE SIE MITEINANDER.

37. Frauenschuh (Cypripedum calceolus)

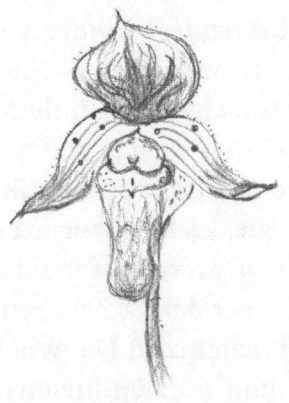

Der Orchideentraum

An meinem Himmel weidet
die Hoffnung auf das
Heranwachsen
der wahren
Menschheit.

Der Gelbe Frauenschuh ist eine der schönsten wildwachsenden Orchideenarten in Nord-, Mittel- und Osteuropa. Man findet ihn auch in Nordamerika, Asien und Japan bis in Höhenlagen um 2000 Meter. Er wurde auch „Kriemhilds Helm" oder in späterer Zeit „Marienfrauenschuh" genannt. Kriemhild war eine der Hauptfiguren im mittelhochdeutschen „Nibelungenlied." Sie war die Gattin des Helden Siegfried, der den Drachen tötete und seinerseits von Hagen, seinem Widersacher, umgebracht wurde. Dann raubte Hagen auch noch den Nibelungenschatz, der eigentlich

171

Kriemhild zugestanden hätte. Sie wurde daraufhin kriegerisch und forderte Vergeltung und ihren Schatz! Das bewirkte Tod und Vernichtung, das Blut floss in Strömen, kaum einer der Beteiligten überlebte das nachfolgende Massaker, auch Kriemhild nicht.

Man findet den Frauenschuh in schattigen Laubwäldern oder an Berghängen unter Sträuchern und Gehölzen. Durch die fortschreitende Forstwirtschaft, Gegner der natürlichen Waldentwicklung, gilt er als gefährdet. Die Wuchshöhe variiert zwischen 15 und 60 Zentimetern. Der Stängel, der von drei bis sechs flächigen, spitz-eiförmigen Blättern umfasst wird, wächst zunächst aufrecht und beugt sich dort ein wenig hinab, wo die Blüte ansetzt. Sie ist zwittrig und dreizählig. Die gelbe Lippe, die größte Blüte in unserer Flora, hat zwei Staubblätter und wird umstanden von schmalen spitzen kaffeebraunen Hüllblättern, die etwa 5 Zentimeter lang sind.

Die ausgestülpten Blüten haben an der Basis einen Einstieg, durch den die Insekten hineinkommen und sofort haltlos herabstürzen. Sie werden bewirtet mit kleinen zucker- und eiweißhaltigen Futterhärchen im Innern des sogenannten Kessels, dessen Innenwände so glatt sind, dass ein Ausstieg über sie nicht möglich ist; der Frauenschuh gehört somit zu den „Kesselfallenblumen." Nur einen Ausweg gibt es aus dem unfreiwilligen Gefängnis: den über Narbe und Pollen.

Zur Befruchtung gezwungen laufen die Insekten oft direkt in die „Arme" gefräßiger Raubspinnen, die sich hinter der Narbe postiert haben. Schon nach einer Befruchtungsaktion bildet sich eine Frucht mit unzähligen Samen.

Der Frauenschuh als Heilmittel bewährt sich besonders gut in der Homöopathie gegen Schlaflosigkeit und Nervosität, bei den Folgen geistiger Überanstrengung, nach Nachtwachen und Kaffeemissbrauch. Man verwendet den im Herbst gesammelten Wurzelstock.

Die Schwingungsinformation des Frauenschuhs vermittelt ebenfalls Ruhe und Gelassenheit. Wir sind geborgen und müssen nicht um unser Fortkommen bangen. Der Frauenschuh hilft uns, echter zu werden, nicht etwas vorzuspiegeln, was wir in Wirklichkeit nicht sind. Wir müssen uns nicht anpassen oder verstellen, wir benötigen keine Tricks, um zum Ziel zu gelangen, wir können und dürfen direkt ausdrücken, was und wie wir etwas verwirklichen wollen. Wir sollen nicht immer zurückstecken und anderen den Vortritt lassen. Wir sollen vielmehr die Lage ganz klar beurteilen und unser Handeln nach Gesichtspunkten ausrichten, die jeden glücklich sein lassen, auch wenn Kompromisse geschlossen werden müssen.

Jeder darf glücklich sein, das ist das Ziel der Gemeinschaft. Die Gemeinschaft ist die Fortführung und Erhöhung der Gesellschaft; sie berück-

sichtigt die Bedürfnisse der Individuen. Und so wenig wie die gleichmacherischen kommunistischen Schreckgespenster Glück schufen, schaffen es die über-individualisierten Gesellschaften, die uns zum Egoismus verführen. Der Frauenschuh macht uns toleranter und hilft uns, Nähe, aber auch Freiheit zu geben, so, wie es gewünscht wird und angemessen ist.

AUS DER FREIHEIT DES EINZELNEN SCHAFFEN WIR DIE WAHRE GEMEINSCHAFT.

38. Fuchsie (Fuchsia regia)

Fuchsienfeen

Elfengleich
schwirr'n sie,
wie Glöckchen ihr
silbriger Blick auf das
menschliche Irr'n. Perlfarben
flattert ihr kleines Gelächter an
wippenden Ästen.
Wie süß ihr Versprechen auf lichteres Leben!

Die farbenprächtigen Fuchsien aus der Familie der Nachtkerzengewächse stammen aus Südamerika und kommen wild und kleinblütig vor allem in und an den hochgelegenen Rändern der Regenwälder vor, doch auch in Australien, Neuseeland und Tahiti wurde man fündig. Charakteristisch ist das weite Herausstehen des Griffels über die Blütenkrone, was der Fuchsie ein kostbares, filigran glöckchenartiges Aussehen beschert.

Man schätzt ihr Alter auf etwa 30 Millionen Jahre. 1696 wurde die erste Fuchsie von einem Europäer entdeckt, dem Paulaner und Botaniker Charles Plumier, er benannte die Pflanze nach dem deutschen Botaniker Leonart Fuchs. Bis zum Beginn der großen Züchtungsaktionen fand man etwa 100 wilde Arten mit einer Farbpalette von violett, rot, rosa bis weiß. Im 18. Jahrhundert fand der schottische Botaniker William Houstoun Samen und sandte sie nach Haus. Die daraus gezüchteten Pflanzen gingen jedoch samt und sonders ein. Im 19. Jahrhundert war das Interesse an den Fuchsienspielarten so groß, dass eigens für sie Expeditionen ausgerüstet wurden, bei denen es allerdings herbe Rückschläge gab wie den Verlust großer Sammelbestände durch Schiffbruch.

Doch der Siegeszug der Fuchsie war nicht mehr aufzuhalten. Sie wurde gekreuzt und weiterentwickelt, es gab die ersten gefüllten Sorten und inzwischen existieren circa 7000 Hybriden. Bis zum ersten Weltkrieg herrschte eine große europäische Fuchsienbegeisterung, doch bald nach Kriegsausbruch gab es keine Kohlen mehr zum Heizen der Gewächshäuser. Man stellte auf den Anbau von Kohl und Kartoffeln, Obst und Gemüse um, damit die Bevölkerung in der Krisenzeit ernährt werden konnte. Auch die Weltwirtschaftskrise von 1929 trug dazu bei, dass sich der Brennpunkt der Fuchsienzucht nach Kalifornien verlagerte. Die neuen Sorten müssen nun dort angemeldet werden.

Erich Kästner (1899-1974)
Die Fuchsien

Wir tanzen Ballett, daß die Röckchen fliegen,
die weißen und rosa Röckchen aus Tüll.
Der Wind dirigiert, und wir schmiegen und wiegen
und biegen uns, wie der Kapellmeister will.

Wir tanzen auf der Spitze. Wir dreh'n Pirouetten.
Wir bewegen uns unbewegten Gesichts
wie Ballerinen aus alten Balletten.
Von modernen Tänzen halten wir nichts.

Die Energie der Fuchsie wirkt vernetzend, sowohl
auf die Gehirnhälften als auch auf die Verbindung
von Verstand und Intuition. Das Gehirn wird ge-
klärt und gereinigt von Blockaden, die durch die
Überlagerung zu vieler Gedanken entsteht, vor
allem der Gedanken, die immer wiederkehren und
keine Lösung bringen und durch Ängste, Zweifel,
Hass- oder Wutgedanken zusätzlich belastet sind.
Dieses Durcheinander, das einen „klaren" Kopf
verhindert, verhindert auch eine klare Verbindung
zum Verstand des Herzens. Die Fuchsie hilft uns,
klare Gedanken zu fassen, uns zu konzentrieren,
Wichtiges von Unwichtigem zu unterscheiden
und somit entscheidungs- und handlungsfähig
zu werden. Sie verschafft den nötigen Überblick
auch in Krisen- oder Examenssituationen. Das
Gedankenkarussell wird angehalten, angenehme
Leere breitet sich aus, der Kopf wird weit wie eine
Halle, das dritte Auge wird aktiviert. Dies bewirkt

Leichtigkeit und Beschwingtheit, die Materie wird nicht länger als schwer und belastend empfunden. Sie wird durch das Denken verwandelt, das die Abwesenheit von Gedanken als normal empfindet – das Denken des Nicht-Denkens wird möglich, damit die Empfindung der All-Einheit. Der Lichtanteil in uns ist gestärkt und führt auf eine völlig andere Wahrnehmungsebene. Wir werden Licht, weil das Licht der Fuchsie uns durchflutet.

ICH BIN HELL.
MEIN KOPF IST KLAR,
MEIN HERZ IST VOLLER LICHT.

39. Gänseblümchen (Bellis perennis)

Arno Holz (1863-1929)

Hinter hohen Mauern,
hinter mir,
liegt
ein Paradies.
Grüne, glitzernde Stachelbeersträucher,
eine Strohbude
und Bäume mit Glaskirschen.
Niemand weiß von ihm.
An einem Halm
klettert ein Marienkäferchen,
plumps,
und fällt in goldgelbe Butterblumen.
Hilfreich
neigen sich Tausendschönchen,
Stiefmütterchen machen ein böses Gesicht.
Verschollen
glänzen die Beete.

Das Gänseblümchen aus der Familie der Korbblütler wird auch „Tausendschön" genannt oder „Maßliebchen", „Marienblümchen", „Mondscheinblume", „Morgenblume", „Maiblume." „Bellis perennis" bedeutet „schöne Ausdauernde", sie lässt sich nicht unterkriegen, weder vom Weidevieh noch vom Rasenmäher. Es ist weit davon entfernt, ein Unkraut zu sein, im Gegenteil, es ist eine Rasenzierde: Ein kleiner weißer, manchmal rosafarben gesäumter Strahlenkranz um eine gelbe Sonne als Zentrum gruppiert. Das Gänseblümchen ist klein und groß.

Wie viele Korbblütler hat es eine „falsche" Blüte, ein „Pseudanthium"; das bedeutet, dass viele kleine Einzelblüten, in diesem Falle die gelben Blüten im Kern des Gänseblümchens, sich zusammengeschlossen haben und ihrerseits eine neue Blüte geschaffen haben. In der nordischen Mythologie wurde es der Göttin Ostara zugesprochen. Glückverheißend verkündete das „Auge Baldurs" den Frühling (Baldur ist der nordische Sonnengott). Man erzählte sich auch, dass es das Wachstum beeinflusse: Eine irische Sage erwähnt, dass die Fee Milkah dem Kind des Königs Gänseblümchenspeise vorsetzte, um sein Wachstum zu verhindern. Die Schriftstellerin Joanne Rowling, die sich häufig auf keltische Sagen und alte Rezepturen beruft, lässt das Gänseblümchen deswegen als Bestandteil von Harry Potters „Schrumpftrank" zu. Nach der nicht ganz freiwilligen christlichen

Missionierung weihte man das Gänseblümchen der Jungfrau Maria. Nun waren die kleinen Blüten die Tränen Marias, die sie auf der Flucht aus Ägypten geweint hatte, und die rotgefärbten Ränder standen für das Blut Christi, das von den Ungläubigen vergossen worden war. Der französische König Ludwig IX nahm es sogar in sein Wappen auf, was sicherlich mit dem Nimbus der Unbesiegbarkeit und Beharrlichkeit des Gänseblümchens zusammenhängt.

Es ist vielseitig in seiner Heilwirkung, enthält Saponine, Bitterstoffe, Gerbstoffe, ätherische Öle, Flavonoide, Inulin und Schleimstoffe, dazu Vitamin C, Kalium, Calcium und Magnesium. So wirkt es blutreinigend, entwässernd und krampfstillend, ähnlich wie Arnica hilft es bei Muskelkater, Prellungen, Zerrungen und Blutergüssen, sowohl in Salben als auch in homöopathischer Aufbereitung, zusätzlich bei Leberleiden, Bronchitis, Mundschleimhautentzündung, Magen-Darmbeschwerden und Hautproblemen wie Pickel und Akne. Es kann problemlos und sehr dekorativ den Sommersalat verzieren, man kann die geschlossenen Blüten als „falsche Kapern" einlegen, man kann Tee daraus herstellen oder Honig.

Klaus Seehafer (1947)
Blumen in Büchern

Aus dem Gesangbuch meiner Mutter
fällt ein Edelweiß.
Die Sammlung mit Liebesgedichten
hat Vater ihr zur Hochzeit geschenkt,
darin vertrocknet und flach gedrückt
ein Sträußchen Vergissmeinicht.
Das Gingko-Blatt: ihr Lesezeichen
in der gehüteten Goethe-Ausgabe.
Im Ahnenpass liegt ein Enzian und
die rosablättrigen Gänseblümchen in der Bibel.

Die Aufgabe des Gänseblümchens besteht darin, uns zu lehren, wie wir das Große im Kleinen erkennen können. Es weist uns auf die Wunder der Schöpfung in jeder noch so winzigen Erscheinung hin, auch in uns, die wir uns oft verachten und gering schätzen. Wir sollen uns achten und lieben und unsere Talente ausüben, dabei aber bescheiden bleiben. Alle wahrhaft großen und reifen Menschen sind bescheiden. Das Gänseblümchen lehrt uns die Demut im Gegensatz zur Überheblichkeit. Wer sind wir, dass wir denken, besser als andere zu sein? Jeder, der zu sich erwacht, trägt etwas bei zum großen Ganzen. Statt im Konkurrenzneid zu vereinsamen streben wir eine Zusammenarbeit an, die jedem Spaß macht und die Leistung zudem verbessert. Denn wenn jeder seine Ideen zum Ganzen beiträgt, wird die Welt noch bunter und gleichzeitig konfliktärmer. Die Bellis perennis weist auf den Zusammen-

schluss der Menschen hin, auf die Gemeinschaft, in der einer vom anderen profitiert, in dem jeder seinen Platz bekommt und gleichberechtigt ist. Die Energie dieser bescheidenen Pflanze zeigt uns also unsere eigene Kraft, lässt sie uns wieder fühlen und sagt uns:

ICH BIN BEHARRLICH.
ICH BIN KLEIN UND GROSS.
ICH ÖFFNE MICH DEM LICHT UND
LEUCHTE FÜR DIE WELT.

40. Geißblatt (Lonicera caprifolium)

Pablo Neruda (1904-1973)
aus Zwanzig Liebesgedichte

Alle Tage spielst du mit dem Licht des Weltalls.
Eine zarte Besucherin kommst du herbei,
in der Blume, im Wasser . . .

Jetzt auch, jetzt, meine Kleine,
bringst du mir Blüten des Geißblatts,
und noch deine Brüste sind mit Duft benetzt . . .

Die rankende Pflanze aus der Gattung der He-
ckenkirschen mit ihren über 200 Arten, benannt
nach dem Botaniker Adam Lonitzer, trägt auch
den populären Namen „Jelängerjelieber"; sie kann
bis zu zehn Metern hoch und drei Meter breit
wachsen. Die Lianenart hat röhrige, vanillefar-
bene oder rosa überhauchte Blüten und eiförmige
gegenständige Blätter und ist ebenso in schattigen
Wäldern anzutreffen wie an den Mauern alter

Burgen oder moderner Häuser. Das Geißblatt liebt kalkhaltige feuchte Böden. Mit seinem in warmen Nächten angenehm süßlichen Duft lockt es zahlreiche Nachtfalter und andere Insekten an und tränkt sie mit seinen nektarreichen Blüten. Die leicht giftigen, korallenroten Beeren stehen häufig in Paaren. Man findet die Kletterpflanze in Europa, in den Anden, im Kaukasus und Kleinasien. Sie enthält giftige Glykoside, Alkaloide, Saponine. In der chinesischen Medizin werden die Blüten bei Leberproblemen angewandt, sie wirken entwässernd und schweißtreibend. Aufgrund der möglichen leichten Vergiftungserscheinung wie Erbrechen wird die Pflanze heute bei uns nicht mehr genutzt.

August von Platen (1796-1835)
An eine Geißblattranke

Zwischen Fichtenbäumen in der Öde
find ich, teure Blüte, dich so spat?
Rauhe Lüfte hauchen schnöde,
da sich eilig schon der Winter naht.

Dicht auf Bergen lagen Nebelstreifen,
hinter denen längst die Sonne schlief,
als noch übers Feld zu schweifen
mich ein inniges Verlangen rief.

Da verriet dich dein Geruch dem Wandrer,
deine Weiße, die dich blendend schmückt:
wohl mir, daß vor mir kein andrer
dich gesehn und dich mir weggepflückt.

Wolltest du mit deinem Dufte warten,
bis ich käm' an diesen stillen Ort?
Blühtest ohne Beet und Garten
hier im Wald bis in den Winter fort?

Wert ist wohl die spät gefundne Blume,
daß ein Jüngling in sein Lied sie mischt,
sie vergleichend einem Ruhme,
der noch wächst, da schon so viel verlischt.

*Die Schwingung des Geißblatts (Honeysuckle)
vermittelt Aufbruchsfreude, Lust, etwas Neues
auszuprobieren, sich in Bereiche vorzuwagen, die
man aus Angst oder Misstrauen mied oder vor
denen man aus konventionellen Gründen gewarnt
wurde. Das Geißblatt lässt uns nach vorne schauen
und nach oben, es hilft uns, unsere Ziele neu und
anders zu stecken und uns von Altem, Überkom-
menen zu trennen. Obwohl wir zurückschauen
sollen, um uns und andere zu verstehen, sollen
wir doch vorwiegend nach vorne gehen und nicht
zur Seite oder rückwärts, wir sollen auch nicht
stillstehen oder uns furchtsam zusammenkauern,
wenn die Zeiten sich ändern.*

*Wir dürfen weitergehen, aufrecht und voller
Wissbegier und die Welt erobern. Wir sollen Fragen stellen, damit wir Antworten bekommen. Wir
sollen uns nicht zufrieden geben mit dem, was wir
schon wissen. Es gibt immer noch mehr. Und alles, was wir dann entdecken, wird uns mehr und
mehr mit uns selber verbinden, mit dem Wissen,
dass alles, was wir außen wahrnehmen auch in*

uns ist. Die äußere Welt ist ein Abbild unserer inneren Welt und umgekehrt. Und so lernen wir Schritt für Schritt, uns in den Strom der Veränderung mit einzubeziehen, unseren Platz neu zu finden und definieren und kindlichen Spaß am sich ewig Wandelnden zu finden.

ICH KENNE MEINE VERGANGENHEIT
UND SCHAUE NACH VORNE.
DAS NEUE ERWARTET MICH SCHON.
ICH WILL MEINE ERFAHRUNGEN MACHEN
UND SIE GENIESSEN.
DANN KEHRE ICH ZU MIR ZURÜCK.

41. Gelbstern (Gagea lutea)

Der Gelbstern

Aus
meinem
kleinen Wollen
wird ein Stern.
Aus meinem
kleinen Sehnen
eine Sonne.

Von den Gelbsternarten, heimisch in Europa und Ostasien, hat der zierliche „Waldgelbstern", auch „Waldgoldstern" mit den spitz zulaufenden Blättern und den röhrigen Stängeln in Deutschland am besten überlebt. Seine Schwestern, der „Wiesengelbstern" und der „Ackergelbstern" („Gagea pratensis" und „Gagea villosa") sind vielfach der intensivierten Bodenbearbeitung zum Opfer gefallen. Die Waldgelbsterne bevorzugen Laubwälder, Auen, Bachränder, Wiesen mit feuch-

ten, nährstoffreichen kalkigen Böden; sie sind oft in Verbindung mit Bärlauch oder Windröschen anzutreffen.

Sie gehören zur Familie der Liliengewächse und sind schwach giftig; wie die Schneeglöckchen verdorren sie nach der Blüte, nur die kleine Zwiebel, die die ungeschlechtliche Vermehrung sichert, überlebt bis zum nächsten Frühjahr. Aus dieser erwächst ein grundständiger linealischer Stängel, der kurz unterhalb der Blüte wenige kapuzenartig auslaufende Blätter ausbildet. Auch die Scheindolden des Blütenstandes bestehen aus nur wenigen sechsstrahligen goldgelben Blütenblättern.

Die Energie des Goldsterns verwandelt Kleines in Großes. Ein inneres Lächeln wird zur umfassenden Lebensfreude, eine auffordernde Geste zur Wende in unserem Werdegang. Wir lernen durch den Gelbstern, die geringsten Chancen zu nutzen und sie in Erfolge umzumünzen, indem wir aufmerksam durch unser Leben gehen. Immer wieder ergeben sich Möglichkeiten, die wir verstreichen lassen, ohne sie zu ergreifen. Und manchmal begegnen uns wichtige Menschen, die wir wieder gehen lassen, ohne sie aufzuhalten. In diesen Situationen, die uns auffordern, unkonventionell zu handeln, etwas zu tun oder zu sagen, was wir noch nie gewagt haben, hilft uns die Schwingung der nur scheinbar unscheinbaren Gelbsterne. Sie macht uns mutig und erfindungsreich

und erlöst uns aus der inneren Versteinerung, die sich daraus ergibt, dass wir uns nichts zutrauen, uns für klein und unbeholfen halten. Der Lohn sind die Sterntaler, wie im Märchen, sozusagen die „Gelbsterntaler." Sie stehen für unser inneres Strahlen, wenn wir richtige Entscheidungen getroffen haben, wenn wir mutig voranschreiten, authentisch handeln und reden und unser echtes Leben zu leben beginnen.

ICH BIN KLEIN UND GROSS.
ICH BIN MUTIG UND FREI!

42. Giersch (Aegopodium podagraria)

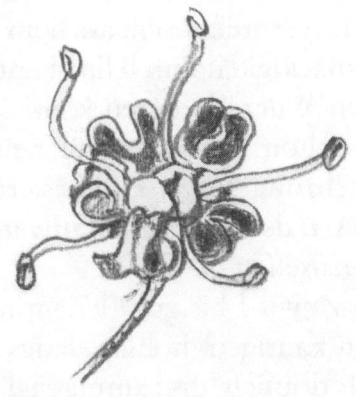

Der Giersch

Ich
dränge
mich in dein
Bewusstsein und
lasse erst locker, wenn
du mich lässt.
Gelassen lass' ich mich
treiben dann von deinem Willen.

Nicht bei allen beliebt, gehört der Giersch doch zu den alten, auch in Königshäusern geschätzten Nutz- und Heilpflanzen. Der griechische Name „Aegopodium" bedeutet „Ziegenfüßchen", mit denen die Kronblätter des Gierschs Ähnlichkeit besitzen; deshalb heißt er auch im deutschen Sprachraum „Ziegenfuß", „Ziegenkraut" oder „Geißfuß." Man findet den im Prinzip anspruchs-losen Doldenblütler in ganz Europa und welt-

weit in gemäßigten Zonen, wobei er schattige, feuchte Standorte mit stickstoffreichen Böden bevorzugt. Er verbreitet sich auch im Garten mit großer Hartnäckigkeit durch flach unter der Erde verlaufenden Wurzeln, deren kleinstes Stück in neuer Erde schon für wieder für neue, massenhafte Vermehrung sorgt. Es kursiert der Witz, die einzige Art, den Giersch loszuwerden, sei ein Wohnortwechsel.

Die Pflanze wird bis zu 90 Zentimeter hoch. Er hat einen kantigen, hohlen, längs gefurchten Stängel, die doppelt dreizähnigen Laubblätter ähneln dem Holunder („Erdholler"). Die doldigen Blütenstände setzen sich aus etwa 10 bis 20 kleinen weißen Einzelblüten zusammen. Die Samen ähneln dem Kümmel. Giersch enthält u. a. ätherisches Öl, Kaffeesäure, Chlorogensäure, Cumarine, Kalium, Vitamin C, Harz und ist durch den Falcarindiolgehalt leicht giftig. Vitamin- und mineralstoffhaltig wurde er schon in der Steinzeit als Wildgemüse gegessen. In mittelalterlichen Quellen wird er als nützlicher Bestandteil von Bauern- und Klostergärten erwähnt. In Kriegszeiten war er überlebenswichtig, man kochte ihn als Spinatersatz, sammelte die jungen Blätter und Blüten für Salate, Suppen, Saucen oder Brotaufstriche oder fütterte die Kaninchen damit. In der Heilkunde nutzte man ihn gegen Gicht (Podagra) und Rheuma, daher auch sein Beiname „Podagrakraut" oder „Zipperleinskraut." Er wirkt harn-

säurelösend, entwässernd, entzündungshemmend und verdauungsanregend, ist daher auch wirksam bei der Behandlung von Blasenentzündung, Übergewicht, Durchfall und Hämorrhoiden.

Die Schwingungsenergie des Gierschs hilft, wenn wir das Maß verloren haben, uns bei anderen zu viel einmischen, sie bedrängen, ihnen keinen Raum geben. Der Giersch führt uns aus einem kindlich unreifen Egoismus, der immer nur sich und seine Bedürfnisse im Blick hat, wieder in unsere Mitte zurück, aus der heraus wir nehmen, aber auch geben können. Die Kraft, die sich als Macht und manchmal sogar als Tyrannei geäußert hatte, wird zurückverwandelt in die reine Kraft, über deren Verwendungszweck wir mit klarerem Gemüt entscheiden können. Wir werden „bessere" Menschen im Sinne von aufmerksam, zugewandt, präsent und mitfühlend. Das ist auch genau das, was wir seit langem anstreben, aber bisher aus Schwäche und Inkonsequenz nicht umgesetzt haben. Der Giersch hilft uns bei der Verwirklichung unseres Wunsches, frei zu sein und Freiheit zu bewirken.

ICH DRÄNGE MICH NICHT AUF.
ICH GEBE DAS,
WAS ICH ZU EMPFANGEN BEREIT BIN.

43. Ginster (Planta genista)

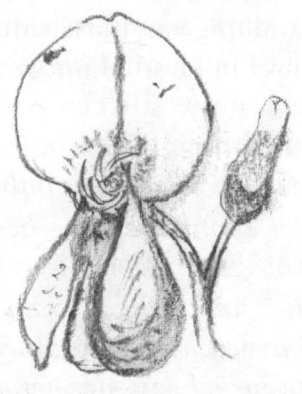

Oskar Loerke (1884-1941)
aus Der Schattenzweig

. . . Doch honigschwere Ginsterblüten wehn
auf meinen Tisch.
Im Holz die Adern rauschen stromgleich
über meinen Tisch . . .
Noch ist der Zweig nur Geist, von Last entblößt,
nur Zweig an Laub und Span.
Wie triebe ihn ein Wind, der Wälder flößt
um diesen Seevulkan?
Der Wind mischt gelbe Ginster in den
roten Wein vor mir.
O Ziel der Fahrt im Purpurmeere!
sagt das Glas zu mir . . .

Der Ginster (in englisch „Gorse"), auch Besen-
strauch, gehört zur Familie der Schmetterlingsblütler
mit etwa 50 Arten. Seine aus langen Ruten bestehenden Büsche, die der Besenherstellung dienten,
sind nahezu blattlos und bedecken flammend gelb

die Hügel des mediterranen Raums („Macchie",
„Garringue"). Alle Ginsterarten lieben den kargen
Boden. Der stark aromatisch duftende Ginster
kommt, außer in Europa, in Skandinavien vor,
in Osteuropa, im westlichen Afrika und in Asi-
en. Er vermehrt sich über braune Samen, die in
bohnenähnlichen Schoten heranreifen.

Hermann Hesse (1877-1962)
Rückgedanken

Am Hang die Heidekräuter blühn,
der Ginster starrt in braunen Besen.
Wer weiß heut noch, wie flaumiggrün
der Wald im Mai gewesen ?

Wer weiß heut noch, wie Amselsang
und Kuckucksruf einmal geklungen?
Schon ist, was so bezaubernd klang,
vergessen und versungen.

Im Wald das Sommerabendfest,
der Vollmond überm Berge droben,
wer schrieb sie auf, wer hielt sie fest,
ist alles schon zerstoben?

Und bald wird auch von dir und mir
kein Mensch mehr wissen und erzählen.
Es wohnen andre Leute hier,
wir werden keinem fehlen.

Wir wollen auf den Abendstern
und auf die ersten Nebel warten.
Wir blühen und verblühen gern
in Gottes großem Garten.

Englische Pflanzer brachten den Ginster als Heckenpflanze mit nach Neuseeland, wo er inzwischen als schwer zu bekämpfender Eindringling gesehen wird. Der Ginster war Namensgeber für ein englisches Herrschergeschlecht, die Plantagenets, deren Gründer, Gottfried von Anjou (12. Jahrhundert), einen Ginsterzweig auf seinem Helm zu tragen pflegte. Die Plantagenets waren extrem durchsetzungsstark, auch skrupellos und sehr emotional. Gottfried hatte die in seiner Ausbreitung kaum aufzuhaltende Pflanze nicht umsonst als sein Wahrzeichen gewählt.

Alle Bestandteile des Ginsters sind giftig. Blätter und Samen enthalten Spartein und Cytisin und bewirken in geringer Dosis Übelkeit, Erbrechen und Herzklopfen, in höherer Dosis Krämpfe und Lähmungen bis zum Kollaps. In der Heilkunde dient er folglich zur Behandlung bei Herz- und Kreislaufproblemen, das Spartein, richtig eingesetzt, wirkt harntreibend, kann Geburten einleiten und wurde schon in der Antike als Gegengift gegen Schlangenbisse genutzt.

Barrett-Browning, Elizabeth (1806-1861)
Stechginster

Stechginster, du vom Berge, was lehrst du uns? Sag an!
Du lehrst, wir sollen stark sein und
standhaft wie ein Mann.

Du trotzt mit deinen Dornen wohl jeglicher Gefahr.
In Sonne, Schnee und Regen stehst du fest und verwegen
das lange, lange Jahr.

Stechginster, du vom Berge, was lehrst du uns, o sag!
Du lehrst, wir sollen froh sein, so wie ein Sommertag.
Denn alle Blüten leuchten, ob winterlich die Welt.
Ob alle Blumen starben, so bleiben deine Farben,
weil Gott sie uns erhält.

Stechginster du vom Berge, was lehrst du uns danach?
Du lehrst uns deine Demut in Hoheit und in Schmach.
Du blühst hoch auf dem Berge und bleibst doch karg und
klein.

Der höchste Ruhm auf Erden ist,
wie ein Kind zu werden und demütig sein.
Stechginster, du vom Berge, nimm an nun unsern Dank.
Linné, der dich verehrte, vor dir zu Boden sank.
Auch wir uns vor dir neigen.
Doch weiß ich nicht genau, ob wir zum Lobe taugen.
Wir wischen uns die Augen. Sind' s Tränen oder Tau?

Die Energie des Ginsters hilft aus den Tiefen der Verzweiflung und Resignation heraus, er verbindet uns mit unserer Kraft und feuert zur Tat an. Man kann die Welt so oder so sehen, man kann das Dunkle betonen oder das Helle. Im negativen Ginsterzustand neigen wir dazu, alles schwarz zu sehen, wir gehen manchmal bis an die Grenze unseres Vermögens weiterzuleben, wollen aufgeben und ins bodenlose Vergessen stürzen. Der Ginster erhellt dieses Dunkel. Er verleiht ungeahnte Kräfte, mobilisiert unseren Trotz, dieses „Und dennoch", für das die Menschen berühmt sind, diese Fähigkeit, plötzlich das Steuer herumzuwerfen und durchs Ziel zu preschen, weil wir es endlich erkannt haben. Wie eine Flamme entzündet der Ginster die Erkenntniskraft in uns. Und dort, wo wir vorher keinen Ausweg sahen, zeigt er uns nun gleich mehrere Möglichkeiten, unter denen wir nur wählen müssen. Er lässt uns das Leben wieder genießen und sorgt dafür, dass wir nicht über das Ziel hinausschießen und in das andere Extrem der Überaktivität und Bevormundung hineingeraten. Wir werden ermutigt, in unserer Mitte zu wohnen und voller Vertrauen aus ihr heraus zu denken, fühlen, sprechen und handeln.

ICH VERTRAUE AUF DEN SINN DER SCHÖPFUNG.
ICH GEBE NICHT AUF.

44. Glockenblume (Campanula)

Wohin ich schaue: Glockenblumen!

Ein violettes Meer, auf dem
die Bienen träge dümpeln wie
in sommersanft geschwung'nen Buchten Fischerboote.

Wär' ich als Schmetterling geboren hier,
ich dächt', die ganze Welt bestünde nur
aus diesem einen lilafarb'nen Nicken.

Es gibt zwischen 300 und 500 verschiedenen Campanula-Arten auf der ganzen Welt. Sie besiedeln die verschiedensten Standorte, man findet sie auf Wiesen, auf Waldlichtungen, an Hängen, an alten Schloss- oder Klostermauern; dort verbreiten sie ihren einzigartigen lichten Zauber, der vielfältig von Malern, Dichtern und Musikern empfunden und dargestellt wurde. Sie gedeihen bis in Höhenlagen von über 2000 Metern (Alpen, Pyrenäen, Kaukasus). Das lateinische

„Campanula" bedeutet Glocke und bezieht sich auf das Aussehen dieser wunderschönen, blau, weiß oder rosa blühenden Pflanze. Sie wächst ausdauernd, bodenbedeckend oder in Polstern. Die Blüten stehen traubig, die Kelchblätter sind an der Basis verwachsen, die Kronblätter röhrig bis glockenförmig. Die Glockenblume vermehrt sich durch winzige Samen, die der Wind aus den durchlöcherten Kapseln schüttelt.

Hans Carossa (1878-1956)
Der Blinde

Sonne sticht in den Sommerhain,
Menschen wandeln auf lauem Sand.
Aber draußen vor den Bäumen,
auf der hellen, heißen Straße,
steht der Blinde mit der Orgel,
singt sein dunkles Lied ins Licht . . .

Der Wind schweigt in den Birkenkronen,
die lustigen Spechte vergessen zu hämmern –
nur die Menschen, nur die Menschen
wollen nicht weilen, können nicht lauschen,
haben sich so viel zu sagen,
nicken sich zu, gehen vorüber,
und der Blinde singt ins Licht . . .

Aber ein Mädchen mit nackten Füßen,
blasses Mädchen in grauem Kleide,
wagt sich hinaus in die heiße Straße,
wirft einen Büschel, wilde Blumen,
blaue Glocken, dunkle, kühle,
auf den staubigen Orgelkasten,
und der Blinde singt ins Licht . . .

Die Schwingung der Glockenblume hebt uns aus dem Alltag heraus in ein inneres Singen und Klingen. Selbst die Kleinste unter ihnen bildet ein perfektes Hütchen, das in Bilderbüchern oft auf den Köpfen der Elfen sitzt oder zu einem Röckchen umfunktioniert wird. Die Glockenblume erinnert uns an unsere Phantasie, unsere ureigene Melodie, unsere Farben, unsere Ein-Bildungs-Kraft. So, wie die Kirchenglocken die Menschen zum Gebet rufen, weckt sie uns innerlich und ruft uns zu: „Verharre nicht in dem Denken, Du seiest farblos und uninteressant. Beginne, Dich für Dich selber zu interessieren. Schau, was in Dir ist und mach etwas daraus. Frage dich nach deinen Qualitäten und Talenten. Schau, wo du sie schon lebst und wo noch nicht." Es ist immer besser, etwas auszuprobieren und hinterher zu entscheiden, ob man sich weiter damit beschäftigen oder sich lieber etwas anderem zuwenden will. Man geht damit kein Risiko ein, denn es ist unwichtig, ob andere das, was man macht, gut finden oder nicht – wichtig allein ist unser Gefühl dafür, unser Empfinden, unsere Begeisterung, das Glück, das dann entsteht, wenn wir uns in ein Feld hineinarbeiten, egal, wo dies uns hinführen wird.

Die Energie der Glockenblume führt uns in die Selbstständigkeit, sie lässt uns spontan werden, unser Leben ausprobieren wie ein Gericht, das wir noch nicht kennen. Sie macht uns Mut und signalisiert, dass es noch viel mehr zu entdecken

gibt als dieses eine, das wir schon gewagt haben.
So führt sie uns immer weiter bis zu dem Punkt,
an dem wir uns vollkommen frei und voller Liebe
fühlen und unser Potential leben. Dies bedeutet
nicht, dass wir eine Sache gefunden haben, die
uns richtig Spaß macht, sondern gleich mehrere.
Denn wir sind vielfältige Wesen, die sich nicht
gerne langweilen und es auch nicht müssen. Wir
sind nämlich auch eine interessante Spezies. Schon
die kulturellen, wissenschaftlichen und wirtschaft-
lichen Errungenschaften machen uns deutlich, wie
viel wir zu leisten imstande sind und wie viel wir
noch von uns erwarten können.

Wir sind unerschöpflich in unserem Erfindungsreichtum! Sobald wir diese Erkenntnis
vollkommen verinnerlicht haben, sind wir fähig,
auch andere Menschen zu begeistern und auf ihre
eigene Entdeckungsreise zu schicken.

ICH ERSCHAFFE MEIN LEBEN NEU.
ICH INSPIRIERE MEIN UMFELD.

45. Goldhafer (Trisetum flavescens)

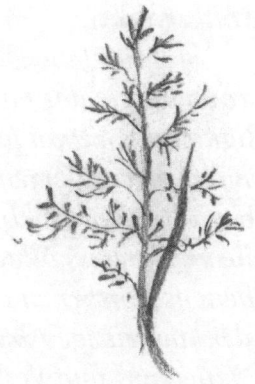

Goldhaferfeld

Ein Wiegen
und Niederbeugen
im Streichelwind des
launischen Sommers, ein
bleichgoldenes Blinzeln voller
Wissen und lichtem Vergessen,
Vergeben vergangener Sünden unter
einem Himmel aus Kornblumenaugen.

Der Wiesengoldhafer gehört zur Familie der Süßgräser. Er ist weit in Europa und im Kaukasus verbreitet und gedeiht bis in Höhen von 2400 Metern. Er wächst in den deutschen Mittelgebirgen und ist Bestandteil der in den Alpenregionen vorkommenden Fettwiesen bzw. Goldhaferwiesen, wo er mit seinen hohen Stängeln, schmalen Blättern und goldüberhauchten Rispen einen lieblichen Anblick abgibt. Er liebt nährstoffreichen Boden

und einen lichten Standort. Sein hoher Mineral-
und Vitamingehalt machen ihn für das Weidevieh
und dessen Besitzer attraktiv.

*Die Schwingungsenergie des Goldhafers hebt
uns in die Leichtigkeit des Verzeihens. Nur zu oft
geschieht es, dass wir uns verletzen lassen, durch
Worte, Gesten, Handlungen. Es können flüchtige
Momente sein, die uns in einer Wucht treffen, die
wir nicht verstehen, es können auch gravierende
Ereignisse sein oder langfristige Abhängigkeitsver-
hältnisse, die auf Verletzung und Verletzen beruhen.
Der Goldhafer verhilft uns zu einer Einsicht, ohne
die Änderung nicht möglich ist: Was immer uns
auch angetan wurde, wir sollen es begreifen als
Teil unserer Geschichte und verstehen, dass wir
etwas damit zu tun haben. Nur, wenn wir uns zur
Verfügung stellen und in unsere Schwäche gehen,
kann jemand anderer diese Schwäche ausnutzen
und uns verletzen. „Schwäche" meint hier Angst,
Misstrauen, Zweifel, Neid, Opferhaltung. Der
Goldhafer unterstützt uns bei der Umwandlung
dieser Gefühle und Gedanken in Mut, Vertrauen,
Großzügigkeit und innere Freiheit.*

*Sobald wir verstanden haben, dass wir dadurch
unverletzlich geworden sind, können wir aus den
Zuständen herausgehen, die weitere Verletzung
möglich machen würden, zum Beispiel dem Zu-
sammensein mit einem psychisch oder physisch
gewalttätigen Menschen, unwürdigen Arbeitsver-*

hältnissen oder „Freundschaftscliquen", die auf
Unterdrückung einzelner basieren und ähnlichem.
Wir sind frei.

ICH NEHME DAS UNRECHT AN,
DAS ICH VERÜBT UND ERLITTEN HABE.
ICH VERZEIHE UND BEGINNE DAS ALTE GANZ NEU!

46. Goldregen (Laburnum anagyroides)

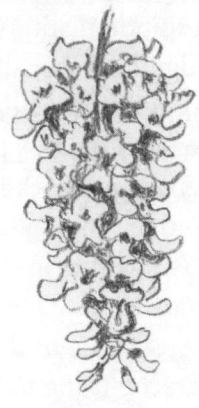

Hermann Löns (1866-1914)
Zärtlichkeit

Der blaue und der weiße Flieder
umduftet unsere Laubenbucht,
Goldregen pendelt auf uns nieder
der blütenschweren Zweige Wucht.
Viele weiße Schmetterlinge fliegen,
der Spötter singt im Rosendorn,
ganz langsam sich die Zweige wiegen.
Ein warmer Wind geht über das Korn.
Die Sonne spielt auf deinen Händen,
die lässig ruhn auf deinem Kleid,
mein Blick will sich davon nicht wenden,
mein Herz denkt lauter Zärtlichkeit.

Der Hülsenfrüchtler Goldregen aus der Unter-
familie der Lippenblütler wird auch „Goldrausch"
genannt oder „Bohnenbaum" nach seinen länglichen Samenhülsen, dazu „Cytisus laburnus", nach

dem innewohnenden Gift Cytisin. Der Beiname „Anagyroides" rührt von seiner wenig schmeichelhaften Ähnlichkeit mit dem Stinkstrauch „Anagyris foetida." Die goldgelben, herabhängenden Dolden sind jedoch eine Augenweide. Der Goldregen stammt aus dem Süden und Osten Europas. Alle Pflanzenteile sind giftig und enthalten Chinolizidin-Alkaloide und Flavone (gelbe Pflanzenfarbstoffe), in den Samen Cytisin (nikotinähnlich), trotzdem wird der Baum häufig in Ziergärten gepflanzt; besonders in den siebziger und achtziger Jahren war er eine Modeerscheinung in Deutschland. Die Vergiftungserscheinungen: Übelkeit, Herzrasen, Krämpfe, Erbrechen, Blutungen und Atemnot bis Atemstillstand. Wie bei einer Nikotinvergiftung kann der Tod bei schwerer Vergiftung innerhalb von neun Stunden eintreten.

Früher wurden die Blätter trotz der Risiken als Blutreiniger, Schleimlöser und Brechmittel verwandt, wegen der schädigenden Nebenwirkungen aber wieder aufgegeben. Auch die mit Cytisin hergestellten Asthma- und Neuralgiemittel wurden nicht lange benutzt. Im Krieg wurden die Blätter als Tabakersatz erprobt, die an Zigaretten Gewöhnten konnten sie sogar vertragen. In homöopathischer Aufbereitung hingegen hilft Cytisus definitiv bei Krämpfen, Darmtenesmen (Schließmuskelkrampf, krampfhafter Stuhldrang), Augenleiden, Ticks und Schwindel.

Goldregen

In Gold
verwandelt
sich das matte Licht,
wenn sich der Sonne Strahl
im Wasser bricht. Und aus den
Weiten unsrer Seelen dringt
Erinnerung, die uns
nach Hause
bringt.

Der Goldregen bereitet die Menschen über den Weg der Sinnlichkeit auf die „Über-Sinnlichkeit" vor. Seine Frequenz erweitert den Wahrnehmungsbereich und führt in das Königreich des Sehens. Indem er uns sicher werden lässt und uns dabei hilft, unserer Sicht zu trauen, führt er uns immer weiter dorthin, wo wir natürlicherweise beheimatet sind. Dabei sollen wir in jedem Falle in der Logik verankert bleiben, denn die Logik umfasst viel mehr Erscheinungsbilder als wir denken. Der Verstand bewahrt uns davor, abzudriften und uns „etwas einzubilden" in dem Sinne, dass wir projizieren oder uns wichtig machen wollen. Die Bilder aber, die in uns sind, werden verstärkt und plastisch hervorgehoben, damit wir uns besser kennenlernen können. Dies umfasst die intuitiven Bilder, die wir in der „bildenden" Kunst, in der Literatur, in der Architektur, in Musik und Tanz ebenso sichtbar machen können wie im alltäglichen Leben, wo sie zur Intensivierung des Erlebens

führen. Es umfasst aber auch die Traumbilder, deren Symbolik wir besser erfassen, wenn wir sie genauer vor uns sehen. Und es bezieht sich auf Bilder aus unserer gelebten Vergangenheit in diesem und vielen vorhergegangenen Leben.

Auch die Außenwahrnehmung wird verfeinert. Unser Planet ist bewohnt von vielen Lebewesen, von denen nur ein Bruchteil gesehen wird. Der Goldregen taucht uns in seine verfeinernde Schwingung, in der die anderen Wesen sichtbar sind und mit uns kommunizieren können. Wir müssen keinen Druck ausüben, dies wird sowieso im Laufe unserer Entwicklung und der langsamen kollektiven Schwingungserhöhung geschehen. Der Goldregen nimmt diese Entwicklung nur ein wenig voraus.

ICH LERNE WIEDER ZU SEHEN.
ICH VERTRAUE MEINER WAHRNEHMUNG.

47. Goldrute (Solidago virgaurea)

Goldrute

Ich greife in den Raum
mit meinem gold'nen Wollen,
verwandle das in lichten Traum,
was wir verwandeln sollen.
Wir alle, Mensch und Tier und Pflanzen,
wir arbeiten am heilen großen Ganzen.

Die Goldrute, auch „Gülden Wundkraut" und
„Machtheilkraut" genannt, wurde erst vor etwa
250 Jahren aus Amerika in Europa eingeführt.
Die in goldgelben Rispen blühende Pflanze aus
der Familie der Korbblütler kann bis zu zwei Meter groß werden. Sie ist ausdauernd und überlebt
durch die Ausbildung von Rhizomen (ein Sprossachsensystem, bei dem die Wurzeln ein dichtes
Netz knapp unterhalb der Erde bilden).
Die Nationalblume von Kentucky und Ne-
braska enthält Saponine, Inulin, Bitterstoffe,

Gerbstoffe und ätherisches Öl, dazu Flavonoide in Kraut und Stängeln, die als Färbemittel für goldene bis braunrote Töne genutzt werden. In der chinesischen Medizin und der Homöopathie nutzt man sie zur Blutreinigung, Klärung unreiner Haut, als Krampf- und Entzündungshemmer, ferner bei Nierenproblemen, Ödemen (Wassereinlagerungen), Gicht, Rheuma, Blasenentzündung, Harnwegsentzündung und Prostatahypertrophie (-vergrößerung). Die kanadischen Indianer kauen sie gegen Halsentzündung und zerstampfen sie zu einem Brei, um Insektenstiche schnell abheilen zu lassen.

Die Schwingungsinformation der Goldrute: wer die Fülle nicht im Außen vorfindet soll sie im Innern hervorrufen. Wir sind mächtige Wesen, die durch Vorstellungskraft alles erschaffen können. Selbst in scheinbar ungünstigem Umfeld sollen wir die optimalen Möglichkeiten für unsere Entwicklung herausfinden und nutzen. Wir sollen die Realität so beeinflussen, dass sie uns nicht versklavt, sondern uns und den anderen dient. Der Maßstab unserer inneren Entscheidungen ist, wie immer, unser Gewissen und somit die Liebe. Deshalb werden wir im Idealzustand unserer hohen Schwingung immer eine lichtvolle Welt anstreben und sie mit allen Mitteln zu erreichen suchen.
Durch unser Tun veredeln wir zunehmend uns und unseren Körpe, dann auch unser Umfeld.

Daraus folgt, dass Gedanken der Wut, des Hasses, der Zweifel und Ängste, Gier, Neid, Verantwortungslosigkeit, Kritik, Selbstüberschätzung und Respektlosigkeit sich in ihr Gegenteil verkehren. Dies bezieht sich auch auf den sexuellen Bereich, jede Form von Perversion wird aus diesem Feld verschwinden und Raum geben für lichtes Schöpfertum. Die Schwingung der Goldrute erlöst von der Versklavung durch niedere Frequenzen, die im sexuellen Bereich wie eine Seuche um sich gegriffen haben. Die versklavten Menschen folgen zwar der Versuchung und erliegen ihr, fühlen sich aber unrein und unwürdig. Die Goldrute hilft ihnen, sich zu reinigen und ihre Sexualität wieder genießen zu können und/oder diese in irgendeine Richtung des freien Schöpfertums zu lenken.

ICH BEFREIE MICH VON ALLEM,
WAS MICH VERGIFTET.
ICH BIN REIN.

48. Goldstern (Actinella scaposa)

Mein Goldstern

Wirst du aufblühen
an meinem Himmelszelt und,
gestickt aus träumerischen Küssen,
meine Nacht erhellen? Wirst du bei
mir sein, wenn ich in einer Sekunde
nachdunkle wie ein altes Ölgemälde,
wenn ich schließlich so finster bin,
dass niemand sich mir nähern
will aus Angst, sich in meinem
Tann zu verirren? Wirst du es wärmen,
wenn mein Herz, erstickt von winterlicher
Traurigkeit, stumm und federleicht wie ein
vereister Vogel im Gebüsch verborgen liegt?
Wirst du, mein Goldstern, dieses Herz mit deinem
leichten Atem wieder auferwecken, wirst dein Gold
du in mich streu'n, dass ich wie du erstrahle?
Ich weiß, dass du mir hilfst und danke dir.

Die Actinella, auch Hymenoxis, stammt aus der Familie der Asterngewächse (von „astrum" = Stern, strahlenförmige Anordnung der Blütenblätter). Sie wächst niedrig und rosettenförmig, blüht goldgelb und am günstigen Standort verschwenderisch, das heißt: sie braucht Sonne und lockeren Boden. Ihre Blüten ähneln mit den kurzen gezahnten Blütenblättern kleinen Margeriten. Der Goldstern stammt aus Nordamerika.

Die energetische Botschaft des Goldsterns ist Trost, Erweckung, Versöhnlichkeit, Liebe, Zusammenhalt, Vermittlung, Harmonie. Er leitet uns aus unserem Dunkel, aus den Wirrnissen persönlicher Verstrickung und lässt uns wieder in unser Gleichgewicht kommen, damit wir uns und unsere persönlichen Angelegenheiten besser durchschauen und regeln können. Im Partnerschaftsbereich ebenso wie in der Familie, unter Freunden oder im beruflichen Umfeld hilft er, aus langwierigen Streitigkeiten herauszufinden.

Wir begeben uns dafür auf einen neuen, einen höheren Standpunkt. Wir erkennen, dass jeder seinen eigenen Kosmos lebt und auf seine Weise „Recht" haben kann. Durch unsere Einsicht und Bereitschaft zur Vermittlung wird Versöhnung überhaupt erst möglich, denn einer wird anfangen müssen zu lieben, damit nicht alles gleich und auf ewig verworren bleibt.

Echte Harmonie werden wir allerdings nur bewirken können, wenn wir mit uns selbst ins Reine gekommen sind, wenn wir uns lieben und respektieren, wenn wir unsere Bedürfnisse erkannt, ernst genommen und mit denen der anderen in Einklang gebracht haben. Das macht aus uns den perfekten Vermittler, den Botschafter des Friedens, den wir in und mit uns erlangt haben. Bei diesem Prozess ist der Goldstern ein wichtiger Verbündeter.

ICH VERSÖHNE MICH MIT MIR SELBST.
ICH BIN BEREIT ZUR HARMONIE.
ICH WAGE DEN ERSTEN SCHRITT INS LICHT.

49. Graslilie (Anthericum ramosum)

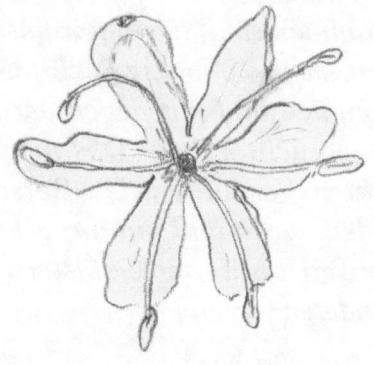

Graslilie

Immer neu
lugt sie aus dem
Gewirr des Grases,
das sie umwirbt wie eine
geöffnete Hand. Seelenvoll
ihr Blick, dem Licht geweiht.

Die auch „Rispengraslilie" oder „Ästige Graslilie" genannte zerbrechliche, weiß blühende Blume aus der Familie der Spargelgewächse wird etwa 70 Zentimeter groß, wobei die grasartigen Blätter deutlich kürzer sind als die weißen Blütenstände mit den filigranen Einzelblüten bestehend aus sechs Blüten- und sechs langen Staubblättern. Die Graslilie wurzelt tief und beständig. Sie gedeiht auf lockeren, kalkhaltigen Böden und ist auf Steppen und Heiden anzutreffen, ebenso an Waldrändern und nicht zu feuchten Wiesen; es gefällt ihr eher

im Süden Europas, dazu auch in Österreich, man trifft sie in Vorderasien und Russland an. Die Samenkapseln sind stumpf-dreikantig, die Verbreitung geschieht durch den Wind. Die Graslilie enthält Steroidsaponine („Sapo" bedeutet „Seife" und deutet darauf hin, dass die enthaltenen Stoffe schäumende Eigenschaften haben).

Die Schwingungsbotschaft der Graslilie: wir können aus wenig viel machen, wenn wir gut verwurzelt sind, wenn wir wissen, wer wir sind und was wir wollen. Die Graslilie hilft dabei, uns zu ergründen, uns kennenzulernen und mit diesem Wissen dorthin zu streben, wo das Licht ist. Wer sich für dunkel hält, wird nicht hoch aufstreben können. Im Dunkeln können wir auch überleben, aber wir haben weniger Freude, weniger Lebenslust. Wir halten uns nur in der Dunkelheit auf, weil wir es von unserem Umfeld her so gewohnt waren. Im elterlichen Umfeld gab es viele dunkle Gedanken, Traurigkeit, Pessimismus, womöglich Hass, Wut, Ungeduld, Gereiztheit, vielleicht sogar Geschrei, Kampf, Gewalt, Missbrauch.
Die Graslilie hilft uns, unsere Prägung zu verlassen und ein Umfeld zu erschaffen, welches unserem Willen entspricht. Sie unterstützt uns dabei, unser inneres Haus zu entrümpeln, die Wände bunt zu streichen, die Einrichtungsgegenstände (schlechte Angewohnheiten) auszutauschen und ungebetene Gäste (dunkle Gedanken) hinauszuwerfen.

Wir lernen, uns zu verändern und hell zu denken, zu fühlen, zu sprechen und zu handeln.

ICH VERWANDLE SCHÄCHE UND STÄRKE.
ICH STREBE ZUM LICHT.

50. Grasnelke (Armeria maritima)

Eva Strittmatter (1930-2011)
Grasnelken

Ich wusste nicht, dass ich diesem Stück Welt
so unwiderruflich verwachsen bin.
Es kam mir bisher niemals in den Sinn,
dass es mich wirklich am Leben erhält.

Ich dachte immer, ich könnte mich trennen,
wenn ich nur wollte. Das ginge leicht.
Doch jetzt: was mich aus der Ferne erreicht,
das werde ich niemals gut genug kennen,

um draus zu leben. Nur dieser Sand
wandelt mich an, mich in ihn zu legen.
Er ist so warm. Ohne Wetter und Regen
wird er im Sommer zu Steppe verbrannt.

Doch kenne ich seine Sprache genau.
Das Brechen der Gräser. Ihr bitteres Welken.
Das kümmernde Rosa harter Grasnelken.
Ihr bläuliches Spiel unterm spärlichen Tau.

Vor ihnen muss ich mich nicht vermessen
und habe nicht Mühe, mich anzupassen.
Ich kann mich einfach fallenlassen.
Sein, wie ich bin, und vergessen vergessen.

Die „Strand-Grasnelke" stammt aus der Familie der Bleiwurzgewächse (weltweit gibt es etwa 50 bis 200 Grasnelken-Arten). Sie gedeiht auf Salzwiesen an der Meeresküste und scheidet das Salz durch spezielle Drüsen an der Blattoberfläche wieder aus. Als Polsterstaude wächst sie in Rosetten, aus denen die kleinen Dolden auf den Stängeln etwa 50 Zentimeter hoch emporwachsen; diese bestehen aus mehreren Einzelblüten mit jeweils fünf Blütenblättern und strahlen rosa bis violett. Die Pflanze enthält Plumbagin (Blei), deshalb wurde sie eine Zeit lang gegen Epilepsie verwandt, was sich nicht bewährt hat. Aus mit Schwermetallen verseuchten Böden absorbiert die Grasnelke u. a. so viel Zink und Blei, dass giftige Obergrenzen erreicht werden.

Die Energie der Grasnelke hilft bei der Verwandlung des Schädlichen in das Nützliche. Wenn wir unser Leben betrachten und untersuchen, wo wir etwas uns Schädliches fühlen, denken, sagen und/oder tun, hilft die Grasnelke bei der Umsetzung der „guten" Vorsätze, die wir uns womöglich schon oft vorgenommen haben. Die Frage: „Wo schaden wir uns?" beinhaltet unsere Heilung, denn sie führt uns direkt zur Frage:

„Wie können wir uns nützen?" Das bezieht sich auf Körper, Seele und Geist.

Deshalb hilft die Grasnelke, wenn wir aufhören wollen zu rauchen, zu viel oder das „Falsche" zu essen, zu viel Alkohol zu trinken, Drogen zu nehmen. Sie unterstützt uns bei der Abgewöhnung von Computer, Handy, Geldspiel, Wetten und allen anderen Arten der Abhängigkeit, wenn sie zu weit gehen und nicht mehr von uns kontrolliert werden können. Dies bezieht sich auch auf die Abhängigkeit von Personen, ohne die wir meinen nicht leben zu können und die wir verfolgen oder belästigen und einfach nicht loslassen können, obwohl sie uns signalisiert haben, dass sie uns nicht lieben und in ihrer Nähe haben wollen.

Die Grasnelke gibt uns unsere Unabhängigkeit und Würde wieder, sie hilft uns bei der Formulierung unserer Bedürfnisse, die dann so gar nichts mit den Dingen zu tun haben, die wir vorher als Ersatz genommen haben. Wir wollen im Grunde unseres Wesens keinen Ersatz für Liebe, wir wollen die Liebe selbst. Deshalb gehen wir unbeirrbar auf sie zu und integrieren sie. Indem wir selber lieben, verbreiten wir die hohe Schwingung und ziehen dort an, wo wir vorher abgestoßen haben. Wir verbreiten Licht und ziehen diejenigen an, die auch ins Licht wollen.

LIEBE IST UNERSETZLICH. ICH VERSUCHE NICHT LÄNGER, SIE ZU ERSETZEN. ICH HÖRE AUF MIT DEM, WAS MIR SCHADET.

51. Gundermann (Glechoma hederacea)

Gundermann

Auch wenn
ich kein Tiefwurzler
bin, atme ich Erde. Auch
wenn ich kein Großblüter bin,
verweile ich in den Herzen und
verschenke mein Wissen.
Nimm meine Jugend
und mein Alter.

Der Gundermann (griechisch „glechon" für eine Minzart) aus der Familie der Lippenblütler wird auch „Gundelrebe" genannt, „Heckenkieker" und in Kriegszeiten auch „Soldatenpetersilie." Gundermann ist überall in Europa und in vielen anderen Weltgegenden beheimatet. Er liebt feuchte, kalkhaltige, eher fruchtbare Böden, kommt auf Äckern, Wiesen, Waldsäumen, an Hecken und in Gärten vor. „Gundareba" bedeutet im Althoch-

deutschen soviel wie „am Boden wachsend." Mit
seinen langen, aromatisch duftenden, flach wur-
zelnden Ausläufern, aus deren nierenförmigen,
am Rand gekerbten Laubblättern die Gunder-
mannblüten wie kleine violette Schmetterlinge
aufflattern, erobert er weite Flächen. Er enthält
Gerbstoffe, Bitterstoffe, Cholin, Vitamine, Saponine, ätherische Öle und Flavonoide (Flavonoide
sind sekundäre, antioxidative Stoffe, die in allen
Pflanzen und deshalb auch in unserer Nahrung
enthalten sind). Aufgrund der Bitterstoffe wandten
ihn die Bierbrauer zur Haltbarmachung an, deshalb nannte man ihn auch „Gartenhopfen" oder
„Erdhopfen." Inzwischen wird er vom „echten"
Hopfen vollständig verdrängt.

Die Heil- und Zauberpflanze der Germanen
war dem Donar geweiht (daher der noch heute
gebräuchliche Beiname „Donnerkraut"). Sowohl
der Freya als auch dem Donar wurden Geiß und
Ziegenbock als Krafttiere zugeordnet (daher der
Beiname „Zickleinkraut"). Seit langem wird er als
Vitaminspender und Gesunderhalter in der Volks-
küche verwandt. Er war zum Beispiel Bestandteil
des „Gründonnerstagsgerichts", dem „Neunkräu-
tersüppchen." Warum heißt der „Gründonnerstag" Gründonnerstag? Viele Gelehrte streiten
sich darüber, die offensichtliche Erklärung liegt
in der schon vorchristlichen Sitte, im Frühjahr
wilde Kräuter und grüne Gemüse wie Grünkohl
zu sich zu nehmen, um die Frühlingsgöttin Freya

zu feiern, Kraft für das ganze Jahr zu „tanken"
und die Widerstandskraft zu stärken. Der Gundermann gehörte natürlich dazu, ebenso wie die
Brennnessel, der Giersch und andere heilkräftige,
vitamin- und mineralstoffreiche „Unkräuter."
Der Gründonnerstag bezeichnete auch den uralten Aussaattag, der eine reiche, von den Göttern
gesegnete Ernte versprach. Immer wieder sieht
man die Umdeutung „heidnischer" Handlungen
in christliche Riten.

Der Gundermann hilft gegen Erkältungskrankheiten, bei Leber-, Nieren- Blasenproblemen, er
wärmt, reinigt und entschlackt. „Gunt", das
althochdeutsche Wort für „Beule" weist auf ein
anderes Anwendungsgebiet der „Guntkräuter"
hin, nämlich das Ausleiten des Eiters aus Abszes-
sen. Die Chinesen setzten Gundermann zusätzlich
gegen Nieren- und Lungenentzündung ein, im
europäischen Mittelalter galt er, wie üblich, als
Schutz gegen Hexen, weiterhin nutzte man sie
gegen die Pest, bei Tumoren, Augenleiden und
Vergiftungen. Man nutzt das blühende Kraut, das
man von April bis Mai sammeln kann. Man kann
ihn problemlos als Salatkraut benutzen. Als Tee
wirkt er schleimlösend bei Bronchialkatarrhen
und unterstützt die Verdauung.

*Die Energie dieser mächtigen, nur scheinbar
unscheinbaren Pflanze verleiht jugendliche Kräfte.
Durch die Frequenz des Gundermanns werden*

wir geläutert, gereinigt, an unseren Platz gestellt, wortwörtlich dort „wieder her- beziehungsweise hingestellt", wo wir am besten wirken können. Denn jeder hat sich etwas vorgenommen für dieses Leben, einen Teil für die eigene Entwicklung, einen Teil für die Entwicklung der mit ihm Verkörperten und einen Teil für die Entwicklung der Erde. Gundermann hilft, die einzelnen Bestandteile zu erkennen und die Konsequenzen daraus zu ziehen. Wir werden aus dem Winterschaf geweckt, reiben uns die Augen, springen auf und rufen: „Ach, ja, deshalb bin ich hier!"

Das beinhaltet die Relativierung der Probleme und Verstrickungen, die wir uns aufgeladen haben. Indem wir uns wieder dessen bewusst werden, was wir hier eigentlich vorhaben, fällt uns die Selbstanalyse leichter. Die Selbstkritik, die in unseren Gedanken kreiste und uns unfähig machte, so kraftvoll zu handeln, wie wir es uns gewünscht hatten, wird verstummen. Die Analyse befreit uns von der Kritik, sie löst uns aus den Klauen der Selbstzweifel, das negative Selbstbild weicht und macht einem positiven Erkennen Platz.

Der Gundermann fördert die Fähigkeit, selbst eingebaute Hemmnisse und Blockaden zu sehen und aus dem Weg zu schaffen. „Ich kann" statt „Ich kann nicht", „Ich werde es tun" statt „Das schaffe ich nie." Sobald wir in uns selbst aufgeräumt haben und uns in die Problemlosigkeit entlassen, können wir uns dem zuwenden,

was wirklich wichtig für uns ist. Den Problemen können wir nachträglich danken, denn sie haben es uns ermöglicht, stärker zu werden als zuvor. Deshalb gibt es sie überhaupt.

ICH VERJÜNGE MICH IM DENKEN UND FÜHLEN.
ICH ERKENNE MEINE BERUFUNG.

52. Habichtskraut (Hieracium pilosella)

Habichtskraut

Mein
scharfer
Blick versengt
dein Herz und lässt
es neu ersteh'n.

Das lateinische „Hierax" bedeutet Habicht,
„pilosus" heißt „behaart." Das „Kleine Habichtskraut" aus der Familie der Korbblütler,
wegen der pelzigen kleinen Blätter der Rosetten
auch „Mausöhrli" genannt, ist überall in Europa
heimisch, zusätzlich u. a. im Kaukasus und in
Sibirien, in Kanada Nordamerika und Neuseeland. Die Blüten, die sich auf blattlosen Stängeln
über der Grundrosette erheben, sind innen gelb
und außen rötlich. Deswegen nannte man sie
auch nach den bis ins 19. Jahrhundert geltenden

Goldmünzen „Dukatenröschen." Das Habichtskraut ist eine Lichtpflanze, liebt Heiden, Wegesränder, trockenen Rasen, Schutthalden und Felsspalten („Felsenblümli"). Es enthält Gerb- und Bitterstoffe, Flavonoide, Schleim, Cumarine und Harze.

Man nutzt es in der Heilkunde schon seit langem als Entzündungshemmer, Schleimlöser, bei Durchfall, grippalen Infekten, Bronchialerkrankungen, zu starker Mensis, zur Wurmbehandlung und Wundheilung, zusätzlich bei Blutarmut und Schwindsucht. Die Irokesen nennen es genau wie wir „Hawkweed" und verwenden es zur Stärkung der Sehkraft. Wegen seiner marihuanaähnlichen Wirkung gilt es als Schmerzlinderer.

Das Habichtskraut lehrt uns, wieder zu fliegen, uns frei zu fühlen und alles aus der Höhe betrachten zu können. Es befreit vom Ballast der alltäglichen Sorgen und lässt uns zunehmend spüren, was wirklich wichtig ist. Es steht für Überblick und Klarsicht im Angesicht des lichtvollen Himmels. Wir werden wieder befähigt, nur das zu behalten, was uns und unser Umfeld weiterbringt, alles andere lassen wir los und belasten uns nicht mehr damit.

Wir sind freie Wesen, es ist wichtig, dass wir uns dieser Freiheit wieder bewusst sind. Natürlich kann man uns manipulieren. Schon das Aufwachsen in einer Familie prägt uns so stark, dass wir uns verändern und in den meisten Fällen einen

228

Teil unserer Freiheit verlieren. Auch die Abwesenheit einer Familie prägt uns und kann uns unfrei machen, denn all unser Trachten wird danach gehen, eine Familie zu haben, geliebt zu werden und Geborgenheit zu bekommen; oder es tritt das Gegenteil ein und wir meiden die Gemeinschaft anderer und werden unsozial, womöglich kriminell, oder vielleicht verwandeln wir uns in seltsame Käuze. Später nehmen uns Kindergarten, Schule, Berufsleben, manchmal Regierungsformen scheinbar die Freiheit, wir passen uns an oder revoltieren – all das immer als Reaktion auf das, was uns geschieht. Manche von uns, die vielleicht auch unfrei sind, gehen so weit, uns für von Außerirdischen „gechippte" Roboter zu halten.

Doch all das darf uns nicht darüber hinwegtäuschen, dass wir im eigentlichen Sinne vollkommen freie Wesen sind. Auf der Erde gehen wir bestimmte Bedingungen ein, wir akzeptieren die Spielregeln: wir haben einen Körper, wir sind männlich oder weiblich, es gibt die Polarität, es gibt Gut und Böse, es gibt die Entscheidung, die Ursache und die Wirkung. Hier sind wir also bedingt frei. Außerhalb des Körpers sind wir „un-bedingt" frei! Und das gilt es zu wissen und dementsprechend zu handeln.

Das Habichtskraut lehrt uns, die Zusammenhänge wieder zu überblicken, klar und gerecht zu sein, weise und überlegt, verantwortungsvoll und stark, dabei voller Humor und Liebe.

Unsere Entscheidungen werden vielleicht nicht immer konventionell sein können, da die Konventionen Übereinkünfte sind, die das Zusammenleben „Unfreier" so gut wie möglich regeln. Und doch werden diese Entscheidungen getragen sein von einer Vernunft, die höher ist als das, was wir bisher für Vernunft hielten, denn diese Art von Vernunft vereint Herz und Verstand; sie sondert das Herz nicht mehr aus, sondern überträgt ihm die Führung.

ICH ERKENNE DIE ZUSAMMENHÄNGE.
ICH SONDERE WICHTIGES VOM UNWICHTIGEN.
ICH SORGE FÜR MEINE FREIHEIT.

53. Hafer (Avena sativa)

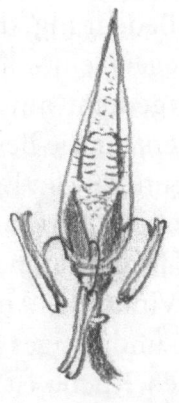

Oskar Loerke (1884-1941)
aus Weichbild

Niemand ging verloren.
Das Korn selbst schläft gezählt in den Ähren . . .

Der Getreidehafer gehört zur Familie der Süßgräser. Er ist einjährig und krautig und wird in
guten Erntejahren bis zu 1,5 Metern groß. Im Gegensatz zu den Ähren anderer Getreidearten bildet
er Rispen aus, was ihn mit seinen Verwandten,
den Gräsern, verbindet. Die Rispen tragen zwei
bis drei Blüten, die daraus entstehenden langen
und sehr schmalen Samenkörner sind eng von
Spelzen umgeben.

Seit 5000 vor Christus wird Hafer nachweis-
lich genutzt, aber nicht von allen geschätzt. Die
Römer nannten die Germanen abfällig „Hafer-
fresser", das Getreide kam auf ihren Feldern nur

in Verbindung mit Gersten- und Weizenfeldern vor. In vielen Ländern und auch bei uns besaß er indessen die große Bedeutung, die er noch bis ins 20. Jahrhundert wegen seines hohen Nährstoffgehaltes besaß. Er gedeiht auf anspruchslosem Boden, was besonders für die Bevölkerung karger Gegenden von Bedeutung war. Er enthält Kohlenhydrate, Wasser, Eiweiß, Fett, Mineralstoffe wie Kalium, Phosphor, Magnesium, Calcium, Eisen, Zink und Kupfer, Vitamine, Aminosäuren, Kieselsäure, Alkaloide und einiges mehr.

Aus der gesunden Küche ist er nicht wegzudenken. Die Schotten hielten sich gesund mit „Porridge", dem traditionellen Haferbrei, auf Gälisch hieß er „brochan" und wurde ungesüßt serviert, dazu gab es Milch, Sahne oder Buttermilch. Obwohl er zuerst durch die Einführung der Kartoffel aus Südamerika zurückgedrängt wurde und dann durch die fortschreitende Industrialisierung und den Rückzug der Pferde bei Transportwesen und Jagd seine zentrale Wichtigkeit verlor, ist er weiterhin präsent. Schon allein der Siegeszug des „Müesli" sichert den weltweiten Anbau. Größte Haferexporteure sind Russland, Kanada und Polen.

Hafer wirkt günstig auf die Blutgefäße, die entspelzten Früchte nutzt man als „Haferschleim" bei Magen- und Darmerkrankungen. Er senkt den Cholesterinspiegel und entgiftet, deshalb wird er bei der Raucher-/Drogenentwöhnung eingesetzt.

Grüner Hafertee hilft gegen Schlaflosigkeit, nervöse Erschöpfungszustände, Rheuma, Gicht, Nierenprobleme und entzündliche Darmerkrankungen. Haferbäder bewirken durch den hohen Kieselsäureanteil im Stroh die schnellere Heilung von Hautverletzungen.

Wanderung und Schlaf im Regen

In der Fülle neigen Ähren
sich der feuchten Erde zu.
Regen perlt und hängt an schweren
kornbelad'nen Halmen. Du

lässt nicht ab von deinem Schreiten,
wanderst unbeirrt und dort,
wo der Himmel seine Weiten
in ein einz'ges knappes Wort,

wie ein graues Tischtuch bündelt, -

dort legst du den himmelsschweren
Kopf zu einer kurzen Ruh
in die kornbelad'nen Ähren,
deckst mit Himmelstuch dich zu.

Die Energie des Hafers hilft uns, den Alltag zu leben, ohne in unserer Kraft nachzulassen, indem wir in allem die größtmögliche Schönheit erkennen. Er befähigt uns, diszipliniert und genau zu arbeiten, wenn wir arbeiten müssen und vollkommen zu entspannen, wenn wir Freizeit haben. Er vernetzt uns mit der Basiskraft des Körpers,

*mit den Eigenschaften der Unerschöpflichkeit.
Er verleiht uns ein gesundes Beharrungsvermögen,
wenn wir etwas durchsetzen wollen oder müssen,
dazu Unbestechlichkeit, die uns davor bewahrt,
unsere Seele zu verkaufen, auch wenn der Weg
leichter erscheint, wenn wir es täten. Hafer stärkt
unsere Prinzipientreue in Bezug auf die Umsetzung
von Liebe, Weisheit und Humor in allen Lebens-
bereichen. Auch wenn Menschen uns sehr durch
ihren Status beeindrucken und wir uns Vorteile
von ihnen erhoffen, mehr Anerkennung vielleicht
oder mehr Geld, bleiben wir bei uns und lassen
uns nicht auf fremde Wege locken.*

ICH SCHÖPFE UNENDLICHE KRAFT
AUS MEINEM INNERN.
ICH BIN UNBESTECHLICH UND GRADLINIG,
DABEI IMMER HUMORVOLL.

54. Haselnuss (Corylus avellana)

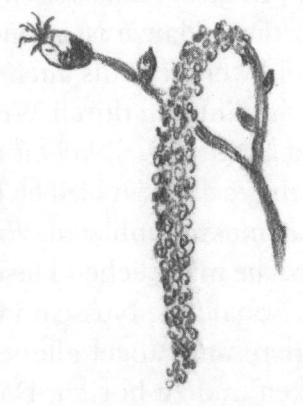

Oskar Loerke (1884-1941)
aus **Erdbebenzerstörtes Gotteshaus**

... Daneben rauscht ein Nussbaum hundertjährig,
das Schneegebirge vorm Gesicht,
die Sonnenkräfte blieben ihm willfährig,
er hält die Fülle in das Licht ...

Die „gemeine Haselnuss" aus der Familie der
Birkengewächse ist seit langer Zeit ein geschätzter
Nusslieferant. Ihr Beiname stammt von der antiken Stadt Abella, die, am Fuße des Vesuv gelegen,
berühmt war für die Qualität ihrer Haselnüsse.
Das griechische „Korys" bedeutet „Helm." Die
reich verzweigten Sträucher, die überall in Europa
(ausgenommen im hohen Norden) in Laubwäldern und Gebüschen, an Wald- und Wegrändern
zu finden sind, können bis zu hundert Jahre alt
werden, der Stamm ist borkenlos, das Holz nur

mäßig hart. Die Blätter sind rundlich, pelzig, an den Rändern doppelt gesägt und weisen eine schräge Streifung auf. Die Pflanze ist monözisch (sie beherbergt sowohl weibliche als auch männliche Blüten). Da die Bestäubung durch Wind erfolgt, werden die geruchslosen, weiblichen Blüten, die von der Knospe eingeschlossen bleiben und zudem noch nicht einmal Nektar anbieten, von Insekten nicht angeflogen, die männlichen Haselkätzchen hingegen schon. Sobald die Nüsse im Herbst reifen, eilen Nagetiere und Vögel aller Art herbei, um sie zu pflücken und zu horten. Dabei garantieren sie das Überleben der Pflanze und sorgen für Überraschungen beim Gärtner.

Die Nüsse enthalten 60 Gramm Öl, somit stecken in 100 Gramm 650 Kalorien. Zusätzlich sind sie eine Schatztruhe voll mit Kohlehydraten, Eiweiß, Vitaminen und Mineralstoffen (viel Kalium, Phosphor, dazu Calcium, Eisen und Natrium). Daher ist es nicht verwunderlich, dass die armen Studenten der Vergangenheit durch die Nuss-Rosinenmischung „Studentenfutter" überleben konnten.

Max Dauthendey (1867-1918)
Der Mond im Nussbaum

Im Nussbaum blieb der Mond im Astwerk hangen,
Liegt wie ein weißes Tier im Astkäfig gefangen
Und presst sein silbernes Fell an die Käfigstangen.
Der Mond hat Dir über Brücke
und Fluss hell folgen müssen,
Ging aus der Stadt uns nach bis zum
Nussbaum auf lautlosen Füßen.
Schnell, eh' der Mond sich wieder rührt,
muss ich Dich küssen.

Ähnlich wie der Holunder ist die Haselnuss ein
hochverehrter Zauberbaum. Er steht für Glück
und Neubeginn, für Sexualität und Fruchtbar-
keitszauber, Unsterblichkeit und Zauberkraft. Die
Zweige eignen sich besonders als Wünschelruten,
um Wasser oder verborgene Schätze aufzuspüren,
da sie perfekte Energieleiter sind. Die Germanen
ließen es nicht zu, dass man die „Frau Haselin"
fällte. Die Römer trugen bei Friedensverhandlungen
als Zeichen ihrer guten Absichten Haselzweige bei
sich, in Deutschland steckte man Gerichtsstätten
mit Haselstecken, den sogenannten „Summerlat-
ten" ab. Bräuten wurden Körbe mit Haselnüssen
geschenkt. Der Strauch, der das Böse abwehrte,
diente auch als Schutz für Liebende, was viele
uneheliche Kinder hervorbrachte: „In die Haseln
gehen", „Viel Hasel, viel Kinder ohne Vater" oder
„Der ist aus der Haselstaude entsprungen" – diese
Volksweisheiten kursierten noch lange im Volk.
Den Mädchen, die ungewollt schwanger wurden,

überreichte man am 1. Mai statt des Birken- einen Haselzweig – eine schadenfrohe Dorfsitte, die das Mädchen in Verruf brachte.

In der Heilkunde wurde der Haselblättertee genutzt zur Fiebersenkung, Blutreinigung und zum Blutstillen. Die alten Römer schätzten ihn als Mittel gegen Impotenz, Hildegard von Bingen empfahl ihn zusätzlich als Hilfe bei Husten und Lungenentzündung.

Robert Frost (1874-1963)
aus **Der Tod des Tagelöhners**

... Er sagt, der Junge wolle ihm nicht glauben,
dass er mit Haselruten Wasser finde –
das zeige doch, dass die Schule nichts tauge ...

Die Energie der Haselnuss durchflutet uns mit neuen Impulsen. Sie hebt uns auf die Ebene des Schöpferischen, Bilder und Ideen stellen sich ein, Ansätze für Problemlösungen, alternative Verhaltensweisen. Die Haselnuss erinnert uns an unsere unverbrauchte Kindlichkeit, mit der wir Dinge ganz neu angehen können, voller Elan, regelrecht naiv im besten Sinne, ohne uns um Konventionen zu kümmern und ohne auf die ausgetretenen Wege zu achten, die nur zu oft in die Irre führen. Sie verbindet uns mit unserer „Einfalls-Gabe", mit unserer Intuition und Fruchtbarkeit, mit dem zauberischen Aspekt in uns, der Fähigkeit, die alles wahr werden lässt, was wir uns nur wünschen.

Wie beim Aschenputtel, das einen Haselstecken auf das Grab der Mutter pflanzte und vom daraus erwachsenen Baum immer neue Hilfe und Inspiration empfängt, bewirkt die Haselnuss, dass uns die Ideen wie prachtvolle Kleider zufallen. Sie lässt uns den inneren und/oder äußeren Prinzen finden, die Erfüllung entweder im partnerschaftlichen, beruflichen oder spirituellen Sinne. All das lernen wir zu verbinden, die große Einheit herzustellen aus allem, was wir auf der Erde erreicht haben und unser Leben in Fülle und Harmonie zu führen.

ICH BIN VOLLER IDEEN UND VORSTELLUNGEN.
ICH BIN DIE ZAUBERISCHE FÜLLE.

55. Heidekraut (Calluna vulgaris)

Hermann Löns (1866-1914)
Sommer

Über die Heide ziehen Spinneweben
von Halm zu Halm ihr silberweißes Tuch,
am Himmelsrande weiße Wölkchen schweben
und weißes Wollgras wimpelt überm Bruch.
Es glüht die Luft wie ein Maschinenofen,
kein Menschenleben regt sich weit und breit,
der Baumpieper nur schmettert seine Strophen
und hoch im Blau der Mäusebussard schreit.
In rosa Heidekraut den Leib ich strecke,
das Taschentuch ich auf die Augen breit,
weit von mir ich die schlaffen Glieder recke
und dehne mich in süßer Müdigkeit.
O Grabesschlaf, wollüstiges Genießen!
Wenn dieser müde Menschenleib verwest,
wenn die Atome auseinanderfließen
und Glied an Glied sich reckend, dehnend löst.

Das Heidekraut wird auch „Besenheide" genannt; „calluna" bedeutet schon im griechischen „fegen, reinigen" (kallyno), was darauf hindeutet, dass man auch dort Besen aus ihr fertigte. Das Heidekraut, in Europa und bis nach Westsibirien verbreitet, ist ein kleiner, verholzender Zwergstrauch, der nur langsam, aber stetig wächst. Es steht gerne sonnig, liebt kalkfreien Boden, ist also ein Säureanzeiger, siedelt sich auf Heiden und Dünen, in lichten Wäldern und in der Nähe von Mooren an. Das Heidekraut gedeiht bis in Höhen von 2700 Metern. Die Blätter sind schuppenartig an die Zweige gelegt, die winzig kleinen Blättchen verlieren durch das Einrollen wenig Feuchtigkeit und können somit Trockenzeiten gut überstehen. Die Blüten stehen glockig-traubig und verwandeln die Heidelandschaften in einen rosafarbenen, violetten oder weißen Blütenteppich, der unzählige Insekten und Falter anzieht. Hier entsteht der unverwechselbare gallertartige Heidehonig. In Bayern sagt man, wenn das Heidekraut bis in die Spitzen blühe, gebe es einen strengen Winter. Die Samenkapseln verbreiten sich als Ballonflieger durch den Atem des Windes.

Die Pflanze enthält das Glukosid Arbutin und das Flavonoid Quercetin (gelber Naturfarbstoff), beides wirkt harntreibend und blutreinigend, eine Eigenschaft, die Pfarrer Kneipp zu schätzen wusste und mit der Herstellung einer Teerezeptur in der Gicht- und Rheumatherapie einsetzte.

Theodor Storm (1817-1888)
aus **Abseits**

Es ist so still; die Heide liegt
im warmen Mittagssonnenstrahle,
ein rosenroter Schimmer fliegt
um ihre alten Gräbermale;
die Kräuter blühn; der Heideduft
steigt in die blaue Sommerluft.

Laufkäfer hasten durchs Gesträuch
in ihren goldnen Panzerröckchen,
die Bienen hängen Zweig um Zweig
sich an der Edelheide Glöckchen;
die Vögel schwirren aus dem Kraut,
die Luft ist voller Lerchenlaut . . .

Die Schwingung des Heidekrauts versetzt uns in ein Glücksgefühl, das man nur entwickeln kann, wenn man sich nicht zu sehr in der Materie verstrickt hat, sondern immer wieder mal einen kleinen „Aus-Flug" einbaut. Wir sollen uns an unsere Eigenschaft als Lichtwesen erinnern, damit wir das Leben auf der Erde nicht zu ernst nehmen und darüber schwer, missmutig und pessimistisch werden. Das Heidekraut greift uns unter die Arme und hebt uns hoch, um uns dann erkennen zu lassen, dass wir diese Hilfe gar nicht brauchen, weil wir aus unserer Natur heraus so leicht und beschwingt sind. Unser Geist wird ebenso gereinigt wie unsere Seele auf diesen Ausflügen ins Lichtvolle, Leichte, und wenn wir zurückkehren, bewahren wir ein Lächeln, das Lächeln der Erin-

nerung an das Echte, an das, was wir hinter den Kulissen gesehen haben.

Einsamkeit wird nicht mehr länger als negativ empfunden. Wir fühlen uns nicht „allein" im negativen Sinne, sondern vielmehr „All-eins." In der Stille, die sich in uns entwickelt, wenn wir mit uns und dem All eins sind, entwickeln sich neue Impulse, wir kommen uns näher, geben uns Gelegenheit, uns besser kennenzulernen, nicht immer wegzuhören und etwas in uns zu verdrängen, sondern zuzuhören und hinzuschauen und zu begreifen, dass all das zur Einheit gehört. Es ist ein wunderbares, unendlich großes, fließendes Schöpfungsgemälde, in dem wir unseren Platz einnehmen und mitschwingen.

ICH SCHÖPFE AUS MEINER STILLE.
ICH BIN „ALL-EINS."
ICH FÜHLE MICH LEICHT UND BESCHWINGT.
MEIN LÄCHELN ERHELLT/ERHÄLT DIE WELT.

56. Herbstaster (Aster novae L.)

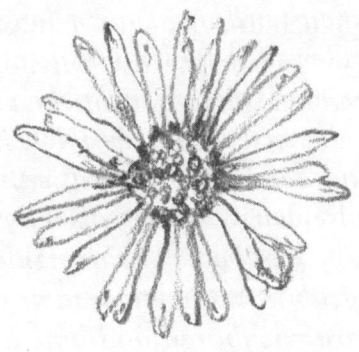

Max Dauthendey (1867-1918)
Die bunten Astern

Die bunten Astern sind wie ein Regenbogen
in den nassen Garten eingezogen,
wie Gesichter, die schon etwas frieren.
Die großen Äpfel an den Spalieren,
die hängen wie trutzige Köpfe dort;
bald trägt sie mein Schatz in der Schürze fort.
Der Morgen ist kalt, und die Blätter sind alt;
bald hat die Nacht ständig die Obergewalt.
Und wenn die Astern den Garten verlassen,
wird der Winter die Menschen anfassen.
Trag jeder seinen Garten bei Zeiten ins Haus,
bei einem Schatz geht der Sommer nicht aus.

Die Aster aus der Familie der Korbblütler umfasst
etwa 600 Arten in Eurasien, Afrika und Amerika.
Ihr lateinischer Gattungsname („Astrum", Stern)
bezieht sich auf die strahlenförmige, manchmal bis
zu 150 Zungenblüten umfassende Blüte in Rosa,
Rot, Violett, Blau und Weiß. Das Zentrum in den

körbchenförmigen Blütenständen der Herbstaster besteht aus bis zu 100, meist gelben Röhrenblüten, die eng aneinander stehen. Hauptblütezeit ist der Spätsommer und Herbst. Die Pflanze ist eine ausdauernde und vermehrungsfreudige Staude. Es gibt sie als Kissenaster, die große, farbenfrohe Polster bilden oder als hochwüchsige Exemplare, die man anbinden muss, damit die ersten Herbststürme sie nicht umknicken. Sie sind besonders beliebt bei Schmetterlingen.

Gottfried Benn (1886-1956)
Astern

Astern, schwälende Tage,
alte Beschwörung, Bann,
die Götter halten die Waage
eine zögernde Stunde an.
Noch einmal die goldenen Herden
der Himmel, das Licht, der Flor,
was brütet das alte Werden
unter den sterbenden Flügeln vor?
Noch einmal das Ersehnte,
den Rausch der Rosen Du –
der Sommer stand und lehnte
und sah den Schwalben zu,
noch einmal ein Vermuten,
wo längst Gewißheit wacht:
die Schwalben streifen die Fluten
und trinken Fahrt und Nacht.

Die Schwingungsinformation der Aster: Wir verwandeln uns stetig. Nichts bleibt stehen, alles fließt, füllt den Raum aus, der gegeben wird, begnügt sich bei Beschränkung, passt sich an, wird

245

schwächer oder stärker, wird transformiert und veredelt oder ausgesondert. In diesem Prozess des Wachsens und Vergehens unterstützt die Aster mit ihrer klangvollen Frequenz und signalisiert, dass freiwilliger Wandel, freiwilliges Loslassen dessen, was wir bisher nicht missen wollten, uns auf eine höhere und schönere Ebene führen kann. Sie ermutigt uns, Freiraum für Veränderung zu geben und davon auszugehen, dass nicht alles, was wir kennen, bewahrenswert ist. Aber auch nicht alles, was neu ist, ist auch besser. Die Aster hilft uns dabei, in dem Prozess der Wandlung einen klaren Kopf zu behalten, festzuhalten, was uns dient und abzustoßen, was uns schadet.

Unsere Beziehung zum Tod wird sich wandeln. Die Erkenntnis, dass wir als Lichtwesen nicht sterben können, wird sich immer mehr in unserem Bewusstsein, in unserer Gefühlswelt und in den Zellen des Körpers durchsetzen, sodass wir Kontrolle über die vom Körper produzierte Todesangst bekommen. Wir werden von Wissen, Erinnerung, Lichthaftigkeit durchtränkt und können anders handeln als zuvor. Eine neue Furchtlosigkeit wird uns prägen, unseren Blick, unseren Gang und die Worte, die wir äußern. Diejenigen, die den Tod nicht mehr fürchten, sind vollkommen frei.

ICH WANDLE MICH.
ICH BIN BEREIT, DAS UNNÜTZE, ALTE AUFZUGEBEN
UND DAS NEUE ZU WAGEN.
ICH BIN FREI VON TODESFURCHT!

57. Herbstzeitlose (Colchicum autumnale)

Fritz Deppert (1932)
Herbstzeitlose

Als kämst du auf Flügeln,
ein Wind von blauen Hügeln,
ein Mond aus falbem Stein,
aus Herbstzeitlosen der Haare Duft,
vorübertanzend im Vollmondschein.
Wie Rehwild flüchtig deiner Augen Spuren,
deine Stimme Sand in den Uhren.
In meinen Händen Winterluft.

Zur Familie der Zeitlosengewächse zu gehören und dazu noch in der Ordnung der Lilienartigen zu stehen, ist sicher ein Privileg. Die Herbstzeitlose, 2010 zur Giftpflanze des Jahres gekürt, beginnt, eigenwillig und selbstbewusst wie sie ist, im Herbst zu blühen („autumnus" bedeutet „Herbst", Colchicum bezieht sich auf das georgische „Kolchis" am schwarzen Meer, dem Wirkungsgebiet der

antiken „Hexe" und Hekatepriesterin Medea).
Die zarte, den Krokussen ähnliche Pflanze wächst
in vielen Weltgegenden, bevorzugt im Mittelmeerraum, in Südengland, in Mittel- und Osteuropa,
Russland, Westasien, nur den Norden meidet sie.

Es gibt etwa 65 verschiedene Arten. Die Herbstzeitlose gehört zu den Geophythen, das bedeutet: ihre Knollen überwintern unterirdisch. Die
Sprossknolle wird im Winter überlagert von einer
neuen Knolle, während ein Seitenspross eine neue
Knolle anlegt. Wie emsig während der scheinbar
untätigen Wintermonate in der Erde gearbeitet
wird, um die neue Saison vorzubereiten, sieht man
dann im Folgejahr. Die Herbstzeitlose trägt viele
Beinamen, darunter „Giftkrokus", „Hennegift",
„Leichenblume", „Nackte Hur", „Mönchskap-
pen", „Teufelswurz", „Winterhauch" und, dies-
mal wieder ganz poetisch, „Herbstvergessene."

Aus den lanzettförmigen hellgrünen Blätter (die
gefährlicherweise immer mal wieder mit Bärlauch
verwechselt werden) erheben sich die Blüten mit
den zu einer Röhre verwachsenen sechs gleich-
gestalteten Hüllblättern in Blassrosa bis Purpur,
heraus lugen sechs gelbe Staubblätter. Im Mai bis
Juni werden die Samenkapseln mit den Blättern
über die Erde transportiert, ein klebriger Saft zieht
zusätzlich die Ameisen an, die mitverantwortlich
sind für die Fortpflanzung der „selbstfertilen"
Art (selbstbefruchtend). Ein kleines Mysterium
inmitten vieler anderer.

Alle Teile der honigsüß duftenden Herbstzeitlosen sind giftig, besonders die Blüten enthalten neben über 20 anderen Alkaloiden einen hohen Anteil des Kapillar- und Mitosegiftes Colchicin (mit „Mitose" bezeichnet man den Vorgang der Zellteilung). Schon der Verzehr von 60 Gramm der frischen Blätter kann einen etwa 80 Kilogramm schweren Erwachsenen umbringen, doch auch im getrockneten Zustand nimmt die Giftigkeit nicht ab. Colchicum wirkt zu 90 % tödlich. Zuerst passiert nichts, doch nach ungefähr zwei Stunden beginnen die ersten Symptome wie Brennen im Rachenraum, Übelkeit, Erbrechen, Herzrasen, Lähmungserscheinungen bis zum Atemstillstand und Kreislaufversagen. Die Zeitverzögerung verhindert häufig die Früherkennung und damit die Möglichkeit, heilend einzugreifen. Im Heu spielende Kinder sind gefährdet, ebenso das Nutzvieh, die Haustiere und wild lebende Tiere. Man erfuhr von Vergiftungserscheinungen durch den Genuss von Ziegenmilch, weil die Tiere Herbstzeitlosen gefressen hatten.

Dauthendey, Max (1867-1918)
Der brennende Kalender: September

Hinfällig, wie die Erinnerungen,
stehen Herbstzeitlosen im nassen Gras
und sprechen von Lieb' mit zerbrechlichen Zungen.
Noch ein Schmetterling über die Schulter mir flog,
war ein Gedanke, der bei dir Honig sog.

Den Bäumen fallen die Blätter aus,
und wimmernde Stimmen wollen ins Haus,
wo herbstios dein Herz in Liebe thront,
wie des Hauses Herd von Flammen bewohnt.

Im Mittelalter wurden die Knollen oder Blätter auch von den „Fachleuten", wie Apothekern mit anderen Heilpflanzen verwechselt, was den Botaniker Jacob Theodor alias Tabernaemontanus im 16. Jahrhundert dazu veranlasste zu schreiben: „ . . . welches ein grosser Irrthum und Verderben der Krancken, weil diese Wurzel im Leib giftig, die den Menschen tödtet . . . " Die Griechen nannten die Herbstzeitlose „Die Pflanze, die innerhalb eines Tages den Tod bewirken kann" (Ephemeron). Historisch verbürgt ist die weltweite Nutzung der Herbstzeitlosen im Bereich Selbsttötung und Giftmorde. Waren diese häufig politisch oder privat motiviert, schrieb man sie immer wieder gewohnheitsmäßig den „Hexen" zu, die mit dem Teufel im Bunde standen. Wie bei allen großen Giften ist die Heilwirkung nicht weit. Bekanntermaßen kommt es auf die Dosierung oder Verabreichungsform an (Ausweg: Homöopathie), damit Colchicin bei Rheuma und Gicht Erfolge zeigen kann, weiterhin bei Magen- und Darmstörungen, Ödemen bei Herz- und Nierenleiden, Herzbeutelentzündung, Hautentzündung mit Bläschenbildung, Herbstdurchfälle, Überempfindlichkeit gegen Gerüche, Reizbarkeit, Schwangerschaftsübelkeit, Grauem Star und in

der Krebsbehandlung, bei der es wie eine Art
Chemotherapie wirkt. Beobachtet wird eine Ver-
schlimmerung der Symptome zum Abend hin.

Hilde Domin (1909-2006)
Herbstzeitlosen

Für uns, denen der Pfosten der Tür verbrannt ist,
an dem die Jahre der Kindheit
Zentimeter für Zentimeter
eingetragen waren.

Die wir keinen Baum
in unseren Garten pflanzten,
um den Stuhl
in seinen wachsenden Schatten zu stellen.

Die wir am Hügel niedersitzen,
als seien wir zu Hirten bestellt
der Wolkenschafe, die auf der blauen
Weide über den Ulmen dahinziehn.

Für uns, die stets unterwegs sind
- lebenslängliche Reise,
wie zwischen Planeten –
nach einem neuen Beginn.

Für uns
stehen die Herbstzeitlosen auf
in den braunen Wiesen des Sommers,
und der Wald füllt sich
mit Brombeeren und Hagebutten –

Damit wir in den Spiegel sehen
und es lernen unser Gesicht zu lesen,
in dem die Ankunft
sich langsam entblößt.

Die Schwingungsenergie der Herbstzeitlosen bewirkt eine Aufhellung der Über-Sinne. Das Bewusstsein der Zeitlosigkeit, das uns während unserer Erdenleben immer wieder verloren geht, wird wiederhergestellt, ebenso das Wissen um unsere Unsterblichkeit. So, wie der Winter nur scheinbar Stillstand bedeutet, gibt es auch für uns keine Zeit, in der wir tatenlos sind, selbst wenn wir augenscheinlich nichts tun. Deshalb gibt es keinen Entwicklungsstillstand, wie so oft befürchtet wird. Wir entwickeln uns ununterbrochen, ein Gefühl, ein Gedanke gibt schon den nächsten Impuls; wie selten sind wir ohne Gefühle und Gedanken! Die Herbstzeitlose hilft uns dabei, diese innerlich wirkenden Kräfte zu verfeinern und gezielter zu nutzen, indem wir unseren Kopf, das Herz und die Sinne nicht ständig mit nutzlosen Informationen und Endlosgedankengängen voller Angst, Stress, Verzweiflung, Wut, Hass, Neid, Übereifer, Druck zuschütten. Unser System wird befreit, alles Störende entfernt, die Selbstanalyse zum Zwecke der Selbstreinigung wird gefördert, die Erkenntnisfähigkeit erhöht. So überwinden wir selbst schlimmste Zustände im Außen und Innen und verwandeln sie in das Gold der Erkenntnis.

Die Herbstzeitlose lässt uns wach werden, so wie die Schweizer Spinnerinnen, die im 19. Jahrhundert ihre Augenlider mit dem Saft des Giftkrokus bestrichen, um wach zu bleiben. (Wie ahnungsvoll hat man doch stets die Schwin-

gung der Pflanzen wahrgenommen!) Innere Bewegung, Wachstum, Reinigung, konstruktive Stille,
Problemeingabe und Lösung wie von selbst durch
die Verbindung mit dem höheren Selbst und seinem Wissen, Mehrsehen – das bedeutet für uns
die Energie der „Herbstvergessenen." Sie hat
nämlich deshalb den Herbst vergessen, weil auch
er nur eine Illusion ist. Wir können ewig blühen
und gedeihen, wenn wir es nur zulassen.

ICH WACHSE OHNE UNTERLASS.
ICH STEHE AUSSERHALB DER ZEIT.
ICH BIN WACH UND BEREIT.

58. Hibiskus (Hibiscus)

Hibiskus

Ich bin
im Klopfen
deines Blutes, bin
der Rhythmus, der sich
tanzen lässt zu einem Lied,
das lang schon in dir war
und jetzt gesungen
wird.
Komm:
Tanze mit und
lache laut wie eine
rote Sonne, wie ein rosa
Mohn und fühl dich frei und
lass das Senkblei deiner Trauer,
Worte deiner, seiner, ihrer Schuld,
nun endlich los. Beginn zu leben!

Der Hibiskus aus der Familie der Malvengewächse, Nationalblume Malaysias und beliebter
Blumenaufdruck auf Textilien, kommt vorwiegend
in wärmeren Weltgegenden vor. Es existieren etwa
300 Arten. Die Halbsträucher, Sträucher oder
Bäume mit den einfachen bis gelappten, gestielten Laubblättern können bis zu drei Meter groß
werden. Die zwittrigen, fünfzähligen Blüten stehen
meistens in den Blattachsen. Dabei leuchten die
fünf mit der Basis verwachsenen Blütenblätter in
Weiß und allen Rosa- und Rottönen, die Staubfäden sind zu einer Röhre, der „Columna" (Säule)
verwachsen. Die malayischen Frauen stecken sich
die Blüten gerne ins Haar.

Malventee ist ein beliebtes und gesundes Getränk, das man seit alten Zeiten im Nahen Osten,
Ägypten und Sudan („Karkadeh-Tee") ebenso
wie in Asien und Südamerika genießt (in Mexiko
als „Agua de Jamaica"). In Europa ist die Trich-
terblüte häufig gemeinsam mit der Hagebutte
Bestandteil des Früchtetees, reiner Hibiskustee
wird unter dem Namen „Malventee" gehandelt;
der hohe Gehalt an Säuren wie Apfel-, Wein-, Zi-
tronen- und die spezielle Malvensäure ergibt den
charakteristischen Geschmack, die Anthocyane
(wasserlöslichen Pflanzenfarbstoffe) verleihen das
kräftig dunkelrote Aussehen. In der asiatischen
und indischen Küche wird es für Curry-Gerichte
genutzt. Es wirkt krampflösend und harntreibend,
durch die Förderung des Gallenflusses appetitanregend. Hibiskus ist antioxidativ, hält die Gefäße
elastisch und hilft bei Erkältungen und Kreis-

laufbeschwerden. In Afrika wird der Teeaufguss äußerlich bei Ekzemen verwandt.

Die kostbaren Schönen

An goldgestreichelten Abenden
fließen die Frauen weicher durch
die Gassen, mit leiseren Stimmen
fragen sie sich, ob das Kleid, das
sie tragen, eine Rose aus ihnen
macht oder ein Vergissmich.
Wer wird all die Schönen
wohl lieben?
Wird jemals
jemand sie besingen,
all diese Hibiskusblüten?
Und wären es nicht so viele,
wäre die Welt dann nicht versehrt?

Die Schwingung des Hibiskus' wirkt aufhellend auf unsere Gemüter. Sie hilft uns bei der Aufarbeitung all dessen, was uns an uns selber und anderen stört und verhindert, dass wir alles schlucken und darüber „sauer" werden. Die Frequenz der Leichtigkeit und des Humors bewirkt eine größere Selbstironie, wir geben es auf, uns zu bemitleiden und allen anderen böse zu sein. Wir nehmen die Brille ab, durch die wir die Welt bisher gesehen haben und beginnen, Menschen und Situationen realistischer einzuschätzen. Dabei erkennen wir, dass das, was wir bisher dachten wenig mit dem zu tun hat, was wirklich vorgeht. Dies bedeutet einen wichtigen Schritt in unserer

Entwicklung. Die Erkenntnis, dass wir uns einen Kosmos aus dem gestrickt haben, was wir erlebt haben, weist uns auf die natürliche Beschränktheit dieses Vorgehens hin. Wir nehmen uns von nun an genauer wahr, wir vergleichen unser Verhalten mit dem der anderen und sehen, dass jeder eine nachvollziehbare Perspektive eingenommen hat. Jeder neigt dazu, die Welt so zu beurteilen, wie er sie selber versteht.

Der Hibiskus hilft uns weiser zu werden. Die Toleranz, die wir ab jetzt entwickeln oder verfeinern, beinhaltet nicht haltlose Nachgiebigkeit, sie ist vielmehr mit Stärke, Zuverlässigkeit, „Rückgrat" verbunden. Die Transparenz, die wir in uns und um uns herum erschaffen, wird nicht komplette Durchsichtigkeit bedeuten, sondern Nachvollziehbarkeit und Ehrlichkeit. Der Witz, dem wir freien Lauf lassen, ist spontan und nicht aggressiv, er hat nichts mit Zynismus, also Verachtung zu tun. Er ist Ausdruck unserer Lebensfreude und des Gefühls, dazuzugehören und etwas beizutragen. Die Empfänglichkeit für den Witz gerade in Krisensituationen, die normalerweise als Stress empfunden werden, wird sich beruhigend auf uns und alle anderen auswirken und alles leichter werden lassen.

ICH BEFREIE MICH VON SELBSTMITLEID. ICH LASSE EINE NEUE SICHT ZU. MEIN HUMOR BEFREIT MICH VOM OPFERTUM. ICH BIN WITZIG UND LEICHT, OHNE OBERFLÄCHLICH ZU SEIN.

59. Himbeere (Rubus idaeus)

Himbeere

Ich bin rotes Sein
im Einklang mit den
Worten deiner Seele.
Was sie sagt, das
wähle.

Die Himbeere („Rubus idaeus", die Rote aus
dem Gebiet des Ida-Gebirges) stammt aus der Familie der Rosengewächse und ist im gemäßigten
Europa verbreitet, weiterhin in Teilen Sibiriens,
in Grönland, Neuseeland, in den Alpen bis zu
2000 Metern, im Osten der USA. Die sommergrünen, durch unterirdische Kriechsprossen sehr
vermehrungsfreudigen Sträucher werden bis zu
2 Meter hoch; sie lieben nitrathaltigen Boden in
halbschattigen Lagen, man findet sie häufig an
Waldrändern oder auf Lichtungen und natürlich in
Gärten und auf Plantagen. Die langen Ruten sind

mit feinen Stacheln besetzt, die Fiederblättchen wechselständig angeordnet. Zwischen Mai und August bilden sich weiße rispige Blütenstände. Die zwittrigen Blüten bestehen aus fünf Kelch- und fünf Kronblättern. Der Blütenboden ist stark vorgewölbt. Bei Bienen sind die Himbeeren wegen ihres Pollen- und Nektarreichtums sehr beliebt. Der Himbeernektar enthält bis zu 46 % Zucker! Die Früchte sind rot und bestehen aus vielen kleinen Einzelfrüchten, die sich entlang der vorgewölbten Blütenachse gebildet haben und untereinander haften. Man nennt dies Sammelsteinfrucht. Sie löst sich mühelos vom Boden.

Seit dem Altertum ist sie als Heilpflanze bekannt und als Frucht beliebt. Sie war selbstverständlicher Bestandteil mittelalterlicher Klostergärten. Zu Heilzwecken nutzt man Blätter und Früchte, deren Inhaltsstoffe eine stark ausgleichende Wirkung haben. Die Blätter enthalten Gerbstoffe, Schleimstoffe, Flavonoide, Fruchtsäuren und Vitamin C, man verwendet sie bei Hämorrhoiden, Gelenkschmerzen, Rheumatismus, Bauchschmerzen, Magen-, Darmentzündung, Verstopfung und Durchfall, Halsentzündung und Entzündungen im Mund- und Rachenbereich. Die nordamerikanischen Indianer setzten sie zusätzlich bei Augenschmerzen ein.

Die Früchte beinhalten viele Mineralstoffe wie Kalium, Calcium, Magnesium, dazu Vitamin C, Flavonoide, Glykoside, Schleimstoffe, Pektin und

Zucker. Himbeersaft hilft gegen hohes Fieber, ist schweißtreibend, entzündungshemmend und steigert die Abwehrkräfte.

Die Schwingung der Himbeere ist auf Ausgleich bedacht. Derjenige, der ständig auf Streit aus ist, der sich verteidigt, angreift, beleidigt reagiert, grummelt und immer um sich dreht, wird besänftigt und zu sich selbst und seinen wahren Qualitäten zurückgeführt. Statt die Verantwortung auf andere abzuschieben, wird er angeleitet zu schauen, wo die Arbeit an sich selber beginnen könnte. Aus dem lautstarken Opfer des Schicksals kann so ein mutiger, selbstbestimmter, freier Mensch werden, der Schwierigkeiten ins Auge blickt und sie mit Humor und Tatkraft angeht. Derjenige, der sich vollkommen zurückzieht und sich als stilles Opfer fühlt, das von keinem beachtet wird, auf dem jeder herumtrampelt, ohne es zu merken und der meint, nie glücklich werden zu können, wird von der Himbeerenergie hochgehoben und mit der eigenen Kraft wieder vernetzt. Er wird damit aufhören, die anderen, durch Vermittlung von Schuldgefühlen zu manipulieren. Aus dem leisen Opfer des Schicksals, das die Mitmenschen im Extremfall regelrecht peinigen kann, wird ein lustiger, leichter Mensch, der das Herz auf dem rechten Fleck hat und sich dessen glücklich bewusst ist. Die Himbeere ist der große Ausgleicher zwischen einem „zu viel"

*und einem „zu wenig." Ihre Energie hilft in die
Mitte, in das „gerade richtig!"*

ICH RUHE IN MEINER MITTE.
ICH GESTALTE MEIN LEBEN IN GROSSER FREUDE.

60. Hirtentäschelkraut
(Capsella bursa pastoris)

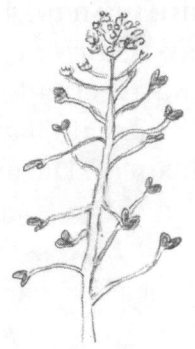

Hekigotô (1873-1937)
Haiku

Als ich vor's Haus trat,
am schmalen Weg die Blüten
vom Hirtentäschel!

Das Hirtentäschelkraut bildet eine eigene Gattung in der Familie der Kreuzblütler. Das extrem widerstandsfähige Wildkraut kann pro Jahr bis zu vier Mal blühen und Samen produzieren, es kommt im Schnitt auf jährlich 64.000 Samen pro Pflanze! Es gedeiht in Europa und im Mittelmeerraum bis nach Asien und bevorzugt helle Standorte wie Äcker, Wiesen und Gärten mit nährstoffreichen Böden.

‚Capsa', ‚bursa', ‚pastor' bedeutet „Kapsel, Tasche, Hirte." Man gab der Pflanze diesen Na-

men, weil die Samenkapseln wie Hirtentaschen aussehen; im Volksmund heißen sie allerdings auch „Schneiderbeutel" und „Herzkraut." Der Hirtentäschel wird etwa 10 bis 50 Zentimeter groß, wurzelt aber bis zu 90 Zentimeter tief. Die Grundblätter sind rosettenförmig angeordnet und bestehen aus schmal-länglichen, manchmal gezähnten Laubblättern. Die unscheinbaren weißen Blütentrauben thronen ganz oben auf den Stängeln, unter den Blütenständen stehen von allen Seiten die kleinen Herzchensamenbeutelchen mit etwa 12 Samen ab. Dass man der scheinbar unscheinbaren Pflanze mit großem Respekt begegnen kann, beweist der japanische Dichter Issa:

Issa (1763-1827)
Haiku

So schwarz die Nägel,
dass vorm Hirtentäschelkraut
ich selbst mich schäme!

Die Herzchen sind genießbar und schmecken gut. Man sammelt das Kraut am besten während der Blütezeit. Es enthält die Wirkstoffe Cholin, Kalium und Thyramin. In der Medizin verwendet man das Hirtentäschelkraut sowohl gegen hohen als auch niedrigen Blutdruck (siehe Herzchenform), bei Fieber, Magen- Darmproblemen, Gicht, Rheuma, Nierengrieß, Krampfadern, vor allem aber als blutstillendes Mittel. Die homöopathische

Anwendung, Hirtentäscheltee oder -wein wirken günstig auf die Minimierung bei Nasenbluten, bei der Nachblutung nach Geburten, ebenso zur Regulierung bei zu starker Menstruation oder Hämorrhoidalblutungen (1 Liter trockener Bio-Weißwein mit 250 Gramm frischem Kraut im Dunkeln eine Woche lang ziehen lassen. Öfter schütteln. Dann kurz erhitzen und in eine dunkle Flasche füllen. Bei Bedarf viermal täglich 1 Esslöffel voll nehmen). Bei Wunden kann man diesen Heilwein auch als Auflage benutzen.

Der Hirtentäschel verleiht tiefe innere Ruhe und Gelassenheit und fördert die Meditationshaltung. Das reine Sein jenseits der Worte wird in seiner ganzen Bedeutung erfasst. Liebe kann empfunden und gelebt werden. Mag die Pflanze auch unspektakulär wirken, ihre Frequenz ist mächtig und wirkungsvoll.

Ihre Schwingung veredelt den Menschen, der sich für ungeliebt und darum für lieblos und lebensunwert hält. Wir alle wissen, wie wichtig die Liebe für uns ist und wie wenig wir auf sie verzichten können. Und doch ist die reine Liebe selten, vor allem weil wir uns selbst nicht mögen. Das ist eine Folge dessen, was wir in diesem und in vergangenen Leben „verbrochen" haben, aber auch dessen, was uns angetan wurde. Wenn man uns als Kleinkindern signalisiert, dass wir weniger wichtig sind als die Probleme unserer Mütter und

Väter, werden wir größere Schwierigkeiten dabei haben, uns zu liebevollen Menschen zu entwickeln als wenn man uns Liebe, Zeit, Aufmerksamkeit, Trost und Sicherheit geboten hat. Auch die Erkenntnis, dass unsere Eltern es meistens besonders gut mit uns meinten, ändert nichts an der Tatsache, dass das familiäre Klima in der Prägungszeit vielleicht nicht warm genug war. Und dennoch sollte uns dies nicht daran hindern, uns selbst und unsere Kinder, Partner, Verwandte, Freunde und letztlich alle Menschen zu lieben.

Dies erreichen wir eben nicht durch künstlich geschaffene Vertraulichkeit, Unterordnung, Anpassung, sondern nur durch ein konsequentes Echt-Sein. Der Hirtentäschel verbindet mit der Herzkraft, er lässt uns unermüdlich solange nach der Echtheit suchen, bis wir sie gefunden und in uns verwirklicht haben. Wir müssen Wärme nicht durch einen Wortschwall voller Vertraulichkeiten erringen und auch nicht durch Preisgabe von Geheimnissen, die wir durchaus in unserem Inneren bewahren dürfen. Wir lernen, uns auch ohne Worte zugehörig zu fühlen und zu schweigen.

ICH BIN DER ICH BIN.
ICH BIN GUT SO WIE ICH BIN.
WILL ICH NOCH BESSER SEIN,
WERDE ICH DAFÜR SORGEN.

265

61. Holunder (Sambucus niger)

Max Dauthendey (1867-1918)
Und immer feiler der Holunder im Dunkelgrünen blüht

Und immer feiler der Holunder im Dunkelgrünen blüht
Und in der Nacht wie ein Verführer blind sich müht.
Er hat sich in der schwülen Luft breitbrüstig aufgemacht.

Er lacht an allen Gartentüren, wie ein Brandstifter
heimlich lacht
Die Wurzel seinen Rumpf mit viel Geheimem gern
ernährt,
Und um ihn rings die Luft toll von den
tollsten Schwüren gährt.

Er hat schon manchen Schrei erstickt mit
seiner Blüten Brunstgeruch,
Und hat oft Zweien Leib an Leib ein Dach
für Lust und Fluch gewährt,
Daß manche Hand nach Jahren noch
an's Herz sich fährt.

Die Botaniker streiten bis heute über die Gattungseingliederung des Holunders. Carl von Linné entschied sich für „Sambucus", sie wurde davor zu den Geißblatt-, seit kurzem zu den Moschuskrautgewächsen gezählt. Der Holunder mit seinen lichten mondfarbenen Blüten, aus denen die nachtschwarzen, schwer hängenden Fruchtdolden hervorgehen, ist eben schwer einzuordnen. Er Holunder kommt weltweit in 30 bis 40 Arten vor. Er bevorzugt gemäßigtes bis subtropisches Klima, kommt aber auch in Höhenlagen vor. Der schwarze Holunder wird in Norddeutschland „Flieder" und in Bayern „Holler" genannt. Die verholzenden Pflanzen können Halbsträucher oder Bäume bis zu 15 Metern werden.

Hermann Löns (1866-1914)
Vollmond scheint . . .

Vollmond scheint in mein Fenster,
Der Himmel sternenklar blinkt,
Im blühenden Nachbargarten
Laut eine Nachtigall singt.
Der weiße Holunder duftet
Schwer in mein Zimmer hinein,
Auf meines Bettes Kissen
Fällt der Mondenschein.

Die Nachtigall singt im Garten,
Hell ist der Mondenschein,
Schwer duftet der Holunder
Und ich bin so allein.

Die Hollermutter „Hyldemoer" galt schon den Kelten als heilig. Sie schützt die Frauen, hilft bei der Geburt, verleiht übersinnliche Kräfte, öffnet die Tore zur Anderswelt. In den Überlieferungen heißt es, wer zur Sommersonnenwende unter einem Holunderstrauch schlafe, der begegne den Elfen und Elben. Die milchig weißen Dolden aus vielen kleinen Einzelblüten unterstehen dem Mond und wirken gegen fiebrige Erkrankungen. Man kann sie in Teig ausbacken, eine ganz spezifisch blumig schmeckende Marmelade oder Sirup daraus herstellen. Die tief schwarzen und stark färbenden Beeren hingegen unterstehen dem Saturn. Da sie Blausäureglycoside enthalten, bewirkt ihr Verzehr in rohem Zustand Übelkeit, Durchfall und Erbrechen. Durch den hohen Vitamin C-Gehalt, die ätherischen Öle, Kalzium und Kalium bewirken sie als Heißgetränk eine Immunisierung des Körpers, sind harntreibend und blutreinigend und bewirken eine innere Wärme, die urweibliche, mütterliche Geborgenheit signalisiert.

Das Schwingungsfeld des Holunders bewirkt bei Frauen die Annahme ihrer eigenen Weiblichkeit und fördert die konstruktive Auseinandersetzung mit der Mutter im Speziellen und dem Mutterbild im Allgemeinen. Bei Männern heilt es Verletzungen, die durch eine zu reservierte oder zu beherrschende Mutter ausgelöst wurden. Für beide Geschlechter bedeutet es fernerhin: Man

kann heraustreten aus dem ewigen Kindsein, dem Zustand des bedürftigen Liebesempfängers, dem nicht genug gegeben wurde.

Man wird der Mutter wieder nähergebracht, dem Urprinzip Mutter, derjenigen, die hinter der realen Mutter steht, die aus irgendwelchen Gründen die bedingungslose Liebe nicht geben konnte oder kann. Dies bewirkt eine Versöhnung mit dem inneren Kind, dem Teil in uns, der beschützt werden will. Ebenso aktiviert der Holunder die Mutter, die wir selber sind, für uns und für unsere Kinder. Dies gilt auch für Männer, denn wir haben alle Männliches und Weibliches in uns, bei jeder neuen Inkarnation können wir auf beide Möglichkeiten zurückgreifen. Mutter für uns selber sein bedeutet: sich ohne Bedingungen und Einschränkung annehmen, sich Trost zusprechen, das eigene Herz und somit die Liebeskraft für alle Geschöpfe aktivieren.

Mithilfe dieser warmen Mutter-Herzkraft öffnen sich uns alle Türen, nichts kann uns widerstehen. Wir erhalten Einblicke in Welten, die uns vorher verschlossen waren, weil unser Verstand, der nicht mit dem Herzen verbunden war, den Riegel vorgeschoben hatte. Der Verstandesmensch ohne Herzkraft ist kalt. Man kann dies bei den Erfindern und Vollstreckern faschistischer Regime beobachten, Menschen, die ohne Zögern anderen Menschen Schmerzen zufügen oder sie dermaßen psychisch terrorisieren, bis diese zusammenbre-

chen. Die Vollstrecker jedoch werden niemals wahre Macht erlangen können, denn das Böse, das sie entfesselt haben, kehrt unweigerlich zu ihnen zurück und wird sie in die vollkommene Machtlosigkeit stürzen. Nur gekoppelt mit der Herzkraft werden wir zu Zauberern und Zauberinnen, denen nichts unmöglich ist. Denn nur das, was von der Liebe getragen wird, hat Bestand.

MEIN HERZ IST WARM UND UNERSCHÖPFLICH.
ICH GEBE MEINE LIEBE AUS DER FÜLLE HERAUS.
ICH ZAUBERE EINE NEUE WELT.

Wir sind gleichermaßen verbunden mit unseren Müttern wie mit unseren Vätern. Der Holunder steht auf der erweiterten Ebene für die Energie der Eltern. Um uns von ihnen abzunabeln und trotzdem in Liebe verbunden zu bleiben gelten folgende Sätze:

ICH LIEBE MEINE MUTTER. ICH LÖSE MICH VON MEINER MUTTER. ICH BINDE MICH AN DIE MUTTER, DIE IN MIR WOHNT UND FÜR MICH SORGT.

ICH LIEBE MEINEN VATER. ICH LÖSE MICH VON MEINEN VATER. ICH BINDE MICH AN DEN VATER, DER IN MIR WOHNT UND FÜR MICH SORGT.

62. Hopfen (Humulus lupulus)

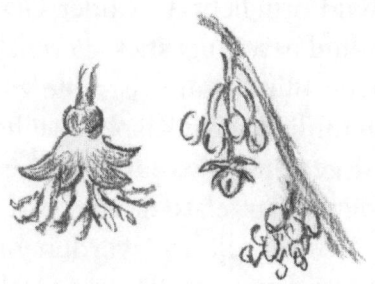

Günter Eich (1907-1972)
Oktobers durch die Holledau

Das Hopfengestänge
kahl hinter den Wiesen,
die waldigen Hänge
vom Herbst mir gepriesen.

Grün bleiben die Tannen
und leer die Kamine.
Ich weiß nicht, von wannen
ein Rauch mir erschiene.

Die Drähte der Stangen,
das feurige Land, -
ist einer gegangen
hier, den ich gekannt?

Grün bleiben die Tannen
und heiter das Licht,
die schweigenden Wälder
erinnern sich nicht.

Der „echte Hopfen", auch „Cannabis lupulus" gehört zur Familie der Hanfgewächse (Cannabaceae). Die Wildform liebt Auwälder, Gebüsche und Waldränder und bevorzugt stickstoffreichen Boden. Der weibliche Blütenstand ist eine zapfenartige Ähre, der männliche eine Rispe (zweihäusig). Die Blätter sind gezähnt und lappig. Die in großer Fülle aus dem Wurzelstock hervordrängenden Triebe der Schlingpflanze werden bis zu zehn Metern lang und entwickeln eine solch immense Kraft, dass sie große Bäume erwürgen können („Lupus", der gefräßige Wolf). Schriftliche Belege für die Verwendung des Hopfens haben wir erst seit dem Hochmittelalter. Mönche in ganz Europa spezialisierten sich auf die gehopfte Bierbrauerei, denn der Vater Karls des Großen, Pippin, schenkte dem Klerus nicht nur die Grundlagen des heutigen Kirchenstaats des Vatikans („Pippinsche Schenkung"), sondern auch den Hopfen (768 Übergabe der „Humlonarie" Hopfengärten an die Abtei St. Denis bei Paris), womöglich wegen dessen „lustmindernder" Eigenschaft.

Bei der Kultivierung werden die Ranken um Drähte gelegt und dazu verleitet, Gerüste in der Höhe von sieben Metern vollständig zu beranken. Ende Juli wird geerntet, der Hopfen wird knapp über dem Boden abgeschnitten und von den Gerüsten entfernt. Auf dem Hof findet die Trennung zwischen Dolden und Stock statt. Die Dolden werden getrocknet, dann häufig zu Pellets

gepresst, die, wenn sie nicht sachgemäß gelagert werden, innerhalb eines Jahres 35 % ihres Aromas verlieren können. Nur die weiblichen Pflanzen sind zur Konservierung des Bieres nutzbar. Hildegard von Bingen schrieb im Jahre 1153: „Putredines prohibet in amaritudine sua" (Seine Bitterkeit verhindert die Fäulnis). Zudem wirkt der Hopfen schaumstabilisierend. Die Dolden sind sehr dekorativ, riechen gut und rascheln leise, wenn sie getrocknet sind.

Man konnte bisher etwa 150 Einzelwirkstoffe im Hopfen nachweisen; die wichtigsten sind Harze, ätherisches Öl (Hopfenöl), Ballaststoffe, Eiweiße, Vitamine, Mineralstoffe, Gerbstoffe, Flavonoide, sogar winzige Mengen Östrogene. Er wirkt hormonregulierend, blutreinigend, fiebersenkend, antidepressiv und kräftigt Leber und Milz. Er regt die Magensaftbildung an und lindert Blasenentzündungen. Dazu fördert er die Entspannung und wirkt heilsam gegen Schlaflosigkeit und Nervosität, und zwar nicht nur als Bier, sondern auch als Hopfentee. Weiterhin hilft er bei Geschwüren und Hautverletzungen. Wegen dieser vielfältigen Einsatzmöglichkeiten ist er Bestandteil vieler Medikamente.

Ekstase
erwächst
uns nicht durch
die Einverleibung eines
alkoholischen Getränks,
sondern durch den
Genuss
unserer
eigenen
Bilderwelt.

Die Hopfenschwingung ist ausgleichend und beruhigend. Sie bewirkt, dass unsere Träume tiefer und bildreicher werden, dass wir in diesen Träumen mehr mit unserer Vergangenheit in diesem und in vergangenen Inkarnationen verbunden werden, damit wir Einsichten bekommen, die uns bis dahin verwehrt waren. Warum waren sie uns verwehrt? Weil wir Angst vor ihnen hatten, Angst vor uns und vor dem, was wir getan haben könnten; und was wir immer noch fähig sind zu tun, wenn wir nicht in uns ruhen und an uns glauben. Der Hopfen hilft, das Misstrauen fallenzulassen und stattdessen mutig in Bereiche vorzudringen, die uns nicht zu erschüttern vermögen in dem Wissen, dass wir nicht allein sind.

Unter der Obhut unserer Engel wird uns nie zu viel zugemutet, aber auch nie zu wenig. Denn wir wollen vorankommen in unserer Entwicklung, und die Engel wollen uns dabei helfen. Und so können wir der Hopfenfrequenz vertrauen, unseren Engeln und uns selber, dass wir die Augen

öffnen dürfen und uns bis in die Tiefen unserer selbst anschauen können, soweit wir es verstehen. Denn es gibt Bereiche in uns, die bleiben solange unverständlich, bis wir den Punkt erreicht haben, wo wir auf das Verstehen-Wollen verzichten können. Doch bis dahin sollen wir uns prüfen. Wo gibt es Dunkelfelder in uns, Bereiche, die uns Angst machen? Warum machen sie uns Angst? Wie können wir sie wandeln? Wir können alles verwandeln, wenn wir es wollen. Wir müssen dabei sanft mit uns umgehen und dürfen uns nicht verurteilen. Der, dem nichts Menschliches fremd ist und der gleichzeitig seine Liebe entwickelt hat, wird niemanden verurteilen, stattdessen wird er die Wandlungsfähigkeit des Menschen unterstützen und ihm helfen, seine Ziele zu finden oder neu auszurichten.

Dies ist das Feld des Hopfens, seine Frequenz leitet uns auf dem Weg der Selbsterkenntnis, hilft uns, die Fallen zu vermeiden oder uns aus ihnen zu befreien. Er öffnet unsere Bilderwelt und versöhnt uns mit ihr.

ICH TRETE FURCHTLOS IN DIE WELT MEINER INNEREN BILDER EIN. ICH ERKENNE DIE KRAFT DER VERWANDLUNG UND NUTZE SIE.

63. Hortensie (Hydrangea macrophylla)

Rainer Maria Rilke (1875-1926)
Rosa Hortensie

Wer nahm das Rosa an, wer wusste auch,
dass es sich sammelte in diesen Dolden?
Wie Dinge unter Gold, die sich entgolden,
entröten sie sich sanft, wie im Gebrauch.

Dass sie für solches Rosa nichts verlangen!
Bleibt es für sie und lächelt aus der Luft?
Sind Engel da, es zärtlich zu empfangen,
wenn es vergeht, großmütig wie ein Duft?

Oder vielleicht auch geben sie es preis,
damit es nie erführe vom Verblühn.
Doch unter diesem Rosa hat ein Grün
gehorcht, das jetzt verwelkt und alles weiß.

Das Hartriegelgewächs „Hortensie" ist bekannt für seine prachtvollen, aber unfruchtbaren
Schaublüten, die über die echten unscheinbaren

Blüten hinwegtäuschen. In ihrer Wildform ist die Hortensie vorwiegend in Asien, ursprünglich Japan beheimatet. Da sich Japan während der Edo-Äro von 1603 bis 1867 bis auf wenige Ausnahmen vom Ausland abgeschottet hatte, gelangte die Hortensie erst im Jahre 1790 nach Europa. Ihren Namen verdankt sie Hortense, der Tochter des Prinzen von Nassau, der an einer botanischen Expedition teilgenommen hatte; passenderweise bedeutet das lateinische „Hortus" Garten. Inzwischen sind durch Züchtung mehrere Hundert neuer Sorten entstanden, die, zurückexportiert nach Japan, dort „westliche Hortensien" heißen. Die Gartenhortensie ist vor allem seit Beginn des 20. Jahrhunderts in vielen Ziergärten Europas zu finden, manche Gegenden wie die Bretagne haben sie regelrecht zu regionaler Wichtigkeit erhoben. Sie gedeihen dort wegen der hohen Luftfeuchtigkeit und im angenehm warmen Einflussbereich des Golfstromes besonders gut. Auch in Holland und Belgien ist die Hortensie weit verbreitet, auf den Azoren säumt sie die Straßen.

Die verholzenden Sträucher können bis zu drei Meter hoch werden. Die Schaublätter enthalten den Farbstoff Delphinidin, dessen Ausrichtung zu rot oder blau vom PH-Wert des Bodens abhängt. Die Blüten für das kommende Jahr werden schon im Spätsommer angelegt, weshalb man Hortensien im Herbst, wenn überhaupt, nur ganz vorsichtig zurückschneiden darf. Die

Pflanze enthält Glykoside, Hydrangenol (eine phenolartige Substanz) und Saponine, weshalb sie Schwindel und Beklemmungen hervorrufen kann. Sie enthält zudem blausäureabspaltende Stoffe, die beim Rauchen freigesetzt werden und gesundheitsschädlich sind. Geraucht werden sie in neuerer Zeit, weil sich das Gerücht verbreitet hatte, die Hortensie enthalte cannabisähnliche Stoffe; darauf werden auch die vollkommen unnütze Verstümmelung und Ausschlachtung der Büsche in Privatgärten zurückgeführt.

Rainer Maria Rilke (1875-1926)
Blaue Hortensie

So wie das letzte Grün in Farbentiegeln
sind diese Blätter, trocken, stumpf und rauh,
hinter den Blütendolden, die ein Blau
nicht auf sich tragen, nur von ferne spiegeln.

Sie spiegeln es verweint und ungenau,
als wollten sie es wiederum verlieren,
und wie in alten blauen Briefpapieren
ist Gelb in ihnen, Violett und Grau;

Verwaschnes wie an einer Kinderschürze,
Nichtmehrgetragnes, dem nichts mehr geschieht:
wie fühlt man eines kleinen Lebens Kürze.

Doch plötzlich scheint das Blau sich zu verneuen
in einer von den Dolden, und man sieht
ein rührend Blaues sich vor Grünem freuen.

Die Schwingungsenergie der Hortensie verbindet uns mit unserer inneren Aufrichtigkeit. Sie hilft uns, keine Luftschlösser zu bauen, sondern konkret zu träumen und wünschen. Sie bewahrt uns davor, uns zu belügen, verleiht einen klaren Blick auf uns und unser Umfeld und löst uns aus unserer Erstarrung heraus, der Verhärtung unseres Herzens. Wann werden wir starr und unbeweglich? Wenn wir zu viele Regeln in uns eingelassen haben, zu viele Verbote und Gebote, die nichts mehr mit uns als Individuum zu tun haben. Dort, wo wir uns regeln lassen, wo uns das Gehen abgenommen wird und man uns vor sich herschiebt, weil man will, dass wir genau dort ankommen, wo wir ankommen sollen, verlieren wir nicht nur unsere Eigenständigkeit, sondern auch unsere Lebendigkeit und Frische. Wir degenerieren zu Befehlsempfängern, wobei die Befehle häufig keine laut gebrüllten Kommandos sind, sondern subtile, unterschwellige Zurechtweisungen, Manipulationen, Schuldzuweisungen.

Die Hortensie hilft uns bei der Klärung der Frage, wie weit wir noch wir selber sind und wo wir uns zu sehr haben beeinflussen lassen. Das soll nicht bedeuten, dass wir egoistische Einzelgänger werden, die sich nicht darum kümmern, was die anderen von ihnen halten. Es soll vielmehr garantieren, dass jeder sein Potential lebt und nicht das Leben eines anderen. Zum Beispiel das der Mutter oder des Vaters. Wobei diese,

sobald sie darauf angesprochen werden und die Zusammenhänge erkennen, genau das nicht wollen. Die meisten Eltern wollen freie Kinder. Und vor allem glückliche Kinder! Glücklich wird nur der freie Mensch. Freiheit bedeutet: Sich nicht verstellen müssen, seine Gedanken offenbaren können, Handlungsweisen, die nicht dem Erwarteten entsprechen, nicht rechtfertigen zu müssen, lieben und geliebt werden zu dürfen, ohne vorher bestimmten Kriterien zu entsprechen à là: „Ich liebe dich nur, wenn du dies oder das machst/bist."

Um authentisch zu werden, müssen wir die „Fehler", die sich in unser System geschlichen haben, erkennen und korrigieren. Die Frequenz der Hortensie hilft uns dabei, sie verleiht uns die Ruhe, erinnert uns an das Durchatmen, bevor wir handeln und vernetzt uns wieder mit unserem Kern.

ICH BIN BEREIT, FEHLER EINZUGESTEHEN.
ICH KORRIGIERE UND WANDLE MICH.
ICH WERDE VON NUN AN WEISER SEIN UND NICHTS
MEHR ÜBERSTÜRZEN.

64. Hyazinthe (Hyazinthus orientalis)

Gottfried August Bürger (1747-1794)
aus **Winterlied**

. . . Was kümmert mich die Nachtigall,
Im aufgeblühten Hain?
Mein Liebchen trillert hundertmal
So süß und silberrein;
Ihr Atem ist, wie Frühlingsluft,
Erfüllt mit Hyazinthenduft . . .

Die Gartenhyazinthe stammt aus der Familie der Spargelgewächse, es gibt inzwischen etwa 100 Arten. Ihr Name wird auf eine griechische Sage zurückgeführt. Als der Sonnengott Apoll mit seinem menschlichen Freund Hyacinthus Diskuswerfen spielte, wurde der Windgott Zephyr eifersüchtig und schleuderte dem Jüngling den Diskus so hart an den Kopf, dass jener starb. Aus Trauer erschuf Apollo die Hyazinthen, damit ihm der Freund immer in Erinnerung blieb.

Pablo Neruda (1904-1973)
aus **Freundin, du darfst nicht sterben**

Freundin, du darfst nicht sterben.
Hör sie doch an, die Worte, die mir glühend entquellen,
die keiner sagen würde, wenn ich sie dir nicht sagte.
Freundin, du darfst nicht sterben!
Ich bin's, der auf dich wartet in der Nacht voller Sterne.
Der unter blutig sinkender Sonne auf dich wartet . . .
Der bin ich, der die ungebändigten Ranken abschnitt
für das laubige Lager, duftend nach Wald und Sonne.
Der in den Armen brachte die gelben Hyazinthen.
Und wild zerzauste Rosen.
Blutrote Blüten vom Mohne . . .
Ich bin's, der auf dich wartet in der Nacht voller Sterne,
über den goldenen Stränden, über den blonden Ähren.
Der Hyazinthen pflückte für dein Lager, und Rosen . . .
Ausgestreckt zwischen Gräsern bin ich's, der auf dich
wartet.

Die Zwiebeln des Frühlingsblühers sind ge-
staucht und schuppig, die Blätter fleischig und
streifenartig. Die traubigen Blütenstände in rosa,
weiß und blau verbreiten einen betörend süßen
Duft, der die warmen Frühlingsnächte durchzieht.
Jede der schmal röhrigen Blüten mit den form-
vollendet nach außen geschwungenen Spitzen
ähnelt einem Stern. Es werden Wuchshöhen von
15 bis 40 Zentimetern erreicht. Hyazinthen gibt
es in ihrer Wildform in Turkmenistan, Persien und
im gesamten Nahen Osten, vor allem in Syrien
und Libanon; sie weisen deutlich weniger Blüten
auf als die modernen Zuchtformen. Bevorzugter
Standort sind Kalkfelshänge, Klippen und Gebüsche in Höhen bis zu 2 500 Metern.

Gottfried Keller (1819-1890)
aus **Der Taugenichts**

... Da kam der kleine Betteljung,
vor Hunger schwach und matt,
doch glühend in Begeisterung
vom Streifen durch die Stadt,
hielt eine Hyazinthe dar
in dunkelblauer Luft;
dicht drängte sich der Kelchlein Schar,
und selig war der Duft.

Der Vater rief: „Wohl hast du mir
viel Pfennige gebracht?
Der Knabe rief: „O sehet hier
der Blume Zauberpracht!
Ich schlich zum goldnen Gittertor,
so oft ich ging, zurück,
bedacht nur, aus dem Wunderflor
zu stehlen mir dies Glück!

O sehet nur, ich werde toll,
die Glöcklein alle an!
Ihr Duft, so fremd und wundervoll,
hat es mir angetan!
O schlaget nicht mich armen Wicht,
laßt euren Stecken ruhn!
Ich will ja nichts, mich hungert nicht,
ich will's nicht wieder tun!" ...

Im 16. Jahrhundert brachten Handelsreisende
die ersten Hyazinthen über Konstantinopel (das
heutige Istanbul) nach Venedig und von dort weiter in das nördliche Europa, wo sie, ähnlich wie
die Tulpen, Begeisterungsstürme auslöste. Doch
nur die ganz Reichen konnten sich die Hyazin-

thenzwiebeln leisten, die es heutzutage im Herbst in jedem Supermarkt gibt. Die Geliebte Ludwigs XV., Madame Pompadour, ließ die Gärten in Versailles mit Hyazinthen überschwemmen; man stelle sich den Duft im Frühjahr vor! Die Züchtungseuphorie bewirkte, dass immer mehr Sorten entstanden, auch in Berlin gab es um die Jahrhundertwende vor den Toren der Stadt zum Entzücken der Bevölkerung ausgedehnte Hyazinthenfelder, die allerdings nach und nach der Bebauung weichen mussten.

In Südfrankreich nutzt man die Hyazinthe in der Parfümindustrie. Sie ist schwach giftig und enthält Salicylsäure, Calciumoxalat, Saponine und ätherische Öle. Vergiftungssymptome sind Hautreizungen und Magen- Darmbeschwerden.

Die Schwingungsenergie der Hyazinthe vermittelt Sinnenlust. Wer sich von seinem Körper entfernt hat und ihn nicht mehr spürt, wer ihn ablehnt, weil er ihn nicht schön findet oder seine Funktionen verabscheut, wird wieder in ihn hineingezogen und besser verankert. Die Hyazinthe lässt die Schönheit des Körpers spüren, seine Perfektion, seine Feinheit und Eleganz. Wir fühlen uns wieder wohl in uns selber, hören auf, uns zu kritisieren und darauf zu hoffen, dass wir dicker oder dünner werden, größer oder kleiner, dass unsere Hüften schmaler und unser Busen fülliger oder kleiner wird. Wir nehmen den Körper an,

den wir ja schließlich selber gewählt haben, und verwöhnen ihn mit Liebe und Zustimmung.

Wir sind stolz auf ihn, hegen und pflegen ihn, sind dankbar, dass er uns zur Verfügung steht und uns ermöglicht, hier auf der Erde zu leben und wirken. Ohne ihn könnten wir nicht gehen, stehen, sitzen, liegen, wir könnten nicht sprechen, singen, lachen, hören, sehen, fühlen. Wir könnten die sinnliche Liebe nicht genießen. Die Hyazinthe bewirkt ein vollkommenes Einvernehmen von Körper, Seele und Geist und fördert die natürliche Demut, die wir angesichts der Schöpfung in jeder Sekunde empfinden können.

ICH LIEBE MEINEN KÖRPER.
ICH BIN SCHÖN!

65. Immergrün (Vinca minor)

Anna Ritter (1865-1921)
Der alte Friedhof

Er ist so tief hineingeschmiegt
Ins Dämmerlicht der Linden,
Das alte Pförtchen so versteckt -
Wer mag den Zugang finden?

Von droben schaut des Kirchleins Thurm,
Ein ernster Weiser, nieder,
Und um die Hügel blüht ein Kranz
Von Immergrün und Flieder.

Vergess'ne Gräber! Hier und dort
In den verfärbten Gittern
Ein umgesunken Kreuzlein noch,
Um das die Gräser zittern.

Ein Name noch, ein liebes Wort
Von künft'gem Trost und Segen,
Den grauen Steinen eingeprägt,
Verwischt von Zeit und Regen.

Weit drüben hastet auf dem Weg
Der Menschen Müh'n und Sorgen -
Hier steht die Zeit so ernsthaft still,
Denkt Keiner an das „morgen."

Weint Keiner, wie es gestern war,
Und wie es künftig werde,
Ruh'n Noth und Hoffnung müde aus
Im Arm der Mutter Erde.

Das in der Ordnung der Enzianartigen stehende „Kleine Immergrün" gehört zur Familie der Hundsgiftgewächse. Es wird im Volksmund auch „Totenveilchen" oder „Totentanz" genannt, weil es als wintergrünes Gewächs, Symbol ewiger Treue, mit Vorliebe für die Bepflanzung von Gräbern genutzt wird. Er verbreitet sich über Ausläufer (Stolonen), die schnell selbstständig existieren können (autovegetativ). Man findet die etwa fünf Arten in den Tropen, in Asien und zwei davon in Mitteleuropa (Vinca major und minor). Die Blätter des Bodendeckers sind länglich eiförmig, glattrandig und ledrig glänzend, letzteres bewirkt, dass sie im Winter weitergrünen können. Die violetten Blüten mit den fünf an der Basis röhrig verwachsenen Kelchblättern sprießen einzeln oder paarig aus den Blattachsen und schauen aufmerksam und anrührend zu uns empor; sie wirken schwungvoll wie Propeller, denen man nur einen kleinen Anschwung geben muss, damit sie sich in die Lüfte erheben und davonschwirren können.

Früher verwandte man die biegsamen Immergrünranken als Hochzeitskranz für die Bräute („Jungfernkraut"). Es galt als „Liebeskraut"; der Kräuterkundler Nicholas Culpeper (17. Jahrhundert) notierte: „Die Blätter, gemeinsam von Mann und Frau gegessen, verursachen Liebe zwischen beiden." Noch heute wird Immergrün als Voodoo-Liebeszauber in Afrika und in der Karibik verwandt.

Immergrün ist schwach giftig und enthält das Alkaloid Vincamin, das die Bildung der weißen Blutkörperchen hemmt. Deshalb ist es nützlich für die Leukämiebehandlung. Die Pflanze enthält zusätzlich Bitterstoffe, Gerbstoffe, Saponine und Flavonoide. Als Heilpflanze wurde sie traditionell bei Verdauungsproblemen, zu hohem Blutdruck, Herzschwäche, Halsentzündung, Husten, zu geringer Menstruation und äußerlich zum Verheilen von Wunden verwandt. Die Inhaltsstoffe wirken zusammenziehend (adstringierend), antibakteriell und entzündungshemmend.

Das Immergrün bringt uns Treue bei. Zunächst Treue zu uns selbst. Wir müssen uns die Frage beantworten, wie weit wir uns inzwischen schon aufgegeben haben. Wo haben wir uns zu sehr angepasst und unsere Wünsche vollständig hintan gestellt. Wie weit sind wir schon in Resignation versunken, in das Gefühl: „Es hat ja doch keinen Sinn mehr. Es ist zu spät. Ich bin zu alt. Ich

schaffe es nie." *Spüren wir uns noch? Fühlen wir uns noch lebendig?*

Das Immergrün fragt uns vom Ende her, vom Totenbett. Wenn wir uns vorstellten, dass wir gleich den letzten Atemzug täten, wie würden wir uns da fühlen? Wären wir zufrieden mit unserem Leben, mit dem, was wir erreicht haben? Könnten wir sagen: „Ja, ich habe das Leben gelebt, genossen, geliebt! Ich habe all das ausgeschöpft, was mir möglich war, auszuschöpfen! Ich habe Menschen geliebt und habe diese Liebe anderen nahegebracht!" *? Oder würden wir eher sagen:* „Das war alles? Ich habe versagt. Ich habe falsche Entscheidungen getroffen. Dort, wo ich hätte handeln müssen, habe ich nichts getan. Dort, wo ich hätte reden sollen, habe ich geschwiegen. Dort, wo ich eine Gelegenheit hätte ergreifen sollen, habe ich mich zurückgezogen. Ich habe meine Angst und Zweifel gelebt, meine Wut und Unzufriedenheit. Ich habe herumgenörgelt und bin anderen auf die Nerven gegangen."

Jetzt ist die Zeit da, um etwas zu ändern. Sobald wir festgestellt haben, dass wir nicht authentisch leben, können wir die nächsten Schritte unternehmen. Fangen wir klein an und weiten es dann so aus, dass wir schließlich sagen können: „Jetzt entspricht meine Lebensführung dem, was ich wirklich leben will." *Das hat nichts mit Egoismus zu tun. Wir wissen genau, wo die Grenze zwischen Egoismus und Authentizität liegt.*

Ohne eine Ehrlichkeit in Beziehung zu unseren echten Wünschen uns selbst und den anderen gegenüber, kann niemand glücklich werden. Die Energie des Immergrüns hilft uns ohnehin auch im übergeordneten Bereich, in der Entwicklung der Treue zu allen Menschen. Sie lässt uns dort durchhalten, wo wir nicht aufgeben sollten, vor allem wenn es um die Durchsetzung der Gesetze der Liebe geht. Unbeirrbar und zuverlässig sind wir da, wenn wir gebraucht werden. Wir werden in die Fähigkeit tief empfundener Liebe zurückgeführt, die nicht beim ersten Widerstand verweht, sondern sich auf die Tatsache besinnt, dass wir alle verbunden sind und dass unser aller Ziel die Liebe ist.

ICH BIN VERLÄSSLICH UND TREU.
ICH HÖRE AUF MEINE INNERE STIMME UND
LAUSCHE AUF DIE STIMME DER ANDEREN.
UNBEIRRT HALTE ICH AN DER LIEBE FEST.

66. Indianernessel (Monarda fistulosa)

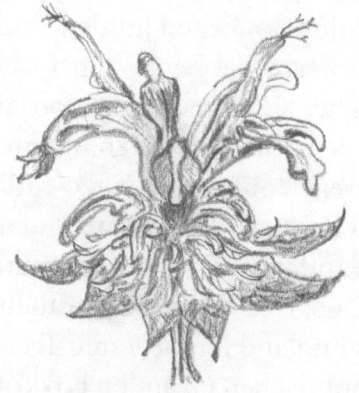

Indianernessel

Wer
mit mir
reist, wandelt
sich leise, geht
ins Lichtreich der
Geister, wird weise.

Die Indianernessel, auch bekannt unter dem Namen „Goldmelisse", „Scharlachbergamotte", „Scharlachmonarde" oder „Oswego-Tea", gehört zur Familie der Lippenblütler. Sie ist mehrjährig und winterhart. Die Pflanze bildet Rhizome (Knollen ähnlich dem Ingwer) und erreicht Wuchshöhen von 80 bis 150 Zentimetern. Auf den vierkantigen aufrechten Stängeln mit den gegenständigen, kurzgestielten dunkelgrünen Blättern stehen etwa 30 Blüten umgeben von roten Hochblättern. Die Einzelblüten sind zwittrig und fünfzählig, der

Kelch ist etwa 12 Millimeter lang. Man könnte sie für rote, zipfelige Narrenkappen halten, es fehlen nur die Glöckchen an den Enden.

Die Indianernessel bevorzugt feuchte Wälder und Gebüsche. Sie stammt aus Nordamerika und wurde von den dort ansässigen Indianerstämmen, unter anderem von den Oswego-Indianern (Irokesen) als Heil- und Duftpflanze sehr geschätzt. Die eingewanderten Engländer nutzten die Indianernessel, um Tee daraus zu brauen, als Ersatz für den aus England importierten Tee, den sie zeitweise aus politischen Gründen boykottierten und sogar ins Meer warfen (Boston Tea Party 1773).

Das Aroma der Indianernessel erinnert an das Bergamotteöl, mit dem der Earl Grey seinen indischen Tee zu parfümieren pflegte. Sowohl Blätter als auch Blüten duften intensiv zitronig, die Blüten enthalten Monardin, die Blätter Thymol. Man kann sie bei pikanten Gerichten einsetzen, Salaten, Desserts und als Kräuterbeigabe. Die Wirkstoffe helfen gegen Erkältungen und Bronchitis.

Die Frequenz der Indianernessel beinhaltet vollkommene Hingabe sowohl an die Materie als auch an ihr Gegenteil, an das Spirituelle, das Immaterielle im Kosmos. Sie unterstützt die Verbindung von Geist, Seele und Körper und deren Vernetzung mit dem Göttlichen. Sie lehrt Dankbarkeit und Demut in Bezug auf das, was uns am Leben erhält; sie erzeugt eine noch innigere Zu-

neigung zur Mutter Erde, zu Pflanzen und Tieren, zu Feuer, Luft und Wasser und allem, was dort wohnt. Sie ermöglicht einen Energieaustausch mit „unsichtbaren" Wesen, lehrt uns dabei die Leichtigkeit, den Humor, das sprühende Leben, das uns aus dem immateriellen Raum vermittelt wird. Wir sollen nicht verbittert vor uns hin vegetieren, wir können uns doch an Kleinigkeiten freuen. Niemand hindert uns daran, jeden Atemzug zu genießen und dankbar dafür zu sein. Niemand hindert uns daran, die Berührung der Sonne auf unserer Haut zu spüren, den Duft des Jasmins zu riechen, den Wind in den Bäumen rauschen zu hören, dem Klang einer Stimme zu lauschen und all das zu genießen.

Die Indianernessel verfeinert unsere Antennen, sie verbindet den Kosmos mit der Materie und stärkt unser Bewusstsein als Vermittler. Wir sind Mittler zwischen Himmel und Erde. Wir geben und empfangen. Ohne uns als Menschen gäbe es im Weltraum bestimmte, ganz spezifische Frequenzen nicht. Wir erschaffen sie durch unser Denken und Fühlen und strukturieren die Gesamtheit der Schöpfung, die beweglich ist, nicht starr. Alles ist stets in Bewegung, immer haben wir „Einfluss" auf das Ganze. Denn alles ist durch Schwingung miteinander verbunden. Dies führt uns auch in unsere Verantwortung, denn alles was wir denken und fühlen wird in das große Ganze eingespeist.

*Die Indianernessel hilft uns bei den Einzel-
schritten. Nie werden wir überfordert. Nie müssen
wir uns schuldig fühlen, wenn wir gefehlt haben,
„schlecht" gedacht oder gehandelt haben. Höchste
Wesen wissen darum, dass der menschliche Weg
ein schwieriger Weg ist, deshalb werden wir nicht
zu hart beurteilt. Im Gegenteil: man bewundert
unseren Mut, mit dem wir uns auf die schwere
Materie eingelassen haben. Man unterstützt uns
und beobachtet unsere Schritte. Wir sollen keine Angst haben, dafür sind wir in Wahrheit zu
mächtig. Wir sollen vorangehen und alles um uns
herum mit unserer Liebe transformieren, damit
aus der schweren eine leichte Materie wird. Eine
strahlende paradiesische Materie. Dies ist die
Aufgabe der Indianernessel.*

ICH LIEBE HIMMEL, ERDE, LUFT UND WASSER.
MEIN KÖRPER BESTEHT AUS HIMMEL, ERDE, LUFT
UND WASSER. MEIN KÖRPER UND ICH SIND EINS,
SOLANGE ICH AUF DER ERDE LEBE.
ICH LIEBE DIE NATUR IN MEINEM KÖRPER.
ICH LEBE DAS SINNLICHE UND ÜBERSINNLICHE.
ICH GENIESSE MEIN DASEIN.

67. Islandmohn (Papaver nudicaule)

Gerhard Fritsch (1924-1969)
Mohn

Flatterndes Rot,
grellstes der Wiesen,
unbeständigstes, jähestes Blühn,
du in den silbernen Mähnen der Wiesen
einzige Ungeduld: Mohn,
leuchtender als irgendein Licht,
flammender als Flammen,
verbrennt sich,
verschenkt sich
in dir die Erde
an die Himmel voll Wind.
Was bleibt
ist die schwarze Kapsel
bitteren Gifts.

Der „nacktstängelige Mohn" (nudicaule) gehört
zu den hahnenfußartigen Gewächsen, was man
an den charakteristischen gefiederten Blättern

erkennen kann. Seine Heimat ist in Kasachstan, Sibirien, in der Mongolei, im Altai-Gebirge, in Kanada und Alaska. Der Islandmohn mag sonnige, doch nicht zu hitzige Standorte und gedeiht auf durchlässigen Lehmböden, Bergwiesen, Geröllhalden und Moränen. In seinen Zuchtformen ist er in vielen Ziergärten zu finden.

Der Islandmohn erreicht Wuchshöhen von 10 bis 50 Zentimetern. Die Laubblätter sind gefiedert und grundständig und bilden eine Rosette. Die auf einem blattlosen Stängel im Winde wippenden Knospen sind graugrün und behaart, sobald sie sich öffnen erscheinen zarte, durchscheinende und leicht zerknitterte Blütenblätter in den Farben weiß, gelb, orange und rot. Der Islandmohn blüht je nach Standort zwischen April und September, dann entwickeln sich die länglichen porösen Samenkapseln, aus denen der Wind die winzigen Samen herausschütteln kann. Man nennt diese Art der Windverbreitung „Anemochorie." Die Milch der Kapseln enthält schwach giftige Alkaloide (u. a. Amuronin, Chelidonin). Die Inhaltsstoffe des Islandmohns wirken schweißtreibend, schmerzstillend und krampflösend. Die Blätter enthalten viel Vitamin C und wurden deshalb gegen die Vitaminmangelkrankheit Skorbut eingesetzt.

Die Energiebotschaft der Pflanze: Ausgeglichenheit gepaart mit kreativer Unruhe, Beständigkeit mit Neugierde auf das noch nicht Erlebte, Zartheit mit Durchsetzungsvermögen, Schönheit mit Hu-

mor, *Anpassungsfähigkeit mit Eigenständigkeit,*
Rückgriff auf das Bekannte und Bewährte mit
Erfindungsreichtum und dem Streben nach neuen
Horizonten. Der Islandmohn vereint scheinbare
Gegensätze und lässt uns wieder die Wesen wer-
den, denen nichts fremd ist, die Risiken eingehen,
ohne sich in Gefahr zu bringen, weil sie wissen,
dass dem bewussten Menschen nichts Schlimmes
geschehen kann. Es ist die Energie des Künstler-
tums, mit der uns der Islandmohn auflädt.

Künstler können und sollen wir in allen Be-
reichen des Lebens sein. Wir können den Tag
bunt malen, wenn er grau ist. Wir können die
Stimmung aufhellen, wenn sie zu dunkel ist. Wir
können uns Geschichten ausdenken, wenn uns zu
langweilig ist. Wir können sie auch in die Realität
umsetzen. Wir können die Menschen zum Lachen
bringen. Wir können in Stresssituationen ruhig
bleiben und durch einen Satz oder eine Handlung
eine Wende herbeiführen. Wir können durch die
Kraft unserer Gedanken etwas bewerkstelligen,
was wir früher nicht für möglich gehalten hätten.
Wir lernen, unser Leben zu gestalten, als sei es
ein Lied, das wir komponieren, ein Schauspiel,
das wir verfassen, ein Bild, das wir malen, eine
Skulptur, die unter unseren Händen entsteht. Der
Islandmohn macht uns wieder zu den Schöpfer-
wesen, die wir sind.

ICH BIN EIN LEBENSKÜNSTLER.
AUS MEINEN GEGENSÄTZEN SCHÖPFE ICH KRAFT.

68. Japanische Kirsche (Prunus serrulata)

Japanisches Volkslied
Sakura, sakura

Sakura, Sakura,
in den Feldern und
Hügeln und den Dörfern
So weit das Auge reicht.
Wie Nebel, wie Wolken.
Duftend und glänzend in
der aufgehenden Sonne,

Sakura, Sakura
Die Blütezeit
Sakura, sakura,
der Frühlingshimmel
So weit das Auge reicht.
Wie Nebel, wie Wolken.
Der Duft und die Farben,
gehen wir, gehen wir
Uns am Anblick erfreuen.

Die „Japanische Kirsche" gehört zur Familie der Rosengewächse und der Gattung der Steinobstler (lat. „Prunus", eigentlich: Pflaumenbaum). Der sommergrüne Baum erreicht Wuchshöhen zwischen 3 und 8 Metern. Die eiförmig-elliptischen Laubblätter sind an den Rändern scharf gezahnt, daher die Bezeichnung „serrulata" (kleine Säge). Die rosafarbenen fünfzähligen Blütenbüschel erscheinen ab Mitte April bis Mai.

Die Japanische Kirsche stammt aus dem ostasiatischen Raum und ist vor allem in Japan Teil der Volksidentität. An den Tagen der Kirschblüte feiert die ganze Bevölkerung das „Blütensehen" (Hanami). Gebannt verfolgen die Japaner das Wandern der Blüte vom südlichsten Zipfel des Landes, der drittgrößten Insel Kyushu, bis zum nördlichsten Teil, der zweitgrößten Insel Hokkaido. Überall dort, wo die Kirschen das Land mit ihrem weißen und rosafarbenen Blütenschaum verzaubern, werden die Kirschblütenfeste gefeiert, große Picknicks, bei denen reichlich gegessen und Bier getrunken wird. Die Kirschblüte markiert den Beginn des Frühlings. Die büscheligen Dolden („sakura") sind ein Symbol für die Schönheit der Frauen, inbegriffen ist der Aspekt der Vergänglichkeit.

Buson (1715-1783)
Haiku

Der Frühling scheidet
in späten Kirschenblüten
mit einem Zaudern.

Die Energie der Japanischen Kirsche hilft bei Traurigkeitsanfällen, lang anhaltender oder fortschreitender Melancholie bis zu tiefer Verzweiflung und Lebensüberdruss. Im Extremfall fühlt man es so: Die Erfahrungen, die man bisher machte, sind niederschmetternd und hoffnungslos, man kann nichts und niemandem mehr vertrauen, alles, was je gelebt wurde, wird nur unter dem Gesichtspunkt des Erlittenen gesehen. Man ist ein Opfer bestimmter Menschen oder Umstände, man wurde nicht oder zu wenig geliebt, dies wird sich auch nie ändern, und man hat inzwischen aufgegeben, es ändern zu wollen oder ist zumindest geneigt dazu, zu resignieren.

Die Energie der Japanischen Kirsche hilft uns, den Nutzen all dessen zu sehen, zu verstehen, dass Leid auch die Möglichkeit beinhaltet zu lernen, zu wachsen, mehr zu verstehen, intensiver zu fühlen und fortan „besser" lieben zu können. Sie lässt uns die Fähigkeit der abgrundtiefen Traurigkeit als Intensität verstehen, als Innigkeit, als zutiefst menschliches Element, das uns bereichern wird, sobald wir es annehmen und als wichtige Erfahrung integrieren. Die Japanische Kirsche lehrt uns,

300

*autark zu werden, Hässliches in Schönes umzu-
wandeln, zu widerstehen, wo Schönheit zerstört
werden soll, auf welchem Gebiet auch immer. Sie
lässt uns zu Tröstern reifen, zu Verteidigern und
hilft uns, in unsere innere und äußere Schönheit
zurückzukehren.*

ICH WANDLE MEIN LEID IN KRAFT.
ICH WANDLE MEINE TRAURIGKEIT IN FREUDE.
ICH FINDE IN MEINE SCHÖNHEIT ZURÜCK.

69. Jasmin (Jasminum officinale)

Rainer Maria Rilke (1875-1926)
Übung am Klavier

Der Sommer summt, der Nachmittag macht müde;
sie atmete verwirrt ihr frisches Kleid
und legte in die triftige Etüde
die Ungeduld nach einer Wirklichkeit,

die kommen konnte, morgen, heute Abend -,
die vielleicht da war , die man nur verbarg;
und vor den Fenstern, hoch und alles habend,
empfand sie plötzlich den verwöhnten Park.

Da brach sie ab; schaute hinaus, verschränkte
die Hände; wünschte sich ein langes Buch –
und schob auf einmal den Jasmingeruch
erzürnt zurück. Sie fand, dass er sie kränkte.

Der betörend duftende „echte Jasmin" gehört zur Familie der Ölbaumgewächse. In seiner
Wildform stammt er aus Kaschmir, dem Hima-

laya und Südchina und ist dort bis in Höhen von 4000 Metern aufzufinden; doch finden sich seine Arten auch auf den Steppen des Kaukasus, in Trockenwäldern Südeuropas und inzwischen in ganz Europa. Der sommergrüne Strauch wird etwa 5 Meter hoch, an Spalieren kann er Wuchshöhen von 10 Metern erreichen. An dünnen vierkantigen grünen Zweigen stehen gegenständig an einem Stiel elliptisch geformte zugespitzte Blättchen gekrönt von einem größer ausgebildeten endständigen Blatt. Die weißen, fünflappigen Blüten stehen büschelig auf kleinen Stielen, der Blütenkelch ist 1 bis 3 Millimeter lang. Im Herbst bilden sich ovale rote bis violette Beeren.

Seit langer Zeit wird die Pflanze wegen ihres Dufts verehrt und geliebt und gilt als Inbegriff für Duft schlechthin (das persische „yasmin" und das arabische „jasamin" bedeuten „wohlriechendes Öl"). Auch in der heutigen Parfümindustrie und Aromaölherstellung gewinnt man aus dem Jasminöl hochkonzentrierte Duftstoffe („Absolues").

Als Bestandteil von Tees (zum Beispiel dem chinesischen „Jasmintee") wirkt er gleichermaßen beruhigend wie anregend. Er wirkt sich günstig auf die Milchbildung bei stillenden Müttern aus, ist antiseptisch und krampflösend. Bei äußerer Anwendung, zum Beispiel als Massageöl, lockert er die Muskeln und fördert durch Duft und Inhaltsstoffe die allgemeine Entspannung. Zusätzlich regt er die Sinne an, wirkt also aphrodisisch (lust-

steigernd; nach der griechischen Göttin der Liebe „Aphrodite"). Der wilde Jasmin („Gelsemium") gilt in der Homöopathie als „Zittermittel" und hilft bei Angstzuständen am Herzen, so als wolle es aufhören zu schlagen, Erschöpfungszuständen, Erschlaffung, Benommenheit und Schwindel, bei Nervenlähmungen, Sprechstörungen, Lampenfieber, Examensangst, nervöser Schlaflosigkeit, Durchfällen bei Aufregung und blutigem Auswurf beim Schnupfen.

William Shakespeare (1564-1616)

... Aus des Jasmin's bescheid'nen Blüten,
die tags den Duft so sorglich hüten,
dass erst, wenn entschwand das Sonnenlicht,
aus zarten Kelchen köstliches Geheimnis bricht.

Die Schwingung des Jasmins trägt uns in die Bereiche der seelisch-geistigen Entspannung, der Bejahung des Menschlichen in uns. Er hilft dort, wo wir uns verzweifelt bemühen, unsere Reinheit zu bewahren, die Reinheit des Lichtwesens, das wir in Wirklichkeit sind. Und dort, wo es uns nicht möglich ist, im Zusammenleben mit so vielen Menschen, in Situationen, die sich unserer Kontrolle zu entziehen scheinen, dort fühlen wir uns womöglich beschmutzt, verunreinigt, und neigen dazu, die Umwelt dafür verantwortlich zu machen. Wir fühlen uns als unschuldige Opfer und verfangen uns in Selbstmitleid und Verbitterung.

Oder wir wüten gegen uns selbst und halten uns für schuldig und unrein. Als Nonne oder Mönch würden wir ein Leben lang gegen unsere „Sündigkeit" ankämpfen, uns kasteien und Tag und Nacht beten. Im profanen Leben stellen wir uns womöglich als Opfer zur Verfügung, damit uns andere bestrafen für unsere Sündigkeit, die sich oft nicht nur im „ein-gebildeten" Bereich befindet, sondern begleitet ist von dunklen quälenden Gedanken voller Hass, Wut, Neid womöglich bis hin zur schuldbeladenen Perversion.

Der Jasmin trägt uns hoch empor über diese Wirrnisse, lässt sie uns beschauen und sodann unbeschadet, weiser und nachsichtiger aus ihnen hervorgehen. Der wilde Jasmin nimmt sich besonders des innerlich wie gelähmten Menschen an, der meint, sich von Denk- und Fühlmustern nicht lösen zu können, nie rein zu werden, der Schuld, der Sucht nach dem Bösen, der Perversion ausgeliefert zu sein. Sowohl der wilde als auch „zivilisierte" Jasmin schenken uns unser Selbstvertrauen zurück. Er verbindet uns mit unserer Reinheit, lässt uns wieder in unserem originalen Licht erstrahlen und lässt uns umso glücklicher leben, weil wir die schlimmste und höchste Hürde, die das Menschsein beinhaltet, überwunden haben.

DAS DUNKLE IN MIR
hat keinen Bestand mehr,
ICH ÜBERSTRAHLE ES MIT MEINEM LICHT.
ICH BIN UND BLEIBE REIN.
DIE REINHEIT IST MEINE NATUR.
DESHALB IST ALLES REIN,
WAS ICH BEWOHNE UND ALLES,
WAS ICH BEGINNE.

70. Johannisbeere rot (Ribes rubrum)

Rote Johannisbeere

Der mich schuf,
wusste warum. Der
mich ehrt, ist klug. Der
mich nutzt ist klüger.

Die rote („rubrum") Johannisbeere stammt aus der Familie der Stachelbeergewächse und ist überall in Europa verbreitet. Weltweit gibt es etwa 160 Arten, und zwar vorwiegend auf der nördlichen Halbkugel; 59 Arten kommen in China und 53 in Nordamerika vor. Der Gattungsname stammt vom arabischen „ribâs", einer Rhabarberart, im Mittelalter verwandelte sich die Bezeichnung in „Ribes", ein Name, der sich in der Schweiz und in Bayern als „Ribieslen" erhalten hat. Ihr deutscher Name leitet sich vom Johannistag am 24. Juni her, dem Zeitpunkt, wo die ersten Sorten reif

werden. In der Pfalz heißen sie „Kanstraube", im Schwabenland „Träubli", dort gibt es den berühmten „Träubleskuchen."

Der sommergrüne Strauch erreicht bis zu zwei Metern Wuchshöhe. Die Blätter sind lappig und gezähnt. Die grün-gelblichen Blüten hängen traubig herab und lassen die Beeren erahnen; sie sehen aus wie kleine Räder mit ausgerolltem Rand, in der Mitte ein Ring besetzt mit fünf Staubgefäßen. Ihr Nektar besitzt einen hohen Zuckergehalt und ist deshalb bei den Bienen sehr beliebt. Die glänzend roten Früchte schmecken säuerlich und enthalten viele Vitamine und Mineralstoffe. Die kleinen Samen sind ölhaltig.

Die rote Johannisbeere hilft uns dabei zu überprüfen, ob wir uns wichtig nehmen oder vernachlässigen. Meinen wir, unsere Daseinsberechtigung beweisen zu müssen oder verstehen wir schon, dass wir um unserer selbst willen geliebt werden können? Versuchen wir, Liebe durch Leistung zu bekommen? Arbeiten wir zu viel, lassen wir uns ausnutzen? Zeigen wir Schwäche, wenn wir etwas ablehnen sollen, weil wir Angst haben, die Ablehnung würde Liebesentzug bewirken. Wobei es nicht gesagt ist, dass wir für unsere Leistung geliebt wurden. Liebe und Leistung sind nämlich zwei grundverschiedene Ebenen. Liebe soll bedingungslos gegeben werden, man kann niemanden dazu zwingen wiederzulieben; bedingungslose

Liebe bewirkt allerdings letztlich die Gegenliebe. Und die bedingungslose Liebe braucht als Nährboden die Selbstliebe und –achtung.

Der, der nicht „nein" sagen kann, wird meistens nicht geschätzt, seine Leistung wird als selbstverständlich hingenommen, der Empfänger wertet die Leistung als Ausdruck der Minderwertigkeit des anderen und meint, sich nicht dafür bedanken zu müssen. Nur durch diese, meist unbewusste Einschätzung dessen, was der andere wohl von sich halten mag, entsteht die Ausnutzung einer Person. Wer sich die Zeit nimmt abzuwägen, ob er „ja" oder „nein" sagt, würdigt sich selbst mehr und wird automatisch mehr gewürdigt, weil er „wahr" genommen wird. Der echte Mensch, der nicht das eine sagt und das andere denkt, wird respektiert, der unechte Mensch wird missachtet, so wie er sich selbst missachtet. Der Ausnutzer ist in diesem Augenblick dann gleichzeitig der mögliche Retter, der uns auf einen Missstand hinweist.

Die Schwingung der roten Johannisbeere bewirkt, dass wir uns aus der Verstrickung des Alltags herauswinden können und uns innere oder äußere Pausen gewähren. Wer aus welchem Grund auch immer ununterbrochen arbeitet, verliert den Sinn seines Daseins aus den Augen, selbst oder besonders wenn er für das Wohl der Menschheit wirken will. Die Schwingung der roten Johannisbeere hält uns am Leben, indem sie wie eine Pause auf uns wirkt, wie ein kleiner

Schlaf ohne zu schlafen, wie ein kleiner Ausflug ohne zu fliegen. Sie erfrischt, weil sie uns mit der kosmischen Energie verbindet, die wir, wenn wir nicht gelernt haben, direkter mit ihr umzugehen, nur in „echten" Momenten des Innehaltens, beim Meditieren oder im Schlaf bekommen. Und sie erinnert uns an die Schönheit unseres Seins, ohne dass wir uns rechtfertigen und dafür arbeiten müssen.

ICH ACHTE MICH.
ICH MUSS MIR LIEBE NICHT ERARBEITEN.

71. Johannisbeere schwarz (Ribes nigrum)

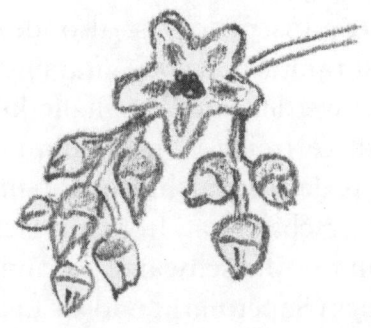

Schwarze Johannisbeere

Ich blicke
auf den Grund
der Seele und weiß
um deine Not. Wer mich
erwählt, geht den Weg des
Geringsten und wird groß.

Die stark aromatisch riechende schwarze
Johannisbeere wird auch wenig schmeichelhaft
„Stinkstrauch" (stinkstruk) genannt, „Bocksbee-
re" und „Gichtstrauch." Sie liebt feuchte Standorte, Auwälder, Flachmoore, Ufergebüsche und
ist in den gemäßigten Zonen der Erde zu finden.
Die Früchte und Blätter sind wahre Schätze an
gesunderhaltenden Stoffen wie Vitamin C, viel
Kalium, Pektine, Gerbstoffe und Fruchtsäure, in
den Blättern das ätherische Öl, das den Strauch
so intensiv duften lässt. Johannisbeerblättertee

wirkt entwässernd und entschlackend und ist schmerzlindernd bei Gicht und Rheuma. Der Saft der frisch gepressten Beeren ist aromatisch und bitter, wirkt antiseptisch, ist also ideal bei allen Erkältungskrankheiten, bei Vitamin-C-Mangel, Magenbeschwerden und Durchfallerkrankungen. Der Geruch vertreibt Wanzen und anderes Ungeziefer, was dem Strauch den Beinamen „Wanzenbeere" verschafft hat. In Frankreich „Cassis" genannt, gibt es die schwarze Johannisbeere als Sirup in jedem Supermarkt und als Likör namens „Crème de cassis", Basis vieler Cocktails. Auch die nordische „Rote Grütze" aus Himbeeren mit roten und schwarzen Johannisbeeren ist weithin bekannt. Die Blüten werden in der Parfumherstellung geschätzt.

Die Frequenz der schwarzen Johannisbeere hilft bei der Relativierung der Reaktion. Verletzungen machen uns nicht länger bitter, sondern helfen uns, besser hinzuschauen und zu verstehen, warum jemand verletzt und warum sich jemand verletzt fühlt. Je mehr wir erkennen, dass alle Menschen lieben und geliebt werden wollen, desto weniger reagieren wir im Spiel der Intrigen, Manipulationen, wir ziehen uns aus dem Bereich der Ränke und Verleumdungen zurück, verzichten darauf, abschätzig von jemandem zu denken und zu reden, genau wie wir uns selber nicht mehr abwerten und „herunterziehen."

Die Schwingung der schwarzen Johannisbeere sorgt dafür, dass wir aufrichtig zu uns und zu unseren Mitmenschen sein können; dass wir nicht mehr meinen, Sachverhalte und Charakterzüge schönen zu müssen, um angenommen zu werden. Es macht uns immun gegen Schmeicheleien und hindert uns daran, andere durch berechnete Lobreden zu manipulieren. Wir lernen das Echte wieder zu schätzen und werden selber echt. Die schwarze Johannisbeere befähigt uns dazu, die Zusammenhänge in der menschlichen Seele und das Wesen der Kommunikation zu durchschauen, verleiht aber gleichzeitig die Größe, dies nicht zu unserem vermeintlichen Vorteil auszunutzen. So werden und bleiben wir „sauber."

ICH BIN ECHT.
ICH ZEIGE MEIN WAHRES GESICHT.
ICH SCHAUE IN DIE SEELEN DER MENSCHEN
UND ERKENNE SIE.
ICH VERZICHTE AUF ABWERTUNG
UND MANIPULATION.

72. Johanniskraut (Hypericum perforatum)

Johanniskraut

Ich heiße Licht,
ich dunkel nicht,
auch wenn der Tag verstreicht.
Und Schicht um Schicht
verliert Gewicht,
was lang schon leicht.
Wo's dir gebricht
an Mut, verzicht'
auf alte Denkmanier.
Denk dunkel nicht,
denk dich ins Licht,
den Weg erleucht' ich dir.

Das „Echte Johanniskraut" verdankt seinen Namen dem Johannitag kurz nach der Sommersonnenwende am 24. Juni. Ursprünglich in Europa, Asien und Nordafrika beheimatet, wurde es inzwischen auch in Amerika und Australien eingebürgert. Es wird auch „Tüpfeljohanniskraut"

genannt, denn die kleinen lichtgrünen Blättchen sind übersät von Öldrüsen, die das Kraut wie durchlöchert aussehen lassen, deshalb heißt es auch „Durchlöchertes Johanniskraut." In der Mitte jedes Blattes sind diese umschlossenen Öltröpfchen goldgelb, am Rand schwarz. Die Wurzel des Johanniskrautes ist stark verästelt und reicht bis zu 50 Zentimeter in die Erde.

Die buschig verzweigte Pflanze kann bis zu einem Meter hoch werden. Die sonnengelben Blüten sind „Trugdolden", das bedeutet, sie haben keine Hauptachse, aus der sich die Nebenachsen ergeben, sondern ungefähr gleich lange Nebenachsen. Die fünf Kronblätter einer Blüte sind nur auf der einen Seite gezähnt, an ihrem Rand sind kleine schwarze Punkte auszumachen. Eine einzige Blüte kann bis zu 100 Staubblättern enthalten!

Das Johanniskraut ist schwach giftig. Wenn man die Blüten zerreibt, färben sich die Finger wegen des Hypericingehaltes rot. Dieser Wirkstoff kann in Verbindung mit Sonnenlicht begrenzt die Auflösung von roten Blutkörperchen bewirken (Hämolyse). Die Substanz Hyperforin wirkt antibiotisch, weiterhin enthält das Johanniskraut Flavonoide, Bitterstoffe, Gerbstoffe, Mineralien und Vitamine. Er ist seit alters her berühmt für seine hilfreiche Wirkung bei Depressionen, deswegen ist es Bestandteil vieler aktueller Psychopharmaka. Der Tee wirkt beruhigend, stimmungsaufhellend und lindernd bei Menstruationsbeschwerden.

Das Öl lindert die Beschwerden bei Hexenschuss, Rheuma und Gicht, bei Blutergüssen, Prellungen, auch bei Gürtelrose. Es ist einfach herzustellen: Johanniskrautblüten werden in eine Flasche mit kaltgepresstem Sonnenblumenöl gelegt und zwei Wochen lang der Sonne ausgesetzt. Schwangere sollten Johanniskraut meiden, denn es gehört zu den Abtreibungspflanzen. Ein Versuch, mit Johanniskraut abzutreiben, kann allerdings schwere Vergiftungen hervorrufen.

Die Energie des Johanniskrautes hilft dem Menschen, der sich einigelt in Schwermut, sich selbst verurteilt und für nicht lebenswert erachtet. Er traut sich nichts zu und macht sein Umfeld schwer durch düstere Gedanken und Aussagen. Wohl wissend um seine „herunterziehende" Wirkung verurteilt sich dieser Mensch umso mehr und klagt sich an, den anderen zur Last zu fallen. Nie mehr wird er aus diesem Loch wieder herausklettern können, nie mehr wird das Licht für ihn scheinen.

Häufig bringen sich Menschen in diesem Zustand um und vergessen ganz dabei, dass sie umringt sind von Menschen, die sich ihnen nahe fühlen und einfach nicht herangelassen werden, weil der Depressive meint, nicht geliebt zu sein. Die Beharrlichkeit, mit der er daran festhält, deutet auf die Kraft hin, die er in sich trägt und die er nutzen könnte, um sich zu freuen.

Die Schwingung der Lichtpflanze zieht den Menschen aus seiner dunklen Höhle heraus, stellt ihn auf beide Beine und reicht ihm die Hand, um ihm das Laufen wieder beizubringen. „Schau", sagt das Johanniskraut, „schau dich um, wie schön die Welt ist. Lauf endlich wieder los und erobere sie! Rieche, sehe, höre, schmecke, fühle – die Welt ist dein! Was zögerst du? Warum bist du denn hier, wenn nicht, um das Leben zu leben? Sterben kannst du früh genug, das kommt von allein. Erfülle dich mit Licht und Liebe und lass die anderen dich endlich lieben. Weise sie nicht ununterbrochen ab, sondern wende dich ihnen zu. Nicht nur du brauchst sie, es ist auch umgekehrt!"

ICH BIN WIE NEUGEBOREN.
ICH LIEBE UND WERDE GELIEBT!

73. Kaiserkrone (Fritillaria imperialis)

Joseph von Eichendorff (1788-1857)

Der alte Garten

Kaiserkron' und Päonien rot,
Die müssen verzaubert sein,
Denn Vater und Mutter sind lange tot,
Was blüh'n sie hier so allein?

Der Springbrunn plaudert noch immerfort
Von der alten schönen Zeit,
Eine Frau sitzt eingeschlafen dort,
Ihre Locken bedecken ihr Kleid.

Sie hat eine Laute in der Hand,
Als ob sie im Schlafe spricht,
Mir ist, als hät ich sie sonst gekannt –
Still, geh vorbei und weck sie nicht!

Und wenn es dunkelt das Tal entlang,
Streift sie die Saiten sacht,
Da gibt's einen wunderbaren Klang
Durch den Garten die ganze Nacht.

Die Kaiserkrone aus der Familie der Liliengewächse ist eine alte Gartenpflanze aus Persien
und dem orientalischen Raum. 1590 brachten
venezianische Kaufleute sie aus Konstantinopel,
dem heutigen Istanbul, mit nach Wien. Sie sieht
imposant aus mit ihren gelben, orangefarbenen
oder ziegelroten Blütenquirlen, stinkt jedoch unangenehm nach einem Gemisch aus Zwiebeln und
Knoblauch. Der lateinische Name „Fritillaria"
(Würfelbecher) bezieht sich auf ihr Aussehen.
Sie zählt zu den Giftpflanzen, besonders in der
Zwiebel findet sich eine hohe Konzentration von
Fritillin und Imperialin. Vergiftungsanzeichen
sind Übelkeit, Erbrechen, Krämpfe, Herz- und
Kreislaufbeschwerden und im Ernstfall Herzstill-
stand. Auch für Tiere ist die Pflanze giftig. Ihre
Heilwirkung wird vor allem in der asiatischen
Medizin genutzt, zum Schleimlösen, gegen Übel-
keit und Erbrechen und bei der Behandlung von
Herzkrankheiten.

Barthold Hinrich Brockes (1680-1747)
Kaiserkrone

Auf jeder Kaiserkrone Spitzen
sieht man ein Büschel Grases sitzen.
Ach dächten doch die Großen dieser Erde
bei dieser Blum an ihre Flüchtigkeit,
und dass auch Gras nach kurzer Zeit
gekrönte Häupter decken werde!

*Die Schwingungsinformation der Kaiserkrone:
Überblick, innere Gelassenheit, Struktur statt
Chaos, Verantwortungsgefühl, Verlässlichkeit,
Unbestechlichkeit, Bescheidenheit, der Mut,
auch durch unangenehme Situationen aufrecht
zu schreiten und zu seinen Entscheidungen zu
stehen, die Fähigkeit, je nach Bedarf ein inneres
und/oder äußeres Reich zu regieren. Sie hilft uns,
gegen Eindringlinge so vorzugehen, dass wir unsere Macht nie verlieren. Eindringlinge im Innern
sind: Zweifel, Ängste, Mutlosigkeit, Hass-, Wut-,
Neid- und Rachegedanken. Die Worte, die sich
dann in unserem Kopf drehen und drehen, ohne
uns zu einem Ergebnis zu führen, zersetzen uns
nicht nur im übertragenen Sinne. Wir sind eine
große Apotheke und jedes Gefühl, jeder Gedanke bewirkt eine chemische Reaktion in unserem
Körper. Hass zersetzt ihn buchstäblich, denn es
werden mehr Säuren produziert und ausgesto-
ßen. Wer gelb oder grün vor Neid wird, einen
Kloß im Magen oder etwas auf dem Herzen hat,
wer sauer ist und etwas ätzend findet, hat schon
Körpersymptome verursacht.
Äußere Eindringlinge sind Menschen, denen
wir erlauben unsere Grenzen zu verletzen, weil
wir sie nicht klar genug erkennen und deshalb
nicht darstellen und verteidigen können. Das
bedeutet, dass ständig etwas geschieht, was wir
eigentlich nicht wollen. Die Kaiserkrone hilft uns
dabei, unser Bewusstsein dafür zu schärfen, wer*

*wir sind und was wir wirklich brauchen. Und sie
gibt uns die Kraft, dort Klarheit zu schaffen, wo
bisher Bewusstseinsnebel herrschte und wo nie
wirklich ausgesprochen wird, was sich im Inneren
aller Beteiligten abspielt.*

ICH ERKENNE MICH UND ZIEHE MEINE GRENZEN.
ICH BIN KAISER IN MEINEM REICH.

74. Kamille (Matricaria chamomilla)

Heinrich von Kleist (1777-1811)
aus **Gelegenheitsgedichte**

Das Blümchen, das, dem Tal entblüht,
dir Ruhe gibt und Stille,
wenn Krampf dir durch die Nerve glüht,
das nennst du die Kamille.

Du, die, wenn Krampf das Herz umstrickt,
o Freundin aus der Fülle
der Brust mir so viel Stärkung schickt,
du bist mir die Kamille.

Die Kamille aus der Familie der Korbblütler
ist praktisch überall in Europa anzutreffen. Sie
ist genügsam, was die Qualität des Bodens angeht, man findet sie auf Wiesen, Brachen und an
Abhängen. Sie ist einjährig und wird bis zu 50
Zentimeter groß. Die Blätter an den aufrechten
Stängeln, die sich nach oben hin verzweigen,

sind filigran und fiedrig. Die Kamille hat einen körbchenförmigen Blütenstand, um das sonnengelbe, gewölbte Kissen aus Röhrenblüten stehen die schmalen weißen Zungenblüten.

Ihre Inhaltsstoffe umfassen u. a. Gerb- und Bitterstoffe, Flavonoide, Salicylsäure, ätherische Öle, Cumarin und Schwefel. Man verwendet die Kamille in der Naturheilkunde im Bereich der Magen-, Darmstörungen, bei Magengeschwüren und Verdauungsbeschwerden, sie wirkt regulierend bei Verstopfung und Durchfall. Sie wirkt antibakteriell, gilt als Entzündungshemmer, hilft bei Nieren- und Blasenschwäche, Nervosität, Nervenschmerzen, Schlafstörungen und Frauenleiden wie Krämpfen während der Mensis oder zu spät einsetzender Monatsblutung (der lateinische Name der Kamille leitet sich her von „matrix", Gebärmutter). Und so nennt man die stark aromatisch duftende Blume volkstümlich auch „Mariamagdalenakraut", „Mutterkraut", „Mägdeblume" und „Kummerkraut." Der äußerst effektive Kamillentee wird nicht von allen geliebt, manch einer identifiziert unbewusst die Kamille mit der Krankheit, die sie heilt und hält sie für schlaff und süßlich. Mörike hat dies sehr humorvoll in einem Nebensatz aufgegriffen:

Eduard Möricke (1804-1875)
nach Durchlesung eines Manuskripts mit Gedichten
Restauration

Das süße Zeug ohne Saft und Kraft!
Es hat mir all mein Gedärm erschlafft.
Es roch, ich will des Henkers sein,
wie lauter welke Rosen und Kamilleblümelein.
Mir ward ganz übel, mauserig, dumm,
ich sah mich schnell nach was Tüchtigem um,
lief in den Garten hinterm Haus,
zog einen herzhaften Rettich aus,
fraß ihn auch auf bis auf den Schwanz,
da war ich wieder frisch und genesen ganz.

Bei Piontek hingegen steht die Kamille im Umfeld des Straßenbaus für das Heilsein der Natur, er schöpft Kraft und Beruhigung aus ihrer Allgegenwart und Beharrlichkeit:

Heinz Piontek (1925-2003)
Das Mahl der Straßenwärter

Im Teerfaßschatten kauen sie gelassen
durchwachsnen Speck und weißes Kümmelbrot
und spucken aus, wenn sie die Messer fassen,
und blinzeln nach dem Limousinenrot.

Die Kaffeeflasche gluckst, die Krusten brechen,
dem Alten hängt im Bart das gelbe Ei,
der Ziegenkäse hindert sie beim Sprechen,
der Mittag zieht als Butterduft vorbei.

Durchs Grabengras rolln die verschwitzten Hüte,
die Männer wischen sich das Fett vom Mund,
bei Schaufeleisen und Kamillenblüte

324

spürn sie des Daseins wunderlichen Grund.
Sie stopfen Krüll in die zerbißnen Pfeifen,
ein Becher Kirschschnaps treibt ihr zähes Blut.
Das Künftige, schon ist's für sie zu greifen
im Schotterhügel. He – die Welt ist gut!

Die Energie der Kamille ist extrem wärmend und beruhigend. Sie ist die große Mutter Trösterin. Sie ist für uns da, in welcher Situation auch immer. Sie hilft den Menschen, die sich verletzt und gekränkt fühlen, die unendlich traurig sind und nach einer Geborgenheit suchen, die ihnen bisher verwehrt war. Die Kamille spendet Kraft, um die Wunden als solche zu erkennen und heilen zu lassen. Vieles, was verdrängt war, verursacht im späteren Leben Probleme, ohne dass man sich bewusst an die Auslöser erinnert. Dies kann Missachtung, Vernachlässigung, Liebesentzug, Missbrauch, Misshandlung sein, aber auch der Kummer über das Leid enger Familienangehöriger. Die Kamille hilft dort, wo das Weiche im Menschen verletzt wird, das Hingebungsvolle, Mitfühlende. Sie spornt an, zu regenerieren und die Rüstung, die man sich als Schutz zugelegt hat, wieder abzulegen. Eine Rüstung wäre zum Beispiel beharrliches Schweigen, Trotz, stilles Leiden, latente Wut, ein verhärtetes Herz.

Die Kamille lehrt, sich fortan nicht mehr verletzen zu lassen, auch wenn man angegriffen wird. Sie vermittelt Toleranz gegenüber dem Angreifer aus dem tiefen Verständnis heraus, dass der An-

greifer das eigentliche Problem hat, und zwar meistens mit sich selber. Tieferes Wissen bedingt großmütiges Handeln, die Reaktion auf einen Angriff wird verständnisvolle und unbeirrbare Ruhe sein. Der Mensch wird sich nicht länger als Opfer sehen, als manipulierbar und verletzlich, sondern als frei handelndes Wesen, das sich seiner Verantwortung und Stärke bewusst geworden ist.

ICH BIN GETRÖSTET. ICH BIN DER TROST.

75. Katzenpfötchen (Antennaria dioica)

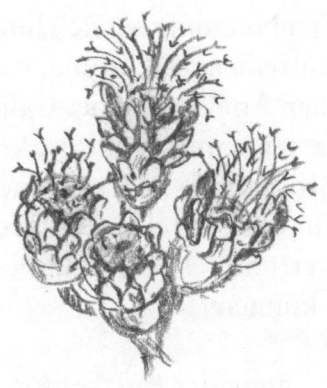

Katzenpfötchen

Ich streichel dich mit meinen rosa Katzenaugen,
eine Strähne meines Fells ist blauer als dein
Himmel, und mein Schnurr'n klingt weicher
als der Mond am Abend deines Wachens.
Nimm's nicht tragisch, denn mein Herz
will dich nur dich und will dir Gutes
tun und will dein Katzenpfötchen
sein, auf immer mein und frei,
ganz frei auf ewig dein.

Das gelb und rosa blühende Katzenpfötchen aus der Familie der Korbblütler, das gerne in Trockensträußen benutzt wird, verdankt seinen Namen dem Aussehen: die Blütenkörbchen mit ihren 20 bis 100 kleinen Blüten sehen den Pfötchen der Haustiere verblüffend ähnlich. Der lateinische Name bezieht sich auf den Haarkranz der männlichen Blüten, „Pappus" genannt, der den Fühlern, also Antennen von Insekten ähnelt.

Man kennt das Katzenpfötchen auch unter den Namen „Mottenkraut" oder „Harnblume", was jeweils auf den Nutzungsbereich hinweist. Er besitzt also harntreibende Wirkung, wird eingesetzt bei chronischen Affektionen der Gallenwege, hilft gegen Gallensteine und Gicht, ist krampflösend, wirkt bei Bronchitis, Luftröhrenentzündung, Durchfällen und chronischen Darmerkrankungen. Zusätzlich vertreibt es Motten, die den Geruch nicht leiden können.

Die Schwingung des Katzenpfötchens vermittelt eine Eigenständigkeit, Selbstbewusstsein und Freiheit, die man nur erlangen kann, wenn man sich von Konventionen frei macht, die einengend und engstirnig sind. Es wird immer weniger interessieren, was man wohl von uns denken könnte. Jeder Mensch ist sehr individuell angelegt, eine Eigenart der Schöpfung, die in die Richtung der Fülle weist und nicht in die Verallgemeinerung und Normierung. Die übergeordneten Gesetze, die die Liebe der Menschen zueinander und ihre Verpflichtungen füreinander betonen, sollen befolgt werden. Doch die Verhaltensweisen können sehr unterschiedlich ausfallen, was für den einen „normal" ist, ist es vielleicht für den anderen nicht. Unsere Welt bewegt sich mit Katzenpfötchen auf die Toleranz zu, die Gleichmacherei steht gegen die Fülle des Einfallsreichtums jedes Einzelnen. Das Katzenpfötchen verleiht die Kraft, das

auszusprechen und zu zeigen, was uns als Einzel-
wesen ausmacht. Wir genieren uns nicht länger,
sondern freuen uns über das Spezielle, was wir
zum großen Ganzen beitragen können, wir müssen
uns nicht mehr „anders" fühlen, da ohnehin jeder
„anders" ist. Dies wird zunehmend begriffen und
geschätzt. Und so vermittelt das Katzenpfötchen
die leise, angenehme Art der Aufrichtigkeit, die
keinen vor den Kopf stößt, der eigenen Wahrheit
aber gerecht wird. Der Humor, der dafür nötig ist,
wird durch die leichtfüßige Frequenz begünstigt.
Statt zu verbittern lernen wir die Süße des Lebens
und die Schönheit anzunehmen, die in der offenen
Kommunikation und Teilhabe unserer Individu-
alität mit unseren Mitmenschen liegt.

ICH SPRECHE AUS, WAS ICH DENKE.
ICH BIN KLAR, ORIGINELL UND HUMORVOLL.
MEINE EIGENART BEREICHERT DIE
ALLGEMEINHEIT, AUS DEREN VIELFALT ICH MEINE
LEBENSFREUDE SCHÖPFE.

76. Klee (Trifolium pratense)

Johann Klaj (1616-1656)
aus „Vorzug des Frühlings"

„Im Lenzen, da glänzen die blümigen Auen,
die Auen, die bauen die perlenen Tauen,
die Nymphen in Sümpfen ihr Antlitz beschauen.
Es schmilzet der Schnee, man segelt zur See,
bricht güldenen Klee . . . "

Der Wiesenklee, auch „Rotklee" genannt, gehört
zur Familie der Hülsenfrüchtler und der Unter-
familie der Schmetterlingsblütler (die Botaniker
haben die Pflanzenwelt des besseren Überblicks
wegen streng hierarchisch gegliedert). Kleewie-
sen gibt es seit uralter Zeit, die Gattung umfasst
etwa 250 Arten. Klee wird in vielen Teilen der
Welt angebaut, große Flächen gibt es u. a. in Europa, Nordamerika, Australien und Neuseeland.
Der Wiesenklee liebt nährstoffreiche Ton- und
Lehmböden, Wiesen, Felder und lichte Wälder

und gedeiht bis in Höhen von 2600 Metern. Immer schon schätzte man seine Eigenschaft als Bodenverbesserer, denn er kann Stickstoff aus der Luft binden.

„Trifolium" bezieht sich auf das Dreiblatt des Klees, vor der Züchtung des Vierblattklees war dieser extrem selten und stand für Glück; in Druiden-Zeiten trieb man mit dem „Glücksklee" böse Geister aus. Das Dreiblatt wurde in christlichen Zeiten als Symbol für die heilige Dreifaltigkeit herangezogen.

Friedrich Rückert (1788-1866)
Der Klee

Vom Himmel kam geflogen eine Taube,
Sie brachte ein Kleeblatt mit dreifachem Laube.
Sie ließ es fallen; glücklich wer es findet.
Drei Blättchen sind es:
Hoffnung - Liebe - Glaube!

Wiesenklee wird maximal 60 Zentimeter hoch. Seine Blätter weisen eine helle geometrische Zeichnung im Innenteil auf, die sehr dekorativ aussieht. Die Einzelblüten sind, wie bei allen Schmetterlingsblütlern, „zygomorph", das bedeutet, sie bestehen aus zwei spiegelgleichen Hälften; zusammengenommen ergeben mehrere dieser Blüten einen rosaroten Wuschelkopf, an dem die Bienen ihre Freude haben, obwohl sie nur die Pollen sammeln können. Im Gegensatz

zu den Hummeln können die Bienen mit ihren zu kurzen Rüsseln nicht an den Klee-Nektar herankommen, der sich an der Basis der kleinen Röhrenblüten befindet. Um die Bestäubung zu sichern, führten die Australier deshalb Hummeln ein, in Europa züchtete man hingegen Blüten mit kürzerer Kronröhre.

Der Rotklee enthält Eiweiß und Hormone, die den Östrogenen ähneln. Das fand man um 1940 in Australien heraus, weil auf bestimmten Klee-wiesen die Fortpflanzung der Schafe aufgrund der natürlichen „Verhütung" um 70 Prozent zurückgegangen war. In der traditionellen chi-nesischen Medizin wird der Wiesenklee gegen Krebs eingesetzt. Als Tee aufgebrüht hilft er bei Wechseljahrbeschwerden, Gicht, Verdauungs-problemen, allgemeiner Schwäche und äußerlich bei Entzündungen; er beugt Alterserscheinungen wie Gefäßkrankheiten und Gedächtnisschwäche vor und wirkt blutreinigend und schleimlösend.

Max Dauthendey (1867-1918)
Drinnen im Strauß

Der Abendhimmel leuchtet wie ein Blumenstrauß,
wie rosige Wicken und rosa Klee sehen die Wolken aus.
Den Strauß umschließen die grünen Bäume und Wiesen,
und leicht schwebt über der goldenen Helle
des Mondes Sichel wie eine silberne Libelle.
Die Menschen aber gehen versunken tief drinnen im
Strauß wie die Käfer trunken und
finden nicht mehr hinaus.

Die Schwingung des Rotklees ist uns behilflich bei der Suche nach dem „rechten" Weg, dem Weg, der uns zu uns selber führt. Dieser Weg kann nur über unsere Liebe definiert werden, denn nur mit Hilfe des Gewissens, dem Kompass der Liebe, kommen wir am Ziel unserer Sehnsucht nach Harmonie an. Diese Harmonie umfasst die Vielfalt, sie bedeutet nicht, dass alle einen ungeheuren Kompromiss eingehen müssen, sie bedingt keine Gleichmacherei, sondern glücklich machende Vielfalt. Der Weg führt uns automatisch weg vom selbstsüchtigen Handeln, das nur dort entsteht, wo man meint, zu wenig bekommen zu haben. Und dieses „zu wenig" bezieht sich nicht auf materielle Güter, selbst wenn man vielleicht gerade dabei ist, um sein Erbe zu kämpfen, um einen höheren Lohn, um ein angemessenes Entgelt für irgendeine Leistung. In Wirklichkeit würden wir alle umsonst arbeiten und etwas aus freien Stücken für die anderen tun, wenn genug Liebe gelebt werden würde. Dies ist unser aller Ziel. Der Unterschied liegt nur darin, von welchem Punkt aus wir beginnen.

Der Klee lässt uns den Weg klar erkennen und macht uns dort stark, wo wir ins Schlingern geraten. Er hilft aus den Fallen der Entschlusslosigkeit heraus. Wenn wir zaudern und nicht wissen, für wen oder was wir uns entscheiden sollen, gibt er den nötigen Antrieb, uns unserer selbst zu versichern, damit wir erkennen können, was wir wollen. Und

*wenn wir uns dann entschieden haben, bewahrt
diese hohe Schwingung uns davor, zu glauben, wir
hätten eine Fehlentscheidung getroffen, vielmehr
stärkt er uns, damit wir zu dem stehen, was wir
gesagt und getan haben. Die Angst, kritisiert oder
verhöhnt zu werden, weicht und wird in Hand-
lungsfähigkeit und das Wissen umgewandelt, dass
immer irgendwer nicht zufriedengestellt werden
kann, dass wir uns aber trotzdem entscheiden
müssen; und in die Erkenntnis, dass es das Ideal
auf Erden nicht gibt, das es nur angestrebt, aber
nicht erreicht werden kann. Erst, wenn wir den
menschlichen Körper verlassen haben, gilt das
Gesetz der Polarität nicht mehr, das „entweder –
oder", das „rechts oder links." Es gibt nur noch
die Einheit, das „sowohl als auch."*

Johann Peter Uz (1720-1796)
aus **Der Weise auf dem Lande**

. . . Du glänzend Nichts! O Rauch der Ehre!
Dich kauf ich nicht mit wahrem Weh.
Mein Geist sei nach der Weisheit Lehre
so stille wie die Sommersee,
so ruhig im Genuß der Freuden,
als dort im perlenreichen Klee
die unschuldvollen Lämmer weiden . . .

ICH FINDE MEINEN WEG IN DER EINFACHHEIT.

77. Knabenkraut (Orchis morio)

Robert Frost (1874-1963)
Mahd

Am Wald war kein Geräusch außer dem einen:
die Sense beim Geflüster mit dem Grund.
Was sie wohl flüsterte? Ich wusste es nicht.
Vielleicht ging's um die Hitze dieser Sonne,
vielleicht ging es um nicht vorhandene Laute –
weshalb die Sense flüsterte, nicht sprach.
Es war kein Traum geschenkter Mußestunden,
kein müheloses Gold von Fee und Elf:
mehr als die Wahrheit wär zu schwach gewesen
für solche Liebe, die in Reihen legt
die Au mitsamt dem blassen Knabenkraut
und eine leuchtend grüne Schlange schreckt.
Der Arbeit schönster Traum ist das, was ist.
Die Sense flüsterte und machte Heu.

Das kleine Knabenkraut aus der Familie der Orchideen wird auch „Narrenkappe" genannt (griechisch: „moros", Narr). Früher war es weit verbreitet, heutzutage ist es vor allem im Norden Deutschlands wegen der intensiven Bewirtschaftung und Überdüngung der Böden nicht mehr häufig anzutreffen. In Nordafrika, Asien und im Kaukasus gibt es glücklicherweise noch große Wildpopulationen. Die Blätter sind schmal, lanzettlich und spitz, manchmal leicht abgerundet. Der Blütenstand ähnelt von weitem kleinen Hyazinthen, die Einzelblüten den Lippenblütlern: meist violett, seltener weiß blühend bilden das mittlere Kelchblatt und die Kronblätter einen kleinen Helm. Die dekorativen, grün gestreiften Seitenblätter stehen ab wie elegante Scheuklappen, die dreilappige, etwas hellere Lippe ist im Mittelfeld gepunktet. Wegen ihres hohen Schleimgehalts ist die Pflanze sehr wirksam bei bronchialen Erkrankungen; sie wirkt reizlindernd und antibakteriell. Man kann sie auch bei Zahnfleischentzündung und schlecht verheilenden Wunden einsetzen.

Die Energie des Knabenkrauts hilft, sexuelle Energie, die sich verlaufen hat, wieder dorthin zu lenken, wo sie uns dient. Die Sexualität birgt die höchste Schöpferkraft, aus ihr beziehen wir alle kreativen Handlungsimpulse, sie ist unsere Basiskraft, die wir in jede beliebige Richtung lenken können. Sie verstärkt unsere Gefühle und

Gedanken und setzt sie um. Je bewusster wir damit umgehen, desto besser. Je abgründiger wir denken und fühlen, desto mehr bedürfen wir dieser hohen Frequenz, die im Zusammenklang mit dem bittersüßen Nachtschatten und dem Sonnenhut bedrängende Vorstellungen in wunderschöne elektrisierende Bilder umzusetzen vermag. Dies bedeutet Glück im Gegensatz zum Unglück des Abgrunds, die Überwindung des Todes und seine Transformation in ewiges Leben, das Wissen um die ewige Wiederkunft oder vielmehr das Sein, das weder kommt noch geht, sondern immer währt.

ICH REINIGE MICH VON BEDRÄNGENDEN BILDERN.
MEINE GEDANKEN UND GEFÜHLE SIND BEFREIT.

78. Königskerze (Verbascum)

Erich Kästner (1899-1974)
aus **Der September**

Das ist ein Abschied mit Standarten
aus Pflaumenblau und Apfelgrün.
Goldlack und Astern flaggt der Garten,
und tausend Königskerzen glüh'n . . .

Die Königskerze trägt viele sehr aufschlussreiche,
ahnungsvolle Beinamen, zum Beispiel „Himmels-
brand", „Donnerkerze", „Blitzkerze", „Wetter-
kerze" oder „Unholdskerze", dazu „Wollkraut"
(wegen der wolligen Blätter). Zu der Gattung der
Braunwurzgewächse, ihrer Familie, gehören etwa
360 Arten. Während Gewissenstaube am Ama-
zonas heutzutage mit Quecksilber fischen – man
vergiftet die Fischschwärme und kann sie mühelos
von der Oberfläche abschöpfen – verwandte man
früher, laut Aristoteles, die Samen der Königs-

kerze, die man zwecks Betäubung der Fische in das Wasser streute. Die Saponine und Schleimstoffe lösen Husten, Verbascum dient weiterhin bei der Wundbehandlung und Rheumatherapie, bei Durchfällen und Augenentzündungen, durch den Betäubungsfaktor auch als schmerzstillendes Mittel. Man sagte ihr die Kraft nach, Blitze und Böses abzuwehren, durch die Ausrichtung der Blütenrispe die Wetterlage vorherzusagen, man benutzte sie als Verhütungsmittel, indem man ihre Wurzel schweigend in der Johannis-Mitternacht ausgrub und, in ein Säckchen eingenäht, auf der Haut trug. In Pech getaucht wurde sie als Fackel benutzt.

Wir alle
waren Schufte,
waren Räuber, Mörder
und Piraten, die sich selbst
beraubten. Doch jetzt ist es an
der Zeit, das Licht, das in uns
schläft zu wecken und zu
führen, wo wir
führen
sollen.

Bei der Schwingung der Königskerze geht es um Licht, um das ewige Leben, um die Erinnerung an unsere Himmelsverbundenheit und ursprüngliche Königinnen- und Königswürde. Die Königskerze steht aufrecht als gelber Stab, ein Leiter goldener Himmelsenergie, sie entzündet

unsere Leuchtkraft, die durch unser „Bettlerdenken" vermindert wurde. Wie oft fühlen wir uns klein und bedürftig, andere sollen uns erhalten, uns das Almosen der Liebe spenden. Die Energie der Königskerze hebt uns wieder empor in unsere Würde. Wir werden fähig gemacht, Licht zu spenden statt zu verschlucken. Wir strecken uns empor und entzünden Himmel und Erde. Deshalb benutzte Hildegard von Bingen sie gegen ein „trauriges Herz."

Traurig werden wir durch die Abwesenheit unserer Macht. Warum ergreifen wir unsere Macht nicht? Weil wir uns misstrauen. Die Erinnerung an einen Machtmissbrauch in früheren Leben lässt uns vorsichtig sein. Doch wir dürfen wieder mächtig sein. Denn worin besteht unsere eigentliche Macht? In der Liebe. Die Energie der Königskerze verbindet uns mit der Macht unserer Liebe, die wir, ganz Königinnen und Könige, verantwortlich gebrauchen, zum Wohle aller. Diese Art von Macht lässt sich nicht missbrauchen, jeder sollte sie an sich nehmen und ausüben.

ICH STEHE AUFRECHT UND LEUCHTE.
ICH NEHME MEINE KÖNIGSWÜRDE WIEDER AN.

79. Kornblume (Centaurea cyanus)

Klabund (1890-1928)
Die letzte Kornblume

Sie ging, den Weg zu kürzen, übers Feld.
Es war gemäht. Die Ähren eingefahren.
Die braunen Stoppeln stachen in die Luft,
Als hätte sich der Erdgott schlecht rasiert.
Sie ging und ging. Und plötzlich traf sie
Auf die letzte blaue Blume dieses Sommers.
Sie sah die Blume an. Die Blume sie. Und beide dachten
(Sofern die Menschen denken können,
dachte die Blume . . .)

Dachten ganz das gleiche:
Du bist die letzte Blüte dieses Sommers,
Du blühst, von lauter totem Gras umgeben.
Dich hat der Sensenmann verschont,
Damit ein letzter lauer Blütenduft
Über die abgestorbene Erde wehe –
Sie bückte sich. Und brach die blaue Blume.
Sie rupfte alle Blütenblätter einzeln:
Er liebt mich – liebt mich nicht – er liebt mich . . . nicht. –

Die blauen Blütenfetzen flatterten
Wie Himmelsfetzen über braune Stoppeln.
Ihr Auge glänzte feucht – vom Abendtau,
Der kühl und silbern auf die Felder fiel
Wie aus des Mondes Silberhorn geschüttet.

Die Kornblume aus der Familie der Korbblütler ist mit 500 Arten auf der Erde vertreten,
vorwiegend in Europa, im Mittelmeerraum und
in Vorderasien. In der antiken Mythologie wurde
die Kornblume in die Kränze für die Erntegötter
geflochten. Heutzutage darf sie, nach Jahrzehn-
ten der unsachgemäßen Behandlung der Natur
durch Überdüngung und Pestizidgebrauch, wieder
zusammen mit Kamille und Mohn an den Feldrändern blühen. Man nannte die Kornblume in
früheren Zeiten auch „Hungerblume", denn ihr
vermehrtes Auftreten wies auf eine karge Ernte
hin; sie liebt trockene, nährstoffarme Böden und
flieht überdüngtes Land. Sie ist einjährig und
sprießt entweder im Frühjahr aus dem Samen
oder überwintert als schon im Herbst gekeimtes
Pflänzchen. Die Wuchshöhe der Kornblume liegt
zwischen 20 und 100 Zentimetern. Die Laubblätter sind sehr schmal und lanzettförmig. Die
auffälligen blau-fransigen Röhrenblüten am Rand
sind unfruchtbar; sie dienen nur zum Anlocken
der Insekten wie Hummeln, Bienen und Schmetterlinge, die dann die inneren Körbchenblüten
bestäuben.
Im Mittelmeerraum heimisch wanderte sie

schon vor langer Zeit als blinder Passagier gen Norden. Die ungiftige und sehr anspruchslose Pflanze hat unter anderem folgende Beinamen: „Centaurea," „Kaiserblume", „Roggenblume" und „Blaumütze." „Centaurea" ist eine Namensgebung des griechischen Arztes Hippokrates, denn dem Zentauren Chion wurden Wunderheilungen zugeschrieben, er heilte zum Beispiel eine Wunde am Fuße des Helden Achill, was ihn in den Augen vieler Griechen enorm im Ansehen steigen ließ! Ceres, die römische Erntegöttin, trug eine Kornblumenblüte im Haar. Im Mittelalter wurden die Marienstandbilder gerne mit Kornblumenkränzen geschmückt, denn das wunderbar leuchtende Blau stand für die Glaubensfestigkeit. Als „Kaiserblume" erinnert sie an Kaiser Wilhelm I., den Sohn der preußischen Königin Luise. Er liebte seine früh verstorbene Mutter über alle Maßen; die von ihr geschätzte „preußisch blaue" Kornblume erinnerte ihn an seine glückliche Kindheit. Von 1933 bis 1938 wurde sie von den damals noch illegal agierenden Nationalsozialisten als Erkennungssymbol missbraucht, bevor das Hakenkreuz zum „identitätsstiftenden" Wahrzeichen wurde. Bis heute ist die Kornblume die Nationalblume Estlands. Als Tee wirken Kraut und Blüten wohltuend bei Husten, Bronchitis und Leberkrankheiten, gegen wunde Haut hilft ein Fußbad, gegen Augenentzündungen eine Spülung oder Augentropfen, als Haarkur sorgt sie für einen eleganten blauen

Schimmer. Man setzt sie zur Entwässerung ein, zur Blutreinigung und als Entzündungshemmer.

Sommerabend

In die Kornblumen des Himmels
ist eine Handvoll Vögel geworfen;
wie schwarze Späne zerstreuen sie sich.
Mit wärmer tönenden Glocken
weidet die Sonne im Gras.
Nicht mehr lang, dann blüht droben der Mohn.
Das Auge des Himmels schließt sich,
und sternfarben flüstert der Tau.

Die Schwingung der Kornblume verleiht uns die Klarsicht und Entschlussfähigkeit, die dazu nötig ist, alte Muster, Entschlüsse, Trotzreaktionen oder aber alte Wunden und Verletzungen zu entdecken, zu heilen beziehungsweise zu korrigieren. Sie wirkt ausgleichend auf erhitzte Gemüter. Sie kühlt und stellt das innere Gleichgewicht wieder her, wenn man sich zum Beispiel schnell angegriffen fühlt, wenn man sich als Opfer bestimmter Lebensumstände oder Personen sieht und sich deswegen beleidigt zurückzieht oder aufregt. Bei all den zu heftigen Gefühlsaufwallungen, die entweder nach außen oder innen gekehrt werden, bringt die Kornblume Leichtigkeit ins Spiel, sie hilft, zu analysieren und Erkenntnisse umzusetzen, ohne dass dies sonderlich schwer fällt. Die aufflammende Wut wirkt zerstörerisch, während die durch den Verstand gezügelte und gelenkte Wut „Heilige Wut" genannt werden kann.

Die Kornblume hilft uns beim Aufspüren unterdrückter Ärgernisse. Immer dort, wo wir Wut herunterschlucken, schwelt sie im Innen weiter und wirkt sich auf Dauer zerstörerisch in uns aus. Vielen Menschen wurde in ihrer Kindheit empfohlen: „Reg dich nicht so auf! Schluck die Wut herunter, beherrsche dich!" Es ist nicht ganz falsch, aber auch nicht ganz richtig. Besser wäre die Frage: „Warum rege ich mich dermaßen auf? Geht es um die spezielle Situation oder den Menschen, den ich vor mir habe, oder bin ich konfrontiert mit einer alten Wut? Ist das Aktuelle ein Hinweis auf das Permanente? Also ist das, was jetzt ist, ein Fingerzeig auf das, was schon seit langem in mir für Unruhe und Unzufriedenheit sorgt? Wo trage ich seit vielen Jahren einen Groll in mir und gegen wen? Und warum?"

Diese Fragen und vor allem ihre Beantwortung führen zur Umwandlung der Wut in Kraft. Paaren wir die Kraft mit dem uns innewohnenden Humor, sind wir unschlagbar. Denn Leichtigkeit, Lässigkeit und inneres Lächeln verleiht unserer Kraft Flügel. Sie dröhnt nicht, es ist keine eiserne Faust, die auf den Tisch haut, sondern eine Hand die Frieden unter Gleichberechtigten anbietet. Wir entwickeln die Fähigkeit, dort Stärke zu zeigen, wo sie allen nützt.

ICH VERWANDLE MEINE WUT IN STÄRKE.

80. Lampionblume (Physalis alkekengi)

Wenn
du glaubst,
den Weg verloren
zu haben, dann streife
durch die Wiesen, Wälder,
geh durchs Unterholz und lasse
dich nicht schrecken. Denn der Weg ist
überall.

Die Lampionblume aus der Familie der Nachtschattengewächse gehört zur Gattung der Blasen-
kirschen (Physalis). Aus einer eher unscheinbaren
weißen Blüte mit fünf Kelchblättern entwickelt
sich ein prachtvoller lampionartiger Kelch rund
um die glänzende, orangerote Beere herum. Diese
„Lampions" hängen rechts und links an aufrechten,
leicht behaarten Stängeln, die bis zu 80 bis 100
Zentimeter hoch wachsen. Die Laubblätter sind
hellgrün, an der Basis eiförmig und nach oben hin
zugespitzt. Man vermutet das Herkunftsland der

dekorativen Pflanze in Asien, genauer China. Sie bevorzugt lockere, leicht kalkhaltige Böden, ist aber im Prinzip anspruchslos. Wo sie einmal Fuß gefasst hat, verbreitet sie sich hartnäckig durch winterharte, unterirdische Rhizome. Während die Blätter schwach giftig sind, kann man die Beeren essen. Die als „Kapstachelbeere" angebotene Sorte „Physalis peruviana" hat in der Gourmetküche schon viele Liebhaber gefunden.

Die Schwingungsinformation der Lampionblume steht für Orientierung im Innen und Außen, für die Selbstfindung und Möglichkeit zur Verwandlung. Das, was wir an Fähigkeiten in uns tragen, kann nur in Funktion treten, wenn wir es „äußern", statt es aus Angst oder niedriger Selbsteinschätzung im Inneren zu vergraben. Nur, wenn wir bereit für die Verwandlung sind, für die Alchemie, die aus dem einen Stoff unter Zufügung eines oder mehrerer anderer einen gänzlich neuen Stoff schafft, können sich unsere Qualitäten entfalten, nur also, wenn wir uns trauen sie zu zeigen und zu leben. Wenn wir unsere Gesellschaft mit ihren kulturellen und wissenschaftlichen Errungenschaften betrachten, so wird uns bewusst, dass Kultur nur dort entsteht, wo der Mensch an sich glaubt. Wenn sich keiner vorwagen würde mit dem, was er denkt und fühlt, wenn keiner das Risiko einginge, anders zu sein als die anderen, würde unsere Kultur fahl werden und schließlich verblühen.

Die Lampionblume hilft jedem von uns herauszufinden, was seine ureigenen Fähigkeiten sind. Sie beweist jedem einzelnen von uns, dass wir Originale sind. Sie verstärkt die Kraft, die in die neu entdeckte Quelle fließt und lässt sie zu einem Bach werden und dann zu einem Strom. Die Lampionblume stärkt unseren Willen, Gewohntes aufzugeben und Neuland zu betreten. Wir wagen es, altgewohnte Pfade zu verlassen und dort zu suchen, wo noch nicht alles durch unser bisheriges Umfeld vorgedacht und vorgeplant ist. Die Physalis löst uns aus den alten, manchmal verkrusteten Formen, behebt die Deformation in Körper, Seele und Geist, die durch übermäßige Anpassung entstanden sind und lässt uns die Formen finden, die uns angemessen sind, mögen sie auch nicht überall Beifall bekommen. Aber wir sind nicht hier, um jedem zu gefallen, sondern unsere Liebe in der Form zum Ausdruck zu bringen, die uns nicht nur gemäß ist, sondern auch Spaß macht.

ICH HABE KEINE ANGST VOR DEM UM-WEG.
JEDER WEG FÜHRT MICH ANS ZIEL.

81. Lavendel (Lavandula angustifolia)

Lavendel

Ein Bienenreigen wird uns zeigen,
wo wild Lavendel steht.
Dort, wo der Duft verweht
am Fuße endlich weiter Wege,
im Blau der Berge, im Gehege
einer kleinen Ewigkeit.

Die Duftpflanze aus der Familie der Lippenblütler, auch „Nervenkraut" genannt, stammt
ursprünglich aus der Mittelmeerregion, wanderte
aber nordwärts in die Kräutergärten der Nonnen
und Mönche und in die Ziergärten der Kaiser
und Könige bis hin zur Moderne. Sein Name
„Lavendel" stammt vom lateinischen „lavare"
(waschen), denn er verbreitet einen Duft nach
Sauberkeit und Frische. Der Lavendel ist ein eher
kleinwüchsiger Strauch, der nur in seltenen Fällen
größer als einen Meter wird. An den aufrechten

Zweiglein wachsen gegenständig die schmalen rosmarinartigen, aromatischen Nadeln. Sie sehen zuerst filzig grau aus, später vergrünen sie nach und nach. Die violetten Blüten sind fünfzählig und in Scheinquirlen mit je 6 bis 10 Einzelblüten angeordnet. Eine Ähre enthält etwa 8 bis 10 übereinander angeordnete Scheinquirle.

Im Mittelalter wandte man Lavendel gegen die Pest an. Er war Bestandteil des berühmt-berüchtigten „Essig der vier Räuber", einem Gemisch aus Essig mit Salbei, Thymian, Weinraute, Rosmarin, Knoblauch und Lavendel, mit dem sich französische Plünderer einrieben, um ohne Ansteckungsgefahr die von der Pest Geschwächten oder Getöteten auszurauben. Sie waren der Polizei aufgefallen, weil sie nicht krank wurden, und man ließ nicht locker, bis sie ihr Geheimnis preisgaben.

„Ernstzunehmenden Quellen" zufolge benutzten Hexen den Lavendel, um der Macht des Teufels zu entrinnen – setzten sie sich auf einen Lavendelstock, musste der Satan weichen. Es mögen gute Hexen gewesen sein, denn die bösen hätten den Teufel sicher willkommen geheißen. Den Beinamen „Schwindelkraut" erhielt der Lavendel, weil die Damen im Barock durch die zu enge Schnürung ihrer Korsetts häufig in Ohnmacht fielen und man ihnen Lavendelbeutelchen unter die Nase hielt, um sie wieder zum Leben zu erwecken.

Noch heute gewinnt man aus dem aromatisch duftenden Lavendel ein Öl, das als Grundlage von Parfums und Seifen dient, Lavendelsträußchen werden gegen Schädlinge und als Duftverbreiter in die Schränke oder Zimmer gehängt. Er ist Bestandteil der beliebten Kräutermischung „Herbes de Provence" und verwandelt die sommerliche Provence in ein Meer aus Duft mit Bienen- und Hummelgesumm. Keine Mücke traut sich dann heran, denn die Mücken meiden den Lavendelgeruch.

Lavendel schmeckt bitter und dennoch angenehm herb-würzig. Er enthält u. a. Linalylacetat, Linalool, Campher und Cineol. Lavendel eignet sich zur Aufhebung von Verdauungsproblemen, nervöser Unruhe („Nervenkraut"), Einschlafschwierigkeiten und Migräne. Als Badezusatz wirkt er kreislaufregulierend und lindernd bei rheumatischen Beschwerden. Hildegard von Bingen empfahl, Lavendel mit Wein oder einem Honig-Wassergemisch zu kochen und gegen Lungenbeschwerden einzusetzen. In der Volksmedizin gilt Lavendel auch als Liebespflanze, dessen Duft die Männer gefügig macht (!).

Maurice Mességué (1921)
über den Lavendel:

Er ist das blaugekleidete Wunder des Südens,
und sein Duft ist Gottes Geschenk an die Erde.

Die Schwingung des Lavendels verhilft dem Menschen zu seinem natürlichen Reichtum, er muss sich nicht mehr aufblähen und aus dem Gefühl innerer Armut heraus so tun, als sei er mehr und besser als andere. Wer großzügig mit sich selbst umgeht, kann auch anderen in dieser Weise entgegentreten. Der Geizige, der Materie hortet, wird nie genug bekommen, er könnte im Geld schwimmen und würde dies nicht erkennen, weil Geld kalt ist. Es ist ein Ersatz. Genauso wie Prahlerei kein Ersatz für echte Leistung ist. Sobald wir die Angst vor dem Versagen abgelegt haben und aus unserer natürlichen Fülle schöpfen, haben wir es nicht mehr nötig, aufzuschneiden.

Der Lavendel hilft bei der inneren Reinigung, bei dem Aussortieren von Gedanken, die vergiften und schwer machen. Selbst wenn sich nur noch unerkannte Reste davon in uns verstecken, werden Neid, Hass und Boshaftigkeit in Liebe und Großzügigkeit verwandelt. Zweifel, Ängste, Mangel an Selbstvertrauen wandeln sich in vollkommene Hingabe und Vertrauen in die Schöpfung. Die Führung durch den Schöpfer, dessen Mittler, die Engel, uns zur Seite gestellt sind. Durch die Schwingung des Lavendels klären wir uns und werden rein im Sinne von „wahr." Wir beginnen, innerlich und äußerlich aufzublühen.

ICH REINIGE MICH.
ICH WERDE LICHT UND LEICHT.
AB JETZT LEBE ICH MEINEN INNEREN UND
ÄUSSEREN REICHTUM.

Meine Schönheit,
meine Lavendelschönheit,
mein Gesicht aus violettem
Vergessen und Vergeben,
mein Kuss aus
goldgebleichtem
sonnigem Verstehen,
mein Atem aus Bienengesumm
und Himmelsbläue, mein Auge aus
Sehenwollen, meine Handvoll Liebe aus
pelzig silbernem Verneigen, meine
Antwort aus Liebe zur Liebe,
meine Schönheit, mein
Lavendelherz.

Antike Liebe

Im Lavendel deiner Buchten ankerte ich; das
Schwere wurde leicht im Angesicht deines
Schweigens, das mich trug wie das Meer vor
dem Sturm der Gesänge aus Pinien, Salz und Tang.

Binde mich mit silbern gesträhnten Wellchen,
damit ich nicht kopfüber in Deine Fluten stürze
und mich vergesse im Geflüster der Sirenen,
das aus Deinem Körper in den meinen strömt.

Berühre mich mit Deinem Herz aus Rosmarin;
komm, lass uns einen Kranz aus unsern Leibern
flechten, mondbeschienen auf den Marmorstufen
ewig endlich währenden Verschmelzens.

82. Lichtnelke (Silene dioica)

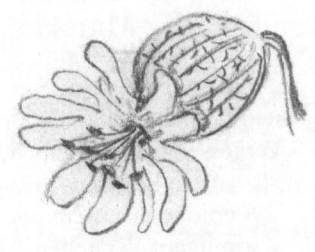

Oskar Loerke (1884-1941)
Meertraum

Das Meer gebar die Nacht, die Nacht das Meer.
Die Schiffsmaschinen schroteten die Zeit.
Ich schaukelte gelind und schlief so schwer,
mein Körper schlief in großer Traurigkeit.
Da brachen Blumen auf aus meiner Haut
und standen hell im roten Hof aus Blut
und neigten ihren seidnen Blätterhut:
Lichtnelken sind wir, Jesuwundenkraut.

Die rote Lichtnelke aus der Familie der Nelkengewächse heißt auch „Leimkraut", „Rote Nachtnelke", „Waldnelke", „Taglichtnelke" oder „Herrgottsblut." „Dioica" bedeutet zweihäusig und bedeutet, dass eine Pflanze nicht zwittrig ist, sondern nur die Blüten eines Geschlechts trägt. Die Lichtnelke, deren Blüten nur tagsüber geöffnet sind, erreicht Wuchshöhen von 30 bis 90

Zentimetern. Die Stängel wachsen aufrecht, die eiförmigen, ganzrandigen Laubblätter sind gegenständig angeordnet. Die rosaroten duftlosen Blüten sind fünfzählig, jedes Blütenblatt weist einen tiefen Einschnitt in der Mitte auf. Die mohnartigen Kapseln, die sich daraus im Herbst bilden, enthalten die braunen Samen, die der Wind mit der Zeit herausschüttelt und verteilt.

Die Lichtnelke ist mit Ausnahme von Südosteuropa in ganz Eurasien verbreitet. Sie bevorzugt kalkreiche feuchte Böden, Wiesen, Waldeinschläge, Hochstaudenfluren, Auenwälder. In den Alpen findet man sie bis in eine Höhe von 2400 Metern. Die das Immunsystem regulierende und entgiftende Pflanze enthält Saponine (Seifenstoffe); deshalb benutzte man die Wurzeln lange Zeit als Seife. Die Samen wurden früher, zu Brei zerstoßen, zur Heilung von Schlangenbissen eingesetzt.

Die Energie der Lichtnelke bewirkt die Fähigkeit, sich eindeutiger zu positionieren. Um eine Meinung zu haben, muss man sich gefragt haben, was man wirklich denkt und fühlt. Die Lichtnelke verhilft zu mehr Tatkraft, die erst aus der größeren Nähe zu uns selber und auch zu den weniger bekannten Bereichen in uns entstehen kann. Sie bringt Licht in die dunkleren Bereiche, die noch nicht ausgeloteten Untiefen im menschlichen Wesen, und hilft bei dem Aussondern dessen, was uns nicht dient. Sie leuchtet in unerforschte Gänge hinein, öffnet verschlossene Türen und Kammern

und überzeugt uns von der Notwendigkeit, mit ihr zu gehen und zu sichten, was sich in uns verbirgt. Deshalb heißt sie sowohl „Tag-" als auch „Nachtlilie", sie ist für beide Bereiche da und hilft, diese miteinander zu versöhnen.

Mit Hilfe des Lichts verwandeln wir nicht nur uns selber, das Licht strahlt von uns aus und hilft wieder anderen in unserer Umgebung, hell zu werden. Ein Lichtbringer reicht, um ganze Familiensysteme in Bewegung zu bringen. Auch, wenn er zunächst Unverständnis ernten mag, letztlich streben alle Menschen zum Licht. Deshalb wird jeder, der mutig genug ist, dem Licht zu folgen wiederum eine Gefolgschaft von Lichtsuchern um sich scharen. Jede Frage an uns selber wird beantwortet werden. Jeder Entschluss, etwas anders als vorher zu machen, wird unterstützt werden. Es ist eine breite Straße, die sich auftun wird, keine schmale, unwegsame.

Durch das Licht, das gleichzeitig Liebe ist, verwandeln wir Leid in Freude. Sobald wir in unserer Lichtstruktur wiederhergestellt sind, wird es die Schmerzen, die Verwundbarkeit, das Abbüßen, das Gefühl der Kreuzigung auf den Achsen der Raum und Zeit nicht mehr geben. Wir werden vollkommen frei agieren können, vollkommen im Vertrauen auf die Schönheit und den Sinn der Schöpfung.

ICH BIN DIE VOLLKOMMENE FREUDE.

83. Liebstöckel (Levisticum officinale)

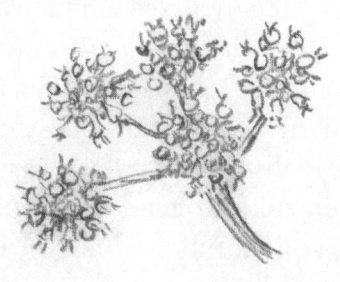

Walahfrid Strabo (808/809-849)
aus **Hortulus**

Liebstöckel, kräftiges Kraut,
dich zu nennen im duftenden Dickicht
Heißt mich die Liebe,
mit der ich im Gärtchen alles umfasse.

Der Liebstöckel aus der Familie der Doldenblütler stammt aus dem Nahen Osten und Mittleren
Osten und liebt die Wärme. Inzwischen überwintert er aber problemlos auch im Norden Europas.
Die verzweigte dunkelgrüne Pflanze sprießt aus
einem Überwinterungsorgan (Rhizom) und wird
zwischen 1 bis 1,5 Metern groß. Die Laubblätter
sind gestielt und zwei- bis dreifach gegliedert. Jeder doppeldoldige Blütenstand enthält etwa 12
bis 20 Dolden aus vielen kleinen grünlich-gelben

357

Blüten. Nach der Blütezeit zwischen Juni und August bilden sich die länglichen braunen Samen.

Liebstöckel wird auch „Maggikraut" genannt, obwohl in der Maggiwürze kein Liebstöckelkraut enthalten ist. Den Beinamen „Badekraut" verdankt er seiner Eigenschaft, als Absud im Badewasser das Hautbild zu verschönern. Jungen Mädchen wurde früher Liebstöckel ins Badewasser gegeben, damit sie ihren zukünftigen Ehemännern gefallen sollten. Der volkstümliche Name „Luststock", also eine Abwandlung von „Liebstöckel", deutet aufgrund seiner Inhaltsstoffe auf seine aphrodisische Anwendung als Lustverstärker.

Er duftet aromatisch und schmeckt bitter und leicht scharf, was ihn für den Verdauungsprozess interessant macht. Man nutzt ihn seit alters her für Dips, Suppen und Saucen. In der Heilkunde benutzt man die getrockneten Früchte bei Blähungen, Verdauungsbeschwerden, Magenschmerzen und Sodbrennen und die Wurzel wegen der entwässernden Wirkung zur Durchspülung bei Harnwegsinfektionen und Nierengrieß. Zusätzlich wirkt er schleimlösend, menstruationsfördernd und in homöopathischer Aufbereitung bei Mittelohrentzündung.

Der Liebstöckel versöhnt uns mit unserem Körper. Er leitet bejahende Energie in uns, hilft uns aus unseren Selbstzweifeln und lässt uns unser Erscheinungsbild lieben. Wir sehen so aus, wie wir

es gewünscht haben, unser Aussehen dient einem Zweck. Nur wenn wir uns annehmen, werden wir diesem Zweck auf den Grund gehen können. Je mehr wir uns mit unserem Körper einverstanden erklären, desto mehr wird er auf uns hören und das tun, was wir uns von ihm wünschen. Nur die Einheit von Geist, Seele und Körper wird uns hier auf der Erde glücklich sein lassen. Sobald wir einen Teil davon abspalten, werden wir leiden.

Der Liebstöckel versöhnt uns auch mit dem, was wir in uns ablehnen. Dort, wo wir etwas daran ändern können, wird er uns unterstützen. Dort, wo wir die Tatsachen als gegeben annehmen müssen, hilft er uns, nicht zu resignieren, sondern das Beste daraus zu machen. Wir lernen, in jedem sogenannten „Schlechten" etwas Gutes zu sehen, nicht, um alles schönzufärben und „rosa" zu übertünchen, sondern um das zu verstärken, was als Möglichkeit vorhanden ist. Da wir in der Polarität leben, gibt es nicht nur das eine, sondern immer auch das andere in einer Sache. Man nennt dies die „zwei Seiten einer Medaille" oder die „Zwillingseigenschaften", die jedem Ding, jedem Geschehen, jeder Person innewohnen. Reden kann gut oder schlecht sein, ebenso das Schweigen. Hilfe kann schlecht sein, wenn sie abhängig macht und gut, wenn sie aus der Not befreit. Lachen ist an sich eine schöne Lebensäußerung, lacht man aber zum falschen Zeitpunkt kann es als Oberflächlichkeit gelten. Es

gibt unzählige Beispiele, weil eben alles doppelt gesehen werden kann.

Der Liebstöckel hilft uns dabei, zu überprüfen, in welchen Situationen wir unsere dunkle Seite zeigen oder fühlen und wie sich das auswirkt. Nützlich sind hierbei Familienfeste, denn innerhalb der Familie oder auch Partnerschaft fühlen sich viele Menschen sicher genug, um sich relativ „ungestraft" böse, zickig, gemein, zynisch, trotzig, wütend, depressiv, jammervoll, beleidigend, manipulierend, anklagen zu verhalten. Ein ideales Feld der Beobachtung und Selbstanalyse eröffnet sich hier. Es will genutzt werden!

ICH LIEBE MEINEN KÖRPER UND
NEHME IHN VOLLSTÄNDIG AN.
ICH LIEBE MEINE SEELE UND MEINEN GEIST
UND NEHME BEIDES VOLLSTÄNDIG AN.

84. Linde (Tilia grandifolia)

Wilhelm von Scholz (1874-1969)
aus „Gesang des Sommers"

. . . Atme die Erde, ob vom Wiesenschnitt
der herbe Hauch heiß zittert um den Schritt,
ob Sonne Kiefernstämme harzig kochen macht,
ob Gärten Blüten öffnen in die laue Nacht:

Rosen, Phlox, Lilien, Geißblatt, vom Jasmin
ein letztes Weiß, indes am Wege zieh'n,
die unsichtbar dich küssen und entschwinden,
über dir dämmernd, ein Gewölk, die blühenden Linden
. . .

Die Linde aus der Familie der Malvengewächse ist ein wunderbarer lichter Baum, der bis zu
tausend Jahre alt werden kann. Der griechische
Name „tilos" (französisch „Tilleul") bedeutet
„Faser" und weist auf den der Rinde innewohnenden Reichtum an Bastfasern hin, aus denen

man früher Kleider herstellte. „Grandifolia"
heißt „großblättrig." Die gestielten Blätter sind
herzförmig gestaltet (Symbol für die Liebeskraft
der Linde), die weiß-gelben Blütendolden mit
auffällig vielen Staubgefäßen stehen innerhalb
eines länglichen Hochblattes, sie duften intensiv
und süßlich-mild.

Gebrüder Grimm (18./19. Jahrhundert)
Aus dem **Froschkönig**

Nahe bei dem Schlosse des Königs
lag ein großer dunkler Wald,
und in dem Walde unter einer
alten Linde war ein Brunnen:
wenn nun der Tag recht heiß war,
so ging das Königskind hinaus
in den Wald und setzte sich an
den Rand des kühlen Brunnens.

Es gibt etwa 45 Arten des Baums, der bis zu
40 Metern hoch werden kann. In Europa werden
vor allem die Sommer- und Winterlinde und die
aus ihnen entstandene Kreuzung, die „Holländi-
sche Linde" wegen ihres Holzes genutzt. Beliebt
bei den Bildschnitzern, wurde sie von Künstlern
wie Tilman Riemenschneider und Veit Stoß benutzt, der den berühmten Krakauer Hochaltar
geschaffen hat; sie galt als „heiliges Holz", weil
so viele Christusfiguren, Marien und Heilige aus
ihr entstanden.

Doch auch in vorchristlicher Zeit besaß die Linde einen Sonderstatus, zum Beispiel als Baum der germanischen Fruchtbarkeitsgöttin Freya (später hieß sie dann „Marienbaum"). Den Helden Sigfried aus der „Nibelungensage" ließ ein Lindenblatt sterblich bleiben, das sich beim Bad im Blute des erschlagenen Drachen an seine Schulter heftete; unter einer Linde wurde er dann genau an dieser verletzlichen Stelle von der Hand seines Erzfeindes Hagen tödlich getroffen. Unter Linden hielt man Gericht („Thing"), deshalb nannte man sie auch „Gerichtslinden" und zeichnete Urkunden mit dem Spruch: „judicum sub tilia" (Gerichtsspruch unter der Linde). Die heutige Verwendung des Wortes „subtil" (wörtlich: unter der Linde) verweist wohl auf die Schwingungseigenschaft der Linde, denn mit „lind" bezeichnen wir etwas Feines, Weiches, leise Tröstendes.

Rückert, Friedrich (1788-1866)

Ich atmet' einen linden Duft!
Im Zimmer stand
Ein Zweig der Linde,
Ein Angebinde
Von lieber Hand.
Wie lieblich war der Lindenduft!
Wie lieblich ist der Lindenduft!
Das Lindenreis
Brachst du gelinde!
Ich atme leis
Im Duft der Linde
Der Liebe linden Duft.

363

Obwohl die Linden auch als Sammelplatz von Hexen galten (hier wieder das Wirken von Yin und Yang, hell und dunkel), erfand man die wunderbaren „Tanzlinden", indem man auf den unteren starken Zweigen Planken anbrachte, die, dann von allen Seiten umwachsen, regelrechte Pavillons bildeten, in denen getanzt werden konnte. Viele dieser Tanzlinden existieren noch heute. Unter den Linden traf man sich, richtete Feste aus, sie markierten häufig den Dorfmittelpunkt. Und so heißt es in einem deutschen Volkslied: „Wo wir uns finden wohl unter Linden zur Abendzeit." Später begann man nach verheerenden Kriegen mit der Tradition, sogenannte „Friedenslinden" zu pflanzen.

Walter von der Vogelweide (um 1170-1230)
aus **Unter der Linde**

Unter der Linde an der Heide
wo wir beisammen saßen,
kaum aufzufinden ist der Platz, wo beide
wir die ganze Welt vergaßen.
Vor dem Wald im tiefen Tal –
tandaradei! –
sang so süß die Nachtigall . . .

Der Lindenbaum ist tief verankert im Volksbewusstsein der Menschheit, viele Städte,- Straßen- und Familiennamen leiten sich von ihm ab (zum Beispiel der berühmte Botaniker Carl von Linnée). In Tschechien ist die Linde Nationalbaum,

in Kroatien bezahlt man mit ihr („lipa" bedeutet Linde). Überall in Europa werden Lindenblütenfeste gefeiert, und die Märkte sind in den aromatischen Duft gehüllt. In Frankreich gibt es ein spezielles Anbaugebiet (Les Baronnies), in dem 80 % des inländischen Bedarfs gedeckt werden. Eine Linde trägt erst nach sechs Jahren Blüten, erst nach 20 Jahren lohnt sich die Ernte. Innerhalb von zehn Tagen müssen die Blüten getrocknet werden, da sie sonst ihr Aroma verlieren.

Wilhelm Müller (1794-1827)
Der Lindenbaum

Am Brunnen vor dem Tore,
Da steht ein Lindenbaum:
Ich träumt' in seinem Schatten
So manchen süßen Traum.

Ich schnitt in seine Rinde
so manches liebe Wort;
Es zog in Freud und Leide
Zu ihm mich immer fort.

Ich mußt' auch heute wandern
Vorbei in tiefer Nacht,
Da hab ich noch im Dunkel
Die Augen zugemacht.

Und seine Zweige rauschten,
Als riefen sie mir zu:
Komm her zu mir, Geselle,
Hier findst Du Deine Ruh!

Die kalten Winde bliesen
Mir grad in's Angesicht;
Der Hut flog mir vom Kopfe,
Ich wendete mich nicht.

Nun bin ich manche Stunde
entfernt von jenem Ort,
Und immer hör ich's rauschen:
Du fändest Ruhe dort!

Die Inhaltsstoffe der Linde sind u. a. ätherische Öl, Farnesol, Glykoside und Saponin. Man nutzt die Blüten in Konfekt, Eis, Backwerken und zur Herstellung von Parfum. Die nektarreichen Blüten sind eine perfekte Bienenweide. In getrocknetem Zustand werden sie wegen ihrer beruhigenden und gleichzeitig anregenden Wirkung auf den Magen- und Darmtrakt geschätzt; sie helfen bei nervösen Störungen, Migräne, Schwindel und fördern die Blutzirkulation. Weiterhin sind sie blutreinigend, entzündungshemmend und werden bei Erkältungskrankheiten eingesetzt. Tee aus Lindensplintholz beseitigt Harnsäureüberschüsse und wirkt entschlackend.

Rainer Maria Rilke (1875-1926)

. . . Und eine Linde ist mein Lieblingsbaum;
und alle Sommer, welche in ihr schweigen,
rühren sich wieder in den tausend Zweigen
und wachen wieder zwischen Tag und Traum.

Joachim Ringelnatz (1883-1934)
Unter den Linden

Unter den Linden, vom Pariser Platz
An, unter und neben den kleinen Linden,
Kann jedes Mädchen einen Schatz
Ganz leicht finden.

Da wird einem so gut wie zu Hause zu Mut. -
Den ganzen Tag tönt dort
Autogetut.
Aber alles versöhnt dort.

Da schwingt im Takt einer Einigkeit
Der Asphalt unter den Füßen.
Und Neuzeit, gute und alte Zeit
Gehn hell vorüber und grüßen.

Unter den Linden
Schwindet der Haß,
Sieht man immer etwas
Um die Ecke verschwinden.

*Die Schwingung der Linde ist wohltuend und
entspannend. Unsere Selbstkritik darf verstummen, kein Gerichtsspruch ist vonnöten, denn
wir brauchen eine Pause von den Irrungen und
Wirrungen, die das Leben mit sich bringen. Ja,
wir sollen uns analysieren und korrigieren, wir
sollen aufmerksam hinschauen, das Leben mit
beiden Händen ergreifen, aktiv und fröhlich sein,
doch wir brauchen auch die vollkommene Entspannung, Tröstung, die innere Stille.*

Mit Hilfe der Lindenenergie fallen alle Sorgen von uns ab, alles, was uns belastet, wird abgelegt, es bleibt nur Ruhe und Gelassenheit, eine Stimmung der stillen Freude, eine Liebe zu allem Geschaffenen, ein sich Zurücklehnen im Bewusstsein, dass alles gut ist und gut wird und dass wir nichts tun müssen außer locker lassen und lieben.

ICH BIN GETRÖSTET.
ICH FÜHLE MICH LIND UND LEICHT.
ALLES IST GUT.

85. Lotos (Nelumbo)

PO-CHU-I (742-846)
Der weiße Lotos des Klosters Tung-Lin

Das Wasser an dem Norddamm von Tung-Lin
es ist so klar, man sieht den Grund darin.
Der weiße Lotos wächst aus ihm hervor,
dreihundert Knospen brachen licht hervor.
Und herrlich schimmern sie bei heit'rer Luft,
der reine Wind trägt weithin ihren Duft.

Der Lotos aus der Familie der Nelumbonaceae
beinhaltet nur zwei Gattungen: den indischen
und den amerikanischen Lotos. Die tellerförmi-
gen Blätter sind wasserabweisend und dienen
im Rahmen technischer Nutzung als Vorbild für
Oberflächenversieglungen. Die seerosengleichen
zwittrigen Blüten mit den zahlreichen goldenen
Staubgefäßen sind von traumhafter Schönheit. Im
Hinduismus und Buddhismus versinnbildlicht der
Lotos Reinheit und Schöpferkraft, schließlich die

Erleuchtung schlechthin. Der Lotos ist Bestandteil der „acht Kostbarkeiten" des Buddhismus; die hartnäckige Verwurzelung im Schlamm kombiniert mit der makellos reinen Blüte auf der Wasseroberfläche sind ein Sinnbild für den menschlichen Werdegang in seiner idealen Form. Es gilt, sich zu vergeistigen, zu veredeln, sich der Materie zu entwinden, ohne die Verwurzelung aufzugeben. Die Energiezentren des Menschen, die Chakras, werden durch Lotosblüten symbolisiert.

Chang Lei (1064-1106)
Lotos

Der glatte See ist jadegrün
und die Herbstwellen glänzen.
Grüne Wolken decken den Himmel
als Fächer, sein Blau wird verweht durch sie.
Die Fee aus dem Wasserpalast
hat rötlichen Puder aufgelegt;
mit leichten Schritten kreuzt sie
die Wellen, als liefe sie auf klarem Spiegel.

Der rote Lotos steht für die ideale körperliche Liebe, in die die Schöpfungsenergie aus dem ersten Chakra ungehindert fließen und Mann und Frau bis zum Kronenchakra und darüber hinaus verbinden kann. Kein störender Gedanke stellt sich zwischen die Liebenden. Somit hilft die rote Lotosenergie, den Liebesakt zu veredeln, die Menschen aus den Niederungen der Perversion zu lösen, ihnen dort zu helfen, wo sie verspannt sind und sich nicht hingeben können, wo sich

Gedanken störend bemerkbar machen, wo der Körper nicht so will, wie beabsichtigt, wo zu wenig Gefühl und zu viel Verstand vorherrscht. Der rote Lotos reinigt und befeuert, klärt und treibt an. Er lässt den Liebesakt wieder zu dem werden, der er sein könnte, wenn alle Menschen ganz bei sich wären: eine Vereinigung zweier Lichtwesen.

Die Energie des weißen Lotos hebt uns hoch hinauf in die Sphären der „reinen" Liebe, der Agape, der veredelten Schöpferkraft, der Kraft reinen Denkens und Fühlens bis hin zur völligen Aufgabe all dessen und dem Aufgehen im großen Ganzen. Der weiße Lotos befähigt uns zur Meditation, zur Fähigkeit, alle Gedanken zu entlassen. Er lässt uns die Einheit alles Geschaffenen spüren, er enthebt uns jeglicher Zwänge und erinnert uns an die große Freiheit des Ungebundenen, Freien. Er verbindet uns mit unserer Essenz, dem Wesen unserer Lichthaftigkeit.

ICH GEBE MICH DEM LICHT.
ICH BIN LICHT.

86. Löwenzahn (Taraxacum)

Peter Huchel (1903-1981)
Löwenzahn

Fliegen im Juni auf weißer Bahn
flimmernde Monde vom Löwenzahn,
liegst du versunken im Wiesenschaum,
löschend der Monde flockenden Flaum.

Wenn du sie hauchend im Winde drehst,
Kugel auf Kugel sich weiß zerbläst,
Lampen, die stäubend im Sommer stehn,
wo die Dochte noch wolliger wehn.

Leise segelt das Löwenzahnlicht
über dein weißes Wiesengesicht,
segelt wie eine Wimper blass
in das zottig wogende Gras.

Monde um Monde wehten ins Jahr,
wehten wie Schnee auf Wange und Haar.
Zeitlose Stunde, die mich verließ,
da sich der Löwenzahn weiß zerblies.

Der Löwenzahn aus der Familie der Korbblütler stammt aus dem westlichen Asien und Europa, hat sich aber im Laufe der Jahrtausende über die ganze Nordhalbkugel verbreitet. Er bevorzugt Brachflächen, Schutthalden, Wiesen, Weiden, und Gärten und ist so genügsam, dass er häufig in Mauerritzen oder Asphaltlöchern anzutreffen ist.

Er sieht mit seinen vielen gelben Zungenblüten aus wie ein Sonnenauge, das sich bei Nacht, Regen oder extremer Trockenheit schließt. Geschützt wird die Blüte von grünen Hüllblättern, die sich fest um sie legen. Die gezackten Blätter des Löwenzahns, dessen Rosette aus einer bis zu 1 Meter langen Pfahlwurzel sprießt, haben seinen heute gängigen Namen geprägt, obwohl ungefähr 500 andere Namen in Gebrauch sein sollen, unter anderem „Lichtli", „Sunnewirbele" und „Sonnenblume", ehe die große Schwester aus Südamerika diesen Namen für sich beanspruchte. Der Löwenzahn blüht vorwiegend im April und Mai, doch auch im Herbst sieht man hier und da sein dottergelbes Leuchten in den Wiesen. Nach der Blüte verwandelt er sich in die „Pusteblume" mit ihren vielen silbrigen Samenschirmchen, ein Kunstwerk, das Nutzen und Schönheit perfekt verbindet. Er ist eine beliebte und leicht zugängliche Bienenweide, die zusammen mit anderen nektarreichen Frühblühern das Überleben der Insekten im Frühjahr gewährleistet. Für ein Kilogramm des goldgelben und dickflüssigen Lö-

wenzahnhonigs muss das Bienenvolk allerdings über 100.000 Blüten besuchen.

Die hohlen, zerbrechlichen Stängel sind gefüllt mit einem weißen Saft, der im Krieg als Kautschukersatz erprobt wurde. In der Medizin verwendet man den Löwenzahn aufgrund seines hohen Gehaltes an Bitterstoffen bei Leber- und Gallenproblemen, er wirkt verdauungsfördernd, blutreinigend und wegen des hohen Kaliumgehaltes harntreibend und entschlackend. Er wird auch „Bettnässer" oder auf französisch „Pissenlit" genannt. Wie alle bitteren Kräuter und Gemüse gilt auch hier: „Was bitter im Mund ist dem Magen gesund." Die jungen Blätter enthalten außerdem viel Vitamin C, Mineralstoffe, Spurenelemente, Inulin und Kieselsäure mit dem zentralen Bestandteil Silicium, dem Grundbaustein für die Zellen, für Knochen, Haare, Zähne und Nägel. Die geröstete Wurzel wurde in Kriegszeiten und zunehmend in der modernen Küche als Kaffeeersatz gebraucht (Zichorienwurzel).

James Russell Lowell (1819-1891)
aus **An den Löwenzahn**

Liebe schlichte Blume, die du am Wegrand blühst,
die staubige Straße mit harmlosem Golde säumend,
erstes Versprechen des freundlichen Maien,
die die Kinder pflücken und voller Stolz emporhalten,
diese fröhlichen Freibeuter, überglücklich,
daß sie ein Eldorado im Grase gefunden haben,
dem der reichen Erde weites Rund

sich an Schätzen nicht messen kann,
du bist mir lieber als all die stolzeren Sommerblumen . . .
Die frühesten Gedanken meiner
Kindheit sind mit dir verbunden . . .
wie scheint die Natur einem Verschwender zu gleichen,
wenn du trotz all deines Goldes so alltäglich bist . . .

Der Löwenzahn weckt unsere Wärme und eröffnet einen direkten Ausweg aus unserer Lebensangst. Dort, wo wir uns verkriechen wollen, wo wir denken, wir hätten nichts zu sagen, wir seien un-scheinbar und matt, aussagelos und apathisch, vernetzt uns der Löwenzahn wieder mit unserem Potential und stellt unser Urvertrauen in unsere Ausstrahlungskraft wieder her. Er füllt uns mit unbändiger Lebensfreude und Entdeckerdrang, sodass wir, wie die Samenschirmchen, in die Weite streben statt in der Enge zu verharren. Dies bezieht sich sowohl auf innere als auch äußere Weite.

Die Schwingung des Löwenzahns verhilft dazu, die innere Sonne und damit unsere Schaffenskraft wieder zum Strahlen zu bringen. Das entsprechende Energiezentrum, der Solar Plexus, verbindet uns mit der Intuition, dem uralten inneren Wissen, das in uns verborgen ist. Dort liegt ebenso der Zugang zu den vergangenen Inkarnationen wie auch der Verbindungskanal zu den unverkörperten Wesen. Hier ist die Silberschnur zu sehen, die uns hält, wenn wir während der Tiefschlafphase durch den Kosmos fliegen und die abreißt, wenn wir den Körper endgültig verlassen.

Die Löwenzahnfrequenz verknüpft uns mit dem Wesensanteil in uns, der immer wach ist, der immer alles weiß und nichts vergisst. Er hilft uns durch die Wandlungsphasen vom materiellen zum geistigen Menschen, der das goldene und das weiße Licht beinhaltet und jederzeit in Farbe auffächern kann. Wir lernen durch ihn, unser System wieder zu beherschen und unsere unerschöpfliche Kraft zu nutzen.

ICH ÖFFNE MICH DEM LICHT IN MIR.
ICH STRAHLE WIE DIE SONNE.
ICH ERWÄRME MEINEN KOSMOS.
ICH BIN EIN SCHÖPFER.

87. Lungenkraut (Pulminaria officinalis)

Das Lungenkraut

Ich
suche
meinen
Weg und
entdecke, dass
ich der Weg bin.

Das „Echte-" oder auch „Gefleckte Lungenkraut" gehört zur Familie der Raublattgewächse.
Man nennt es im Volksmund auch „Hänsel und
Gretel", „Schlotterhose", „Ungleiche Schwestern",
„Hirschkohl" „Blaue Schlüsselblume" und „Unser
lieben Frauen Milchkraut." Das Lungenkraut ist
in Europa und bis zum Kaukasus verbreitet und
bevorzugt Laub- und Mischwälder mit steinigen,
kalkhaltigen, nährstoffreichen Lehm- oder Tonböden. Die Blätter des Lungenkrauts sind länglich
eiförmig und mit weißen Flecken, kleinen Hö-

ckern und spärlich wachsenden Haaren bedeckt.
Die Blüten, deren unterer Teil in behaarten Hülsen
steckt, sind V-förmig, die kleinen Kelche haben
fünf Zipfel und sehen aus wie Zwergenhütchen.
Sie wandeln ihre Farbe im Verlauf der Blütezeit
von rosa bis blau, was auf den sich verändernden
PH-Wert innerhalb der Blütenblätter hinweist
(rot bedeutet sauer, blau basisch). Verantwortlich
dafür ist ein Farbstoff aus der Gruppe der Antho-
cyanen, ein sekundärer Pflanzenfarbstoff, der in
nahezu allen höheren Pflanzen zu finden ist und
drei Hauptaufgaben erfüllt: Umwandlung der UV-
Strahlen der Sonne, Bindung freier Radikaler, die
beim Oxidationsprozess entstehen, und Bildung
der charakteristischen Blütenfarben, um Insekten
oder andere für die Vermehrung nützliche Tiere
anzulocken.

Das Lungenkraut enthält viele Mineralstoffe,
Saponine, Schleim- und Gerbstoffe und ist somit
prädestiniert für die Behandlung von Husten,
Erkältungskrankheiten und Heiserkeit. Auch
der lateinische Beiname „pulminaria" („pul-
mo", Lunge) deutet auf sein Anwendungsgebiet:
die Lungenkrankheiten. Hildegard von Bingen
nannte es „Lungwurz." Traditionell angewandt
wurde es als Heiltee gegen Tuberkulose, zusätzlich bei Blasen- und Nierenbeckenentzündungen,
Darmentzündungen, es wirkt zusammenziehend
(adstringierend), blutstillend, harn- und schweißtreibend, äußerlich kann man es wegen des hohen

Allantoin-und Gerbstoffgehalts (wie beim Beinwell) zur besseren Wundheilung, bei Ekzemen
und Akne verwenden.

*Die Energie des Lungenkrauts hilft dort, wo
man Probleme hat, einen eigenen Standpunkt zu
finden, weil man dem eigenen Urteil nicht vertraut. So lange man zu stark auf die Bedürfnisse
anderer reagiert, mitschwimmt, fremdbestimmt
ist, sich nicht festlegen kann und sogar überzeugt
ist von seinen wechselnden Überzeugungen, die
nicht auf dem Grund eigener, reifer Erkenntnisse
erlangt worden sind, so lange ist man manipulierbar, berechenbar, ausnutzbar. Niemand lässt sich
gerne ausnutzen. Die Frage ist, warum es doch
so häufig passiert? Weil wir es zulassen. Warum
lassen wir es zu? Weil wir geliebt sein wollen.
Dieser Wunsch kann unsere Urteilskraft trüben,
die Wahl unserer Freunde, unsere Berufswahl,
die Wahl unseres Wohnortes und vieles mehr.
In der Untersuchung der Frage, wie frei ich in
diesen Punkten wirklich bin, liegt der Schlüssel
zu meinem Glück. Das Lungenkraut stärkt die
Urteilsfähigkeit, die Entscheidungskraft, das Finden eines eigenen Standpunktes, den man deshalb
vertreten kann, weil man die eigene Wahrheit
spüren lernt.*

ICH VERTRAUE MEINER INNEREN
ORIENTIERUNG UND ENTSCHEIDUNGSKRAFT.
ICH GLAUBE AN MICH.

88. Mädchenauge (Coreopsis lanceolata)

Das Mädchenauge

Wir
erlauben
es der Sonne,
auf unserem Gesicht
zu ruhen. Doch wer
lässt sie schon
in sein Herz?

Das Mädchenauge, auch „Schöngesicht", stammt aus der Familie der Korbblütler. Die meisten Arten findet man in Nordamerika. Es bevorzugt sonnige Standorte, Wiesen und Straßenränder. Das Mädchenauge wird zwischen 20 und 80 Zentimeter groß, die Laubblätter der „Lanceolata" sind lanzettlich, die Blüten stehen endständig. Sie bestehen aus einem Körbchen gelber Röhrenblüten und an den Rändern gefiederten Zungenblüten, die am Ansatz eine braune Färbung aufweisen.

Die Energie des Mädchenauges wirkt auffrischend, verjüngend. Man lässt andere Perspektiven zu, nachdem man jahrelang dasselbe gedacht oder getan hat, auch wenn man schon lange weiß, dass man eigentlich ganz anders denken und handeln will. Das Mädchenauge hilft, aus der Starre herauszufinden und wieder jung, beweglich, neugierig spontan und herzlich zu werden. Glaubenssätze und allzu strenge Prinzipien werden ausgesondert, das eigene Beurteilungssystem wird revidiert und auf die Basis der Liebe gestellt. Man wird folglich fortan weder sich noch andere richten wollen. Neidische, eitle, hochfahrende, besserwisserische Äußerungen und Kommentare werden aus unserem Munde nicht mehr zu hören sein, wir werden sie zunehmend auch nicht mehr denken und fühlen. Wir besinnen uns auf Bescheidenheit und natürliche Demut gekoppelt mit positiver Neugierde, Experimentierlust und „Unbe-Fangenheit." Wir sind dort unkonventionell, wo es der Entwicklung zur Liebe und Vielfalt dient. Fortan können auch ungewöhnliche Wege mutig beschritten werden.

Ich löse mich aus der Erstarrung.
Ich bin demütig, neugierig und un-befangen.

89. Mädesüß (Filipendula ulmaria)

Mädesüß

Mein
Duft ist
sinnbetäubend,
meine kleine Schönheit
überwältigt durch Liebe.
Mein
Geheimnis
ist reine Macht.

Das „Echte Mädesüß", eine der wichtigsten Schutz- und Heilpflanzen der keltischen Druiden, wird zur Familie der Rosengewächse gezählt. Mädesüßfluren, also Hochstaudengesellschaften, in denen das Mädesüß einen Verbund mit Pflanzen wie Dost, Baldrian, Blutweiderich, Brennnessel, Sumpfschwertlilie und Schachtelhalm eingeht, nennt man „Filipendion." Man findet das Mädesüß überall in Europa, bevorzugt auf nährstoff-

reichen Feuchtwiesen, an Bach- und Flussufern oder in Erlen- und Eschenwäldern. Es kann bis zu zwei Metern hoch werden. Sein Name bezieht sich entweder auf den Honigwein „Met", den es aromatisieren half („Metkraut", „Honigblüte") und auf die „mahd", das frischgemähte Kraut, das beim Verwelken einen süßlichen Geruch ausströmte (verglichen mit dem Englischen: „meadow sweet", süße Au/Wiese).

Ihrer Größe wegen nennt man das Mädesüß auch „Wiesenkönigin", dazu „Wiesenspierstaude", „Johanniswedel", „Ziegenbart", „Bacholde", weil ihre Blüten dem Holunder ähneln und, wenig romantisch, „Stopparsch", weil sie gegen Durchfallerkrankungen hilft. Die Pflanze ist ausdauernd und krautig, die Blätter sind dunkelgrün und stark gefiedert, an der Unterseite weiß-flaumig. Große und kleine Blätter wechseln an der rötlichen Blattspindel ab; sie erinnern an Ulmenblätter, daher der Beiname „ulmaria." Die kleinen cremefarbenen Blüten mit je fünf Kelch- und Kronblättern und vielen sie überragenden Staubgefäßen stehen in duftenden Trichterrispen (Spirren). Das intensive süßliche Aroma lockt Bienen, pollenfressende Fliegen und andere Insekten an. Aus den Blüten entstehen etwa drei Millimeter lange, zuerst grüne, dann braune gekrümmte Nüsschen. Sie verlieren im Laufe der Reifezeit an Gewicht und können vom Wind weggetragen werden, haften aber auch gut in Tierfellen.

Das Mädesüß enthält Salicylate, ätherisches Öl, Gerbstoffe, Flavonoide, Kieselsäure, Terpene, Zitronensäure und ein schwach giftiges Glykosid, das Kopfschmerzen hervorrufen kann. Wurzel und Triebe sind essbar und können in Suppen und Salaten verwandt werden. Mit ihrem herbsüßen, nach Honigmandeln schmeckenden Aroma geben besonders die Blüten den Speisen einen besonderen Geschmack. Besonders die Franzosen und Belgier nutzen es zum Aromatisieren von Süßspeisen und Getränken (man lässt die Blüten z. B. über Nacht in flüssiger Sahne ziehen, bevor man diese steif schlägt oder anderweitig verwendet); als Sorbet gereicht hilft es beim Verdauen und wirkt übermäßiger Magensäureproduktion entgegen. Alten Wein macht es geschmacklich wieder reizvoll. Die Engländer kochten die Blüten in Wein, weil er durch sie einen stimmungsaufhellenden Charakter erhielt.

Lange galt das Mädesüß als beliebtes Streukraut in den Häusern; es duftet so intensiv, dass man es mehrere Tage liegen lassen konnte, ehe es seinen Duft eingebüßt hatte. Während die englische Königin Elisabeth I. den aromatischen Geruch liebte, war er manch anderen zu aufdringlich. Die Druiden nutzten das Mädesüß für Schutzzauber. Zur Sonnenwende gesammelt, wurden Mädesüßbündel in die Gebälke der Wohnhäuser und Ställe gehängt, eine Sitte, die sich lange gehalten hat und in der Steiermark mit der Verwendung

der „Sunnawendfäden" überlebt hat.

In der Naturheilkunde verwendet man Wurzeln, Blüten und Kraut. Mädesüß galt zusammen mit der Weide lange als Heilmittel gegen die Malaria und die damit verbundenen Fieberanfälle. Pflanze und Baum haben eines gemeinsam: sie enthalten Salizylsäure. Im Jahre 1876 stellte der Chemiker Hofmann schließlich Acetylsalizylsäure unter dem Namen „Aspirin" synthetisch her. Das „A" steht für Acetyl, das „spir" für den Mädesüß, der damals noch botanisch den Spiersträuchern zugeordnet wurde. Mädesüß wirkt schmerzstillend, adstringierend, harntreibend, durchblutungsfördernd, entgiftend, antioxidativ, antibakteriell und entzündungshemmend. Man setzt es als sanftes Schmerz- und Fiebermittel ein, es wirkt gegen Krämpfe, Kopfschmerzen, Migräne, Wassersucht, Rheuma, Gicht und Würmer („Krampfkraut", „Wurmkraut"). Es ist Bestandteil der meisten heute noch gängigen Erkältungstees.

Die Energie des Mädesüß' hilft bei Schwächeanfällen, Erwartungsängsten, Panikattacken, der Angst, verrückt zu werden und tiefer Furcht vor Geistern und/oder dem „unsichtbaren Schrecken." Die Mädesüß-Schwingung verbindet mit der eigenen Stärke, die, sobald sie integriert ist, für unseren Schutz sorgt, indem wir keine Angst und Schwäche mehr ausstrahlen, sondern Vertrauen und Selbstsicherheit. Wenn wir uns mit Gedan-

ken des Schreckens erfüllen, zum Beispiel: „Es wird schlecht ausgehen, mein Geld wird sicher gestohlen, das Haus könnte abbrennen, ich kann überfallen und misshandelt/vergewaltigt werden, es könnte eine Naturkatastrophe geben, die mir all meinen Besitz nimmt, mein Partner wird mir weglaufen", ist die Wahrscheinlichkeit größer, dass so etwas wirklich passiert, als wenn wir uns mit Gedanken der Ruhe, Kraft und Gelassenheit erfüllen. Auch bei Panikanfällen, deren Auslöser wir nicht ausmachen können und die sich so auswirken, dass wir uns gar nicht mehr vor die Tür trauen, herrschen Gedanken mit tiefschwingenden Frequenzen vor. Die Aussage dieser Frequenzen bestärken das Dunkle in uns und in der Schöpfung, das Bedrohliche, den Tod.

Das Mädesüß setzt die Frequenz des Lebens dagegen, das Licht, die Liebe, die Lebensfreude, den Humor, das absolute Vertrauen, die Angstlosigkeit, das tiefe Wissen um die eigene Unsterblichkeit. Die Zustände der Angst und Panik werden verschwinden, weil sie sich in der hellen Schwingung des Mädesüß' nicht halten können, sie werden überflutet von einer Lichtwoge, von einem Flirren aus Farben und innerem Lachen. Auf dieser, uns von Beginn an vertrauten Schwingungsebene, ist Angst ein Fremdwort.

Ich lebe nicht länger in Angst und Schrecken. Ich kenne nur Liebe, Licht und Vertrauen.

90. Maiglöckchen (Convallaria majalis)

Heinrich Hoffmann von Fallersleben (1798-1874)
Maiglöckchen und die Blümelein

Maiglöckchen läutet in dem Tal,
das klingt so hell und fein,
so kommt zum Reigen allzumal, ihr lieben Blümelein!
Die Blümchen, blau und gelb und weiß;
Sie kommen all herbei,
Vergißmeinnicht und Ehrenpreis und
Veilchen sind dabei.
Maiglöckchen spielt zum Tanz im Nu
und alle tanzen dann.
Der Mond sieht ihnen freundlich zu,
hat seine Freude dran.
Den Junker Reif verdroß das sehr,
Er kommt ins Tal hinein;
Maiglöckchen spielt zum Tanz nicht mehr.
Fort sind die Blümelein.
Doch kaum der Reif das Tal verläßt,
da rufet wieder schnell.
Maiglöckchen auf zum Frühlingsfest
und leuchtet doppelt hell.

Nun hält's auch mich nicht mehr zu Haus;
Maiglöckchen ruft auch mich.
Die Blümchen gehn zum Tanze aus,
zum Tanzen geh auch ich!

Auf Marienbildern das Symbol der keuschen Demut, auf alten Arztportraits in Öl eines der Wahrzeichen medizinischer Kunst, ist das zart und lieblich duftende Maiglöckchen eine sehr beliebte Pflanze. Es ist hübsch anzusehen mit seinen kleinen weißen Glöckchen und wirkt zerbrechlich, ist aber unglaublich stark und durchsetzungsfähig. Es gehört zu den Spargelgewächsen und gedeiht vorwiegend in der Holarktis (Großteil der nördlichen Hemisphäre).

Das Maiglöckchen wird maximal 30 Zentimeter hoch, seine Wurzel indes reicht bis zu 50 Zentimeter in die Erde und kriecht mit ihren Ausläufern in alle Richtungen. Die Wurzeln gehen von einer Speicherknolle aus, die man Rhizom nennt; die Ingwerknolle ist das Beispiel eines essbaren Rhizoms, die Maiglöckchenwurzel hingegen ist giftig. Im Frühling durchbrechen die Spitzen der Jungtriebe die Erde, es bilden sich zwei ummantelnde, intensiv grüne Blätter, die fast bis an die Höhe der Blüten heranreichen. Diese wachsen traubig in milchweißen herabhängenden Glöckchen, die sowohl Staub- als auch Fruchtblätter enthalten. Sie verströmen einen süßen, betörenden Duft und reifen im Sommer zu roten Beeren, die bei den Vögeln beliebt sind. Diese wiederum

bewirken die Vermehrung der Pflanze durch die Ausscheidung des Samens. Das „im Mai in den Tälern vorkommende" (convallaria) Maiglöckchen, dessen ätherisches Öl schon seit alters her für die Parfümherstellung genutzt wird, enthält ähnliche Heilgifte wie der Fingerhut, (sogar das Blumenwasser in der Vase ist giftig!), und wird gerne bei Herzschwäche, Herzrhythmusstörungen, Altersherz, Schlaganfall, niedrigem Blutdruck, Nervenschwäche, Epilepsie und Asthma eingesetzt. Eine Überdosierung bewirkt Schwindel, Übelkeit und Herzrhythmusstörungen.

Die Schwingung des Maiglöckchens stärkt unsere Verbundenheit mit der Mutter Erde. Das Maiglöckchen ist ein Vermittler, ein Stärker der Körperkraft und ein Bewusstmacher der Herzkraft, es verbindet das Spirituelle, Lichte mit dem robusten Erdigen. Der kräftige Stängel umrahmt von stämmigen, saftig grünen Blättern verweist auf die Wichtigkeit der Erdung, der Bodennähe. Bei aller Himmelszugewandtheit erinnert das Maiglöckchen uns mit seiner Schwingung daran, mit beiden Beinen fest auf dem Boden zu stehen.

Die Zerbrechlichkeit der Blüten täuscht und erinnert an uns: mögen wir auch manchmal schwach scheinen, wir sind es in Wirklichkeit nicht. Geben wir uns dem Gefühl dieser Schwäche hin und sagen uns: „Ich kann nichts, ich bin nichts, ich bin so verletzlich oder verletzt, ich komme nicht mehr

alleine in meine Kraft, ich liege am Boden", so
erinnert uns das Maiglöckchen an unsere wahre
Kraft und baut uns wieder auf, in aller Demut und
Bescheidenheit. Es sagt uns: „Gib nicht auf. Du
magst dich klein fühlen, du bist in Wirklichkeit
aber vielleicht viel größer und wichtiger, als du
denkst. Wer weiß, was deine Aufgabe ist. Erfülle
sie, indem du nicht aufgibst und dein Leben in
deiner Weise lebst. Gib den anderen von deiner
Kraft ab, sobald du zu dir gekommen bist."*

ICH BIN VERWURZELT
UND GREIFE NACH DEN STERNEN!

91. Malve (Malva sylvestris)

Anonym, China, erstes Jahrhundert nach Christus
„Altes Lied"

„Mit fünfzehn ging ich zum Heer,
mit achtzig kehrte ich heim.
Auf dem Weg traf ich einen Mann aus dem Dorf
und fragte ihn, wer wohl daheim sei.
,Dort drüben, das ist dein Haus,
ganz verdeckt von Bäumen und Büschen.'
Kaninchen drangen durchs Hundeloch ein,
Fasanen flogen vom Dachbalken nieder.
Im Hofe war wildes Korn aufgegangen,
am Brunnen ein Busch wilder Malven.
Das Korn will ich kochen, den Brei zubereiten
und Malven abpflücken, die Suppe zu machen.
Suppe und Brei sind beide bereitet,
doch ich kann sie mit niemandem teilen.
Da geh ich hinaus und blicke nach Osten,
die Tränen fallen und feuchten mein Kleid."

Die „Wilde Malve" ist eine alte Heilpflanze, sie wird bei Hesiod erwähnt (700 vor Christus), Dioskurides setzte sie im 1. Jahrhundert nach Christus bei Gebärmutterleiden, Darmträgheit und Wespen- und Skorpionstichen ein; wie viele andere Heilpflanzen forderte Karl der Große 747 – 814) in seinem Werk „Capitulare de villis et curtis imperialibus" ihren Anbau in seinem riesigen Reich.

Wilde Malven sind zweijährig und erreichen Wuchshöhen zwischen 30 und 120 Zentimetern. Ursprünglich stammen sie aus Asien und Südeuropa, haben aber seit der Steinzeit viele Länder erobert, wo sie an Wegrändern, an Zäunen und Mauern, in lichten Wäldern und auf brachliegenden Flächen zu finden sind. Sie bevorzugen nährstoffreiche, trockene Böden und können bis in Höhenlagen von 1800 Meter gedeihen.

Die wilden Malven verankern sich mit ihren schmalen Pfahlwurzeln tief im Erdreich, die stark behaarten Stängel wachsen aufrecht oder liegen am Boden und richten sich erst im letzten Drittel auf. Die Blätter sind drei- bis siebenlappig und herzförmig. Die dunkelviolett geäderten, rosafarbenen Blüten stehen büschelig zu mehreren in den Laubblattachsen. Sie sind fünfzählig, die Kelchblätter sind tief ausgerandet und in der Mitte glockenförmig zusammengefügt. Die Staubblätter sind zu einer Röhre verwachsen, die mit Sternhaaren bedeckt ist; aus ihr ragt der Griffel. Die wilden Malven sind nektarreich und dienen

Bienen, Hummeln und Schwebfliegen als Weide. Im Herbst bilden sich scheibenförmige Spaltfrüchte mit circa einem Zentimeter Durchmesser, diese zerfallen bei vollständiger Reife in zehn bis zwölf nierenförmige Samen. Im Volksmund heißt die Malve auch „Katzenkäse" oder „Käslikraut", weil die unreifen Spaltfrüchte wie ein Käselaib aussehen.

Die Malve hat einen angenehmen Geschmack und wird gerne als Tee getrunken, der durch seine antioxidativen, reizlindernden Eigenschaften heilsam wirkt. Die Blüten kann man als Dekoration und Geschmacksveredler in Salaten, die Blätter in Suppen als Verdickungsmittel nutzen. In der Naturheilkunde verwendet man Blätter und Blüten, die beide annähernd gleich viele Schleimstoffe enthalten und deshalb bei Entzündungen des Mund- und Rachenraumes, Erkältung und Reizhusten Anwendung finden; ebenfalls wirksam ist die wilde Malve bei Magen- Darmverstimmungen, Schwindsucht, Augenleiden und Geschwüren.

Die Malve öffnet uns die Augen dort, wo wir denken, nichts aus unserem Leben gemacht zu haben. Sie holt uns aus der Angst heraus, etwas zu verpassen und befähigt uns, zielstrebig auf das zuzugehen, was wir uns wünschen und glücklich zu sein mit dem, was wir schon erreicht haben. Dieses „erreicht haben" bezieht sich nicht vorrangig auf beruflichen oder privaten „Erfolg", sondern auf die innere Zufriedenheit, den Grad

der Gelassenheit, der Weisheit, der Liebe, die wir erworben haben. Nichts wird uns mehr aus diesem Zustand holen können, kein noch so tief empfundenes, gerechtfertigtes Leid und keine Einsamkeit, keine Verletzung, denn die Malve hilft uns bei der Umwandlung tiefen Leids in Freude.

Die Malve macht uns wieder stark und fähig, unser Leben so in die Hand zu nehmen, dass wir es selbst steuern können, auch wenn wir meinen, es sei schon zu spät dazu. Es ist nie zu spät zu lieben und folglich glücklich zu sein. Die Malve hilft uns, die Kontrolle zu behalten. Einerseits ist es wichtig, locker zu lassen, die Gesetze zu überprüfen, denen wir folgen und uns dessen bewusst zu sein, dass wir immer eine Wahl haben. Wir sollen das Leben mit allen Sinnen genießen, doch wenn wir uns nicht im Griff haben, werden Übertreibung und Maßlosigkeit genau das Gegenteil von wahrem Genuss bewirken, nämlich Ernüchterung, Verzweiflung, Druck und Endzeitstimmung. Deshalb hilft uns die Malve, den Weg der Mitte nicht nur zu sehen, sondern auch beschreiten zu können. Und selbst wenn wir von Zeit zu Zeit in die Extreme gehen sollten, werden wir immer wieder in unsere Mitte zurückfinden und die Ruhe und Gelassenheit leben können, nach der wir in Wirklichkeit streben.

ICH RUHE IN MEINER MITTE.

92. Margerite (Leucanthemum vulgare)

Jetzt

Mageritengleich
ihr verblichenes Lächeln,
wie ein verschossenes Laken
die Haut, die sich über den porösen
Knochen spannt, ein Gedicht im Sand
ihre Gedanken, die nie jemand
las. Ich hör ihr jetzt zu.

Die Margerite stammt aus der Familie der Korbblütler und ist mit etwa 42 Arten in ganz Europa und bis nach Sibirien verbreitet. Ihr Name bedeutet im Altgriechischen „weiße Blüte" (leukós, ánthos); im Volksmund wird sie „Weiße Wucherblume", „Großes Maßliebchen" oder „Gänseblume" genannt. Sie wächst in krautigen Stauden, durch tiefe Pfahlwurzeln, die Ausläufer und Luftsprosse bilden und Teilung der Wurzelstöcke ist sie durchsetzungsstark und kann auch auf

mageren Böden gedeihen; man findet sie ebenso an Wegrändern und auf Wiesen wie in Ziergärten. Die Stängel sind aufrecht, die Blätter schmal und gezahnt. Die Blüten bestehen aus einem gelben Kopf mit vielen kleinen gelben Röhrenblüten und einem Kranz aus weißen Blütenzungen. Für die Bienen sind sie gut erreichbar, aber mäßig interessant, weil sie wenig Pollen enthalten.

Im Mittelmeerraum wird sie gerne in Salate gemengt. In der Volksmedizin gilt sie als harn- und schweißtreibend und wird bei Atemwegser-krankungen und äußerlich bei schlecht heilen-den Wunden und Nasenbluten eingesetzt. Ihre Heilwirkung ist aber im Gegensatz zu anderen Pflanzen begrenzt.

Die Energie der Margerite hilft dabei, uns selbst vollkommen anzunehmen, ohne dass wir glauben müssen, von Natur aus uninteressant zu sein und uns künstlich interessant machen zu müssen. Sie hilft aus dem Zustand der Selbstverleugnung, wenn wir uns in dem Gefühl aufgegeben haben, in jeder Hinsicht vollkommen unattraktiv zu sein. Sie flößt uns Lebenskraft ein, wo wir kraftlos sind. Und sie hilft bei dem anderen Extrem der Selbstverleugnung: der Eitelkeit, die sich dann entwickelt, wenn wir unsicher sind und unseren wahrhaftigen Eigenschaften nicht vertrauen. Schein geht dann vor Sein, wir sind geneigt, unser Selbstbewusstsein mit dem Aus- bzw. Ansehen zu

verknüpfen und streben nach Äußerlichkeiten, wobei wir die eigene Persönlichkeit opfern. Wir werden nach Gegenständen streben, die besonders wertvoll oder angesehen sind, wir suchen die Nähe erfolgreicher, ausgeglichener, heiterer, unterhaltsamer und/oder berühmter Personen, wir neigen zum Angeben und gleichzeitig zum Verleumden anderer. Um uns selbst zu erhöhen sind wir bereit, einen hohen Preis zu zahlen. Dass der Verlust der eigenen Persönlichkeit kein Ansehen bringt, sondern, im Gegenteil, Verachtung oder Missachtung hervorruft, lässt uns irgendwann innehalten und die Einsamkeit spüren.

Die Margerite hilft uns dabei, unserer wahren Persönlichkeit auf die Spur zu kommen und zu entdecken, dass wir in Wirklichkeit genauso interessant sind wie jeder andere Mensch, der sein wahres Potential erfährt. Wir sind nicht nur ein Mensch, wir sind viele! Es ist spannend herauszufinden, welche Personen in uns stecken, mit ihnen Kontakt aufzunehmen und sie zu fragen, was sie von uns wollen. Die Hauptperson in uns wird entscheiden, welche der geäußerten Wünsche wir umsetzen und welche wir beeinflussen und wandeln. Unser Leben wird sich verändern und uns mehr als vorher interessieren.

SEIN GEHT VOR SCHEIN.
ICH BIN ECHT UND VERTRAUE AUF MEINE WIRKUNG.

93. Meisterwurz (Peucedanum ostruthium)

Meisterwurz

Macht
gepaart
mit Liebe
ergibt das Paradies.

Die Meisterwurz (im Englischen „masterwort") gehört zur Familie der Doldenblütler aus der Gattung „Haarstrang" (Peucedanum). Die Gattung umfasst etwa 170 Arten, 29 davon sind in Europa verbreitet. Die der Engelwurz ähnlich sehende Pflanze wächst vorwiegend im Alpenraum und den Pyrenäen und bevorzugt Bergwiesen, feuchte Schutthalden, Steilhänge, Felssäume, Hochstaudenfluren und Kalk- und Urgestein in Höhen bis zu 2.700 Metern.

Sie kann bis zu einem Meter hoch werden und verrät sich schon von weitem durch ihren aromatischen, sellerieähnlichen Geruch. Die braune Wurzel ist dick und spindelig, innen ist sie weiß und sondert Milch ab; sie kann bis zu 1,4 % ätherische Öle enthalten, darunter vor allem „Sabinen", eine licht- und oxidationsempfindliche ölige Flüssigkeit, die wasserunlöslich ist. Weitere Inhaltsstoffe: Gerb- und Bitterstoffe, Gummi, Harz, Kumarine, Imperatorin, Ostruthin, Ostrutol, Oxipeucedanin, Peucedanin und Stärke.

Die Wurzel hat einen lang anhaltenden, aromatisch bitter-scharfen Geschmack. Die Bergbewohner benutzen sie im kulinarischen Bereich zum Schnapsbrennen und für die Käseherstellung. Der dicke, gerillte Stängel ist hohl und steht aufrecht, die behaarten Blätter sind lappig und unregelmäßig gezähnt und an der Basis wesentlich ausladender als in der Nähe der flachen, bis zu fünfzigstrahligen großen Schirmblütendolden. Die weißen Kronblätter der winzigen feingestielten Einzelblüten sind oft rötlich überhaucht.

Die Meisterwurz ist ein traditionelles Heilmittel; man stellte aus ihr Tabletten, Pulver, Abkochungen, Aufgüsse, Tee, Tinkturen und Salben her, um sie gegen Bronchitis, Asthma, Verschleimung, Zungenlähmung, Wassersucht, Magen-Darmprobleme, Rheuma, Gicht, Gebärmutterkrämpfe, Epilepsie und Delirium tremens einzusetzen; weiterhin wurde sie zur besseren Abheilung von Wunden

verwandt, bei Zahnweh, als Gegengift und Schutz vor ansteckenden Krankheiten.

Im Mittelalter galt sie als Allheilmittel, sie trägt die Beinamen „Magisterwurz", „Kaiserwurz" und „Wurz aller Wurzen." In Tirol wurde zur Weihnachtszeit das Haus mit Meisterwurz geräuchert, um böse Geister auszutreiben. In der Schweiz galt sie als Mittel gegen Verzauberung und bösen Blick; sie war Bestandteil von Hexenpulvern. In der Johannisnacht ausgegraben und auf den oberen Querbalken der Stalltür gelegt, sollte sie das Vieh vor Behexung schützen. Der Kuh, die gerade ein Kalb geboren hatte, gsb man „Weisat" zu fressen, Brot mit Meisterwurz. Im Amulett getragen sollte Meisterwurz gegen die Pest helfen. Unzählige weitere Rituale entwickelten sich um die mächtige Heilpflanze herum. Hildegard von Bingen bezeichnete sie nüchterner als „warme" Pflanze und tauglich gegen Fieber.

Die Schwingungsinformation des Meisterwurzes beruht auf seiner Kraft zur Durchlichtung. Er hebt schnell an, braucht aber die Mitwirkung anderer Pflanzen, damit die hohe Frequenz für den Menschen verträglich bleibt. Hohe Frequenz bedeutet immer: viele neue Erkenntnisse, die womöglich nicht gut umgesetzt werden können, wenn der Empfänger noch nicht reif genug ist. Reife bedeutet: man ist fähig, Verantwortung für sich und andere zu übernehmen. Man liebt sich.

Man gibt sich niederen Frequenzen wie Angst, Wut, Hass, Verzweiflung, Frustration, Resignation und ähnlichem nicht mehr hin, weil man aus ihnen herausgewachsen ist. Sie existieren praktisch nicht mehr. In diesem Prozess hilft die Meisterwurz, Meisterschaft zu erlangen, indem sie uns an die Obergrenze dessen bringt, was für uns im Augenblick machbar ist, uns aber gleichzeitig unsere Grenzen aufzeigt. Wir werden Situationen erleben, die uns prüfen und reifen lassen. Die Meisterwurz hilft uns, die Prüfungssituationen zu erkennen und tapfer und aufrecht hindurchzuschreiten. Dabei stehen wir unter hohem Schutz.

ICH REINIGE MICH UND WERDE MÄCHTIG.
ICH HELFE MIT, DAS PARADIES ZU ERSCHAFFEN.

94. Mistel (Viscum album)

Die Mistel

Golddurchwirkte, schimmernde Perle
der Weisheit, erdungebunden und den
lichten Kräften zugewandt,
Todüberwinderin, Weisheitskünderin
im Gezweig dessen, der dich trägt.

Die Germanen hielten die „Weiße Mistel" aus
der Familie der Sandelholzgewächse für ein in
die Bäume gestreutes Geschenk der Götter. Sie
wächst in Mittel- und Südeuropa, dazu im Süden
Skandinaviens. Die parasitisch lebende Pflanze
siedelt sich auf Baumästen an und entzieht ihnen
Wasser und darin gelöste Mineralstoffe. Häufig
vollzieht sich ihre Verbreitung durch Vögel, die
die klebrigen weißen Scheinbeeren fressen und die
Samen zusammen mit dem Kot wieder ausschei-
den. Kommt dabei ein Samen auf einen Ast zu
liegen, beginnt er zu keimen, bildet einen kleinen

Stängel und einen Saugfortsatz („Haustorium"), der in das Holz des Wirtsbaumes eindringt. Diese Primärwurzel bohrt sich immer tiefer, bildet Nebenwurzeln, die sich auch wieder verselbständigen, sodass mit der Zeit der Wirt vollkommen ausgehöhlt wird.

Äußerlich bildet die reich verästelte Mistel Kugelbüschel mit einem Durchmesser bis zu drei Metern, die man von weitem in den Bäumen erkennen kann und mit großen Vogelnestern verwechseln könnte. Die Blätter sind lanzettlich und etwas ledrig, die unauffälligen Blüten sitzen in den Sprossachsen. Man nennt sie auch „Leimmistel" („viscum"), weil man aus ihr Leim herstellte, den man, völlig unempfänglich für die Qual der Tiere, auf Zweige strich, um Vögel damit zu fangen. Sie heißt aber auch „Donnerbesen", „Druidenfuß" und „Hexenkraut."

Die weiße Mistel ist Bestandteil der Mythologie. In der nordischen „Edda" wird von Freya berichtet, die ihren Sohn, den Lichtgott Baldur vor dem Tode beschützen wollte und allen Erdenwesen das Versprechen abnahm, Baldur nicht zu verletzen. Da die Mistel aber durch ihr luftiges Halbschmarotzertum kein richtiges Erdenwesen ist, vergaß Freya, sich auch an sie zu wenden. Dies nutzte Loki, ein Feind der Asen, gab dem blinden Gott Hödur einen Mistelzweig in die Hand und wies ihm den Weg zu Baldur, der, tödlich getroffen, zu Boden sank. Die Druiden nutzten sie für kultische Handlungen, man schnitt sie mit

goldener Sichel möglichst von der heiligen Eiche, fing sie in weißen Tüchern auf, damit sie nicht durch den Erdkontakt ihre magische, erdungebundene Wirkung verlieren sollte, und braute daraus ein Elixier. Die Mistel galt als Schutz vor bösen Geistern und als Fruchtbarkeitssymbol. Plinius berichtet im ersten Jahrhundert: „Nichts haben die Druiden, was ihnen heiliger wäre als die Mistel und der Baum, auf dem sie wächst." Nachdem die „Heiden" missioniert worden waren, wurde aus der Mistel der Baum, aus dessen Holz das Kreuz Christi geschnitten worden war. Aus Scham darüber verdorrte er und wurde zur Mistel, um den Menschen fortan nur Gutes zu bringen.

In England und später Amerika gibt es seit langem den Brauch, zu Weihnachten einen Mistelzweig über die Tür zu hängen; trifft sich darunter ein Paar, muss es sich so viele Küsse geben wie Mistelbeeren am Zweig hängen („Kissing under the mistletoe"). Es galt auch, dass ein Mädchen, das sich unter diesem Zweig befand, geküsst werden durfte. In Frankreich entwickelte sich der Brauch, mit der Mistel das neue Jahr zu beginnen, indem man es über die Tür hängt und alle seine Lieben darunter küsst: „Au gui l'an neuf!" (Mit der Mistel fängt das neue Jahr an). In Wales sagt man: „Without mistletoe no luck" (Ohne Mistel kein Glück)

Die von den Kelten „Die alles Heilende" genannt enthält u. a. Viscotoxine, Flavonoide, Polysaccharide

und Schleimstoffe. Man schrieb ihr Wunderkräfte in allen nur denkbaren Bereichen zu, wobei man Blätter, Blüten und Früchte nutzte. Gewinnbringend verwandte man sie gegen Geschwülste, Epilepsie und bei Unfruchtbarkeit. Pfarrer Kneipp empfahl sie bei chronischen Krämpfen und Hysterie. Nach schweren Infektionen stärkt sie den Herzmuskel. Sie hilft bei Arthrose, Bandscheibenproblemen, Arteriosklerose, degenerativen Gelenkerkrankungen, Krämpfen, Bluthochdruck und Krebs.

Eiche,
Mistelträgerin
unter der Druidensichel
des Mondes. Zauber auf
Zauber häufen wir
durch unsere
Liebe.

Die Frequenz der Mistel verwandelt einen dunklen, niedrig schwingenden Gemütszustand in einen hellen und wirkt deshalb direkt auf die körperlichen Symptome ein, die auf eine lang andauernde „Depression" oder Unterdrückung heftiger Gefühle wie Wut, Hass, Neid, Verzweiflung oder Angst folgen können („deprimere", niederdrücken). Krebstumore wuchern häufig auch aus einem anderen Grund: wenn wir nämlich die uns innewohnenden schöpferischen Kräfte nicht nutzen und uns ihnen vollkommen verschließen, wenn wir also weder musizieren, noch schreiben, malen, zeichnen, modellieren, tanzen oder einer

beliebigen kreativen Tätigkeit nachgehen. Kreativ sind wir überall dort, wo wir etwas aus uns heraus erschaffen. Die Energie, die sonst ungenutzt oder mit negativen Gefühlen verbunden im Inneren herumzuckt und Schaden anrichtet, wird umgelenkt in einen äußeren Akt, der etwas wachsen lässt.

Die Mistel durchlichtet den Menschen, verbindet ihn mit seinem spirituellen Anteil, stärkt den Himmelsaspekt in ihm dort, wo der Mensch verhärtet ist, verbittert, sich als Opfer fühlt, dem keiner etwas Gutes gönnt, obwohl er doch so viel für die anderen tut, der, allein gelassen, auf sich gestellt, ganz tief in einsame Dunkelheit gestürzt ist. Die Mistel hilft diesem Menschen, sein Vertrauen in sich wieder aufzubauen. Sie flüstert ihm zu: „Nimm dein Schicksal in die eigenen Hände. Wer sonst als du selbst könnte dies tun? Bleibe nicht passiv, werde aktiv, warte nicht ab, dass irgendjemand irgendetwas für dich in die Wege leitet, was du vielleicht gar nicht willst. Werde tätig. Wer bist du? Was kannst du? Werde schöpferisch, in welcher Weise, das bleibt dir vollkommen überlassen! Denn du bist ein freier Mensch und darfst entscheiden."

Wer sich zwischen Gut und Böse „ent-scheidet", entscheidet auch, ob er sich heller oder dunkler schwingen lässt. Wir als Lichtwesen verbanden uns durch die „Ver-Körperung" mit der dunklen Materie. Das Gute verband sich mit dem Bösen. Denn die reine Materie ist böse in dem Sinne,

dass sie, sobald sie sich in Form eines Körpers mit uns verbindet, egoistisch ist. Sie will überleben, denn ohne uns zerfällt sie zu Staub. Also suggeriert sie uns: „Nimm alles, damit du mehr als genug hast. Ergreife die Macht, damit nichts Unvorhergesehenes passiert. Nimm das letzte Stück Brot, damit du nicht verhungerst. Es ist egal, was mit den anderen geschieht. Sorge für dich!" Dieser Egoismus wird in die menschlichen Beziehungen getragen, er ist die Ursache für das Leid auf der Welt.

Unsere Aufgabe ist die Durchlichtung der Materie, ihre Höhertransponierung. Der Körper, der uns folgt, der uns in dem Sinne untertan ist, dass er keine Herrschaft in Form von Angst, Wut, Hass, Kraftlosigkeit und ähnlichem mehr über uns ausübt, dieser Körper wird immer höher schwingen, immer heller strahlen. Der Heiligenschein der Erleuchteten ist Ausdruck dieser hohen Frequenz. Christus als höchstes Lichtwesen verkörperte sich und prägte der Materie seine Helligkeit ein. Seine Selbstlosigkeit im Gegensatz zum Egoismus beinhaltete keine „Schein-Heiligkeit", kein künstlich erzeugtes Lampenlicht, sondern echte Liebe, die jeder, der es wollte, sofort erkennen konnte. Wir alle wollen diese Liebe leben.

ICH BIN EINE ZAUBERIN / EIN ZAUBERER.
ICH BIN EIN REINER MITTLER DER LIEBE ZWISCHEN HIMMEL UND ERDE.

95. Mohn (Papaver rhoeas)

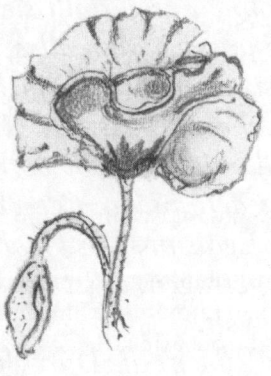

Ludwig Uhland (1787-1862)
Der Mohn

Wie dort, gewiegt von Westen,
des Mohnes Blüte glänzt!
Die Blume, die am besten
des Traumgotts Schläfe kränzt;
bald purpurhell, als spiele
der Abendröte Schein,
bald weiß und bleich, als fiele
des Mondes Schimmer ein.
Zur Warnung hört ich sagen,
dass, der im Mohne schlief,
hinunter ward getragen
in Träume schwer und tief;
dem Wachen selbst geblieben
sei irren Wahnes Spur,
die Nahen und die Lieben
halt' er für Schemen nur.

In meiner Tage Morgen,
da lag auch ich einmal,
von Blumen ganz verborgen,
in einem schönen Tal.
Sie dufteten so milde!
Da ward, ich fühlt es kaum,
das Leben mir zum Bilde,
das Wirkliche zum Traum.

Seitdem ist mir beständig,
als wär es nur so recht,
mein Bild der Welt lebendig,
mein Traum nur wahr und echt;
die Schatten, die ich sehe,
sie sind wie Sterne klar.
O Mohn der Dichtung! wehe
ums Haupt mir immerdar!

Der Klatschmohn blüht auf den Feldern, seit es Ackerbau gibt. Er ist ein treuer Begleiter des Menschen auf dessen Lebensweg, und auch wenn der Mensch ihn durch Pestizide zeitweise von den Flächen vertrieben hatte, kehrt er doch immer wieder zurück und verwandelt die Landschaften von Mai bis Juli mit seinen leicht knittrigen, durchscheinend roten seidigen Blüten in ein blutrotes Meer. Frisst das Weidevieh zu viel davon, wird es nervös, neigt zu Krämpfen und manchmal zu Bewusstlosigkeit. Der Mohn wird zwischen 30 und 80 Zentimeter groß. Die Blüte steht auf einem dünnen zerbrechlichen Stängel, die Laubblätter sind fiedrig. Im Orient gilt er als Symbol der Liebe in allen ihren Aspekten: das Rot steht für die Leidenschaft, das Zerbrechliche der Pflanze

für die Aufforderung, die Liebe zu schützen und der schwarze Mittelpunkt für die Leiden, die mit der irdischen Liebe verbunden sein können. Der persische Dichter Sepheri notierte dazu: „Solange es den Klatschmohn gibt, muss gelebt werden."

Israelischer Abend

Die Sonne ist nun satt und atmet gelber;
verstohlen blickt sie auf die Spuren ihres Trinkgelages:
das Blut der Gräser ging zur Neige
und wächsern lehnt sich Halm an Halm.
Versonnen und in müder Eintracht senken
Blicke sich des Mohns, der Kelche, die vom Tau entfacht,
noch morgens ihre Flammen höher schlagen ließen.
Aus der verloschnen Glut entstehen, vielfält'ger Phönix,
Käfer und Insekten; die Salamander zucken
wie Gedanken übers hitzeatmende Gestein.
Zypressenfinger deuten nachtverkündend himmelwärts,
und im Geschwärm der Pappelblätter klappert Silber,
um Nacht und Mond und Sterne anzulocken.

Die Kronblätter des Klatschmohns dienten als Farbstoff für die Herstellung von roter Tinte. Die Pflanze enthält neben Saponinen, Schleim, Bitter- und Gerbstoffen viele Alkaloide, aber kein Morphin, wie ihr Verwandter, der für die Opiumherstellung verwandte Schlafmohn, stattdessen das schwach giftige Rhoeadin. Früher als Heilmittel geschätzt und vor allem im Bereich Husten, Reizhusten, Erkältungen, Nervenberuhigung, Menstruationsförderung, Schmerzstillung und Schlafförderung eingesetzt, nutzt man seine Kraft heute kaum noch.

Max Dauthendey (1867-1918)
Die blaue Kornblum wohnt versteckt

Die blaue Kornblum wohnt versteckt,
so hab ich meinen Schatz entdeckt.
Sie kann nicht meinen Händen wehren,
wiegt sie wie's Sommerfeld die Ähren.
Die Ähren sind jetzt körnerschwer,
als läg schon Brot mannshoch umher,
und nahrhaft wie im Bäckerhaus
siehts an der langen Landstraß aus.
Mein Schatz die Ähren streicheln tut.
»Nach Leben riechen sie so gut,«
sagt sie. Und schau ich roten Mohn,
so fang ich auch sein Feuer schon.
Ich gäb gern alle Ähren her,
und gern wär mir die Hand brotleer,
blieb mir am Lebensend davon
Liebe betäubend wie der Mohn.

Die Schwingung des Mohns bewirkt, dass der
Mensch, der sich schwer fühlt und beladen von
den Kümmernissen des Alltags, wieder neue Per-
spektiven bekommt und seine mit der Zeit ent-
wickelte Engstirnigkeit wieder auflösen kann. Er
ist wie jemand, den man aus einem tiefen Schlaf
erweckt und der dann den Himmel sieht, über den
Schäfchenwolken ziehen, der hört, wie der Wind
leise durch ein Kornfeld raschelt, der den Duft der
Blumen riecht und sich plötzlich wieder bewusst
macht, wie schön die Welt ist und wie wertvoll
das Leben. Der Mohn ist ein kleiner Erwecker zu
großen Erlebnissen, denn wenn wir wach durch
unser Leben gehen, kann so viel mehr Schönes

411

geschehen, als wenn wir im Halbschlaf durch die Straßen wanken. Der Mohn flüstert: „Wach endlich auf. Du hast genug geschlafen. Nur der Wache kann die Erde genießen."

Sein eindringliches Rot kombiniert mit der zarten, durchscheinend knittrigen Beschaffenheit weist auf die Durchsetzungskraft des vermeintlich Schwachen hin. Der Mohn weckt die Macht der Liebe auf allen Ebenen. Ja, wir sind vergänglich im irdischen Sinne, doch nicht im überirdischen. Wir haben uns verkörpert, um das Leben auszukosten, das Rot des Lebens, den Willen zur Pracht, zur Fülle, zur Farbe, um dann später und in immer neuen, aufwärtssteigenden Kreisen diese Farbe zu transformieren, die Pracht nicht mehr nur in die Materie zu transportieren, sondern in den Kosmos und aus ihm heraus.

ICH BIN WACH!
ICH BIN STARK UND LICHTDURCHFLUTET!

96. Moos (Laubmoose: Bryophytha)

Anna Louisa Karsch (1722-1791)
Das Harz-Moos

Als Herr Dohmdechant Freyherr Spiegel zum Diesenberg
etwas Moos vom Harzgebürge mitgebracht hatte.
(Zu Halberstadt den 10ten des Weinmonaths 1761)

Gott zeigt in seiner Schöpfung Werke,
sich über unserm Haupt, sich auf der Erde groß;
er gab der Sonne Glut, er gab dem Löwen Stärke,
und bildete das kleinste Moos,
das an dem Harzberg wächst, fein zweigigt wie Cypresse,
voll kleiner Knospen, untersprengt
mit etwas Röthe, so, wie junger Mädchen Blässe
im Antlitz sich mit roth vermengt,
wenn sie der Jüngling angeblicket;
die Flur, der Garten und der Wald
und selbst die Hügel sind geschmücket,
doch andre Blumen sterben bald,
das fein gebaute Moos bleibt, wenn sie schon gestorben,
tief unter Schnee noch unverdorben.

Wie ähnlich ist es mir! tief lag ich unter Gram
viel schwere Jahre lang, und als mein Winter kam,
da stand ich unverwelkt und fing erst an zu grünen.
Ich musste, wie das Moos, dem Glück zum weichen
Tritt, dem Thoren zur Verachtung dienen.
Einst sterb ich!
Doch mein Lied geht nicht zum Grabe mit!

Laubmoose, verwandt mit den Grünalgen der Meere, sind seit etwa 450 Millionen Jahren bekannt. Es sind grüne, flächendeckende, zum Teil polstrige Pflanzen, die sich bevorzugt in Wäldern und an schattigen Bachufern ansiedeln, auf Stoppeläckern, Laubbäumen und Totholz. Mit ihren etwa 15 000 Arten sind die Laubmoose die umfangreichste der (bisher so definierten) drei Moos-Klassen, Lebermoose, Hornmoose und Laubmoose, von denen viele auf Tundren als dichte Rasen, Polster oder Matten vorkommen, andere in Wüsten, allerdings nur an Salzwassertümpeln, im Felsschatten oder von Sand überdeckt und wieder andere in den tropischen Regenwäldern. Dort gibt es sogar an die 4000 Arten, die sich jedoch auf relativ wenige Familien zurückführen lassen.

Die Laubmoose sind zwar in Spross und Blättchen aufgeteilt, doch dienen diese Sprossen nicht der Verteilung der Nährstoffe und des Wassers, sie sind lediglich wichtig für die Stützfunktion, um die Pflanze zusammenzuhalten. Laubmoose besitzen auch keine Wurzeln. Sie verankern sich mit bräunlichen filzartigen Fäden (Rhizoiden) auf

dem Untergrund, von dem man sie recht mühelos lösen kann. Laubmoose enthalten Chlorophyll, Stärke, Zellulose und in bestimmten Arten Flavonoide und Terpene. Dies bedeutet, dass sie antimikrobiell aktiv sind und keimungshemmende und keimungsfördernde Eigenschaften haben. Sie hindern dadurch andere Pflanzen sie zu überwachsen und sich selber sicherer ausbreiten zu können. Sie enthalten auch fraßhemmende Substanzen, damit sie nicht von Insekten vertilgt werden. Trotzdem stehen viele Moosarten auf der Roten Liste (augenblicklich 91), weil ihr natürlicher Lebensraum immer mehr durch Verbauung, Absenkung des Grundwasserspiegels und Intensivierung der Landwirtschaft abnimmt.

Ferdinand Freiligrath (1810-1876)
aus Moos-Thee

Sechzehn Jahr' - und wie ein greiser
Alter sitz' ich, matt und krank;
sieh', da senden mir der Geiser
und der Hekla diesen Trank.
Auf der Insel, die von Schlacken
harter Lava und von Eise
starrt, und den beschneiten Nacken
zeigt des arkt'schen Poles Kreise;
über unterird'schen Feuern,
in nordlichterhellten Nächten,
bei den Glut- und Wasserspeiern
wuchsen diese bittern Flechten ...
Die zerriss'nen Berge zittern,
und das Eismeer schäumt und braut -
dorten wuchsen diese bittern

Flechten, wuchs dieß herbe Kraut. -
Daß die kranke Brust gesunde,
Und sich freue neuer Kraft,
biet' ich träumerisch dem Munde
ihren dunkelgrünen Saft . . .
Kühner fühl' ich mich und stärker
bei dem Lodern dieser Glut,
und die Wildheit der Berserker
tobt durch mein genesend Blut . . .
Ha! wenn dieser Insel Pflanzen
mir den Lebensbecher reichen,
mög' ich dann in meinem ganzen
Leben dieser Insel gleichen! . . .

Moose haben nur einen einfachen Chromo-somensatz. Die Zellen bilden die Vermehrungs-organe aus, die Eizellen und Spermatozoiden, die in blütenähnliche, winzig kleine Rosetten gefasst sind, die aber anders als die Blüten der Samenpflanzen strukturiert sind. Wenn nun die notwendige Feuchtigkeit auftritt, schwimmen die Spermatozoiden hin und her und befruchten die Eizellen. Moose überleben also nur, wenn die Wasserverfügbarkeit garantiert ist.

Die Schwingungsinformation der Moosblüte: Wir haften an unserem Leben, doch es ist flüchtig und von vielen äußeren Einflüssen abhängig. Wir wissen, dass wir in einem intelligenten Kreislauf verkörpert sind, in dem alles aufeinander abgestimmt ist. Aber nur ein winziger Eingriff kann die Veränderung des ganzen Systems bedeuten.

Die Moosblüte aktiviert unser Verständnis für unser Wirken auf der Erde im Großen, unseren Einfluss auf das Öko-System und unsere Verantwortung dafür. Sie mobilisiert unsere Kräfte, damit wir in unserem Inneren Ordnung schaffen und im Außen ebenso ordnend wirken können. Da die Erde uns braucht, ist es wichtig, dass wir aufwachen. Wir halten uns gerne in der Natur auf, in Wäldern und Gärten, an Flüssen und Meeren, auf Bergen und Blumenwiesen. Dies sensibilisiert uns für die Bedürfnisse der Natur, die wir dringend erfüllen müssen.

Unser eigenes Familiensystem ist der Übungsplatz, um verantwortungsvolle, liebende Menschen aus uns zu machen. Unsere Kinder geben uns ein starkes Motiv, so schnell wie möglich persönliche Schwächen in Stärken umzuwandeln. Denn wir werden die äußere Welt in ihre Hände geben, so wie wir auch unsere innere Welt in sie legen, indem sie bei uns aufgewachsen sind und uns imitiert haben. Die Energie der Moosblüte öffnet uns die Augen für die Fehler, die wir im kleinen System noch begehen, die Unachtsamkeiten, Respekt- und Lieblosigkeiten, die uns manchmal gar nicht mehr auffallen. Sie lässt uns mit den Augen der Kinder sehen, klar, unverstellt, ehrlich.

ICH BIN FREI UND DER MATERIE NICHT VERHAFTET. IN DIESER FREIHEIT LIEBE ICH DIE ERDE UND WERDE SIE ERHALTEN.

97. Nachtschatten (Solanum dulcamara)

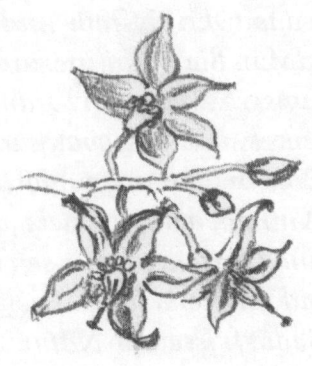

Oskar Loerke (1884-1941)
Augenblick

Die Häupter des Waldes
sind in Todesgedanken vergraben.
Licht liegt in ihnen neugeboren.
Der Wandrer und sein Pfad, sie haben
einander eben mittenwegs verloren.
Gras steht an ihrer Stätte, Lattich,
Nachschattenblüte, verwunderte,
vorwärts und rückwärts hängen
schwere, tiefverstaubte Jahrhunderte.

Den „Bittersüßen Nachschatten" aus der Familie der Nachtschattengewächse findet man in Europa, Asien und Afrika. Er wird auch „Bittersüß" (Dulcamara) genannt oder „Stinkteufel" „Süßstoff", „Saurebe", „Teufelsklatten", „Wolfs- oder Hundsbeere" und „Mäuseholz." „Solanum" bedeutet „Trost, Beruhigung." Der Nachtschatten,

dessen Inhaltsstoffe kortisonähnlich wirken, ist ein niederliegender oder kletternder Halbstrauch, dessen Ranken Längen bis 700 Zentimetern erreichen können. Man findet ihn in Gärten, Wäldern, auf Schuttplätzen, an Mauern und Zäunen. Die kreuz und quer und häufig rückwärts stehenden Blättchen dienen dem besseren Einhaken in andere Pflanzen, Gitter oder Ritzen, in denen er sich festhalten will.

Der untere Teil verholzt, die eiförmigen bis spitzen Blättchen frieren im Winter ab. Die Blüten stehen in Rispen und sind dunkelviolett. Sie sehen aus wie kleine Raketen, aus denen die fünf zusammengewachsenen gelben Staubblätter mit dem sie überragenden Griffel in der Mitte wie Zünder hervorlugen. Die Beeren sind rot, schmecken erst bitter und dann, aufgrund des hohen Zuckergehalts, süß. In unreifem Zustand sind sie giftig. Die tödliche Dosis für Kinder liegt bei etwa 20 bis 40 unreifen Beeren, wobei der zuerst sehr bittere Geschmack einen Schutz darstellt und das Verlangen auslöscht, mehr davon zu essen. Allerdings können schon fünf Beeren Vergiftungserscheinungen auslösen, wie Übelkeit, Hautausschlag, Pupillenerweiterung, Sprachstörungen, Magen- und Darmprobleme. Im Extremfall tritt Atemlähmung ein.

Alle Pflanzenteile sind giftig und enthalten u. a. Atropin, Bitterstoffe, Gerbstoffe, Saponine, Solanin, Tomatidenol und Steroidalkaloide. Im

Mittelalter war der Nachtschatten Bestandteil der „Hexensalben." In der Heilkunde wird er traditionsgemäß bei Hautleiden wie Neurodermitis und Ekzemen angewandt, der Tee hilft gegen Rheuma, Gicht, Bronchitis, Asthma, Gelbsucht; in der Homöopathie nutzt man ihn u. a. bei fieberhaften Infekten, Magen- Darmstörungen und Harnwegsinfektionen.

Nachtschatten

Wieso sollte ich
Angst vor mir selber haben?
Freuen sich doch andere an
meinen Gaben.
Werde von nun an
das Leben erleben,
und meine Nacht an
die Sonne vergeben.

Der schwarze Nachtschatten konfrontiert mit den Dunkelbereichen im Menschen. Seine Energie stößt die Türen auf, die lange verschlossen waren oder nur heimlich geöffnet werden, weil man sich vor dem fürchtet, was dahinter verborgen ist. Er hilft uns, die Gedanken, die wir nicht denken wollen und die Gefühle, die wir nicht fühlen wollen so umzuwandeln, dass wir keine Angst mehr vor uns selber haben müssen. Die Erkenntnis und Annahme der Tatsache, dass der Mensch nicht nur gut, sondern auch böse sein kann, befähigt zur Wahl. Der Nachtschatten geleitet uns durch

die innere Nacht, lässt uns alles anschauen und daraufhin aussondern und verwandeln. Wo wir vorher geschwächt waren, weil wir zu viel vor uns und der Umwelt zu verbergen hatten, sind wir durch diesen Prozess der Klarheit stark und mutig geworden.

Wir treffen unsere Wahl mit der Stärke desjenigen, der dem Dunkel in sich die Stirn geboten hat. Der uralte Kampf „Gut gegen Böse" will nicht nur im Märchen, in Büchern und Filmen und in der äußeren Wirklichkeit ausgefochten werden, sondern zuallererst in uns selber. Tief ruht in uns das Wissen um das Böse, das wir in früheren Zeiten getan haben. Da die meisten von uns schon unzählige Male auf der Erde verkörpert waren, hat sich viel angesammelt an Wissen, an Erkenntnis, an Liebe, Licht und Glück, aber auch Schuld und tiefer Dunkelheit. Der Nachtschatten verwandelt uns durch die Annahme der Schuld der nahen oder fernen Vergangenheit. Er hilft, uns aus dem Karmagesetz zu lösen und frei zu machen, damit wir ab sofort unsere Liebe leben können.

ICH NEHME MEINE SCHULD AN
UND WANDLE SIE IN VERGEBUNG.
ICH NEHME MEIN DUNKEL AN
UND WANDLE ES IN LICHT.
VON NUN AN BIN ICH FREI.

98. Narzisse (Narcissus pseudonarcissus)

William Wordsworth (1908-1988)
Ich wandert' einsam wie die Wolk'

Ich wandert' einsam wie die Wolk',
 die über Tal und Hügel zieht.
Da sah ich, dass ein ganzes Volk -
ein Heer! - von Goldnarzissen blüht;
 am See, wo Steine moosig sind,
 da tanzen flatternd sie im Wind.

Wie lange Reih'n von Sternen, die
hell schimmern auf im Überschwang,
 so zieht der Blumen Galaxie
 dem Ufer einer Bucht entlang:
Zehntausend Blumen sieht mein Blick
im Tanz, den Kopf gewandt zurück.

Gleich ihnen, Wellen tanzen heut,
 doch Blumen tanzen froher noch.
 Der Dichter selbst fühlt Fröhlichkeit
 in solcher heit'ren Menge doch.
So starrt' ich - starrt' - doch merkt' ich nicht
welch' Schatz mir brachte diese Sicht:

Lieg' jetzt ich auf der Couch allein,
oft still verträumt, oft denkbereit,
erscheinen sie dem Auge mein
als Wonne meiner Einsamkeit:
Dann füllt mein Herz mit Glück sich ganz
als Tänzer im Narzissentanz.

(Übersetzung: Walter A. Aue)

Die „Gelbe Narzisse", auch „Osterglocke" und „Falsche Narzisse", gehört zu den Amaryllisgewächsen. Zwischen 1560 und 1620, in der „orientalischen Phase", kamen viele Narzissenarten zusammen mit den Tulpen und Hyazinthen ins staunende Europa. Kurz darauf fand man sie auf den Anwesen der weltlichen und geistlichen Herrscher und gut gestellter reicher Handelsherren. Bald bildete man sie auf Gemälden ab, es gab die ersten Kreuzigungsszenen mit Narzissen. Man führte zunehmend auch gefüllte Exemplare aus des Sultans Gärten ein und verkaufte „Trompeten-," „Dichter-" und „Reifrocknarzissen." Der Theologe und Kirchenlieddichter Paul Gerhardt reimte im 17. Jahrhundert: „Narcissus und die Tulipan, die ziehen sich viel schöner an als Salomonis Seide." Inzwischen gibt es etwa 22.000 Arten, begeisterte Anhänger sind die Briten, Holländer (mit weltweit einzigartiger Stellung bei der Züchtung von Blumenzwiebeln), Belgier und nicht zuletzt die Amerikaner, doch auch in Deutschland steht die Narzisse in hoher Gunst. Sie vermehrt sich durch Brutzwiebeln.

Die Stängel der Osterglocke sind unten schwammig und nach oben hin hohl. Sie werden umstanden von lanzettförmigen, aufrecht stehenden Blättern, deren Oberfläche glatt und wachsartig sind, weil sie Cutin enthalten. Dies ist eine polyesterähnliche natürliche Kombination von Zellulose, Pektin und Wachsen in den Zellen der Pflanze. Die Blüte besteht aus Hauptkrone und Nebenkrone. Ein an den Rändern gezackter goldgelber Kelch, die Nebenkrone, wird gerahmt von sechs Hüllblättern, der Hautkrone – ein majestätischer Anblick! Die Nebenkrone besteht aus Staubfäden, die im Laufe der Pflanzenentwicklung zu einer Röhre zusammenwuchsen, während sich neue Staubblätter am Blütenboden heranbildeten, die stark dufteten und Insekten anzogen („Duftmal").

Die Gelbe Narzisse ist giftig und enthält die Alkaloide Narcissin, Galantamin und Lycorin. Der Hautkontakt kann wegen der Inhaltsstoffe Oxal- und Chelidonsäure sowie Lycorin Reizungen und Ausschläge hervorrufen („Gärtnerkrankheit"). Die Verwechslung mit Gartenzwiebeln führt zu Übelkeit, Erbrechen, Durchfall, Schweißausbrüchen, Kreislaufproblemen bis zum Kollaps; größere Mengen sind tödlich. Ein Gegenmittel ist die Verabreichung von Kohle. In der Heilkunde verwandte man Narzissen als Brechmittel, bei Erkältungskrankheiten und Husten sowie Hauterkrankungen. Neuerdings wird sie zur Behandlung von Demenzkranken eingesetzt.

Maienhimmel

Droben tanzen die Wolken
wie Mädchen gar wild in den Maien;
sie dreh'n sich und jauchzen,
sie wirbeln die bauschigen Röcke,
und Sonne flicht ihnen
lichtgelbe Bänder ins Haar.

Den Burschen, die sie im Kreise umsteh'n
mit Augen, so sehnsuchtsblau wie der Himmel,
werfen sie ihre Sträußchen zu
aus weißem Klee und Narzissen.

Und manch eine eilt leichten Fußes
dem Liebespfand hinterdrein.

Die Schwingungsinformation der Narzisse lautet: „Begreife, dass wir alle Lichtwesen sind. Alle sind gleich, nur unsere Wege und unser Tempo unterscheiden sich." Wenn wir aus dem nicht eingestandenen Gefühl der eigenen Unzulänglichkeit heraus stolz werden und auf andere herabblicken, wenn wir meinen, alles besser zu können und uns abfällig über das „Versagen" anderer äußern, wenn wir unfähig werden, im Team zu arbeiten - dann brauchen wir die Energie der Narzisse, die uns befähigt, jedem mit Respekt zu begegnen. Sobald wir genau hinschauen, entdecken wir, dass es keine „minderwertigen" Menschen gibt. Wir alle gehören zu einer großen Familie, in der jeder seinen angestammten Platz ausfüllt. Niemand ist ersetzbar. Und so versöhnt

uns die Narzisse zuerst mit uns selber und weist uns auf unseren wahren Wert hin, um den wir fortan nicht mehr kämpfen müssen und bringt uns im zweiten Schritt den Mitmenschen näher, lässt uns versöhnlich und demütig werden und dankbar die Hilfe anderer annehmen, wenn wir sie brauchen. Das wird uns nicht kleiner machen, sondern größer. Die Konkurrenz untereinander wird weichen und einer Zusammenarbeit aller Menschen im großen Stil weichen, zusammen werden wir unseren Planeten schützen und weiterentwickeln.

WIR ALLE SIND LICHTWESEN.
KONKURRENZ IST ÜBERFLÜSSIG.

99. Oleander (Nerium oleander)

Else Lasker-Schüler (1869-1945)
Orgie

Der Abend küsste geheimnisvoll
die knospenden Oleander.
Wir spielten und bauten Tempel Apoll
und taumelten sehnsuchtsübervoll
ineinander.
Und der Nachthimmel goss seinen schwarzen Duft
in die schwellenden Wellen der brütenden Luft,
und Jahrhunderte sanken
und reckten sich
und reihten sich wieder golden empor
zu sternenverschmiedeten Ranken.
Wir spielten mit dem glücklichsten Glück,
mit den Früchten des Paradiesmai,
und im wilden Gold Deines wirren Haars
sang meine tiefe Sehnsucht
Geschrei,
wie ein schwarzer Urwaldvogel.
Und junge Himmel fielen herab,
unersehnbare, wildsüße Düfte;

Wir rissen uns die Hüllen ab
und schrieen!
Berauscht vom Most der Lüfte.
Ich knüpfte mich an Dein Leben an,
bis dass es ganz in ihm zerrann,
und immer wieder Gestalt nahm
und immer wieder zerrann.
Und unsere Liebe jauchzte Gesang,
zwei wilde Symphonieen!

Der Oleander aus der Gattung der Hundsgiftgewächse kommt im ganzen Mittelmeerraum, im Nahen und Mittleren Osten, Indien und China vor, seit etwa vierhundert Jahren ist er in Mitteleuropa heimisch gemacht worden. Sein Name geht auf die griechische Bezeichnung „starkes Öl" oder „Ölbaum" zurück („olea", „andreos") und bezieht sich auf seine stark toxische Wirkung. Bei uns wird er auch „Rosenlorbeer" genannt.

Die immergrünen, verholzenden Sträucher bevorzugen lichte Standorte und leicht feuchte Böden wie Flussbetten und Uferböschungen („nerium", feucht), sie passen sich aber auch an trockene, karge Böden an. Die Blätter sind lanzettförmig und ledern, damit weniger Feuchtigkeit verdunstet; sie schmecken sehr bitter. Die fünfzähligen Blüten in rot, rosa, weiß oder gelb stehen in Trugdolden (gleich lange Nebenachsen bei fehlender Hautachse) und sind zwittrig, also zweigeschlechtlich und enthalten sowohl Pollen als auch Narbe. Die zarten, durchscheinenden Blüten wirken wie kleine Propeller.

Alle Pflanzenteile sind sehr giftig und enthalten Glykoside, u. a. „Oleandrin", das sich, ähnlich wie das Digitalis des Fingerhutes auf das Herz auswirkt. Vergiftungserscheinungen sind Übelkeit, Erbrechen, Krämpfe, Durchfall, erhöhter Puls, Pupillenerweiterung, Schweißausbrüche, Atembeschwerden, Herz- Rhythmusstörungen, im Extremfall Herzstillstand. Durch den Hautkontakt können Ausschläge entstehen. Die antiken Autoren z. B. Dioscurides, Theophrast und Plinius berichten von Vergiftungen der Nutztiere, die Oleandergebüsch gefressen hatten. Mit Wein getrunken sollte Oleander allerdings ein Gegengift gegen Schlangenbisse sein. Im Mittelalter tötete man mit dem Saft Mäuse und Ratten. Auf dem Ägyptenfeldzug starben Soldaten Napoleons, weil sie Oleanderstöcke zum Fleischbraten benutzt hatten.

Medizinisch wird es als Herzmittel genutzt, die Kontraktion des Herzmuskels wird gestärkt, der Herzschlag verlangsamt. Er wirkt schleimlösend, harn- und schweißtreibend. Sein Gehalt an pflanzeneigenen Hormonen hilft bei den Wechseljahren, bei Östrogenmangel und zur Förderung des Eisprungs. Homöopathisch wird Oleander u. a. bei Gedächtnisschwäche eingesetzt, ferner bei Doppeltsehen, Sprachstörungen bis Sprachverlust, Zittern (vor allem in den Beinen), beeinträchtigter Muskelkraft und Durchfällen mit unverdauten Speiseresten.

Die Energie des Oleanders wirkt auf den Menschen, der Verletzungen, Wut, Frustration, Angst, Rachsucht, Verzweiflung ganz tief in sein Herz eingelassen, die Tür geschlossen und ab einem bestimmten Zeitpunkt den Schlüssel umgedreht, herausgezogen und weggeworfen hat. Er verhält sich grob bis unflätig, will nur „seine Ruhe" haben, klagt an oder sagt gar nichts mehr, ist unerbittlich und abweisend. Die Schwingung des Oleanders gibt nicht nach, klopft an, insistiert, erweicht, flüstert Koseworte, beruhigt, besänftigt, fordert auf, lässt nicht locker – bis der Mensch die Tür erst einen spaltweit, dann weiter und dann ganz öffnet.

Mit dem Oleander werden wir wieder zu echten Menschen, denn der echte Mensch definiert sich über seine Fähigkeit zu denken UND zu lieben. Der Mensch wird befreit und bekommt Zugang zu seinen innersten Gefühlen. Er wird es nicht mehr länger als Schwäche empfinden, seine Gefühle zu zeigen und/oder über sie zu reden. Das Abgründige wird verwandelt in Licht. Eine neue Intensität des Gefühls kann nun gelebt werden, das, was vorher farblos aussah, wird in allen Farben aufstrahlen, die Sinne werden geschärft, die Welt kann in uns ganz neu auferstehen.

ICH VERGEBE MIR UND ALLEN ANDEREN.
ICH ÖFFNE MEIN HERZ UND BENUTZE ES WIEDER.
EINE NEUE WELT ENTSTEHT IN MIR.

100. Orange (Citrus aurantium)

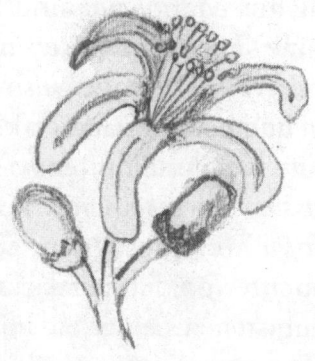

Apfelsinenblüte

Makellose,
kleiner Sommerpalast
aus zerbrechlichem süßem
Duft, liebliche Fruchtverkünderin,
du umschmeichelst meine Sinne,
bis diese ihren Kopf verlieren
und nur noch sein wollen,
was du bist.

Die „Süße Orange" im Gegensatz zur „Bitterorange" wurde erst im 15. Jahrhundert nach Europa eingeführt und zuerst in Portugal angebaut. Sie gehört zu den Rautengewächsen und wird auch „Apfelsine" genannt (nach dem holländischen „appelsien", Apfel aus China). Im Sanskript heißt sie „naranga", im arabischen „narandsch", im spanischen „naranja." Heute nennen die Araber die süße Orange „burtuqal" (Portugal), um sie von

der bitteren Orange (narandsch) zu unterscheiden.

Ihre Herkunft ist asiatisch, sie entstammt einer Kreuzung aus Mandarine und Pampelmuse. Orangenbäume sind immergrün und werden bis zu zehn Meter groß. Die Zweige sind dornig, die Blätter ledern und hellgrün und verkehrt eiförmig. Die Blüten sind weiß und duften so süß, dass viele Dichter sie besungen haben. Ihre Kelchblätter sind zu einer Röhre verwachsen, aus der die bis zu 20 Staubblätter golden hervorlugen, die fünf Kronblätter umstehen sie wie ein milchiger Stern. Die Frucht ist innen mit einer weißen, außen mit einer orangefarbenen Schale versehen, die zahlreiche Öldrüsen enthält.

Francisca Stoecklin (1894-1931)
An eine Orange

Herrliche Frucht,
im Haine
behutsam gereift.
Von Sonne und Südwind
tausendmal überküsst,
gerötet, gegoldet.
Duftend und schwer
ruhst du in meiner Hand.
Wieviel Sonnenküsse,
wieviel Regenschauer,
wieviel Vollmondschein,
welch ein großes warmes Land
halte ich mit Dir,
Vollkommene,
in meiner kleinen
gewölbten Hand.

Auch die Orangenschale duftet aromatisch, besonders wenn man sie reibt, dabei aber herber als die Blüten. Schale und Blüten werden in der Kosmetik und Parfümherstellung und für die Aromatherapie genutzt. Die Früchte findet man in vielen Speisen wieder, in Marmeladen, Haupt- und Nachspeisen, Backwaren, Getränken. Im Welthandel steht bei den Orangenprodukten der Saft an erster Stelle, die frischen Früchte an zweiter. Die meisten Orangenplantagen gibt es in Brasilien, gefolgt von den USA. Leider werden beim Anbau immer noch zu viele Pestizide verwandt, auch die Schale behandelt man mit Giften, sodass der Verzehr einer Orange, die normalerweise schon den Tagesbedarf an Vitamin C decken kann, gleichzeitig schleichend vergiften kann. Man sollte deshalb auf Bio-Qualität achten.

Man pflegte die Orangen ab dem 16. Jahrhundert auf lange Schiffsreisen mitzunehmen, um die Mannschaft vor Skorbut, einer Vitamin-C-Mangelkrankheit, zu bewahren. Sie besteht zu 80 % aus Wasser, enthält viele weitere Vitamine, Mineralstoffe, Ballaststoffe und Fruchtsäuren. Doch auch die Blüten werden verwendet, man kann sie u. a. kandieren oder als Teezusatz benutzen. Nicht nur im alten China und in Arabien badete man in Orangenblütenwasser, seine ausgleichende, krampflösende Wirkung war im ganzen Mittelmeerraum bekannt, es half gegen Schlaflosigkeit, Kopfschmerzen und sexuelle Un-

lust. Die (natürlich unbehandelte) Schale setzte man bei Verdauungsbeschwerden und Appetitlosigkeit ein.

Oskar Loerke (1884-1941)
aus **Das Ballspiel**

Ich sah den fröhlichen Gerechten,
den Orangenbaum:
Ein Ballspiel, das den Sommer währt
und hundert Sommer,
derweil darüber Wind und Regen gärt . . .

Die Energie der Orangenblüten lindert Kummer, weckt die natürlichen Lebenskräfte, lässt den Menschen, der sich müde zurückgezogen hatte, wieder am Leben teilnehmen. Sie vermittelt die Information der Fülle, der Intensität, der Lebensfreude, sie lässt den Humor wieder aufkeimen, mit dem man sich und die anderen in einem ganz neuen Licht sehen kann. Sie weckt die kindliche Energie in uns, das Fragen, Wissen-wollen, Nicht-locker-lassen, das hinter-die-Kulisse-Schauen-wollen, das Unberechenbare, Bunte, Kesse, Ehrliche, Unverblümte, das Blumige. Wir sollen gar nicht alt werden. Selbst wenn unser Körper irgendwann mit seinen Kräften nachlässt, können wir innerlich immer in dieser Weise jung bleiben. Derjenige wird innerlich alt, der sich nicht mehr für die Welt und die Mitmenschen interessiert, der meint, alles schon gesehen und erlebt zu haben. Dabei gibt es immer wieder Neues zu entdecken

und dazuzulernen, es hört nie auf. Wir sind eine unerschöpfliche Rasse, die sich nicht gerne langweilt, also werden wir immer wieder Neues erfinden, um Abwechslung zu bekommen.

Der Mensch, der mitgeht und immer weiter fragt und entdeckt, wird das Glück bis zu seinem letzten Atemzug in dem Körper erleben, den er augenblicklich bewohnt. Er wird sich auch nicht den Kindern und Jugendlichen in der Annahme verschließen, früher sei eben alles besser und geordneter zugegangen und die Jugend von heute tauge nichts, sei schwach und einfallslos. Er macht es im Gegenteil den Kindern nach und geht auf Entdeckungsreise, um andere Aspekte der Welt zu erfahren. Die Orange hilft ihm dabei und flüstert ihm ins Ohr: „Geh weiter, hab' keine Angst vor Fehlern, verzeih' die Fehler der anderen, fürchte dich nicht vor Verletzungen und verletze niemanden böswillig, bleib humorvoll und locker, lache – mit einem Wort: lebe!"

ICH BIN EIN KIND! ICH LEBE, ICH LERNE!
ICH LIEBE DAS LEBEN!

101. Orchidee (Orchidaceae); hier Phalaenopsis

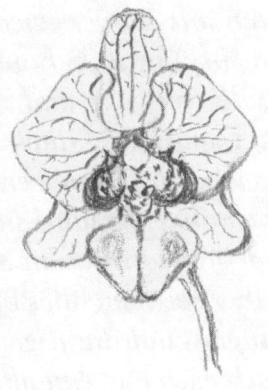

Po Chü-i (772-846)

Im Purpurgemach schminkt sie sich ab
beim Schein der Sonne:
in einfacher Schönheit offenbart sie
ihr Antlitz im Hauch des Windes.
Ich gewahre ihre Gestalt
ganz frei von Creme und Puder:
die Frau ist gekommen,
von den Orchideen am Baume mir zugesandt.

Die Orchideen aus der Klasse der Bedecktsa-
migen in der Ordnung der Spargelartigen (welche
Poesie in der Botanik verborgen ist!) sind weltweit
verbreitet. Es gibt an die 1000 Gattungen mit bis
zu dreißigtausend Arten! (Übrigens gehört auch die
„Echte Vanille" mit ihren an kleine Osterglocken
erinnernden Blüten zur Familie der Orchideen.)
Schon seit über 2500 Jahren bekannt und beliebt
als ästhetisches Wunder, Heilmittel und Aphro-

disiakum, gelten Orchideen heute noch bei den Chinesen als Sinnbild für Liebe, Schönheit (vor allem bei jungen Mädchen), Eleganz, und, in einer Vase angeordnet, für Eintracht und Harmonie.

Wegen psychoaktiver Wirkstoffe wie „Meskalin" waren sie auch Bestandteil heiliger Handlungen. Die Azteken kultivierten die „Coatzontecomaxochitl" in ihren heiligen Gärten. Eine Vanilleart („Tlilxochitl", schwarze Blume) wurde kultiviert, um den Kakao („chocolatl") damit zu würzen. Mitte des 16. Jahrhunderts gelangten die edlen Blumen nach Europa, die erste aus Übersee eingeführte Orchidee namens „Brassavola nadosa" erblühte 1615 unter den bewundernden Augen derjenigen Niederländer, die das Glück hatten, zu ihr reisen zu können. Sammler und Forscher, von einer Welle der Begeisterung getragen, wurden in alle Weltgegenden geschickt, um neue Exemplare der Orchideen aufzuspüren. 1818 ging ein großes Staunen durch Europa, weil William Cattley eine große lavendelblaue Orchidee mit nach Hause gebracht hatte. Dies alles dauerte bis zum Anfang des 20. Jahrhunderts, bis man begann, Orchideen zu züchten. Trotzdem kreuzt man immer noch gerne Wildsorten ein, um die Zuchtpflanzen zu stärken.

Orchideen wachsen auf anderen Pflanzen, auf Steinen und Felsen und in der Erde. Sie haben keine Hauptwurzel, sondern sekundäre Wurzeln, die aus dem Spross hervorgehen. Sie werden von

einer Schicht aus abgestorbenen Zellen wie ein schwammiges Gewand umhüllt (Velamen); diese hat die Aufgabe, das Wasser mit den darin gelösten Nährstoffen schneller aufzunehmen, zu speichern und an die Pflanze weiterzugeben. Die Wurzeln dienen bei den Kletterern auch als Haft- und Halteorgan. Die etwa hundert Phalaenopsis-Arten (mit neuen Züchtungen zusammengenommen sind es mehrere hundert) sind u. a. auf den Philippinen, in Indonesien und Südchina beheimatet, dort, wo die Temperaturen nachts normalerweise nicht unter 15 Grad und tagsüber nicht über 35 Grad steigen, wo die Luftfeuchtigkeit verlässlich hoch ist und genügend Niederschlag während der Regenzeit fällt, die gleichzeitig die Wachstumsphase der Orchidee markiert.

Die „Phalaenopsis" sind wohl die bekanntesten und beliebtesten Zierorchideen in Europa, denn ihre wohlgestalteten, wachsartigen Blüten erinnern an Schmetterlinge (griechisch: „phalaina", Nachtfalter; „opsis" Aussehen). Sie sind epiphytisch (wachsen auf anderen Pflanzen), aber keine Schmarotzer, man findet sie auch auf mit Flechten oder Moosen begrünten Felsen. Die grünen Laubblätter sind fleischig und ledern, sehen aus wie Zungen und können zwischen 80 und 100 Zentimeter groß werden. Die Blütenstände wachsen entweder aufrecht oder bogenartig überhängend, manche Arten der „Phalaenopsis" blühen mehrmals aus dem gleichen Blütenstand. Sie besitzt

drei Kelch- und drei Kronblätter, aus der die drei-
geteilte Lippe gebildet ist, dazu ein gesprenkeltes
Inneres, das wie ein Organ aussieht, ein wenig
surrealistisch in seiner fremdartigen Schönheit.
Das natürliche Vorkommen der Orchideen ist
durch die Zerstörung der Regenwälder und das
bedenkenlose Sammeln sehr bedroht. Manche
Arten verschwinden schon, bevor Botaniker sie
je zu Gesicht bekommen haben.

*Die Energie der Orchidee bewirkt neue Fri-
sche bei den Menschen, die abgestumpft sind
und die wunderbaren Kleinigkeiten nicht mehr
sehen können und die nicht auf kleine Gesten
und Blicke reagieren können, weil sie nicht mehr
erreichbar sind. Sie leben vor sich hin, ohne
nachzudenken, ohne noch viel zu fühlen, lassen
sich treiben, flüchten sich in Gleichgültigkeit
oder trägen Pessimismus. Im Extremfall lassen
sie sich „hängen" wie ein Pflanze ohne Wasser,
sie haben sich von sich selbst abgeschnitten, von
ihrer Schöpferkraft, ihrem Mut, ihrer Fähigkeit
zu empfinden. Sie möchten keine Hilfe annehmen, weil sie denken, es sei ohnehin sinnlos, ihre
Kraft reicht schon nicht mehr aus, um sich etwas
zu wünschen. Die positiv gestimmten Menschen
erscheinen ihnen wie eine fremde, nutzlose Gattung, die die „harte" Wirklichkeit einfach nicht
sehen will und alles mit rosa Farbe übertüncht.*

*Die Orchidee überströmt Menschen in diesem
Schwingungszustand mit stillen Glücksgefühlen
und befähigt sie, wieder in Kontakt mit ihrem
Wissen um die oft fremdartige, doch faszinierende
Schönheit des Lebens und die große Einheit aller
geschaffenen Wesen zu kommen. Dabei finden sie
zu ihrer Einfachheit zurück, wobei die Einfachheit
alles nur Denkbare enthält, so wie das weiße Licht
alle Farben beinhaltet. Der schlichte, natürliche,
nahbare Mensch ist gleichzeitig eine Schatztruhe
voller Überraschungen, der Mensch, der meint,
sich aufblähen zu müssen, seine Wichtigkeit betont
und sich von den anderen distanziert, verbirgt
seine Schönheit eher als dass er sie offenbart.*

ICH SCHÖPFE AUS MEINEN GEHEIMNISSEN.
ICH MACHE DIE WELT INTERESSANTER.

102. Perlgras (Melica nutans)

Anonym, China, zweites Jahrhundert
aus **Altes Gedicht**

„ . . . Unaufhörlich, an endlosen Wegen,
zaust der Herbstwind das hundertfältige Gras . . . "

Das „Nickende Perlgras" aus der Familie der
Süßgräser ist weit verbreitet in Europa. Seine Beinamen wie „Saulaus" oder „Geißzötteli" verdankt
es seinem Aussehen, den kleinen perlförmigen
Samen, die, aufgereiht auf zarten Stängeln, von
hellgrünen Blattspreiten umgeben sind. Die Pflanze
liebt nährstoffreiche, mäßig warme, kalkhaltige
Böden und blüht von Mai bis Juli.

Das Perlgras als Vertreter der weltweit un-
zähligen Grasarten tankt diejenigen auf, die es
sich zur Aufgabe gemacht haben, für andere da
zu sein. Überall dort, wo Menschen helfen, ob

*beruflich oder privat, sind sie der Gefahr aus-
gesetzt, sich zu verausgaben. Das Perlgras hilft
ihnen mit folgender Schwingungsinformation:
Verfeinerung des Fühlens, Entwicklung eines
Mitgefühls jenseits des Mitleids, die Fähigkeit,
für andere unaufdringlich da zu sein, ihnen das
Gefühl eigener Stärke zu vermitteln, der Verzicht
darauf, andere von sich abhängig zu machen. Der
„Perlgrashelfer", der Mensch also, der die Frequenz intergiert hat, braucht kein Lob, obwohl
er sich darüber freuen kann.*

*Er ist selbstlos im positiven Sinne, er blen-
det sich als Person nicht aus, sondern ein, stellt
sich aber nicht in den Vordergrund. Er ist ganz
schlicht und einfach dort, wo man ihn braucht
und ist bereit, seine Verantwortung zu tragen.
Dabei genießt er sein Leben und baut Regenera-
tionspausen ein, um seine Energie wieder aufzu-
füllen. Er ist hartnäckig im positiven Sinne, lässt
sich durch nichts entmutigen, steht immer wieder
auf, wenn er zu Fall gekommen ist, lernt begierig
und gewissenhaft und integriert das, was ihm
auf seinem Lebensweg weiterhilft. Pragmatisch
und gleichzeitig idealistisch kann er für sich und
andere ohne Kräfteverfall da sein.*

ICH ERKENNE MICH.
AUS MEINER STÄRKE HERAUS HELFE ICH DEM,
DER MICH BRAUCHT,
OHNE MICH SELBST AUFZUGEBEN.

103. Petersilie (Petroselinum crispum)

Überlieferter deutscher Vers

Petersilie, Suppenkraut
wächst in unserm Garten,
unser Ännchen ist die Braut,
soll nicht länger warten.
Roter Wein, weißer Wein,
morgen soll die Hochzeit sein!

Die Petersilie aus der Familie der Doldenblütler ist in vielen Ländern verbreitet und rangiert unter den beliebtesten Würzkräutern. Aus der Küche des Nahen Ostens ist sie nicht wegzudenken, viele Gerichte werden dort mit frisch gehackter Petersilie bestreut, da das Mitgaren der Gewürzpflanze viel von ihrem Aroma und ihrer Heilkraft nimmt. Bei Wettspielen im alten Griechenland wand man den Siegern Petersilienkränze.

Die Petersilie bevorzugt nährstoffreiche Lehmböden und verwildert selten. Wild kommt sie nur

noch im Mittelmeerraum und auf den Kanaren vor. Die aromatische Wurzel, die essbar ist und sich als Gemüse oder Suppenbestandteil eignet, sieht wie eine kräftige weiße Rübe aus. Aus ihr sprießt das Petersiliengrün mit krausen oder glatten Blättchen. Da immer wieder Verwechslungen mit der giftigen Hundspetersilie vorkamen, beschränkte man sich in den Klostergärten auf die krause Sorte. Die Blütendolden der Petersilie stehen aufrecht und enthalten bis zu 20 gleich lange Strahlen. Die Einzelblüten sind klein und gelb-grün, man sieht ein kleines gespitztes Häubchen in der Mitte umringt von den Blüten- und Staubblättern, kleine Kunstwerke, aus denen sich die breiten eiförmigen und gerippten Samen entwickeln.

Alle Pflanzenbestandteile enthalten ätherisches Öl mit den Inhaltsstoffen Myristicin (auch in der Muskatnuss vorhanden) und Limonen (auch in Zitrusfrüchten), bei der glatten Petersilie Apiol. Apiolhaltige Tränke mit Petersilie wurden im Mittelalter zum Schwangerschaftsabbruch benutzt. Den Kriegern im alten Griechenland war ihr Genuss verboten, da Apiol auch luststeigernd wirkt; daher die volkstümlichen Beinamen „Geilwurz" oder „Bockskraut." In hoher Dosierung kann es Leber- und Nierenschäden hervorrufen. Doch in der Heilkunde wird die Petersilie, richtig dosiert, genau dort eingesetzt: bei Blasen- und Nierenerkrankungen, bei Menstruationsbeschwerden und als Geburtshelfer (Wehenhelfer, Nachge-

burtsaustreiber). Weiterhin ist sie harntreibend, blutreinigend und verdauungsanregend, hilft bei Rheuma und Gicht, Nierensteinen, Bluthochdruck, Müdigkeit (hoher Vitamin-C-Gehalt) und Mundgeruch (hoher Chlorophyllgehalt); äußerlich bei Insektenstichen und Entzündungen. Einige ihrer weiteren Beinamen sind „Stehsalat", „Peterling", „Petergrün" (griech.: „petros", Felsen) und „Silk" („selinon" Sellerie), mit dessen Grün die Petersilie häufig verwechselt wurde.

Da die Petersilie eine lange Keimdauer hat, hieß es im fabulier- und verleumdungsfreudigen Mittelalter, sie müsse erst sieben Mal zum Teufel fahren, bevor sie ausschlage. Deshalb entstand auch der Glaube, Petersilie bringe Unglück und derjenige, der sie ohne Erfolg säe, werde bald sterben, was sicherlich für viele Ängste sorgte, denn die Petersilie ist kapriziös und nimmt durchaus nicht jeden Boden und Standort an. Verantwortungsvoller ging Hildegard von Bingen mit ihr um und riet zu einem Mittel aus in Wein gekochter Petersilie mit wenig Weinessig und viel Honig („Herzwein") gegen Trunkenheit. Dies soll nach wie vor gegen den „Kater" helfen.

Die Energie der Petersilie verleiht die Fähigkeit, unsere Probleme und die unserer Mitmenschen direkter anzugehen. Sie wirkt harmonisierend auf die Gehirnfrequenz ein, vernetzt sie mit dem Gefühlsbereich und schärft den inneren und äuße-

ren Blick. Wir schätzen uns selber und daraufhin Personen und Situationen genauer ein und handeln dementsprechend „luzid" (hellsichtig). Wir sind präsenter und schaffen es auch in größeren Gruppen, etwas zu den Gesprächen beizutragen oder ihnen eine neue Richtung zu geben. Dabei wirken wir nicht aufrührerisch, sondern klärend und schlichtend, wir wecken das Interesse für Gebiete, die wir mit wachem Interesse zuvor selbst erforschten und die sich noch nicht für alle erschlossen haben. Je mehr wir vorher in uns selber für Ordnung gesorgt haben, desto wertvoller wird unser Beitrag für die Allgemeinheit ausfallen.

Beziehungen werden auf eine neue Ebene gehoben. Nachdem sich die beiden Partner im Laufe der Zeit besser kennengelernt haben wissen sie viel übereinander, aber meistens nicht alles. Der Austausch wird intensiviert, die Liebe vertieft. Sie wird getragen von dem Wissen, das man sich im Laufe der Jahre (oder Leben) erworben hat.

ICH BIN KLAR UND PRÄSENT.
MEINE LIEBE UND MEIN WISSEN VERTIEFEN SICH.

104. Pfefferminze (Mentha piperita)

Minze

Ich kühle
die Sinne, ich
wärme das Herz,
ich stärke das Denken
und schmäler' den Schmerz.
Das glutvolle Drängen, der wütende
Blick, das Brennen und Sengen, das
lenk' ich zurück
zum Urquell: dem Leben,
zum Urquell: dem Glück
das kann ich dir geben,
ich geb's dir zurück.

Der Benediktinermönch, Dichter, Botaniker und Diplomat Strabo notiert in sein „Liber de culture hortorum", kurz „Hortulus" genanntes Buch über die Minze im Allgemeinen: „Wenn aber einer die Kräfte und Arten und Namen der Minze samt und sonders zu nennen vermöchte,

so müsste er gleich auch wissen, wie viele Fische im Roten Meere wohl schwimmen oder wie viele Funken Vulcanus, der Schmelzgott aus Lemnos, schickt in die Lüfte empor aus den riesigen Essen des Aetna." Die Pfefferminze aus der Familie der Lippenblütler unterscheidet sich von den anderen Minzarten durch den höheren Mentholgehalt, der sie schärfer, eben pfefferähnlicher schmecken lässt. Die Minzen bevorzugen feuchte Standorte und kommen vorwiegend auf der Nordhalbkugel vor. Die krautige Pflanze ist frosthart und ausdauernd, sie wurzelt flach mit langen Ausläufern. Die Blätter sind länglich eiförmig, an den Rändern gesägt und gegenständig. Die Blütenrispen, Scheinähren, die immer wieder von kleinen Laubblättern unterbrochen werden, sind violett und endständig, die kleinen Einzelblüten stecken in Hülsen. Anders als andere Minzsorten wird die „Pfefferminze" erst um 1700 in europäischen Kräuterbüchern erwähnt. Inzwischen gibt es viele Zuchtsorten, zum Beispiel die Erdbeerminze, die Schokominze, die Orangenminze.

Man fand Minzsträuße in ägyptischen Gräbern um 1000 vor Christus. Eine Version der Herkunft des Namens lautet: Persephone, die eifersüchtige Gemahlin des Unterweltgottes Hades verwandelte die schöne Nymphe Mintha in ein Kraut, das man mit Füßen trat. Der immer noch verliebte Hades gab der Pflanze darum den balsamischen Duft, der sich genau dann entwickelte, wenn

man sie berührte. Aristoteles riet den Soldaten vor der Schlacht vom Genuss der Minze ab, da das Kraut eine aphrodisische Wirkung habe. Eine römische Sitte war es, Feierstätten vorher mit der angenehm duftenden Minze auszustreuen. Die Römer tranken sie gerne im Wein oder würzten damit Fleisch- und Gemüsegerichte.

Im Jahre 812 befahl Kaiser Karl der Große den Anbau von vier Minzarten in den Gärten seines Reiches („Karlsgärten"): die „Wasserminze", „Ährenminze", „Poleiminze" und „Rossminze." Einerseits kursierte im Mittelalter das Gerücht, Hexen würden Poleiminze zu einem Trank verarbeiten, der das Schielen verursache. Wenn man aber zu Johanni (24.6.) zufällig eine Pfefferminzpflanze fand, hatte man das ganze Jahr über Glück! Dann wurden aus der Minze Glückkränze gewunden.

Heutzutage hat der Pfefferminztee weltweit ähnlichen Kultstatus wie der Orangensaft. Im Orient trinkt man ihn stark gesüßt. Großbritannien wäre um einiges ärmer, hätte es nicht sein Lamm mit Minzsoße; dort erfand man auch das „After Eight." Man verwendet Pfefferminze in Desserts, Eiscreme, in Verbindung mit Obstsalaten, Getränken, Gelees - es gibt weltweit unzählige kulinarische Varianten, die auf dem überraschenden Effekt beruhen, dass die Minze nicht nur aromatisch schmeckt, sondern auch zuerst wärmt und dann kühlt.

Als Tee oder Öl wirkt die Pfefferminze bei Verdauungsbeschwerden und Schaflosigkeit, sie ist krampflösend und beruhigend, schleimlösend und wirksam gegen Erkältung; das kühlende Öl kann man auf die Stirn streichen, um Kopfschmerzen zu lindern, dabei sollte man die Augen schließen, damit die ätherischen Öle nicht zum Weinen reizen. Gebärenden verabreichte man früher mit Minze versetzten Wein, um die Schmerzen zu lindern, daher rührt der Beiname „Mutterkraut." Gegen Ohrenschmerzen vermischte man das pulverisierte Kraut mit Honig. Wegen ihrer entzündungshemmenden, antibakteriellen Eigenschaften wird sie in Mundwassern und Zahnpasta verarbeitet, die frischen Blätter wirken gut gegen Mundgeruch. All dies ist schon bei Plinius dem Älteren nachzulesen, der im ersten Jahrhundert nach Christus lebte.

Strabo (808/809-849)

Nimmer fehle mir auch ein Vorrat gewöhnlicher Minze,
So verschieden nach Sorten und Arten,
nach Farben und Kräften.
Eine nützliche Art soll die rauhe Stimme, so sagt man,
wieder zu klarem Klang zurückzuführen vermögen,
wenn ein Kranker,
den häufige Heiserkeit quälend belästigt,
trinkend einnimmt als Tee ihren Saft
mit nüchternem Magen.

Die Energie der Pfefferminze zieht den Schleier
beiseite, den wir vor Tatbestände gezogen haben,
die wir nicht sehen wollen. Wenn wir uns noch
im Zustand der Projektion befinden, neigen wir
dazu, von uns auf andere zu schließen. Wir erkennen nicht nur die Realität des anderen nicht
an, sondern weigern uns, ihm eine eigene Realitätssicht zuzugestehen, das heißt: wir erkennen
und durchschauen seinen Kosmos nicht. Die
Pfefferminzenergie befähigt uns, dem anderen
zuerst mit Nachsicht und Toleranz, dann mit Liebe begegnen zu können. Wut, Hass, Rachsucht,
all diese die Sinne vernebelnden, aufwallenden
Feuergefühle werden gekühlt und umgewandelt.
Durch diesen Prozess werden uns die Augen in
Bezug auf unsere eigene Sicht der Dinge geöffnet. Wir durchschauen so manche Lebenslüge, so
manchen Schutzwall, den wir aufgetürmt hatten,
um überleben zu können. Wir erkennen, dass
wir diese Lüge nicht mehr brauchen, die Mauern
können fallen, wir und die anderen sind frei. Wir
erkennen die Möglichkeit verschiedener Realitäten
an, sind ihnen aber nicht mehr ausgeliefert. Wir
können uns ganz frei anschauen, jeden Winkel in
uns, und das in der Sicherheit, dass wir so, wie
wir sind, sein dürfen. Und dass wir ebenso anders
sein könnten, wenn wir dies wollten.

ICH PROJIZIERE NICHT MEHR.
ICH ERKENNE DIE VIELFALT DER WIRKLICHKEITEN.
ICH BEFREIE MICH VON LEBENSLÜGEN.

105. Pfingstrose (Paeonia officinalis)

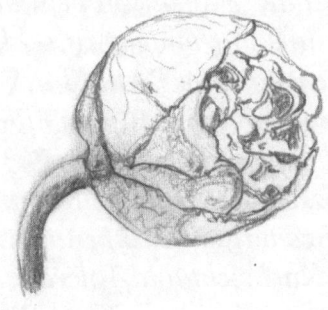

Rainer Maria Rilke (1875-1926)
Brief aus Paris

Im grauen, vibrierenden Licht
breiten sich ungeheure Blumenbestände aus,
geräumiger als je, mit weinrothen Knospen,
runder schwerer, noch geschlossener Pfingstrosen,
mit rosablonden Pfingstrosen,
die schon ein wenig aufgehen und,
wie von Guardi gemalt, in den Reflexen schimmern,
die die Luft den Dingen in Venedig gibt . . .

Die giftige und schöne „Gemeine Pfingstrose"
aus der Familie der Pfingstrosengewächse kommt
im ganzen Mittelmeerraum bis zum südlichen
Alpenrand und in Kleinasien bis nach Armeni-
en, in China, Japan und Indien vor. Weil Paian,
einer der ältesten Heilgötter der Griechen den
von Herakles verwundeten Hades mithilfe einer
Pfingstrosenwurzel heilte, wurde die Pflanze nach
ihm benannt. Pfingstrosenbüsche werden an die

100 Zentimeter groß. Die Laubblätter sind dunkelgrün und glänzend, an der Unterfläche graugrün und dreiteilig gefiedert. Die Blüten stehen endständig und schwer auf den Stängeln, die dem Gewicht oft nicht gewachsen sind, sodass die Blüten gestützt werden müssen. Aus den runden Knospen quellen die Blütenblätter der gefüllten Pfingstrosen regelrecht hervor und entfalten ihre Pracht in einem nur scheinbar ungeordneten Wuschelkopf aus duftenden roten, rosa, weißen oder mehrfarbigen Blüten.

Benediktiner brachten sie über die Alpen, daher ihr Beiname „Benediktinerrose." Die gefüllte Form entstand durch Züchtung in mittelalterlichen Klostergärten. In der christlichen Mythologie galt sie als „Rose ohne Dornen" und stand für Schönheit, Reichtum und Heilung. In der chinesischen Medizin wird ihre Heilkraft und Schönheit schon lange geschätzt. Nirgends gibt es nach chinesischer Auffassung schönere Pfingstrosen als in der Stadt Loyang, die mehrmals jährlich alte Sorten und Neuzüchtungen in großen Ausstellungen zeigt.

Die Heilstoffe in der Pfingstrose helfen gegen Gicht („Gichtrose") und wurden lange bei Epilepsie eingesetzt. In Bayern heißen die Samen noch heute „Appoloniakörner", weil man sie zahnenden Kindern zum Kauen gab (Appolonia ist die Schutzheilige der Menschen mit Zahnbeschwerden!) Weitere Anwendungsgebiete: Verdauungsprobleme, Hautprobleme, Hämorrhoiden, Menstruationsbeschwerden wie Krämpfe und Kopfschmerzen und (durch ihren Anteil an

Pflanzenhormonen) Östrogenmangel, daher ist sie auch wirksam bei Wechseljahrbeschwerden.

Die Energie der Pfingstrose verweist den Menschen auf seine innere Schönheit und Fülle. Alles ist in uns angelegt, sobald wir uns bezweifeln, klein machen, kritisieren, beschränken wir uns und lassen nicht zu, dass wir uns entfalten und zu unserer wahren Bestimmung finden. Nur, wer sich vollkommen entspannt und dem Leben hingibt, ohne Angst, in freudiger Erwartung und voller Neugier auf das, was kommen mag, wird seine Berufung erfahren können, den inneren Zweck seines Daseins. Wir sollen voraussetzen, dass wir wertvolle Wesen sind, jeder in einer anderen Weise mit anderen speziellen Fähigkeiten. Deshalb holt uns die Pfingstrose aus dem kleinlichen, selbstkritischen und selbstquälerischen Denken heraus, das uns nur blockiert und im unfruchtbaren Opfertum festhält. Wir sind nicht klein und hässlich, wir sind groß und schön, das ist die Botschaft der Pfingstrose. Und nur, wenn wir uns auf die Basis des Vertrauens stützen können, können wir auch in aller Schönheit leben. Denn, so wie die großen schweren Blüten der Pfingstrose gestützt werden müssen, müssen wir uns selbst und unser Vertrauen stützen, indem wir es immer wieder bewusst erneuern und uns sagen:

ICH HÖRE AUF, MICH KLEIN ZU MACHEN.
ICH BIN GROSS UND SCHÖN!

106. Rhododendron

Rhododendron

Jene
Biene liebte
ihn mehr als andere,
die nicht nur Nektar aus
ihm sog, sondern das
Wissen
der Einheit.

Der Rhododendron gehört zur Familie der Heidekrautgewächse (Ericaceae). Rhododendron ist griechisch und heißt „Rosenbaum." Es gibt ihn in vielen Spielarten (etwa 1000), die in allen Erdgegenden vorkommen, am Meer, im Hochgebirge (Tibet), in der subpolaren Tundra und im Regenwald. Einige Arten wachsen baumhoch, andere leben, wie viele der Orchideen, auf Bäumen (epiphytisch); es gibt hohe großblütige und niedrige, kriechende kleinblütige Arten.

Sie haben lorbeerartige glänzende, häufig immergrüne Blätter und Blütenstände in verschiedenen Tönen, rot, rosa, helles bis dunkles Violett, gelb, weiß oder mehrfarbig). Die Blüten wachsen, inmitten des sie umgebenden Blätterkranzes traubendoldig. Sie blühen glockig bis trompetenförmig, die fünf Kelchblätter sind verwachsen. Es gibt in Europa prachtvolle Park- und Gartenanlagen mit Rhododendren. Sie bevorzugen sauren Boden. Blätter, Nektar und Pollen sind giftig, sie enthalten Grayanotoxine und können Schwindel, Übelkeit und Atemnot hervorrufen, in schweren Fällen tritt eine Herzverlangsamung und Atemstillstand ein. Der Tee aus den Blättern wirkt schweiß- und harntreibend, man verwendet ihn zur Behandlung von Gicht und Rheuma. Weiterhin wirkt Rhododendron herzstärkend und blutdrucksenkend und ist wirksam gegen Schwindel und Übelkeit.

Die Schwingung des Rhododendrons steht für die Frequenz des Sich zugehörig Fühlens, wo immer man sich auch aufhält und hilft, wenn wir uns einsam und verlassen fühlen, wenn wir denken, nichts mache einen Sinn und niemand interessiere sich für uns. In großen Gruppen tendieren wir dazu unterzugehen, nicht mehr wahrgenommen zu werden. In kleinen Gruppen ist man zwar höflich zu uns, bleibt aber auf Distanz. Dies verstärkt das Gefühl der Isolation und lässt uns die Sehnsucht nach unserer wahren Heimat

stärker spüren. Diese „wahre" Heimat befindet sich aber in Wirklichkeit in uns selber, wir müssen nirgendwo hingehen, um sie zu finden. Wir sind die Heimat für uns.

Der Rhododendron vermittelt die Qualität der Anpassung, im positiven Sinne des Ineinander Aufgehens, wobei wir uns unserer Individualität bewusst bleiben. Das bedeutet für uns: wo immer wir uns auch aufhalten, wir bleiben in unserer Mitte. Nichts kann uns verunsichern, nichts aus diesem Gefühl der prinzipiellen Geborgenheit in uns selber herausholen. Wir sind frei, bringen uns aber als Teil der Gemeinschaft/Gesellschaft ein, mit all unseren Qualitäten und ohne etwas von unserer Liebe zurückzuhalten. Und so wird das Gefühl der Isolation, der Trennung, der Einsamkeit weichen und dem Gefühl der Zugehörigkeit zum großen Ganzen weichen.

ICH BIN ICH UND ICH BIN TEIL DES GANZEN.
ICH BIN STARK.
GEMEINSAM SIND WIR STARK.

107. Ringelblume (Calendula officinalis)

Ringelblumen

Orangefarbener Horizont
nickender Weltverbesserer
so süß schmecken die Kelche
so samtig und bitter und süß
und bessern die Welten und
nicken uns Wahrheit zu.

Die kräftig dottergelb oder orange blühende
Ringelblume (auch „Ringelrose") aus der Familie
der Korbblütler ist weit in Europa verbreitet. Sie
liebt nährstoffreiche, lockere Lehmböden, wächst
aber auch auf Schutthalden, Äckern und Wiesen.
Sie ist einjährig, manchmal zweijährig und setzt
während des Sommers immer wieder neue Blüten
an. Deshalb nannten die Römer sie „Calendae",
was soviel wie (in diesem Falle mehrere) Monats-
anfänge bedeutet. Die Wurzel ist spindelförmig,
die hellgrünen, leicht fleischigen Blätter sind um-

gekehrt eiförmig oder lanzettlich und, so wie der Stängel, kurzhaarig behaart. Die Blüten bestehen aus einem Körbchen mit etwa 30 bis 50 zwittrigen, eng beieinanderstehenden Röhrenblüten und etwa ebenso vielen sie umrahmenden Zungen. Ihr Name spielt auf die Samen an, die zu mehreren in Schließfrüchten heranreifen (Samenstände, die im geschlossenen Zustand abfallen, siehe „Nüsse") und sichelförmig bis geringelt aussehen; eine der darin enthaltenen Fettsäuren ist die selten vorkommende sogenannte Calendulasäure.

Die Ringelblume wanderte im 12. Jahrhundert von Süden nach Norden und wurde fester Bestandteil der Bauern- und Klostergärten. Als Vielblüher setzte man sie gerne auf Gräbern ein, was ihr den Beinamen „Totenblume" verschafft hat. In England nennt man sie „Marigold." Hildegard von Bingen schätzte die „kalte und feuchte Ringula" u. a. zur Behandlung von „Grind" (Schorfe und Flechten) und Nahrungsmittelvergiftung. Die Heilwirkung wird von vielen bekannten Kräuterkundigen wie Albertus Magnus, Bock, Culpepper und Tabernaemontanus erwähnt. Im Brauchtum entwickelte sich eine bei jungen Mädchen beliebte Sitte: Mit Honig und Essig zu einer Salbe verarbeitet und unter Anrufung des Heiligen Lukas vor dem Schlafengehen aufgetragen, sollte die Ringelblume helfen, vom zukünftigen Liebsten zu träumen. Bei den Bauern gilt sie nach wie vor als Wetterprophetin, denn sie öffnet ihre Blüten

nur zwischen 6 und 7 Uhr, wenn der Tag sonnig wird; steht Regen bevor, lässt sie sich damit Zeit („Regenblume").

Jean Paul (1763-1825)
aus **Die Blumenuhr**

. . . Um 9 Uhr regt sich schon
der weibliche Adel und die Ringelblume;
ja viele Landfräulein, die zum Besuche kamen,
sehen schon halb zum Fenster hinaus . . .

Die Ringelblume enthält u. a. Bitterstoffe, Flavonoide, Saponine, Salicylsäure, Carotinoide, Polysaccharide und ätherische Öle. In der Heilkunde werden die getrockneten Körbchen und Blüten genutzt, man bereitet aus ihnen Tees, Tinkturen, Salben, Extrakte und wässrige Auszüge. Man verwendet die „Droge" bei Regelschmerzen, Magen- und Darmgeschwüren, Leber- und Galleproblemen, Schwindel, Brechreiz und Kopfschmerzen. Sie wirkt abschwellend, zusammenziehend, schweißtreibend, beruhigend, antibakteriell und pilztötend. Ihr Anteil an pflanzeneigenen Hormonen hilft, den Zyklus zu regulieren, den Eisprung zu fördern und sanfter durch die Wechseljahre zu kommen. Die Ringelblumensalbe wendet man für die Wundheilung an, sie hilft bei Hautausschlägen, Entzündungen, Wundliegen, Sonnenbrand, Quetschungen und Furunkeln und im Mutter-Kind-Bereich zur Abheilung entzündeter Brustwarzen und gereizter Babypopos; sie wird auch

460

zur Behandlung von weißem Hautkrebs genutzt.

Die Energie der Ringelblume hilft den Helfern. Wer sich aufopfert und immer für andere da ist, kommt irgendwann an den Punkt seelischer und körperlicher Erschöpfung. Dies kann eine schleichende, sich über viele Jahre hinziehende Entwicklung sein, unbemerkt oder verdrängt im besten Glauben, etwas Gutes zu tun, und dies auch vollkommen freiwillig. Die Ringelblume erinnert den helfenden Menschen daran, dass er nur geben kann, wenn er auch nimmt. Der Helfer, der nie Hilfe annimmt, wird unweigerlich irgendwann das Gefühl haben, er werde ausgenutzt. Dies ist ein gängiger Widerspruch in sich selbst, ein Paradox, das durch die Erkenntnis aufzulösen ist, dass Geben und Nehmen zu einem Kreislauf gehört, die die Energie sich immer wieder selbst erneuern lässt. Warum helfen wir? Wir brauchen Liebe und wollen lieben. Alles befindet sich im Fluss, nichts steht still. In diesem ewigen Werden und Vergehen ist die Liebe das einzige, was Bestand hat. Und deshalb muss man sie ebenso geben wie nehmen, damit der Fluss sich nicht staut und alle Lebewesen mit Liebe versorgt sind.

ICH GEBE UND NEHME LIEBE AUS LIEBE.

108. Rittersporn (Delphinium elatum)

Hans Carossa (1878-1956)
aus **Gartentag**

Von unsern Zitterpappeln fliegt noch immer
der Samenflaum, das Gras ist wie verschneit.
Ein Rittersporn versendet seinen Schimmer,
als käme eine Frau in blauem Kleid . . .

Der auch im Altertum als Heilpflanze bekannte
Rittersporn gehört zu den Hahnenfußgewächsen
und wird bis zu zwei Meter hoch. Er blüht in
prachtvollen Blautönen, dazu in weiß und rosa.
Es gibt bis zu 350 Arten, die vorwiegend auf der
Nordhalbkugel, der „Holarktis" zu finden sind.
Die Stauden haben dreiteilige, gelappte, stark geteilte Blätter. Die Form der langen, an der Spitze
gebogenen Blütenrispen hat dem Rittersporn zu
seinem Namen verholfen, man nennt ihn allerdings
auch „Hafergiftblüten", „Adebarsnibben" und

„Kreienfot." Die Knospe der Blüte ähnelt einem Delphin (griechisch: „Delphinion").

Er ist eher selten außerhalb der Kulturgärten zu finden und wenn, dann in lichten Alpenwäldern. Er ist giftig, alle Pflanzenteile und besonders die Samen enthalten Alkaloide, der Rittersporn ist allerdings weniger giftig als der Eisenhut, der ähnliche Stoffe in weit höherer Konzentration beinhaltet. Die Alkaloide rufen nervöse Beschwerden hervor, wirken auf den Herzmuskel ein, können Bewegungsstörungen hervorrufen und Magenreizungen mit Durchfall. Im Mittelalter nutzte man ihn als harn- und wurmtreibendes Mittel, dazu als Heilkraut bei Augenleiden und als Wundheilmittel. Genutzt wurde dazu ein Sud aus den Blüten.

Der Rittersporn

Meine blaue Rüstung
ist ein Gedicht, mehr
brauch' ich nicht. Ich
ziehe sie nur zu Hause
aus, denn dort ist Licht.

Die Energie des Rittersporns verhilft uns zu mehr Originalität. Wir werden uns unserer echten Kraft bewusst, verstecken uns nicht mehr vor uns selber, entdecken vielmehr unsere Fähigkeiten und lernen es, sie zu nutzen. In unserem neuen Selbst-Bewusstsein wagen wir es, auch in einem Umfeld original aufzutreten, dass uns häufig in starre Formen gepresst hat und uns dort halten will: die Familie. Es ist nicht so, dass die Familie nicht will, dass wir frei sind, aber es ist so, dass sich die einzelnen Mitglieder daran gewöhnt haben, wie jeder Einzelne sich in das System eingepasst hat. Jede Veränderung wird mit misstrauischem Blick verfolgt, die Veränderung an sich ist nicht beliebt. Alles soll so bleiben wie es war, auch wenn dies keinem nützt.

Veränderung erfüllt uns häufig mit Angst. Also erfordert es Mut, sich zu verändern und es dann auch den anderen zu zeigen. Bei Freunden ist dies einfacher, auch am Arbeitsplatz geht es leichter als in der Familie. Nehmen wir es als Spiel, uns zum Beispiel bei Familienzusammenkünften einmal anders zu verhalten. Nicht einfach nur so, sondern anders im Sinne von „authentisch." Wir würden das sagen, was wir denken und fühlen, anfangs probeweise nur zu einem Thema. Möglicherweise bricht dann ein Sturm der Entrüstung los, es fallen Sätze wie: „Die hat sich aber zu ihrem Nachteil verändert" oder „Der ist aber komisch geworden" und Ähnliches mehr.

Der Rittersporn hilft uns dabei, dieses Risiko einzugehen und den Zeitraum zu überbrücken, der durchschritten werden will, bis alle sich umgewöhnt haben und die neue, in Wirklichkeit alte, sprich authentische Person gelten zu lassen. Die anderen lernen nach und nach, uns so zu sehen wie wir tatsächlich sind, ohne dass wir dafür kämpfen müssen. Wir stehen aufrecht zu uns sel-

ber, wir können unsere Taten verantworten, weil wir hinter ihnen stehen. Wenn wir angegriffen werden, gehen wir souverän mit dem Angreifer um, selbst wenn er möglicherweise seine Wut, Verletzung, Verzweiflung oder Angst auf uns zu übertragen sucht. Wir überprüfen uns und reagieren besonnen im Wissen um die Sehnsucht nach Liebe, die in allen Menschen wohnt.

ICH MUSS NICHT MEHR KÄMPFEN.
ICH BLEIBE GELASSEN.

109. Rose (Rosa)

Rainer Maria Rilke (1875-1926)
Das Rosen-Innere

Wo ist zu diesem Innen
ein Außen? Auf welches Weh
legt man solches Linnen?
Welche Himmel spiegeln sich drinnen
in dem Binnensee
dieser offenen Rosen,
dieser sorglosen, sieh:
wie sie lose im Losen
liegen, als könnte nie
eine zitternde Hand sie verschütten.
Sie können sich selber kaum
halten; viele ließen
sich überfüllen und fließen
über von Innenraum
in die Tage, die immer
voller und voller sich schließen,
bis der ganze Sommer ein Zimmer
wird, ein Zimmer in einem Traum.

Die Rosen gaben der Gattung „Rosengewächse" ihren Namen. Es gibt etwa 250 Arten, die sich durch Dornen, das unpaarige, wechselständige Laubblatt und Hagebuttenbildung klar definieren. Die Rose ist vorwiegend in der Hol-arktis verbreitet (Nordhalbkugel). Die Blüten sind meist fünfzählig und zeichnen sich durch ihren Duft aus (nur gezüchtete Rosen duften nicht); sie können endständig stehen (eine Blüte am oberen Ende) oder in Blattachsen, sie sind je nach Sorte traubig oder doldig oder wachsen verschwenderisch in Rispen. Es gibt sie in Mischtönen und in den Farben rot, rosa, orange, weiß und gelb, wobei eine unendliche Vielfalt zu beobachten ist. Die leuchtend roten Hagebutten, sogenannte „Sammelnussfrüchte" enthalten etwa 30 meist stark behaarte Samen. Sie werden von Vögeln, Mäusen und Füchsen gefressen und unversehrt wieder ausgeschieden; dort, wo die Hagebutten von größeren Säugetiere verschleppt wurden, bilden sich durch die große Samenmenge neue Rosenkolonien.

Die meisten Rosen bevorzugen lichte Standorte und frische, leicht saure bis schwach basische Böden, stickstoffreiche Böden werden gemieden. Die ältesten fossilen Rosenfunde sind etwa 30 Millionen Jahre alt. Im stark bewaldeten Mitteleuropa wuchsen die lichtliebenden Rosen vorwiegend auf Schotterhängen, Küstendünen und Kliffs, durch die fortschreitende Kultivierung konnten sie sich in die besiedelten Gebiete hinein ausbreiten.

Paul Eluard (1895-1952)

Ich sah meinen besten Freund
in allen Straßen der Stadt
in allen Straßen der Stadt eines Abends
den langen Tunnel seines Kummers graben
und er bot
den Frauen allen
eine Rose an eine Rose in Gnaden
eine Rose von Tau
die der Trunkenheit des Durstes gleicht
Er bat sie demütig
anzunehmen
dies kleine Vergissmeinicht
eine funkelnde und lächerliche Rose
in einer denkenden Hand
in einer blühenden Hand.

Rosen werden seit Tausenden von Jahren geliebt und bewundert. Sie dienen als Symbole, als Liebesbeweis, als Inbegriff der Schönheit. In den berühmten „gulistanen" (Rosengärten) der Perser blühten unter vielen anderen die edlen Damaszenerrosen. Hafis, einer der bekanntesten persischen Dichter aus dem 14. Jahrhundert besang die Rosen von Schiras. Noch heute ist das persische Rosenöl von höchster Qualität; es ist sehr kostbar, weil man 3 Tonnen Blütenblätter braucht, um einen Liter Öl zu gewinnen. Hauptexporteure sind inzwischen Bulgarien, Frankreich, Marokko und die Türkei. In China wird von überirdisch duftenden Rosengärten ab etwa 2700 vor Christus berichtet. Man könnte beliebig fortfahren.

Otto Julius Bierbaum (1865-1910)
Rosen, Goethe, Mozart

Was will ich mehr? Auf meinem Tische stehn
in schönem Glase dunkelrote Rosen,
der weiße Marmor-Goethe sieht mich an,
und eben hört' ich Mozarts Figaro.

Ich litt einst Schmerz? Ich war einst müd und krank?
Ich log mir Glück und dichtete ein Wunder
von Weib, das nichts als gute Maske war? -
Die Rosen glühen: Alles war ein Traum,
der weiße Goethe leuchtet Heiterkeit,
und in mir singt Susanne, Cherubin.

Wie aber: Hab' ich denn nicht Kummers viel?
Verliebten Zweifel und des Schaffens Angst? -
Die roten Rosen glühen: Sieh uns an,
der weiße Goethe lächelt: Denk an mich,
und Mozart singt mich süß und heiter ein.

Ich frevelte, wollt' ich nicht glücklich sein.

Die Rose wurde schon vielen Göttern geweiht:
Der Aphrodite, dem Dionysos, der Isis, der Freya.
Antike Sagen bringen sie in Verbindung mit dem
rosigen Meeresschaum der Aphrodite oder nennen
die Rosen die Form gewordenen Reste der Morgen-
röte. Von Karl dem Großen 794 verpflichtend für
jedes Landgut eingeführt, trat sie ihren Siegeszug
in Europa an. Im Christentum galt sie als Symbol
der Mutter Gottes, wobei Maria häufig als „Rose
ohne Dornen" bezeichnet wurde. Das bekannte
Lied „Maria durch ein' Dornwald ging" bezieht

sich auf die Kreuzigung, auf den Tod. Die weiße Rose galt den Priestern als Symbol für Verschwiegenheit, deshalb verzierte man häufig Beichtstühle damit, die „Sünder" beichteten „sub rosa" (unter der Rose) und wurden angehalten, den Rosenkranz zu beten. Der Sultan Saladin, Gegenspieler der Kreuzfahrer und Eroberer Jerusalems (1187) ließ indes Rosenwasser auf dem Gelände des Felsendoms versprengen, um die heilige Stätte der Muslims vom Christentum zu reinigen. Die Rose dient gleich-gültig allen Religionen, weil diese für sie bedeutungslos sind. Denn:

Ralph Waldo Emerson (1803-1882)
aus **Natur**

Die Rose spricht
alle Sprachen
der Welt.

In der Kosmetik und der feinen Küche hat sich die Rose von Anfang an ihren Platz erobert. In der europäischen Heilkunde werden vor allem die Hagebutten medizinisch genutzt. Sie enthalten u. a. Zucker, Ascorbinsäure, Gerbstoffe, Pektine und kleine Mengen ätherischen Öles. Sie werden verwandt bei Magen- und Darmerkrankungen, Gicht, Rheuma, Gallenproblemen und Erkältungskrankheiten, weiterhin Zahn-, Ohren- und Kopfschmerzen. In Asien werden auch Blüten, Blätter und Wurzeln verwandt.

Cäsar Flaischlen (1864-1920)
Glück

Nun ward es Sommer und die Rosen blühn
und blaue Sterne blitzen durch die Nacht . . .
und durch die Nacht und ihre blühenden Rosen
und ihre glück-tieffrohe Stille hingehen wir . . .
zwei selige Kinder . . .
und endlos vor uns breitet sich . . .
in wunderbarer Helle, von reifendem Korn durchrauscht,
die schöne Welt.

Die Rose, Sinnbild der Liebe, durch das Vorhandensein der Dornen aber auch Gleichnis der Zweipoligkeit der Schöpfung, hebt uns auf die Schwingungsebene der natürlichen Demut. Wir müssen uns nicht mehr aufblähen und so tun, als seien wir besser, gebildeter, hübscher oder wichtiger als andere, nur um zu verdecken, dass wir uns selber als minderwertig erleben. Wir verzichten auf Statussymbole und erkennen, dass wir nur durch uns selber wirken. Charisma entwickelt man nicht durch die Menschen und Dinge, mit denen man sich umgibt, sondern durch unser authentisches Sein gekoppelt mit Liebe, Verantwortungsgefühl, Integrität und Humor. Die Rosenenergie hilft, uns zu veredeln, die niederen Triebe wie Missgunst, Kleinmut, Rachsucht zu wandeln und als Großmut zu leben. Wir wachsen mit einem Teil von uns über uns hinaus in einen Bereich, der übersinnlich, transzendent, losgelöst vom Irdischen ist

und sind dennoch verbunden mit unserem Körper
und der Aufgabe, die uns auf der Erde bindet.

Friedrich Hölderlin (1770-1843)
aus **Abendphantasie**

. . . Am Abendhimmel blühet ein Frühling auf;
unzählig blühn die Rosen, und ruhig scheint
die goldne Welt; o dorthin nehmt mich,
purpurne Wolken! Und möge droben
in Licht und Luft zerrinnen Lieb und Leid!

Die Rosenenergie hilft bei der Erkenntnis,
dass wir auch die anderen Menschen nicht mehr
nach ihrer Fassade beurteilen müssen, nicht mehr
nach ihrem materiellen Wert oder sozialen Sta-
tus, wir dürfen sie als das sehen, was sie ihrem
inneren Wert nach sind. Und so verleiht die Rose
uns die Sicherheit, die man nur erlangen kann,
wenn man sich selbst in seiner ganzen Schönheit
wahrnimmt, dies aber nicht als eigenes Verdienst,
sondern als Geschenk empfindet. Die Rose gibt
uns den Impuls, aufzublühen und uns zu öffnen,
sie hilft uns gleichzeitig, dort Grenzen zu setzen,
wo wir uns schützen müssen. Die Dornen, die wir
vorübergehend dazu brauchen, halten dasjenige
von uns fern, was nicht in unser echtes System
passt. Wir sollen uns jedoch davor hüten, uns in
unserem eigenen Verteidigungsmechanismus so
zu verfangen, dass wir nicht mehr offen auf Per-
sonen oder Situationen zugehen können.

Paula Ludwig (1900-1974)

Ach, ich stürzte
in einen Heckenrosenstrauch.

Nun weiß ich nicht
was mich gefangen hält:

Sind es die zarten Dornen
oder ist es der wilde Rosenduft.

Der Duft der Rosen intensiviert unsere Fähigkeit, Sinnlichkeit zu erleben. Diese Eigenart zeigt sich auch in ihrem Schwingungsbild, vorausgesetzt, der Duft wurde ihnen nicht zugunsten größerer „Vollkommenheit" weggezüchtet. Die Sinnlichkeit, die durch die Frequenz des Geruchs übermittelt wird, verbindet uns mit der Materie und lässt uns das Leben ganzheitlich erfahren. Als Kletterrose verleiht sie Zielstrebigkeit in der Erlangung höherer Weihen, die nur im Zustand der echten Demut und Einfachheit verwirklicht werden können. Als wilde Spielart (Wilde Rose), die die vitaminreichen Hagebutten ausbildet, verhilft sie zusätzlich zu innerer Freiheit und Ungebundenheit, einer Wildheit im positiven Sinne, einer Unangepasstheit, die dafür sorgt, dass immer wieder frische, unverbrauchte Ideen in das alte System eingespeist werden, dies auf der Basis einer Vernetzung mit dem Ursprung allen Seins.

William Shakespeare (1564-1616)
O wie viel schöner strahlt die Schönheit doch

O wie viel schöner strahlt die Schönheit doch,
wenn Treu sich zum höchsten Schmuck erhebt.
Schön ist die Rose, schöner scheint sie noch
durch jenen süßen Duft, der in ihr lebt.
Wildrosen haben gleicher Farben Glut,
die gleichen Dornen wie die duft'gen Rosen,
sie spielen mit dem gleichen Übermut,
wenn Winde sie enthüllen und umkosen.
Doch ihre Tugend ist nur ihr Gesicht,
sie leben ungeliebt, verblühn am Strauch
und sterben zwecklos - das tun Rosen nicht,
aus ihrem süßen Tod strömt süßer Hauch.
So, schöner Liebling, wenn die Jugend flieht,
strömt deiner Treue Duft aus meinem Lied.

ICH BIN DANKBAR DAFÜR,
DASS ICH LEBEN UND AUF DER ERDE WIRKEN DARF.
ICH EMPFANGE UND GEBE.
ICH BIN DER MITTLER DER SCHÖNHEIT,
DER FREIHEIT, DER INNEREN GRÖSSE.

110. Rosmarin (Rosmarinus officinalis)

Volkslied
Ich hab die Nacht geträumet

Ich hab die Nacht geträumet
wohl einen schweren Traum;
es wuchs in meinem Garten
ein Rosmarienbaum.
Ein Kirchhof war der Garten,
ein Blumenbeet das Grab,
und von dem grünen Baume
fiel Kron' und Blüte ab.
Die Blüten tät' ich sammeln
in einen goldnen Krug;
der fiel mir aus den Händen,
dass er in Stücke schlug.
Draus sah ich Perlen rinnen
und Tröpflein rosenrot.
Was mag der Traum bedeuten?
Ach, Liebster, bist du tot?

Der Rosmarin gehört zur Familie der Lippenblütler. „Ros Marinus", der „Tau des Meeres",

duftet aromatisch herb, die tiefgrünen Nadeln sind an der Unterseite silbrig-filzig und schützen sich vor Austrocknung, indem sie sich an den Rändern einrollen. Blühen kann der Rosmarin im Gegensatz zu vielen anderen Pflanzen das ganze Jahr über. Er wächst und duftet im gesamten Mittelmeerraum und wurde seiner ätherischen Öle wegen vielerorts als Weihrauchersatz genutzt. Einer Legende zufolge waren die Blüten ursprünglich weiß, solange, bis die heilige Jungfrau Maria ihren blauen Mantel auszog und zum Trocknen über einen Strauch legte – woraufhin sich die Blüten violett verfärbten. Eine andere Legende aus dem 14. Jahrhundert besagt, ein Einsiedler habe der ungarischen Königin Elisabeth um 1350 ein Duftwasser, das „Ungarische Wasser" (Rosmarinwasser) überreicht, das ihr ewige Schönheit garantieren solle. Auch das „Kölnisch Wasser" enthält Rosmarin.

In der Kochkunst hat es seinen festen Platz, nicht zuletzt in der Mischung „Herbes de Provence." Es wirkt blähungslindernd, galle- und harntreibend und fördert die Blutzirkulation im Unterleib. Als Rosmarinspiritus oder Salbe kann man es gegen Gicht und Rheuma einsetzen. Bei schlecht verheilenden Wunden nutzt man seine antibakterielle Kraft. Eine Überdosierung bewirkt unangenehme Rauschzustände mit Verkrampfungen. Gut dosiert schmeckt es allerdings sogar im Bier, für dessen Zubereitung es oft genutzt wurde und wird. Im Garten kann man den Aufguss gegen Pilzbefall einsetzen.

Lange wurde Rosmarin mit dem Tod in Verbindung gebracht: in Ägypten war es Brauch, den Verstorbenen Rosmarinzweige mit auf die Reise ins Totenreich zu geben. Bis in unsere Zeit hinein trug man bei Beerdigungen Rosmarinsträußchen bei sich, um durch den Duft den Gestank des Todes zu überdecken und selbst womöglich vor Ansteckung geschützt zu sein. In der Antike steht Rosmarin allerdings auch für die Liebe; die Pflanze war der Aphrodite geweiht und wurde deswegen von den Troubadoren des Mittelalters gerne als Zeichen liebvoller Treue überreicht.

Sir Thomas More (Morus, ca. 1478-1535)

Den Rosmarin lasse ich
über meine Gartenmauern wachsen,
nicht nur, weil meine Bienen ihn lieben,
sondern auch, weil er das der Erinnerung
und Freundschaft geweihte Gartenkraut ist.
Schon ein Zweiglein von ihm spricht
eine stumme Sprache.

Die energetische Information des Rosmarins: Hab keine Angst. Nichts und niemand kann dir letztlich etwas anhaben. Selbst der Tod hat nicht das letzte Wort. Auch wenn er vorübergehende Trennung bedeuten mag, er kann uns nicht voneinander trennen, weil wir alle eins sind. Aus der Angstlosigkeit heraus beginnen wir, die Welt anders wahrzunehmen. Wir begreifen, was gemeint ist, wenn der Rosmarin zu uns spricht: Zögere

nicht, für Deine Überzeugungen einzustehen. Sei mutig und verbiege dich nicht. Bleib deinen Erkenntnissen treu, bleibe dir selber treu, pass dich nicht soweit an, bis du dich selbst nicht mehr erkennst. Trau dich, anders zu sein, dann erkennst du, dass du einer von vielen anderen bist. Du bist nicht allein in deinem Anderssein. Wir alle sind geborene Individualisten. Wenn wir uns anpassen, haben wir unsere Gründe dafür: wir sind vielleicht bequem oder ängstlich, wir zweifeln an unseren Fähigkeiten und halten uns für uninteressant, wir haben Angst vor Strafe oder wollen irgendwie an Liebe kommen. Der Rosmarin fegt alle Bedenken hinweg. Für diese Frequenz gibt es keine Kompromisse, sie legt die Persönlichkeit offen. Sie zeigt die verdeckten Fähigkeiten, fördert die Intelligenz und Auffassungsgabe, putzt den Körper blank und bringt alles auf „Vordermann", damit der Mensch endlich sein Leben leben kann.

ICH BLEIBE MIR TREU.
ICH GEBE MICH ZU ERKENNEN UND
GENIESSE DAS WISSEN, NICHT ALLEINE ZU SEIN.

111. Salbei (Salvia officinalis)

Walahfrid von der Reichenau, genannt Strabo (808-849)

Leuchtend blühet Salbei ganz vorn am
Eingang des Gartens, süß von Geruch,
voll wirkender Kräfte und heilsam zu trinken.
Manche Gebresten der Menschen zu heilen,
erwies sie sich nützlich.
Ewig in grünender Jugend zu stehen hat sie sich verdient.

„Salvare" heißt Heilen, ein Beiname des Salbeis ist „Allerheilkraut." Über 1000 Arten gibt es von dieser wunderbaren Heilpflanze aus der Familie der Lippenblütler. Ursprünglich aus dem Mittelmeerraum und Asien stammend, ist sie weltweit verbreitet und geschätzt. Es gibt unter vielen anderen wertvolle Erwähnungen bei Paracelsus und Hildegard van Bingen. Hieronymus Bock, der Prediger, Arzt und Botaniker, Verfasser des „Kreutterbuches" von 1539, befindet: „Un-

ter allen Stauden ist kaum ein Gewechs über die Salbey, denn es dienet dem Arzt, Koch, Keller, Armen und Reichen."

Einen besonderen Raum nimmt dabei der „Aztekensalbei", „Wahrsagesalbei" oder „Göttersalbei" (Salvia divinorum) ein, der in Deutschland wegen seiner halluzinogenen Wirkung verboten ist. Auch die Druiden nutzten die Zauberkräfte des Salbeis. Er vertreibt schlechte Energien, bannt böse Geister (Verwendung als Räuchermittel: „Rauchsalbe") und kann es sogar mit dem Tod aufnehmen. Der Wappenspruch der alten medizinischen Schule von Salerno lautet: „Cur moriatur homo cui salvia crescit in horto?" (Warum sollte der Mensch sterben, in dessen Garten der Salbei wächst?) Für Pfarrer Kneipp war er das „Lebenselixier par excellence." Die Engländer sagen: „Eat sage in May und you'll live for aye." (Iss Salbei im Mai und du wirst für immer leben.) „Sage" hat im englischen die Bedeutung von „weise." Karl der Große verfügte in seinem Werk über die Pflege der Landgüter unter anderem den Anbau verschiedener Salbeiarten.

Während der großen Pestepidemie in Toulouse (1630) geschah Folgendes: Diebe plünderten die Häuser der an der Krankheit Gestorbenen, ohne sich anzustecken. Nachdem sie schließlich gefasst worden waren, versprach man ihnen den Erlass der Strafe (Tod durch den Strang), wenn sie ihr Geheimnis preisgeben würden. Die Räuber gingen darauf ein und verrieten, sie hätten sich mit

einer Tinktur aus Essig mit Thymian, Lavendel, Rosmarin, Knoblauch, Weinraute und Salbei eingerieben. Hundert Jahre später wurde diese Vorgehensweise erfolgreich von Pest-Profiteuren nachgeahmt.

Friedrich Silcher (Komponist, 1789-1860)

Rosmarin und Salbeiblättlein
schenk ich dir zum Abschiedsgruß,
und dies sei mein letzt' Gedenken,
weil ich dich verlassen muß.
Was mich drückt, ich darf's nicht sagen,
muss verschweigen meine Pein,
darf mein Elend niemand klagen,
muss dabei noch fröhlich sein.
Warst mir treu so viele Jahre,
hast mir viel zu lieb getan,
meine Äugelein, die fließen,
dass ich nichts mehr sagen kann.

Der „Echte Salbei", auch „Küchensalbei" genannt, ist Bestandteil vieler Bauerngärten. Aus dem verholzenden Wurzelstock treiben die silbrig pelzigen Blätter, die violetten Blütenstände stehen in lockeren Quirlen, die Einzelblüten haben das typische Aussehen der Lippenblütler: kleine in Hülsen stehende Kelche mit grader Oberlippe und nach außen umgeklappter Unterlippe. Alle Pflanzenteile duften aromatisch. Salbei ist eine außergewöhnlich beliebte und ertragreiche Bienenweide, er übertrifft sogar den Raps. In der Küche wird er wegen seines bitter-herben Geschmacks

gerne mit Fleisch- und Fischgerichten kombiniert. Er hilft bei der Verdauung fetthaltiger Speisen. Seine konservierende Eigenschaft verhindert das Ranzigwerden von Fetten.

Die „schmale Sofie" wirkt durch den hohen Gehalt an ätherischen Ölen (Thujon und Cineol), dazu Gerb- und Bitterstoffen zusammenziehend, antibakteriell, sekretionsfördernd, nervenstärkend, desinfizierend, schweiß- und entzündungshemmend und blutstillend. Salbei stärkt die Funktionen des Gehirns und wirkt der Verkalkung entgegen; die Chinesen sagen deshalb: „Salbei für das Alter." Dort wird die Heilpflanze schon 3000 vor Christus erwähnt. In China zählt man allein 84 Salbei-Arten. Man setzt den Salbei u. a. ein bei Erkältungen, Lungenkrankheiten, Raucherhusten, Magen/Darmschmerzen, akutem Fieber, Koliken, Scharlach, („Scharlachkraut") Harnwegserkrankungen, Hitzewallungen, Übergewicht. In der Antike nutzte man ihn zusätzlich zur Stärkung des Gebärmutter (Hippokrates). Der „chinesische Salbei" wird u. a. bei Herz- und Leberkrankheiten eingesetzt. Als Mundwasser, Spülung, Zahnpasta-Bestandteil oder Bonbon verhindert oder lindert er Zahnfleischentzündung („Zahnblätter") und Halsentzündungssymptome. Er lässt den Milchfluss versiegen, deshalb ist er ideal zum Abstillen. Salbeitee, zum Haustee erkoren, ist keine gute Idee, er wirkt durch den Thujon-Gehalt auf Dauer giftig.

Salbei schwingt auf der Weisheitsebene. Er reinigt von persönlichem Nutzstreben und transformiert Klugheit in höhere Erkenntnis. Gerade bei Menschen, bei denen sich aufgrund ihres ‚Andersseins' Verbitterung eingestellt hat, ein Sichzurückziehen in ein kauziges Sonderdasein, so wie bei Heidis Großvater, wirkt die Salbeischwingung aufhellend. Sie ermutigt zur Öffnung und Weitergabe des reichen Erfahrungsschatzes und dies weder aus einem Gefühl der Überlegenheit noch Unterlegenheit heraus. Der Salbei fördert Unabhängigkeit des Denkens, Freiheit des Wirkens und Freude am Dasein. Er erhöht die Konzentrationsfähigkeit und Vernetzung im Gehirn. Er lässt den Menschen zu seinen Grundsätzen stehen, ohne dass er sich verhärtet. Er bringt Kämpfer für eine gute Sache hervor, denn er transformiert Ungeduld und schnelle Ermüdung in Geduld und Beharrlichkeit. Er hält das Interesse der Menschen wach, sodass sie tiefer in Wissensgebiete oder Tätigkeiten einsteigen können. Er macht tief und weit, weise und gelassen. Er wandelt den erkennenden Einsiedler zum Menschenfreund.

ICH STREBE NACH WISSEN.
ICH WENDE MICH DEN MENSCHEN ZU.
ICH GEBE MEIN WISSEN GERNE AN SIE WEITER.

112. Sanddorn (Hippophae rhamnoides)

Sanddorn

Wie
buddhistische
Mönche in ihren
orangeblühenden
Gewändern schauen
die Früchte des Sanddorns
das Licht. Sie verwandeln es
in Herzkraft und Lebensblut
und erfüllen uns mit dem
Wissen
um
den Sinn der
Schöpfung.

Der Sanddorn aus der Familie der Ölweiden-
gewächse wird auch Weiden- oder Dünendorn,
Rote Schlehe, Sandbeere, Audorn oder Fasanen-
beere genannt. Der Name könnte poetisch frei
übersetzt heißen: „Dornenbewehrtes, leuchtendes

Pferd" („hippos", Pferd; „phaes", leuchtend; „rhamnus", Dorn). Das „Hippophae" bezieht sich aber in diesem Falle auf die Anwendung bei Augenkrankheiten der Pferde im alten Griechenland. Der Sanddorn ist immergrün und erreicht Wuchshöhen von maximal 6 Metern. Die verzweigten Wurzeln graben sich bis zu 3 Meter senkrecht und bis zu 12 Meter waagerecht in die Erde! Dicht unter der Erdoberfläche verankert sich der Strauch noch durch die sogenannte Wurzelbrut, die am Wurzelhals entspringt. Die ursprüngliche Heimat des Sanddorns befindet sich in Nepal, inzwischen ist er in Sibirien, China und ganz Europa samt Alpen- und Pyrenäen bis zur Grenze nach Norwegen verbreitet. In Deutschland kommt er bis in die Küstenregionen in allen Bundesländern vor. Größter Sanddorn-Produzent mit riesigen Anbauflächen ist heutzutage China.

Die Zweige und Knospen sehen durch die eng anliegenden Schüppchen silber- bis bronzefarben aus. Die Äste tragen Dornen. Die Blätter sind weidenartig, sie rollen sich am oberen Rand ein wenig ein, an der Unterseite sind sie weiß-filzig behaart. Die Blüten sind zweihäusig und erscheinen vor dem Laub. Die weiblichen Blüten wachsen ährenförmig an der Basis der vorjährigen Triebe, die männlichen haben vier Staubblätter, zweiblättrige Kelche, sind kurz gestielt und stehen in einem kugeligen Blütenstand. Beide sind bernsteinfarben bis gelb.

Zwischen August und Dezember bilden sich die orangeroten, ovalen, etwa 6 bis 8 mm großen Beeren, deren weiches Fruchtfleisch viele ätherische Öle (bis zu 5 %), Beta-Karotin und Gerbstoffe enthält. Sie beherbergen auch ungewöhnlich viel Vitamin-C: bis zu 900 Milligramm pro 100 Gramm Beeren sein. Das ist deutlich mehr als der Vitamin-C-Gehalt von Zitrusfrüchten (das Zehnfache einer Zitrone), allerdings weniger als Hagebutten mit ihrem Gehalt von bis zu 1250 Milligramm. Es gibt inzwischen viele Getränke auf Sanddornbasis, in Indien wird Tee daraus hergestellt, der aufgrund seiner leicht berauschenden Wirkung bei Festen geschätzt wird. Aus den Kernen wird das hochwertige Sanddorn-Öl für die Kosmetik und als Nahrungsergänzungsmittel gewonnen, dazu gibt es auch das noch hochwertigere Fruchtfleisch-Öl.

In der Volksheilkunde verwendet man den Sanddorn gegen Frühjahrsmüdigkeit, Kopfschmerzen, Konzentrationsmangel und Appetitlosigkeit, er hilft bei Asthma und, aufgrund seiner entzündungshemmenden Wirkung, bei Magengeschwüren, Zahnfleischbluten und Entzündungen im Mund- und Rachenraum. Er senkt Blutfettwerte und Blutdruck und verringert die Gefahr, an Magen-, Brust- oder Kehlkopfkrebs zu erkranken.

Die Schwingung des Sanddorns wirkt aufhellend und belebend. Sie ist warm und licht, lässt uns jung

und unternehmungslustig werden und immun gegen Pessimismus. Wir werden durchströmt von Kraft und Lust auf Neues. Wir verändern alte Strukturen oder beleben sie wieder. Wo wir noch grade glaubten, das Leben habe keinen Sinn, sei hart und ungerecht oder öde und langweilig, vermittelt der Sanddorn sofort die Botschaft: „Das Leben ist schön, genieße es mit allen Sinnen! Probiere Neues aus, vertiefe das Alte, verbinde das, was du schon weißt mit dem, was du jetzt offenherzig und mit freiem Geist auf dich zukommen lässt!"

Der Optimismus, der uns daraufhin wieder durchströmt, verbreitet sich in unserem Umfeld. Wir beleben und inspirieren die anderen, es uns gleich zu tun. Schon allein durch unsere Ausstrahlungskraft helfen wir ihnen, die Angst vor sich selber zu verlieren, ihr Inneres anzuschauen, die Probleme zu erkennen und sich zu fragen, wie man sie lösen könne. Dort, wo Fragen gestellt werden, wird Antwort gegeben. Unser System ist so strukturiert wie eine Suchmaschine. Wenn wir, die Chefs, dieses System damit beauftragen, kreativ und lösungsorientiert zu arbeiten, wird dies so geschehen. Irgendwann wird eine Lösungsmöglichkeit präsentiert, vielleicht sogar mehrere. Dies zeigt, dass wir immer die Wahl haben. Wir sind nur Opfer, wenn wir die Wahl nicht zu treffen wagen.

AUF ZU NEUEN TATEN! ICH BIN BEREIT, MEIN LEBEN ZUM POSTIVEN ZU VERÄNDERN!

113. Schlüsselblume (Primula veris)

Ludwig Heinrich Christoph Hölty (1748-1776)
Frühlingslied

Die Luft ist blau, das Tal ist grün,
die kleinen Maienglocken blüh'n
und Schlüsselblumen drunter;
der Wiesengrund ist schon so bunt
und malt sich täglich bunter.

Die „Echte Schlüsselblume" oder „Himmelsschlüssel" aus der Gattung der Primelgewächse ähnelt einem goldgelben Schlüsselbund. Man findet die bis zu 30 Zentimeter großen Blumen in Europa und Vorderasien. Die „Primula veris" ist ausdauernd, überwintert mit einer kräftigen Sprossknolle und ist eine der ersten Blumen, die sich im Frühling zeigt. Deshalb gilt sie in der Mythologie als Vertreiberin des Dunkels und Schlüsselfigur bei der Öffnung zum Licht.

Bevorzugte Standorte sind lockere, kalkhaltige Böden und lichte Wälder, Waldränder, Böschungen und trockene, sonnige Wiesen. Die Schlüsselblume gedeiht bis in Höhen von 1800 Metern. Die Blätter sind rundlich-länglich, unterseits flaumig behaart und stehen in Rosetten. Ihre Oberfläche ist gerunzelt. Die vielblütigen Dolden schließen den blattlosen Stängel endständig ab. Bei jeder Einzelblüte, die aus einem fünfzipfeligen kleinen Helm herausschaut, sind fünf Staubblätter zu einer Kronröhre verwachsen. Kinder würden Blumen so malen wie diese kleinen runden Gesichter mit dem volkstümlichen Beinamen „Eieräuglein." Die echte Schlüsselblume teilt sich in zwei Sippen mit zwei verschiedenen Griffelarten, eine kurz- und eine langgriffelige (Heterostylie). So vermeidet sie Selbst- und fördert die Fremdbestäubung.

Die Schlüsselblume war zusammen mit Huflattich, Gänseblümchen, Vergissmeinicht und Immergrün Bestandteil des Druiden-Trankes der „Begeisterung." In der nordischen Mythologie war die Schlüsselblume Freya geweiht, die sie in ihrer Krone trug und mit der sie den Himmel aufschloss; man verknüpfte sie auch mit Ostara, der germanischen Göttin des Frühlings (siehe Ostern). Dies wurde später auf die Jungfrau Maria übertragen. Man kann die wohlschmeckenden Blüten und jungen Blättchen in den Salat mischen. In England wurde ein würziger Schlüsselblumen-Met gebraut (Honig und Wasser wurden nach einer Rezeptur

aus dem 18. Jahrhundert mit Schlüsselblumen und gestoßenen Walnüssen vergoren).

Die Heilkraft der Schlüsselblume („Arznei-Schlüsselblume"), die u. a. Saponine, Flavonoide, Primulaverosid, Kieselsäure und ätherisches Öl enthält, nutzt man bei Erkältungen, zur Schleimlösung bei festsitzendem Husten, Verstopfung, Zahnfleischentzündung, Mundfäule („Mundfäulkraut"), Nervosität und Abgespanntheit. Hildegard von Bingen empfiehlt sie gegen Schwermut; sie beschrieb die Blume mit folgenden Worten: „Sie ist warm und hat ihre ganze Grünkraft vom Scheitelstand der Sonne." Tabernaemontanus schreibt 1564, sie helfe gegen „Blödhaupt, Gehirnverschleimung, das erkaltete Gehirn und verstopfte Nerven." Pfarrer Kneipp empfiehlt den Genuss des Tees, der intensiv und angenehm duftet, gegen Gicht („Gichtblume") und rheumatische Beschwerden. Den Saft nutzte man als Schönheitsmittel gegen Runzeln und Altersflecken.

Die Schlüsselblume

Ich
erschließe
deinen Schatz
und mache
dich
sehend.

Besonders beliebt bei Elfen und Nixen soll die Schlüsselblume nicht nur dem Frühling die Tür öffnen, sondern auch Eingänge zu verborgenen Schätzen zeigen. Damit gemeint sind nicht Gold und Juwelen, sondern die Schätze in uns, die weder wir noch unser Umfeld bisher entdeckt haben. Welche Fähigkeiten schlummern in mir, welche Aspekte meiner Wesenheit sind noch ungelebt, welche Wünsche und Träume wirken in mir und wollen umgesetzt werden? Die Schlüsselblume hilft dem zögerlichen, introvertierten Menschen, der scheu, gleichwohl hilfsbereit auftritt, nichts für sich verlangt und allen alles gibt. Die hohe Frequenz der Elfengeliebten öffnet diesem Menschen das Tor zur Glückseligkeit, die unermesslichen Schätze in sich zu entdecken und ans Licht zu holen. Sie bewirkt, dass der Mensch zwar weiterhin gibt und anderen hilft, allerdings nicht mehr aus dem Bedürfnis nach Anerkennung, nicht mehr aus dem Mangel heraus, sondern aus dem Bewusstsein unendlicher Fülle.

Es werden auch die Räume aufgeschlossen, die übersinnliche Fähigkeiten bergen und Kommunikation mit Unsichtbaren, Naturgeistern und den sogenannten „Außer-Irdischen" möglich werden lassen. Einzige Voraussetzung zur Entwicklung dieser Sinne ist das unbedingte Vertrauen in die Führung durch unseren Engel, der gewährleistet, dass wir uns nicht verirren können. Wir werden weder von irgendwelchen Wesen missbraucht

werden, noch in die Gefahr kommen, unsere Fähigkeiten zu missbrauchen, denn nur, wenn wir integer sind und keine Macht über andere anstreben, wird die Schlüsselblume uns Macht verleihen.

ICH ÖFFNE IMMER NEUE RÄUME UND
ENT-DECKE IHRE GEHEIMNISSE.
ICH SCHÖPFE AUS DER FÜLLE,
DIE ICH IN MIR ENTDECKE.
ICH ERLANGE MACHT,
OHNE SIE ANZUSTREBEN.

114. Schmetterlingsstrauch (Buddleja davidii)

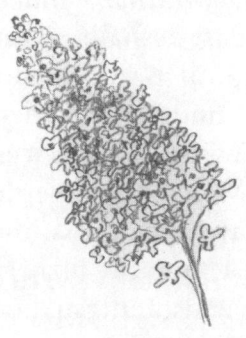

Unter
meinem Gezweig
spielen die Elfen mit den
Schmetterlingen. Sie sagen mir,
was ich an den Himmel malen
soll mit meinen Rispen- und
Blätterpinseln. Deshalb
lächelt der Himmel heute
und wird es morgen wieder tun.

Der Schmetterlingsstrauch, der zur Blütezeit viele bunte Falter anzieht, gehört zur Gattung der Sommerflieder und Familie der Braunwurzgewächse in der Ordnung der Lippenblütlerartigen. Er kommt im tropischen und subtropischen Amerika vor, in Südafrika, Tibet („Himalayaflieder) und China, wo er in Höhen von 3000 Metern entdeckt und 1890 in Europa eingeführt wurde. Er neigt seitdem zum Auswildern. Die Art ist nach dem französischen Naturforscher Armand David

benannt. Den botanischen Namen verdankt er Adam Buddle aus Essex. Der Schmetterlingsstrauch bevorzugt sonnige, warme Standorte mit kalkhaltigem Boden und ist deshalb, außer in Ziergärten, an Bahngleisen, auf Brachen, Böschungen und Schutthalden zu finden. Er erfriert bei minus 20 Grad. Der im Winter laubabwerfende Strauch kann bis zu 5 Meter hoch werden. Die Blätter sehen schmal lanzettlich aus, die Oberseite ist dunkelgrün, die Unterseite filzig grausilbern. Die Blüten stehen in endständigen, hoch aufragenden Rispen (bis zu 30 Zentimeter) und bestehen aus vielen violetten Einzelblüten mit vier zu einer Kronröhre verwachsenen Kronblättern. Sie ist im Innern gelb. Da Narbe und Staubbeutel in der Röhre versteckt sind, können nur langrüsselige Insekten den Schmetterlingsstrauch bestäuben. Die geflügelten Samen breiten sich als Ballonflieger aus. Eine Buddleja kann pro Jahr etwa 20 Millionen Samen produzieren. Der Schmetterlingsstrauch enthält Glykoside und Saponine und ist in allen Pflanzenteilen schwach giftig. In der chinesischen Medizin wird die Pflanze bei Leberbeschwerden, Bronchialerkrankungen und Hautverletzungen eingesetzt.

Die Energie des Schmetterlingsstrauches bewirkt eine Aufhellung unserer Sichtweise, indem sie uns hilft, die eigenen Ansichten und „Lebensweisheiten", nach denen wir unseren Alltag ausrichten, zu überprüfen. Dort, wo wir eine eher pessimistische

Ausrichtung entdecken, obwohl wir uns doch eigentlich als Optimisten empfinden, ermöglicht die Buddleja eine Neuausrichtung. Sie hilft, die eigene Situation aus verschiedenen Blickwinkeln zu sehen, indem sie uns über uns selbst hinaushebt. Wir entdecken, dass statt nur einer viele Handlungsmöglichkeiten existieren, weil es unendlich viele Arten des Denkens und Fühlens gibt. Die Buddleja vermittelt Leichtigkeit, Sinn für Humor, farbiges Denken und Fühlen, unkonventionelles Denken, reiche Erfindungsgabe, rasche Auffassung, direkte Umsetzung. Die Energie führt aus der Theorie in die Praxis. „Nicht reden", sagt sie, „handele. Frage dich, was du umsetzen willst und wie, und dann tu es!"

Unsere Kreativität wird intensiviert. Wir nehmen unsere inneren Farben wahr und kehren sie nach außen. Der Kontakt zu unserer Intuition wird verstärkt, ebenso die Fähigkeit, Naturwesenheiten wahrzunehmen und mit ihnen zu kommunizieren. Diese Wesen sind sehr scheu. Sie nähern sich nie ungefragt, sondern verbergen sich vor uns. Doch je mehr wir beginnen, in allen Farben zu strahlen, desto vertrauensvoller siedeln sich die Naturwesen in unserer näheren Umgebung an. Wenn wir so wenig wie möglich darüber reden, wird sich die Kommunikation ausweiten.

ICH BIN GEFLÜGELT. ICH BIN BUNT UND KREATIV.
ICH SEHE DORT MEHR, WO ICH ES WILL.

495

115. Schneeglöckchen (Galanthus nivalis)

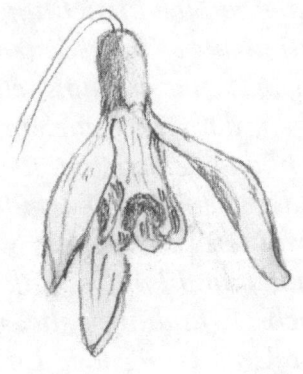

Friedrich Rückert (1788-1866)
Schneeglöckchen

Der Schnee, der gestern noch in Flöckchen
vom Himmel fiel,
hängt nun geronnen heut als Glöckchen
am zarten Stiel.
Schneeglöckchen läutet, was bedeutet's
im stillen Hain?
O komm geschwind! Im Haine läutet's
den Frühling ein.
O kommt, ihr Blätter, Blüte und Blume,
die ihr noch träumt,
all zu des Frühlings Heiligtume!
Kommt ungesäumt!

Das „Kleine Schneeglöckchen" stammt aus der Familie der Amaryllisgewächse. Die meisten Schneeglöckchenarten kommen in Europa, in Kleinasien, im Kaukasus bis zum Kaspischen

Meer vor, sie wurden aber auch in anderen Weltgegenden eingebürgert. Aus unseren Gärten ist
das zierliche Symbol des Frühlings nicht mehr
wegzudenken. Das griechische „gàla" bedeutet
„Milch", „ànthos" heißt „Blüte." Man nennt
das Schneeglöckchen auch „Hübsches- Februar -Mädchen", „Weiße Jungfrau", „Lichtmess
glöckchen", „Marienkerze", „Weißglatze" und
„Schneedurchstecher." Wenn es auszutreiben beginnt, entwickelt es die sogenannte „Biowärme"
und schmilzt den Schnee in seinem unmittelbaren
Umfeld mit etwa 8 bis 10 Grad ab.

Die Laubblätter des Schneeglöckchens, das aus
kleinen weißen Zwiebelchen hervorsprießt, sind
schmal und lang, ein Hochblatt umgibt schützend
die Blüte, die solange abwartet, bis die Umstände
günstig für sie sind. Dann treibt sie empor. Jeweils
eine zwittrige Blume steht endständig auf dem nicht
zu starken Stängel, deshalb senkt sich die Blüte
und hängt glöckchenartig herab. Die drei inneren
Blütenhüllblätter sind zu einer kleinen, am Rande
grün gezackten Röhre verwachsen, drei äußere
Blätter umstehen sie sternförmig. Sie duften ganz
fein, geradezu elegant. Die Samen kleben, sobald die
welke Pflanze abgestorben ist, auf dem Boden und
werden mit Vorliebe von Ameisen weggeschleppt,
die sie schon auf dem Weg zum Bau fressen und
die Samen unbeachtet liegen lassen. Die Zwiebeln vermehren sich auch eigenständig, sodass
die Schneeglöckchen, wenn man sie nicht stört,

große Kolonien bilden. Sie bevorzugen schattige, feuchte Standorte und kalkhaltigen Boden. Alle Pflanzenteile, vor allem die Zwiebeln, enthalten giftige Alkaloide. In den Pflanzenteilen kommen u. a. Tazettin, Galantamin, Lycomin vor, in der Zwiebel Amaryllidaceen-Alkaloid.

Im Gegensatz zur lange herrschenden europäischen Auffassung, das Schneeglöckchen sei eine reine Zierpflanze, nutzen die Menschen in anderen Ländern schon lange ihre Heilkraft. Im Kaukasus verhindert man Kinderlähmung mit Schneeglöckchentee, sodass die Kinder nach Polioerkrankungen im Allgemeinen keine Schäden davontragen; zusätzlich pflegt man die Zwiebeln zu essen, um ein frisches Gedächtnis zu behalten. (Inzwischen ist synthetisches Galantamin Bestandteil moderner Mittel gegen Demenz und Alzheimer). Als Heilmittel hilft das Schneeglöckchen bei Übelkeit, Erbrechen, Schwindel, Magen- und Darmproblemen, Muskel- und Nervenschmerzen. Es wirkt menstruationsfördernd.

Die Schneeglöckchen-Energie hilft uns, wenn wir die Tendenz entwickelt haben, missmutig und nörglerisch zu sein. Schon morgens beginnen wir den Tag mit innerem Groll und führen stumme Selbstgespräche, ohne es zu merken. Gedanken kreisen im Kopf und wiederholen sich, Sachverhalte werden in immer gleicher Weise „durchgekaut", ohne dass sich eine Lösung einstellt. Die

Probleme (Familie, Beziehung, Arbeit, Einsamkeit, Armut, Krankheit) haben sich verselbstständigt, sind zu einer festen Größe geworden, sie werden als Bestandteil des ungerechten Lebens gleichzeitig angenommen und abgelehnt. Es geht schon gar nicht mehr um die Lösung, sondern um das Leid, das sie auslösen und um die Ohnmacht, in die sie uns stürzen.

Das Schneeglöckchen tröstet und klärt.Es hilft uns, unsere Gedanken nicht länger zu überhören, sondern ihnen zuzuhören. Es weist uns auf das wirklich Wichtige hin, zentriert uns auf die Fragestellungen, die uns aus den Problemen heraushelfen können. Wir werden daraufhin die Antworten finden und handlungsfähig werden. Probleme, die konstruktiv durchdacht werden, fließen auf die Lösung zu. Das Schneeglöckchen zeigt uns ferner den Weg zurück zur Freude, zu Demut und Einfachheit. Es fördert unsere Natürlichkeit, unsere Spontanität, die pure Lust am Leben und am Lachen. Es lehrt uns, aus unserem Versteck hervorzukommen und uns so zu zeigen, wie wir sind. Wir müssen keine Angst vor Ablehnung mehr haben. Wer sich selbst angenommen hat, kann nicht mehr abgelehnt werden.

ICH HÖRE MIR ZU.
ICH LÖSE MEINE PROBLEME.
ICH BIN FRISCH UND NATÜRLICH.

116. Schnittlauch (Allium schoenoprasum)

Schnittlauch

Hör
mir zu,
wenn ich
dein Urteil
bilde. Du bist
schonungslos,
doch ich bin milde.

Der Schnittlauch stammt aus der Familie der Amaryllisgewächse. Das griechische „schoinos" bedeutet „Binse", „prason" steht für Lauch. Natürliche Vorkommen gibt es in warmen alpinen und arktischen Zonen (bis in Höhen von 2600 Metern), in Europa, Asien und Amerika. Der Schnittlauch bevorzugt lockere, nährstoffreiche, feuchte Böden und wird seit alten Zeiten als Heil- und Gewürzpflanze genutzt. Die Chinesen nennen ihn das „Juwel der Gemüsepflanzen." Aus den

kleinen Zwiebeln entwickeln sich ein bis zwei spitz zulaufende, dunkelgrüne, glatte, wasserhaltige Stängelchen, die eine Höhe von etwa 50 Zentimetern erreichen. Oft stehen sie in Büscheln mit anderen Schnittlauchpflanzen zusammen. Im Mai entwickeln sich dann die deutlich härteren Blütenstängel, auf denen die violetten, roten oder weißen Blüten als kugelige Scheindolden blühen. Die spitz zulaufenden Blütenblätter und die herauslugenden Staubfäden sind kleine Kunstwerke.

In China wird Schnittlauch seit etwa 5000 Jahren benutzt, Marco Polo brachte ihn im 13. Jahrhundert von seiner großen China-Reise mit nach Europa. Nicht alle Kräuterkundler schätzten den Schnittlauch; der britische Botaniker, Arzt und Astrologe Nicolas Culpeper notierte im 1635 erschienenen „Complete herbal", der Lauch störe den Schlaf und beeinträchtige das Sehvermögen. (Es kommt immer wieder vor, dass ein Heilkundiger eine Pflanze vehement ablehnte, weil ihre Energie ihn mit sich selbst konfrontierte, was nicht immer erwünscht war.) Auch dem Schnittlauch wurde im Mittelalter nachgesagt, er schütze vor dem „Bösen Blick", wer immer jenen auch werfen mochte. Ein Körnchen Wahrheit liegt darin, denn wenn wir mit den Engeln und Pflanzenwesen verbunden sind, stehen wir unter Schutz, auch wenn wir schon aus eigener Kraft vom Bösen unbehelligt bleiben könnten.

Für den Küchengebrauch schneidet man den Lauch kurz über dem Boden ab, er wächst während des Sommers immer wieder nach. Daher heißt er Schnittlauch, ein Name, der sich in den russischen Sprachgebrauch als „shnit-luk" und in den tschechischen als „snytlik" eingeschlichen hat. Am besten erntet man vor und nach der Blütezeit, wenn wieder weichere Stängel wachsen. Der scharf aromatisch nach Zwiebel duftende Schnittlauch enthält große Mengen an Vitamin C und A, dazu Lauchöle und Mineralstoffe. Er wirkt bakterienhemmend, appetitanregend, blutdruckregulierend. Er senkt den Cholesterinspiegel, wirkt gegen Tumore, Ödeme und Harnsäureüberschüsse, dazu bei Erkältung, Husten und Frühjahrsmüdigkeit.

Die Energie des Schnittlauchs wirkt aufhellend in folgendem Bereich (Extrembeschreibung): man ist verletzend und rücksichtslos, sarkastisch, unsensibel, lässt andere nicht zu Wort kommen oder unterbricht sie mit beißendem Spott. Man verhöhnt sich und die anderen, fühlt sich ungeliebt und treibt es darum nur umso schlimmer. Die Schwingung des Schnittlauchs hebt uns aus diesem Tal des aggressiven Selbstmitleids in die Gefilde der Selbstliebe. Das beinhaltet den ersten Schritt: man muss sich trotz all seiner Fehler vollkommen annehmen, besonders wenn man nie vollkommen angenommen wurde. Irgendwer muss es tun, wenn also kein anderer da ist, tun wir es selber.

Die Botschaft des Schnittlauchs hierbei ist: Liebe und verändere dich aus freien Stücken. Du weißt genau, wie du eigentlich bist oder sein willst. Fang mit kleinen Schritten an, geh sorgfältig und nicht zu schnell. Du kommst ans Ziel. Hör auf, die anderen zu verurteilen, es steht dir nicht zu. Verurteile weder dich noch jemand anderen, analysiere stattdessen, das führt dich weiter. Nutze deinen klaren Geist, deinen Sachverstand, deinen gesunden Menschenverstand, deine Intuition, deine Herzkraft, wie immer du es nennen magst – verlass dich auf das, was dein Gewissen dir sagt und beginne jetzt, ein „guter" Mensch zu werden. Sag lieber nichts, als etwas Verletzendes. Schweigen ist auch eine Art des Respekts. Nimm dir Zeit für deine Reaktionen, wenn du doch etwas sagen oder tun willst. Der Schnittlauch wird dich auf die Ebene heben, von der aus du nicht mehr fehlgehen kannst.

ICH LIEBE MICH.
ICH LIEBE DIE MENSCHEN.
ICH URTEILE NICHT MEHR.
ICH BIN TOLERANT.

503

117. Schöllkraut (Chelidonium majus)

Schöllkraut

Mein
gelbes Blut
strömt in deinen
Adern, wenn du mich
so liebst wie ich dich.
Ich mache dich stark,
sobald du deine
Schwäche
annimmst.

Das Schöllkraut aus der Familie der Mohn-
gewächse ist ein seit langer Zeit geschätztes
Heilkraut, das in Europa, am Mittelmeer und
in Asien vorkommt und überall genutzt wurde.
Sein Beiname „chelidonum" (Schwalbe) wurde
im Mittelalter zu „Caeli donum" umgedeutet,
„Himmelsgeschenk." Nach Nordamerika wurde
es von Siedlern als Mittel gegen Hautkrankheiten,

Allergien und Flechten mitgenommen und dort angesiedelt.

Das Schöllkraut liebt stickstoffreiche Böden und kommt in Gärten, auf Schutthalden, an Hecken, Mauern, Zäunen und Wegrändern vor. Die lichte Pflanze wächst verästelt und wird etwa 70 Zentimeter hoch. Aus dem Rhizom, einem berindeten walzenförmigen Wurzelstock, sprießen die lappigen, an den Rändern eingebuchteten graugrünen Blätter; sie sind an der Unterseite leicht behaart und eher bläulich grün, die hellere Oberseite ist durch den feinen Wachsüberzug wasserabweisend. Die vierzähligen strahlendgelben Blüten wachsen endständig und in lockeren Dolden mit 3 bis 6 Blüten. Der Milchsaft in den Stängeln und Blättern wird orangegelb, wenn er mit Sauerstoff in Verbindung kommt und ist stark färbend; zudem ist er giftig und schmeckt unangenehm bitterscharf.

Paracelsus brachte den gelben Saft mit „Gelbsucht" in Verbindung, indem er nach der „Signaturenlehre" vorging. (Die Pflanzen weisen durch ihre Zeichnung, Signatur, auf das Gebiet hin, auf dem sie heilen können). Hieronymus Bock befand in seinem Kräuterbuch von 1539, die Schöllkrautmilch sei „hitziger natur." Sie enthält neben dem Chelidonin etwa 29 andere Alkaloide, dazu Flavone und Bitterstoffe. Eine Vergiftung hat folgende Symptome: Brennende Schmerzen, Krämpfe, blutige Durchfälle bis im Extremfall zu Kreislaufversagen.

Im Heilsektor wird die Pflanze eingesetzt bei Leber- und Gallenproblemen, bei Krebs, Syphilis, Magendarmerkrankungen, Krämpfen und Pilzen, äußerlich bei Warzen („Warzenkraut") und Hautkrankheiten („Krätzenkraut"). Zudem wird schon bei Dioskurides, später bei Bock auf das Schöllkraut als Augenheilmittel hingewiesen: „Schöllwurz safft in meyen gesamlet in ein küpfferin Geschir mit honig gekocht ist ein köstliche Augen arzney, die macht es klar und hell, darein getropfet . . . " Die Kräuterfrau Maria Treben nutzte die Pflanze u. a. zur Behandlung von Grauem Star und Netzhautblutung.

Im Mittelalter versuchten Alchemisten, aus der Wurzel Gold zu machen, daher ihr Beiname „Goldwurz." Der berühmte Maler Albrecht Dürer (1471-1528), der krank war und noch nicht über einen Computer verfügte, schickte seinem Arzt ein Selbstportrait mit aufgemalten Pfeilen, die auf die betroffenen Körperstellen hinwiesen; er litt an Leberschwellung, Malaria und Milzbeschwerden. Der Arzt schaute sich das Bild genau an und verordnete Schöllkraut. Und was geschah? Es wirkte! Nachdem Dürer also tatsächlich geheilt worden war, war er dem Schöllkraut so dankbar, dass er ein Porträt von ihm malte, welches man heute in der Albertina in Wien bewundern kann.

Die Energie des Schöllkrauts hilft bei folgendem Zustand (Extrembeschreibung): Man wirkt zart und hinfällig, hat jedoch verborgene Kraft und ist

stärker, als alle denken. Man versucht aus dieser mitleiderregenden „Schwäche" heraus, andere unauffällig zu beeinflussen. Dabei übersieht man die Persönlichkeit des anderen, ist nicht feinfühlig und aufmerksam, nimmt auf Bedürfnisse und Eigenarten keine Rücksicht. Kleine Worte und Taten, ja, sogar Blicke haben dann oft verheerende Folgen, was man aber nicht wahrhaben will, denn es herrscht das Gefühl des Mangels vor: Ich habe zu wenig bekommen. Ich muss irgendwie an Liebe gelangen, egal wie. Also wirke ich hilfsbedürftig, dann wird der andere schon auf mich aufpassen und meine Wünsche erfüllen. Ich nutze meine Mitmenschen aus, glaube aber, dass in Wirklichkeit ich selber ausgenutzt werde.

Das Schöllkraut hilft uns, direkter und ehrlicher mit uns und den anderen umzugehen. Wir gestehen uns ein, dass wir die anderen benutzen, ja, sogar ausnutzen, obwohl dies nicht nötig wäre, weil wir geliebt sind und die Liebesdienste auch ohne Manöver bekommen würden. Wir werden angeleitet, uns unserer Kraft bewusst zu werden. Dann gilt es, die Kraft zu nutzen und auszuleben, damit wir nach außen so stark wirken wie nach innen. Wir werden feinfühliger, verzichten auf Manipulationen und werden fähig, direkt zu sagen, was wir wollen. Wir geben und nehmen Liebe ohne Rückhalt.

ICH BIN STARK UND EHRLICH.
ICH VERZICHTE AUF MANIPULATION.

118. Schwertlilie (Iris)

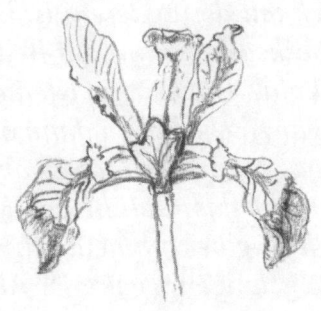

Friedrich Rückert (1788-1866)
Die Welt

Die Welt ist eine Lilie, eine blaue,
ein Inbegriff geheimnisvoller Dinge;
ihr Brautkelch ist die Sonn', um die im Ringe,
Staubfäden gleich, Planeten steh'n zur Traue.
An dieser Lilie weitem Wunderbaue
hängt schwebend mit der sehnsuchtmüden Schwinge
des Menschen Geist, gleich einem Schmetterlinge,
und lechzet durstig nach des Kelches Taue.
Sieh! Durch die Blume wehen Gottes Hauche;
da neigen die Planeten sich zur Sonnen,
wetteifernd, wer darin sich tiefer tauche.
Wie so das heil'ge Liebespiel begonnen,
füllt Duft die Blume wie mit Opferrauche.

Die Iris mit den schwertartigen Blättern aus
der Familie der Schwertliliengewächse trägt den
Namen der griechischen Regenbogengöttin. Iris
fungierte vorwiegend als Götterbotin und konn-

te den Winden gebieten. Die Schwertlilie gilt als altehrwürdige Heilpflanze und fehlte in keinem der mittelalterlichen Kräuterbücher diesseits der Alpen. Sie kommt in 200 bis 300 Arten vor und wurde aus dem Mittelmeerraum zu uns gebracht; hier neigt sie zum Verwildern, man findet sie an sonnengewärmten Mauern, lichten Ufern oder in den Weinbergen.

Ferdinand Freiligrath (1810-1876)
aus **Der Blumen Rache**

. . . Prangend aus der Kaiserkrone
schreitet kühn ein Zepterträger,
aus der blauen Iris folgen
schwertbewaffnet seine Jäger . . .

Schwertlilien bilden entweder Rhizome (siehe Ingwerwurzel) oder Knollen. Häufig stehen mehrere Lilien eng beieinander. Sie lieben feuchte, halbschattige bis schattige Standorte. Das Grün sprießt üppig in schwertförmigen Blättern. Die Blüten in Gelb und Violett oder Mischungen aus beidem bestehen aus drei inneren, aufrecht stehenden Dornblättern und den äußeren Hängeblättern, die oft spektakuläre Kämme oder Bärte tragen; die symmetrischen Zeichnungen lassen sie wie die Zungen kleiner Drachen aussehen. In französischen Schlössern begegnet man der „Fleur de lis" auf Wappen, Schmuckbändern und kostbaren Gewändern der Bourbonen und anderer Adeliger. Mit ihren pulverisierten Wurzelstöcken puderte

man im Barock die Perücken. Oft wurde sie von Malern porträtiert und in Skulpturen verewigt.

Annette von Droste-Hülshoff (1797-1848)
Der Weiher

Er liegt so still im Morgenlicht,
so friedlich wie ein fromm' Gewissen;
wenn Weste seinen Spiegel küssen,
des Ufers Blume fühlt es nicht;
Libellen zittern über ihn,
blaugoldne Stäbchen und Karmin,
und auf des Sonnenbildes Glanz
die Wasserspinne führt den Tanz;
Schwertlilienkranz am Ufer steht
und horcht des Schilfes Schlummerliede;
ein lindes Säuseln kommt und geht,
als flüstre's: Friede, Friede, Friede!

Aus den Wurzeln der Florentinischen Schwertlilie wurde Veilchenparfum hergestellt, deshalb der Beiname „Veilchenwurz - Iris rhizoma." Die Wurzelsprossen duften, je älter sie werden, desto intensiver nach Veilchen und werden deshalb gerne Duftpotpourries, Tabak oder Likören zugesetzt. In der Antike wurde Wein damit gewürzt, der gleichzeitig als Heilmittel gegen Wassersucht diente. Man ließ zahnende Kinder darauf kauen, denn die Inhaltstoffe wirkten zusammenziehend, bakterien- und entzündungshemmend. Man benutzte die Iris gegen Migräne und bekämpfte Mund- und Schweißgeruch damit. Heute ist sie Bestandteil der meisten Hustenteemischungen, weil sie den Hustenreiz lindert und die Bronchien

vom Schleim befreien hilft. In der Homöopathie kommen noch die Symptommerkmale: Ohrensausen, schneidende Schmerzen, Bläschen- und Pustelbildung sowie Darmkoliken hinzu.

Francesca Stoecklin (1894-1931)
Schwertlilien

Das sind die Blumen, die wie Kirchen sind.
Ein Blick in sie hinein zwingt uns zu schweigen.
Wie Weihrauch fromm berauschend strömt ihr Duft,
wenn wir uns zu der schönen Blüte neigen.
Sie sind wie Schmetterlinge dünn und zart
Und wissen ihr Geheimnis doch zu hüten.
Es hellen goldne Kerzen sanft den Pfad
ins Allerheiligste der Wunderblüten.

Die Schwingung der Iris öffnet unsere inneren Räume. Wir bekommen Zugang zu dem Ort unserer Mitte, der uns immer wieder mit Kraft erfüllt und uns an unsere Herkunft erinnert. Zu viel Ballast ist schon angesammelt worden, er versperrte uns die Sicht auf uns selbst und ließ uns nicht zu uns kommen. Die Schwertlilie verhilft zurück in ein Gleichgewicht, das durch die Einsicht geschaffen wird. Einsicht bewirkt ein Sondern und Scheiden, wir befreien uns von allem Überflüssigem und behalten nur das, was wir als wesentlich erkannt haben. Das bezieht sich auf unsere Eigenschaften und Verhaltensweisen, auf die Gedanken, die wir denken und die Worte, die wir äußern.

Die Iris hilft beim inneren Hausputz. Ihre Ener-
gie unterstützt auch bei dem Vorhaben, überflüs-
sige Pfunde zu verlieren, denn das Gewicht, das
sich an unseren Körper hängt, ist in Wirklichkeit
die Schwere, die sich in uns entwickelt hat, weil
wir zu viel zu lange in uns aufbewahrt haben.
Die Iris fackelt nicht lange und sagt: „Raus und
weg damit!" Häufig geht ihr Wirken mit einem
äußeren Hausputz einher.

ICH BEFREIE MICH VON ALLEM ÜBERFLÜSSIGEN.
ICH WERDE SCHLANK UND FREI IN JEDER HINSICHT.
ICH FINDE MEIN HEILIGTUM.

119. Seerose (Nymphea)

Heinz Piontek (1925-2003)
Bootsfahrt

Ruderschlag, Dunst und Libellen,
der Teich ist aus flüssigem Licht.
Geblendete Fische schnellen
hoch aus der Flimmerschicht.

Aller verschollenen Fahrten
bin ich heut eingedenk.
Teichrose bringt ihre zarten
Schneeblätter mir zum Geschenk.

Schmal überm Dickicht die Föhre –
was wir nicht träumen, wird sein.
Knarren die Dollen? Ich höre
mich tief in das Lautlose ein.

Es gibt etwa vierzig verschiedene Seerosensorten,
die auf der ganzen Welt verbreitet sind. Sie bilden
lange Sprosswurzeln (Rhizome), mit denen sie sich

in Seen, Teichen und Flüssen verankern. Früher glaubte man, Nixen würden denjenigen zu sich herabziehen, der es wagte, Seerosen zu pflücken, doch war es eher so, dass sich die Taucher in den langen Wurzeln verhedderten und ertranken. Die Seerose ist sehr durchsetzungsstark und neigt zum Wuchern. Sie bildet zwei verschiedene Arten von Blättern aus: die Unterwasserblätter und die auf dem Wasser liegenden Schwimmblätter. Die Blütenkelche sind wahre Kunstwerke, es gibt sie in weiß, gelb, rosa bis blau; viele von ihnen duften. Sie lieben Sonne und nährstoffreiches Wasser.

Die Blüten, Wurzeln und Samen, die u. a. Alkaloide, Gerbstoffe und Gerbsäure enthalten, können zu Heilzwecken eingesetzt werden (Tee). Im antiken Rom nutzte man die Samen zur Dämpfung des sexuellen Triebes; Plinius ließ verlauten, wer seine Genitalien regelmäßig damit einreibe, werde zum Eunuchen; Dioskurides ergänzte, Seerosenwurzeltee schaffe unkeusche Träume ab, eine Eigenschaft, deren sich später Nonnen und Mönche bedienten. Den oberen Teil des Wappens vom Kloster Tegernsee zieren deshalb zwei ineinander verschlungene Seerosenblätter. Die Seerose hilft gegen Entzündungen, Erkältungskrankheiten, Kopfschmerzen, Blasen- und Nierenschwäche, bei Schlaflosigkeit, Angstzuständen, äußerlich bei der Wundbehandlung.

Franz Bernhard Heinrich Wilhelm Freiherr von Gaudy
(1800 - 1840)
Wasserrose

Im waldgeschützten Grunde
ein stiller Weiher ruht,
von Abendsonnenstrahlen
glimmt rosigroth die Fluth,
viel breite glänzende Blätter,
die schwimmen auf dem Teich
und träumend schließt die Krone
die Wasserrose bleich.

Die Seerosen-Energie hilft, sich aus Verstrickungen im allgemeinen, spezifisch im sexuellen Bereich zu befreien. Überall dort, wo wir die Orientierung verloren haben, brauchen wir die zielgerichtete, durchsetzungs- und meinungsstarke Schwingung der Nymphea. Sie hilft aus den Schuldgefühlen, die sich aus unserem „Fehlverhalten" ergeben; sie zeigt den Weg, um Klarheit zu schaffen, uns zu entscheiden, unsere Basis wiederzufinden.

Im Sexuellen befreit sie von Zwangsvorstellungen, die, womöglich in die Realität umgesetzt wurden und sich quälend als Schuldgefühle bemerkbar machen oder als Unreinheit empfunden und schamhaft verborgen werden. Die Seerose hilft, diesen Bereich vollkommen zu durchlichten und emporzuheben, sodass die Sexualität wieder „rein", freude- und liebevoll genossen werden kann. Sie löst Bindungen, die als quälend empfunden werden. Alles, was sich zwanghaft

äußert, wird befreit. Wir lassen uns nicht länger unterjochen, weder von Menschen, noch Gefühlen oder Gedanken. Wir übernehmen wieder die Herrschaft auf unserem ureigenen Territorium. Wir weigern uns, Opfer oder Täter zu werden, weil beides ein Zeichen äußerster Unfreiheit ist. Wir werden autark.

ICH REINIGE MICH.
ICH BIN FREI VON ZWANGHAFTEN BINDUNGEN.
ICH BIN FREI VON ZWANGSVORSTELLUNGEN.
ICH BIN FREI VON ZWANGHAFTEN HANDLUNGEN.
ICH KANN DIE SEXUALITÄT WIEDER GENIESSEN.

120. Silberblatt (Lunaria annua)

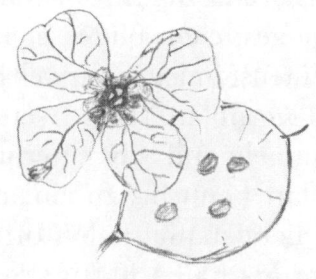

Silberblatt

Mit
meinem
Veilchenblick
mach ich dich jünger,
als du je warst. Mit meinem
Silber erkauf dir das Alter in
Weisheit. Erinnere dich:
der wahre Weise
ist innerlich
jung.

Das Einjährige Silberblatt (das eigentlich zweijährig ist) stammt aus der Familie der Kreuzblütler und wird auch „Silbertaler", „Silberling",
„Judaspfennig" oder „Mondviole" genannt. Das
Lateinische „Lunaria" („luna", Mond) bezieht
sich auf die ovalen silbrigen Scheiben der Samenstände, die wie dünnes kostbares Papier wirken.
Jede Schötchenhülle enthält etwa zwei bis sechs

flache, geflügelte Samen, die das Alkaloid Lunarin enthalten.

Die Pflanze bildet einen starken, verzweigten Stängel mit herzförmigen, am Rand gezähnten Blättern. Die gestielten Blüten stehen in kurzen traubigen Blütenständen mit jeweils vier violetten oder weißen Kronblättern. Sie werden gerne von Bienen, Hummeln und Schmetterlingen besucht. Das Silberblatt kann bis zu einem Meter groß werden. Es liebt mäßig nährstoffreiche Böden und sonnige bis halbschattige Standorte. Ursprünglich eher im mediterranen und subalpinen Raum beheimatet hat es sich inzwischen in vielen europäischen Regionen angesiedelt. In Ziergärten und Sträußen ist es als Dekoration sehr beliebt, denn die silbernen Häutchen bleiben noch lange erhalten, nachdem die Samen schon ausgestreut sind. Knospen und Blüten sowie die jungen Blätter sind essbar und können über den Salat gestreut oder als Spinat zubereitet werden; sie schmecken leicht scharf und bitter, wirken sich wohltuend bei Magen-Darmproblemen aus und fördern den Verdauungsprozess.

Die Energie des Silberblatts hilft bei dem Zustand der inneren Verarmung, im Extremfall geht es um innere Vergreisung. Man hat sich eingerichtet in seinem Leben, hat viel „durchgemacht", die Ideale sind auf der Strecke geblieben und mit ihnen die Neugierde auf Neues; der Elan, sich

weiterzubilden oder Bestehendes zu verändern, ist verebbt. Man ist nicht glücklich, hat aber aufgegeben, etwas dagegen zu unternehmen, weil man denkt, es gebe das Glück nicht wirklich. Man hält es für ein Trug- oder Wunschbild, das nichts mit der harten Realität zu tun hat. Es ist ein Zustand der Erstarrung, man fühlt sich schwach und unbrauchbar, unkreativ und festgefahren. Man meint, das Leben sei ohnehin bald zu Ende und habe einem nichts mehr zu bieten. Man lernt nicht mehr dazu und hat auch keine Lust, Wissen an andere weiterzugeben. Man wird zunehmend desinteressiert und lebensabgewandt. Mit den Gedanken ist man immer woanders, aber nicht dort, wo es schön ist. Meistens kursieren Probleme und Nörgeleien im Kopf. Die Verbitterung hat sich auch im Körper breitgemacht, das Gesicht ist möglicherweise schon gezeichnet von Resignation und negativem Denken, die Knochen leiden und werden schwach und porös.

Die Schwingung des Silberblatts hebt uns wieder in die Gefilde, in denen wir an das Glück glauben und es erst dadurch verursachen können. Es lässt uns wieder Hoffnung schöpfen, lehrt uns die Schönheit des Lebens zu sehen und den Wert unserer bestehenden Verbindung mehr zu schätzen. Zusätzlich verleiht es Mut und Tatkraft, Neues zu beginnen. Dieses Denken spiegelt sich in unseren Zügen, die automatisch verjüngt aussehen. Wir strecken uns, gehen wieder grade, unsere Schritte

werden fester und zielgerichteter, unsere Worte drücken das aus, was wir denken. Das Silberblatt hilft uns der Mensch zu werden, den wir immer in uns gespürt haben.

ICH BIN WIE NEU!
MEINE KRAFT IST WIEDER DA.
ICH FÜHLE MICH JUNG
UND UNTERNEHMUNGSLUSTIG!

121. Silberdistel (Carlina acaulis)

Oskar Loerke (1884-1941)
Der Silberdistelwald

Mein Haus, es steht nun mitten
im Silberdistelwald.
Pan ist vorbeigeschritten.
Was stritt, hat ausgestritten
in seiner Nachtgestalt.
Die bleichen Disteln starren
im Schwarz. Ein wilder Putz.
Verborgne Wurzeln knarren:
wenn wir Pans Schlaf verscharren,
nimmt niemand ihn in Schutz.
Vielleicht, dass eine Blüte
zu tiefer Kommunion
ihm nachfiel und verglühte:
mein Vater du, ich hüte,
ich hüte dich, mein Sohn.
Der Ort liegt waldinmitten,
von stillstem Licht gefleckt.
Mein Herz – nichts kam geritten,
kein Einhorn kam geschritten –
mein Herz nur schlug erweckt.

Die Silberdistel stammt aus der Familie der Korbblütler und wird der Gattung der Eberwurzen zugerechnet. Der Name leitet sich von „cardelina" (distelartig) und „acaulis" (stängellos) her. Auch ein Bezug zu Karl dem Großen wird oft hergestellt („Karlsblume"): ein Engel habe ihm im Traum die Silberdistel als Mittel gegen die Pest empfohlen.

Man findet die sie in Europa, im Westen bis Rumänien, im Osten bis in die Ukraine. Sie bevorzugt warme, nicht zu nährstoffreiche, eher kalkhaltige Böden (Magerrasen) und erträgt Höhen bis zu 2800 Metern. Sie ist ein Tiefwurzler und reicht bis zu einem Meter in den Boden hinein, die mittlere Wuchshöhe beträgt indes nur etwa vierzig Zentimeter. Die Laubblätter wachsen meist rosettenförmig und sind fiederschnittig und stachelig gezähnt, die Unterseite wirkt spinnwebartig. Die Blüten bestehen aus dem Körbchen, welches einige hundert weiß bis rötliche Röhrenblüten enthält. Die zungenartigen Hüllblätter sind silbrig-weiß und zur Blütezeit bereits abgestorben.

Nur langrüsselige Insekten können die Silberdistel bestäuben. Sie verbreitet sich durch Schirmchenflieger, ihre Samen heften sich jedoch auch gerne an das Fell vorbeistreifender Tiere. Man nennt sie „Wetterdistel", (auch „Barometerdistel"), weil sich die Hüllblätter bei Erhöhung der Luftfeuchtigkeit schließen. Schon ein mehrmaliges Anhauchen genügt, um diesen Prozess hervorzurufen. Auf den Almen wurde die Silberdistel wie

eine Artischocke gekocht, Boden und Wurzeln sind essbar („Jägerbrot"). Die Verwendung als Gerinnungsmittel bei der Käseherstellung trug ihr den Namen „Alpenkas" ein; dazu „Eberdistel" in ihrer Eigenschaft als Mast- und Brunftpulver.

Die intensiv riechende Wurzel enthält neben ätherischen Ölen, Bitterstoffen, Flavonoiden, Gerbstoffen, Harzen und Inulin das giftige Carlinaoxid, das stark antibakteriell, krampflösend und schweißtreibend wirkt. Bei falschem Gebrauch ruft das Gift Übelkeit, Erbrechen, Schweißausbrüche und Durchfall hervor. Man benutzt die Wurzel in der Volksheilkunde bei grippalen Infekten, als harntreibendes Mittel, Abführmittel und bei arteriellem Verschluss, der durch Nikotinmissbrauch, Alterung und Bewegungsarmut hervorgerufen zum „Raucherbein" bzw. „Greisenbrand" führen kann. Man setzt die Silberdistel auch bei Mundkrebs, Prostatabeschwerden, Wassersucht, Würmern, Bronchialkatarrh, Fieber, Erkältungen und Hautkrankheiten ein.

Die Energie der Silberdistel hilft, seinen Standort zu finden. Gerade bei Menschen, die wenig Sicherheit erlebt haben, viele Umzüge, Trennung der Eltern, Verlust eines oder beider Elternteile, Verlust eines geliebten Menschen und ähnliches wirkt die Schwingung der Silberdistel befriedend, tröstend, sie vermittelt Sicherheit und Vertrauen. Das bedeutet nicht, dass ihre Schwingung die Be-

wegung aufhält, sie verlangsamt sie, lenkt sie in geordnete, überschaubare Bahnen und vernetzt mit der Kraft der Mutter Erde.

Sobald wir einen materiellen Körper haben, müssen wir wurzeln, um diesen Körper nähren zu lassen. Dies gilt auch für Seele und Geist, die mit dem Körper verbunden sind und den Bedingungen der Erde angepasst werden müssen. Die Silberdistel sorgt für den Ausgleich zwischen Bewegung und Standhaftigkeit, zwischen den Ausflügen in den Himmel und der Verankerung im Boden. Sie hilft, den Standpunkt zu finden und furchtlos zu vertreten, nicht umzufallen, sobald es „Gegenwind" gibt. Beharrlichkeit wird gefördert, ohne sie zur Sturheit werden zu lassen. Starrköpfige Menschen werden flexibler gemacht, zu „Wetterwendige" standhafter.

Sobald wir die Sicherheit in uns spüren, können wir uns den Mitmenschen besser zuwenden und uns ihnen öffnen. Wir brauchen keine Angst vor Verletzung mehr zu haben, und wir müssen aus dieser Angst heraus auch nicht mehr die anderen verletzen. Absolutes Vertrauen schafft Liebe in uns und macht uns fähig, diese Liebe weiterzugeben.

ICH FINDE MEINEN STANDPUNKT
UND BLEIBE FLEXIBEL.

122. Sonnenblume (Helianthus annuus)

Eduard Mörike (1804-1875)
aus „Im Frühling"

. . . Der Sonnenblume gleich steht mein Gemüte offen,
sehnend, sich dehnend in Lieben und Hoffen . . . "

Die Sonnenblume gehört zur Familie der Korbblütler. Das Griechische „Helios" bedeutet „Sonne",
„anthos" heißt „Blume"; in vielen anderen Sprachen wird sie ebenfalls „Sonnenblume" genannt.
Sie stammt aus Nord- und Mittelamerika und
wurde ähnlich wie Tomaten, Mais, Kürbisse und
Kartoffeln erst im 16. Jahrhundert von spanischen
Seefahrern nach Europa gebracht. Auf einem der
Schiffe (1552) befanden sich Zeichnungen und Samen
der sonderbaren Blume, die ihr Gesicht immer der
Sonne zuwendet (Heliotropismus) und ihrem Weg
von Osten nach Westen über den Horizont folgt.
Während der Nacht kehrt sie in die Ausgangspo-

sition Richtung Osten zurück. Verantwortlich für diese Bewegung ist ein flexibles Segment unterhalb der Knospe, sogenannte „Motorzellen." Erst, wenn die Samen reifen, wird diese Bewegung angehalten und auf den Osten fixiert.

Die Sonnenblume kann unter normalen Bedingungen bis zu drei Metern hoch werden. (Ehrgeizige Züchter haben inzwischen die Rekordmarke von acht Metern übertroffen). Die dicken röhrigen Stängel tragen wechselständige herzförmige Blätter, die am Rand gesägt sind. Die großen schweren Blüten sind endständig. In der Mitte befindet sich der Blütenkorb mit vielen eng aneinanderstehenden braunen Röhrenblüten, die sonnenartig umstrahlt werden von einem lichtgelben Kranz aus Zungenblüten. Sonnenblumen brauchen helle Standorte und nährstoffhaltige, feuchte, aber gut durchlüftete Böden.

Von den Azteken wurde sie als Symbol der männlichen Kraft ihres Gottes verehrt, die Priesterinnen trugen Sonnenblumenkronen als Zeichen von Gesundheit, Fruchtbarkeit und Weisheit. Nachverfolgen kann man ihre Spuren nur bis ins Jahr um 2500 vor Christus, sie ist aber weitaus länger auf der Erde. Die Indianer schätzten die Sonnenblumenkerne für ihren Gehalt an ungesättigten Fettsäuren, Aminosäuren und sonstigen wertvollen Inhaltsstoffen wie Vitamin E, D, K, B, A, F, dazu Karotin, Calcium, Jod, Eisen, Kupfer, Phosphor, Kalium, Magnesium, Mangan, Chlor und Selen.

Jean Paul (1763-1825)
Viele Blumen

Viele Blumen tun sich der Sonne auf,
doch nur eine folgt ihr immerfort.
Herz, sieh die Sonnenblume;
nicht bloß offen sein dem Geist, gehorche ihm auch.

Das Sonnenblumenöl ist aus der Küche nicht mehr wegzudenken. Auch gesalzene oder ungesalzene, geröstete Sonnenblumenkerne sind inzwischen Bestandteil vieler Kulturen (russisch „Semitschki", türkisch „Cekirdek", spanisch „pipas de girasol"); sie sorgen für gesündere Haut, Haare, Nägel, größere Nervenstärke und im Wachstum für einen guten Knochenaufbau. In der russischen und ukrainischen Volksmedizin wird das Sonnenblumenöl zum „Ölschlürfen" eingesetzt, eine Technik zum Entgiften des Organismus'. Die Fähigkeit der Entgiftung beweist die Sonnenblume auch, indem sie verseuchten Böden Schadstoffe entzieht und sie dadurch reinigt. Das Öl wirkt ebenso heilsam bei Verstopfung wie bei Durchfallerkrankungen, es hilft gegen Blutarmut, Zahnfleischentzündungen und Paradontose; es hält die Gefäße flexibel und beugt der Verkalkung vor; äußerlich nützt es bei schlecht heilenden Wunden und Neurodermitis. Als Massageöl wird es zur Behandlung bei Rheuma, Muskelkater, Verspannungen, Hexenschuss und Prellungen eingesetzt. In der Pharmaindustrie ist es Bestandteil von Gelatinekapseln und Cremes. Ein Tee aus

den gerösteten Kernen ist ein Hausmittel gegen Bronchitis und Keuchhusten. Tee aus den gelben Blättern enthält Anthozyane (gelbe Farbstoffe), Flavone, Betain und Cholin und wirkt antibakteriell, man kann ihn bei Infekten anwenden oder bei Blasenreizungen. Man kann die Blätter auch dekorativ über Sommersalate streuen.

Koloman Stumpfoegger (1926)

Wenn Sonnenblumen
die güldenen Zeiger drehen,
geht sommers die Sonnenuhr.
Am sonnigen Sommertag
die Kornblume suchen,
im Weizenruch blättern
herzroten Mohn.
Den Kern erspüren.
In labender Mitte
finden das eine, das Wort,
das deinen Namen kennt.
Lesen am blauen Rittersporn,
zählen samtrote Safranfäden,
wenden Blutahornblätter auch.
Drei Haselnüsse pflücken,
die ersten am Strauch.
Atmen blauen Lavendel,
duftschweren Rosmarin,
satte Apfelrosen riechen
und brechen jungen Mais.
Saftige Kolben:
herausschälen Blatt um Blatt
aus weichem Haar,
aus grünseidenem Laub.
Inmitten der Schatten und Sonnenblumen
steht sommers die Sonnenuhr.

528

Die Energie der Sonnenblume verleiht Stärke, Selbstbewusstsein, Durchsetzungs- und Strahlkraft; das innere Licht wird wieder entzündet und wärmt den Menschen, der daraufhin, wie die Sonne, Wärme abgeben kann. Die Wärme ist gleichbedeutend mit Liebesfähigkeit, sie entsteht im Herzen. Deshalb wirkt die Schwingung der Sonnenblumen besonders im Herzchakra und im Solar Plexus und breitet sich von dort in Körper, Seele und Geist aus. Der Mensch also, der erkaltet ist, der unsicher und verkümmert sein Leben führt, der sich im Hintergrund aufhält, ohne sich dort glücklich zu fühlen, der nach Anerkennung strebt, die ihm versagt bleibt, dieser Mensch braucht die zündende, musische Energie der Sonnenblume, die ihn mit der eigenen innewohnenden Sonnenhaftigkeit wieder verbindet. Er lernt, wieder an sich zu glauben und Impulse zu geben, statt sie von anderen zu erwarten. Er lernt wieder, die Sonne zu sein, für sich und seine Mitmenschen.

ICH BIN HELL.
ICH BIN WARM.
ICH ÖFFNE MEIN HERZ.
ICH BIN DIE SONNE.

123. Sonnenhut (Echinacea purpurea)

Sonnenhut

Ich
beschirme
euch vor euren
Gedanken und helfe
euch, das zu sein, was
ihr wirklich sein wollt.

Der purpurfarbene Sonnenhut aus der Familie der Korbblütler wurde im Griechischen „Seeigel" („echinos"), im Deutschen „Igelkopf" genannt; das spielt auf seine besonders im frühen Stadium wie Stachel herausragenden Blütenblätter an, die sich um einen wie ein Nagelkissenpolster angelegten Blütenstand herum entfalten. Die Heimat der Echinacea liegt im östlichen und zentralen Nordamerika, sie bevorzugt als Wildvorkommen lichte Wälder und nährstoffreiche, durchlässige und gut besonnte Böden. Inzwischen wird sie als

Zier- und Heilpflanze in Europa und vielen anderen Weltgegenden angebaut. Die krautige Pflanze wird etwa 140 Zentimeter groß, die Blüten stehen endständig auf den langen Stängeln mit spärlich gesetzten, lanzettlich geformten Laubblättern. Jede Blüte enthält ungefähr 200 bis 300 eng zu einem Polster zusammengewachsene Röhrenblüten und 8 bis 21 purpurfarbene Strahlenblüten; es gibt auch Sonnenhüte in gelb, weiß und rosa bis dunkelviolett.

Der Sonnenhut enthält ätherisches Öl, Harzstoffe, Echinacin, Betain, Kaffeesäure, Glucose, Inulin, Vitamin C und Fermente. Er spielt in der Medizin der Indianer eine große Rolle. Die Ureinwohner Nordamerikas setzen die Wurzel oder Blätter (Preßsaft, Tinkturen, Tabletten, Tee) gegen Infektionskrankheiten ein, bei Harnwegsentzündungen, der Verheilung von Wunden, Verbrennungen, Geschwüren und bei Schlangenbissen, bei der von Europäern eingeschleppten Grippe. Die ersten Siedler übernahmen das Heilmittel von den zuerst gesprächs- und hilfsbereiten Indianern. Sobald man die Wirkungsweise der Inhaltsstoffe untersucht hatte, entdeckte man, dass sie die Phagozyten in unserem Blut anregen; das sind die sogenannten „Fresszellen", die für die Vernichtung der Viren und Bakterien zuständig sind.

Die Energie des Sonnenhuts hilft dem Menschen bei der inneren Reinigung. Vieles bringen wir mit aus den vergangenen Leben, vieles sammeln wir in unserem gegenwärtigen an; nicht alles, was wir dabei in uns anstauen, ist unserer seelischen und körperlichen Gesundheit dienlich. Sonnenhut hilft, Böses abzuwehren oder aus dem Körper zu entfernen. „Böses" meint hier: entweder die Gedanken, Worte oder die Präsenz eines anderen Wesens, das nicht wohlmeinend ist (bei Verzauberungen, Schwarzmagie, Hass- und Racheschwüren) oder „schlechte" Gedanken, Gefühle und Vorstellungen, die bereits in uns gekeimt und gewachsen sind und vor denen wir uns fürchten und sie zu verdrängen versuchen. Der Sonnenhut füllt uns mit Kraft, gegen das Dunkle in uns vorzugehen und es durch lichtvolle Gedanken zu ersetzen. Seine Schwingung erleuchtet aber auch die Menschen, die abgestumpft sind und das Böse in und um sich nicht mehr wahrnehmen. Ihre Energie wird sensibilisiert und regeneriert, damit sie wieder feiner empfinden, lieben und Schutz geben können.

ICH NEHME DAS BÖSE AN
UND ICH WANDLE ES.
JE DUNKLER ICH WAR,
DESTO HELLER STRAHLE ICH JETZT.

124. Sterndolde (Astrantia major)

Albrecht von Haller (1708 – 1777)
Die Alpen

... Dort wirft ein glänzend Blatt, in Finger ausgekerbt,
auf einen hellen Bach den grünen Widerschein.
Der Blumen zarter Schnee, den matter Purpur färbt,
schließt ein gestreifter Stern in weißen Strahlen ein ...

Die „Große Sterndolde" („Aster", Stern und „anthos", Blüte) aus der Familie der Doldenblütler ist in Europa verbreitet und kommt in zehn Arten vor. Man nennt die attraktive Pflanze auch „Sternblume" oder „Holznägeli", weil die Röhrenblüten Ähnlichkeit mit Nägeln besitzen. Die krautige durchsetzungsstarke Pflanze verankert sich mit einer Pfahlwurzel im Boden. Ideale Standortbedingung sind kalkhaltige, humose und feuchte Böden, dazu Halbschatten.

Die Sterndolde treibt einen meist wenig verzweigten Stängel, dazu lappige, fünf- bis siebenteilige Blätter. Die Blüten stehen endständig in Dolden, oft überragt eine große zwei kleinere Dolden, manchmal schließen sich mehrere zu einer großen Dolde zusammen. Die Hüllblätter umstehen den Blütenkorb aus grünweißen, rosa überhauchten Röhrenblüten; in weit geöffnetem Zustand sieht es so aus, als seien die Hüllblätter ein sirrendes Raumschiff, auf dem sich die Röhrenblüten wie kleine Antennen gruppieren. Die Blüten sind zwittrig oder männlich, seltener weiblich. Sie sind eine ideale Weide für Bienen und Schwebfliegen und bieten vielen Insekten Überwinterungsschutz. Bei Einbruch der Dunkelheit neigen sich die Doldenstiele, um die Pollen vor der Feuchtigkeit zu schützen. Die Samen sehen länglich eiförmig aus, in den Rippen sind die Ölstriemen sichtbar.

Wurzel und Kraut werden in der Volksmedizin als Magenmittel benutzt. Die Inhaltsstoffe (Bitterstoffe, Gerbstoffe, Flavonoide) stärken den Appetit und wirken sich günstig auf die Bildung der Magensäfte aus. Bei Abkochung wirkt die Wurzel abführend.

Die Energie der Sterndolde transponiert die kosmische Strahlung auf die Erde und integriert sie in unsere Schwingung. Sie erhöht unsere Frequenz, macht uns leichter, humorvoller, weiser, flexibler, verständnisvoller und intelligenter.

Wir durchdringen Probleme leichter, erfassen Lö-
sungsmöglichkeiten, versteifen uns nicht nur auf
eine Gangart, sondern sind fähig, verschiedene
Gesichtspunkte einer Situation zu erfassen und
ebenso viele Antworten zu finden wie Fragen ge-
stellt wurden. Die Sterndolde hilft aus Sackgassen
heraus, vermeidet Umwege und zeigt uns den di-
rekten Zugang. Jeder, der sich verlaufen hat, der
in scheinbar unlösbare Probleme verstrickt ist,
der Antworten nicht versteht und Lösungen nicht
sieht, wird wieder mit der hohen Frequenz der
Lösung und Heilung verbunden. Alles, was wir
uns erhofft haben, geschieht dann wie von selbst,
ist aber in Wirklichkeit durch die hohe Frequenz
des Wissens um die Machbarkeit entstanden.

ICH FINDE EINE LÖSUNG FÜR JEDES PROBLEM.
ICH FINDE EINE ANTWORT AUF JEDE FRAGE.
ALLES IST MÖGLICH.

125. Thymian (Thymus vulgaris)

Manfred Hausmann (1898-1986)
aus **Blumenstück**

Zwischen Honiggras und Steinen
hat die Blume Thymian
ihre rundgereihten kleinen
Blütenkrönchen aufgetan,
die sich kaum zu lassen wissen
und nach allen Seiten fliehn,
lila, rosa, karmesin,
ein erblühtes Kissen.

Und darüber süß und trunken
bleibt ein Dufthauch immer nah.
Weichen Flugs herabgesunken
sind die Sommerfalter da,
ohne Regung, wenn sie saugen,
flügelschnell ein andermal,
Mauerfüchse, Pfauenaugen
und wie Samt ein Admiral.

Der „Echte Thymian", auch „Römischer Quendel", gehört zur Familie der Lippenblütler. Es gibt insgesamt etwa 214 verschiedene Thymian-Arten. Der aromatisch duftende kleine Zwergstrauch ist ausdauernd und buschig, neigt zum Verholzen und wird bis zu vierzig Zentimeter hoch. Ursprünglich stammt er aus dem Mittelmeerraum, aus Gebieten mit hellen, trockenen Standorten und nährstoffreichen, sandigen Böden, der echte Thymian ist inzwischen aber in vielen anderen Ländern angesiedelt. Die kleinen spitz zulaufenden Blättchen sind an der Oberseite silbergrün und an der Unterseite grauweiß und filzig. Die winzigen weißen, rosafarbenen bis blassvioletten Blüten sind in Scheinquirlen angeordnet, die Oberlippe ist zu einer Krone verwachsen, die Unterlippe ist dreiteilig. Das Staubgefäß ragt wie eine kleine Antenne heraus. Aus den Blüten bilden sich eiförmige Nüsschen mit kugeligen Samen.

Thymian ist eine ertragreiche und beliebte Bienenweide, Thymianhonig wird weltweit geschätzt. Das Gewürz ist fester Bestandteil der Küche, er ist sowohl frisch als auch getrocknet ideal zum Würzen von Fisch-, Fleisch- und Gemüsegerichten. Er ist fester Bestandteil der Mischung „Herbes de Provence", in Ägypten gehört er zur Mischung „dukka", wo er zusammen mit gerösteten Samen und Nüssen, Koriander, Kreuzkümmel und Pfeffer zum Würzen von Fleischgerichten benutzt wird. Auch die Küche der Engländer und Amerikaner

käme nicht ohne Thymian aus, er ist dort sehr beliebt.

Die Inhaltsstoffe, u. a. das Thymianöl (Thymol), die Flavonoide, Triterpene und Kaffeesäurederivate wirken antibakteriell, desinfizierend, entzündungshemmend, krampflösend, schleimlösend, schweißtreibend und schmerzstillend. Blätter und Blüten werden bei allen Erkältungskrankheiten, Bronchitis, Asthma, Heiserkeit, Kehlkopf- und Luftröhrenkatarrh verwandt, weiterhin bei Verdauungsproblemen, Rheuma und Gicht, Nieren- und Blasenproblemen, Frauenbeschwerden. Äußerlich wirkt er bei schwer heilenden Wunden, Ekzemen, Gürtelrose und Pickeln. Einreibungen mit dem Öl helfen gegen Verstauchungen und Quetschungen, die Tinktur bei Rücken-, Glieder- und Gelenkschmerzen, Durchblutungsstörungen oder Erfrierungen. Die Ägypter benutzten Thymian zum Mumifizieren („Tham"). In Griechenland wurde daraus „thymon", was gleichbedeutend ist mit „Rauch, Geist, Mut." In Rom wurde daraus „Thymus."

Dioskurides und Plinius der Ältere erwähnen seine Heilkraft in ihren Schriften. Römische Legionäre badeten vor Kriegshandlungen in einem Thymian-Bad, um ihre Körperkraft zu stählen. Den Göttern wurde Thymian in Form von Räucherstäbchen dargebracht. Gegen 800 wurde er von Benediktiner-Mönchen über die Alpen gebracht und zuerst in Kloster-, später auch Bauerngärten

angebaut. In mittelalterlichen Kräuterbüchern heißt es über ihn: „Er treibt die Schleime aus dem Körper und stärkt Brust und Lungen, macht auch guten Atem und beseitigt das Keuchen." Albertus Magnus empfahl den Gebrauch der Heilpflanze ebenso wie Hildegard von Bingen. Er gilt bis in die heutige Zeit als das „Antibiotikum der armen Leute." Auch als Aphrodisiakum ist er bekannt. Die Kreuzritter bekamen von ihren auserwählten edlen Frauen zarte Tüchlein mit aufgestickten Thymianzweiglein. Ein englisches Suppenrezept gegen Schüchternheit enthält Bier und Thymian. In der Homöopathie wird der wilde Thymian (Serpyllum) zusätzlich gegen Überreizung der Sinnenlust, lüsterne Träume, Schwächezustände angewandt.

Die Energie des Thymians wirkt mäßigend und harmonisierend auf den Menschen ein, der zwar eine große innere Kraft in sich birgt, diese jedoch nicht erkennt und zur Geltung kommen lässt; sie äußert sich möglicherweise in Trotz und Eigensinn, Sturheit und Unbeugsamkeit, egal, ob man sich im Recht fühlt oder nicht. Gegner sind oft überrascht von der Zähigkeit dieses Menschen, der seiner Schweigsamkeit wegen unterschätzt oder falsch eingeschätzt wird. Der Thymian befreit von Trotz und Eigensinn, denn diese Eigenschaften verbauen die Sicht auf die vielfältigen Möglichkeiten, die das Leben jedem Menschen

bietet. Stattdessen wandelt sich die Sturheit in reine Antriebskraft, die es ermöglicht, alle selbstgesteckten Ziele zu erreichen. Thymian verhilft zu Offenheit, mehr Humor, mehr Weltläufigkeit und heraus aus dem manchmal kleinkarierten, selbstbezogenen Denken. Da kein Mensch sich gerne beschränkt, wird diese Energie häufig als Befreiungsschlag empfunden.

ICH MUSS MEINEN WILLEN NICHT
UM JEDEN PREIS DURCHSETZEN.
ICH BIN OFFEN, FLEXIBEL
UND LÖSUNGSORIENTIERT.

126. Tränendes Herz
(Lamprocapnos spectabilis)

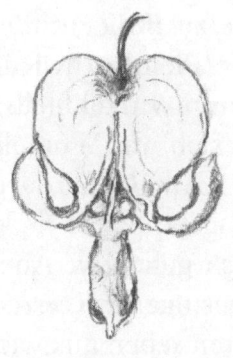

Tränendes Herz

Da ich
Licht bin,
bin ich frei von
Leid. Mein Herz blüht
in einer Vollkommenheit,
die Verletzung ausschließt.

Das „Tränende Herz" wird auch „Blutendes Herz", „Fliegendes Herz", „Gebrochenes Herz", „Herz Mariä" „Mutterherz", „Männerherz" oder „Flammendes Herz" genannt. Es wurde bis 1997 zur Gattung der Herzblumen (Dicentra) gezählt, ist aber inzwischen als monotypische Art ausgegliedert („monotypisch": die einzige Art einer Gattung). Somit gehört es auch nicht mehr zu den Erdrauch-, sondern zu den Mohngewächsen.

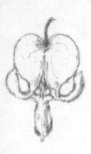

Seine Heimat sind lichte Bergwälder in China und Korea; sie gedeihen bis in Höhen von 2400 Metern. Die ausdauernden Pflanzen können Wuchshöhen bis zu 90 Zentimetern erreichen. Sie besitzen eine Pleiokorm-Rübe als Wurzel, das heißt, die Hauptwurzel bleibt erhalten, neue Wurzeln bilden sich am Wurzelhals. Die Wurzel enthält giftige Alkaloide, darunter Protopin. Die Blätter sind gelappt bis fiederschnittig und zwei- bis dreifach gefiedert. Auch sie enthalten Gifte, doch in geringerer Konzentration als die Wurzel. Die Blüten sehen aus wie Herzen, deren rosafarbene Kronblätter sich zunächst eng um den wie herausperlenden weißen „Tropfen" legen und sich dann seitwärts aufbiegen. Das heißt: das Herz öffnet sich. Zwischen drei bis fünfzehn Herzen hängen aufgereiht in einer einseitigen Blütentraube. Nach der Blüte im April bis Mai zieht sich die Pflanze zurück und verbringt den Rest des Jahres unter der Erdoberfläche. Sie liebt lockere, leicht feuchte, humose, kalkhaltige Erde im Halbschatten oder in der Sonne, Staunässe oder zu große Trockenheit lassen sie absterben.

Die Energie des Tränenden Herzens wirkt direkt im Herzchakra. Es öffnet und wärmt einerseits die verschlossenen, kalten Herzen der Menschen, denen viel Leid und Unrecht zugefügt wurde und die daraufhin verbitterten und niemandem mehr vertrauen mögen; andererseits

wirkt es auf die Herzen der Menschen ein, die Un-recht verursacht haben, die andere leiden lassen und ein völlig gefühlloses Verhalten an den Tag legen. Vom einen bis zum anderen Extrem, vom Opfer bis zum Täter mit allen Mittelstufen des Empfindens bzw. der Empfindungslosigkeit wirkt diese Schwingung befreiend, erlösend, heilend. Sie stellt den Menschen ihre Liebe wieder zur Verfügung. Das wird bei den Tätern zuerst eine große Reue und Traurigkeit hervorrufen, dann aber den Willen zum Guten stärken und fördern, genau in dem Ausmaß, wie es der Betroffene will. Die Opfer hingegen erwachen aus ihrer Starre, werden wieder lebendig und handlungsfähig und ergreifen die Chance, ihr Leben so zu gestalten, wie es ihren wahren Wünschen entspricht.

ICH LÖSE MICH AUS DEM LEID.
ICH LÖSE MICH AUS DER SCHULD.
ICH GESTALTE MEIN LEBEN NEU.
NACH DEN MASSSTÄBEN DER LIEBE.

127. Tulpe (Tulipa)

August Graf von Platen (1796-1835)
Die Tulpe

Andre mögen andre loben,
mir behagt dein reich Gewand,
durch sein eigen Lied erhoben
pflückt dich eines Dichters Hand.
In des Regenbogens sieben
Farben wardst du eingeweiht,
und wir sehen, was wir lieben,
an dir zu derselben Zeit.
Als mit ihrem Zauberstabe
Flora dich entstehen ließ,
einte sie des Duftes Gabe
deinem hellen, bunten Vlies.
Doch die Blumen all, die frohen,
standen nun voll Kummers da,
als die Erde deinen hohen
Doppelzauber werden sah.
„Göttin! o zerstör uns wieder,
Denn wer blickt uns nur noch an?"
sprach's die Rose, sprach's der Flieder,

sprach's der niedre Thymian.
Flora kam, um auszusaugen
Deinen Blättern ihren Duft:
„Du erfreust", sie sagt's, „die Augen,
sie erfreun die trunkne Luft."

Die Tulpen gehören zur Familie der Liliengewächse mit etwa 150 Arten. Ihr Name führt
sich auf das Sanskrit-Wort für Turban zurück
(„tuula"); auch im Türkischen und Persischen
bezeichnet man damit die Kopfbedeckung des
gläubigen Muslims („tülbend" und „dulband").
Wie farbenprächtige Turbane nehmen sich die aus
den zentralasiatischen Hochebenen stammenden
wunderschönen, zerbrechlichen Zwiebelgewächse
aus, die das Abendland des 16. Jahrhunderts in
einen wahren Rausch versetzten. Holland entwickelte sich zu einem Zentrum der „Tulpomanie",
die bewirkte, dass mit Tulpenzwiebeln spekuliert
und riesige Gewinne erzielt werden konnten.
Manch armer Bürger, Mägde, Knechte, Bauern,
Schiffer legte mit den Nachbarn zusammen, um
eine der kostbaren Knollen kaufen und wieder
verkaufen zu können. Astronomische Summen
wurden gezahlt, manch einer erzielte sagenhaften
Reichtum. Auf vielen niederländischen Stillleben
der Zeit ist die Tulpe in allen Variationen meis-
terhaft abgebildet.

Paul Gerhardt (1607-1676)
aus **Sommergesang**

. . . Die Bäume stehen voller Laub,
das Erdreich decket seinen Staub
mit einem grünen Kleide.
Narcissus und die Tulipan,
die ziehen sich viel schöner an
als Salomonis Seide . . .

Zwischen 1624 und 1637, auf dem Höhepunkt der Tulpenwelle, war die Zwiebel einer besonders schönen Sorte so viel wert wie ein ganzes Grachtenhaus. Bezahlte man 1624 noch 1200 Gulden für die auch heute noch beliebte Sorte „Semper August", musste man dreizehn Jahre später 10.000 Gulden auf den Tisch legen. Ein fataler Irrtum wird aus Amsterdam berichtet, als nämlich ein Seemann, von langer Fahrt zurückgekehrt, bei einem befreundeten Kaufmann eingeladen war und aus Versehen die Zwiebel einer höchst kostspieligen Tulpe für eine Gemüsezwiebel hielt und sie schlicht und einfach aufaß. Als 1637 an einem „schwarzen Freitag" die Börse einbrach, landeten nicht wenige Tulpenspekulanten, die ihren ganzen Besitz in wenige Knollen gesteckt hatten, im Armenhaus.

Tulpen erreichen eine Wuchshöhe zwischen 10 und 70 Zentimetern. Die vorwiegend unverzweigten, runden, wasserhaltigen Stängel wachsen aus der Zwiebel und sind im unteren Bereich von Erde bedeckt. Die Laubblätter sind

grundständig, oft kräftig hell- oder dunkelgrün, manchmal zweifarbig und eiförmig bis elliptisch mit glatten Kanten. Die Blütenhüllblätter sind zweireihig und leuchten in allen Farben, darin finden sich zwei Kreise mit je drei freien Staubblättern. In den Vasen wachsen die Tulpen und biegen sich schwungvoll und dekorativ über den Rand zum Tisch. Inzwischen gibt es an die 3000 verschiedene Sorten!

Paul Celan (1920-1970)
Tulpen

Tulpen, ein leuchtend Gestirn
von Schwermut und süßer Gewalt,
ließ ich, dein Herz zu entwirrn:
findet dein Leben sie bald?

Was in den Kelchen geheim
ein Staubblatt mit Schimmer befiel,
schwört den unsäglichen Reim
für deinen wehen Gespiel.

Sind es die Tulpen heut, sieh,
die herrschen im Dämmergemach:
hegst du ein Dunkel noch, wie
einst, als ich Rotdorn dir brach?

Die Schwingung der Tulpe lässt uns unsere Zerbrechlichkeit überwinden und unsere eigene Stärke und Schönheit finden. Wir sollen uns weder unter- noch überlegen fühlen, sondern lernen anzuerkennen, dass jeder etwas beitragen kann zu dem großen Ganzen. Wir entfernen uns aus

dem Gedanken der Konkurrenz und gehen in die Vielfalt. Wir wirken durch unser Sein, nicht durch das, was wir sagen oder tun. Im Laufe unseres Lebens können wir aus dieser Einstellung heraus viele wunderbare Erfahrungen machen.

Wir müssen nicht mehr fürchten, etwas zu verlieren, sei es Liebe, Anerkennung, Menschen, Besitz oder Gesundheit. Denn die Energie der Tulpe lehrt, wie man sich auf das Wichtigste konzentriert und all seine Kraft hineingibt, wie man es zum Wachsen und Gedeihen bringt und schließlich in die Selbstständigkeit entlassen kann. Dies gilt für Kinder, Gedanken, Projekte, große und kleine Unternehmungen. Die Tulpe macht uns stark für ein buntes Leben. Dieses Leben bewirken wir durch unseren Willen, unsere Gestaltungskraft und die Erkenntnis, dass wir alle eins sind.

ICH KONZENTRIERE MICH
AUF DAS WESENTLICHE.
ICH BEWIRKE MEIN GLÜCK.
ICH ERKENNE DIE EINHEIT
ALLES GESCHAFFENEN.

128. Veilchen / Duftveilchen (Viola odorata)

Heinrich Heine (1797-1856)
Die blauen Frühlingsaugen

Die blauen Frühlingsaugen
schau'n aus dem Gras hervor;
das sind die lieben Veilchen,
die ich zum Strauß erkor.

Ich pflücke sie und denke,
und die Gedanken all',
die mir im Herzen seufzen,
singt laut die Nachtigall.

Ja, was ich denke, singt sie
lautschmettend, daß es schallt;
mein zärtliches Geheimnis
weiß schon der ganze Wald.

Veilchen gedeihen überall auf der Welt in gemäßigten Breiten, es gibt sie sowohl in Japan als
auch in den Anden, in Australien und Nordame-

rika. Schon im Altertum war das Duftveilchen unverzichtbares Element bei rituellen Handlungen, es galt als mehreren Göttern geweiht, u. a. Pan und Persephone, der Göttin der Unterwelt und gleichzeitig Fruchtbarkeitsgöttin; wenn sie, im Frühling ein halbes Jahr der Unterwelt entronnen, ihre ersten Schritte auf der Erde machte, erblühten Veilchen unter ihren Füßen.

Johann Wolfgang von Goethe (1749-1832)
Das Veilchen

Ein Veilchen auf der Wiesen stand,
gebückt in sich und unbekannt,
es war ein herziges Veilchen.
Da kam eine junge Schäferin
mit leichtem Schritt und munterm Sinn
daher, daher, die Wiese her, und sang.

Ach! denkt das Veilchen, wär ich nur
die schönste Blume der Natur,
ach, nur ein kleines Weilchen,
bis mich das Liebchen abgepflückt
und an dem Busen mattgedrückt!
Ach nur, ach nur ein Viertelstündchen lang.

Ach, aber ach! Das Mädchen kam
und nicht in acht das Veilchen nahm,
ertrat das arme Veilchen!
Es sank und starb und freut sich noch:
und sterb' ich denn, so sterb' ich doch
durch sie, durch sie, zu ihren Füßen doch!

(Vertont durch Wolfgang Amadeus Mozart)

Viele Geschichten ranken sich um diese wohl-
riechende „Blume der Liebe." Eine griechische
Sage berichtet, der Sonnengott habe eine der
Töchter des Atlas begehrt. Diese habe daraufhin
Zeus um Beistand angefleht, der sie in ein im Wald
verstecktes Veilchen verwandelte, das erste seiner
Art. Napoleon Bonaparte liebte Veilchen, weil
ihm seine Josephine am Tage ihres Kennenlernens
ein Veilchensträußchen zugeworfen hatte. Als er
im Mai 1814 auf die Insel Elba verbannt wurde,
rief er aus, er werde mit den Veilchen zurück
nach Paris kommen, was er auch tat. Daraufhin
wählten seine Anhänger diese Blume als Erken-
nungszeichen und kleideten sich veilchenfarben.
Auf der Brust des später auf St. Helena gestorbenen Ex-Kaisers fand man in einem Anhänger
zwei getrocknete Veilchenblüten.

Heinrich Heine (1797-1856)

Morgens send ich dir die Veilchen,
die ich früh im Wald gefunden,
und des Abends bring ich Rosen,
die ich brach in Dämmrungsstunden.

Weißt du, was die hübschen Blumen
dir Verblümtes sagen möchten?
Treu sein sollst du mir am Tage
und mich lieben in den Nächten.

In der feinen Küche wird das Veilchen seit Jahrhunderten gebraucht, im europäischen Mittelalter benutzte man es für Suppen, Salate, Nachspeisen, man kandierte die Blüten und verzierte Desserts und Torten damit. In den Blüten findet man ätherische Öle und Salicylsäure, das Kraut enthält Zyamin, Eiweiß, Zucker, Gummi und Schleim. In der Heilkunde benutzt man Veilchen gegen Halsentzündung, Grippe und Bronchitis. Traditionell ließ man zahnende Kinder auf einer Veilchenwurzel kauen, da sie beruhigend, abschwellend, schmerzlindernd und entzündungshemmend wirkt. Sie enthält das Alkaloid Violin. Homöopathisch aufbereitet wirkt Viola odorata gegen Asthma, Keuchhusten, Ohrenschmerzen und Hautunreinheiten.

Max Dauthendy (1867-1918)

Mein Zimmer duftet königlich fein,
Veilchenprinzessinnen zogen ein,
schwärmen und wärmen mit weichblauen Augen,
fächeln und hauchen schmachtende Lächeln,
winken mit feinen, vornehmen Gliedern,
laden mich ein.
Ich neige mich nieder,
ihr Page bin ich,
ihre Lippen sind mein.
Ich schwöre ewige, ewige Liebe,
sie schweigen so süß,
schauen so ernst aus schwerblauen Augen.
Meinen Sie, Schwüre und Blumen verwelken?
Sie lächeln und weinen,
meine kleinen Prinzessen.

Die Schwingung des Duftveilchens verhilft zu Ausgeglichenheit, zu innerer und äußerer Schönheit. Es will sich nicht aufdrängen und wirkt doch in vorderster Reihe durch seine feine Präsenz. Es streichelt die Sinne nicht nur durch seinen Duft, sondern auch durch die betörende Weichheit, die seine Schwingung in uns erweckt. Die Stürme des Lebens werden beruhigt und sanft getröstet, das Grobe in uns wird veredelt, der Schmerz wird in Wissen verwandelt, in Erkenntnis und Mitgefühl für all diejenigen, die sich noch im Strudel der Ereignisse befinden und nicht wissen, ob sie schwimmen oder untergehen sollen. Das Veilchen holt das Beste aus uns heraus, es appelliert an unser Gefühl für die Gemeinschaft, an unsere Herzkraft, unsere edelsten Triebe.

ICH BIN EDEL, SANFT UND MITFÜHLEND.
ICH STÄRKE DAS BESTE IN MIR UND
IN DEN MENSCHEN, DENEN ICH BEGEGNE.

129. Vergissmeinicht (Myosotis)

Max Dauthendey (1867-1918)
Die kleinen schwachblauen Vergissmeinnicht

Die kleinen schwachblauen Vergissmeinnicht
sind die Blumen vom wachsenden Vertrauen.
Sie sehen dir offenherzig ins Angesicht
wie Gedanken, die im Denken aufschauen;
Gedanken, die Pläne ins Grüne bauen,
von denen der Mund nicht laut spricht;
gleich den Augen der stillen verschwiegenen Frauen,
die unter dem Maienhimmel auftauen
und legen Geständnisse ab, die ihnen längst aus den
Wimpern schauen.

Das erst seit 1830 kultivierte Vergissmeinicht
führt sich auf die wilde Waldsorte „Myosotis
sylvatica" zurück. Gemeinsam sind ihnen die
kleinen blauen Blüten, die wie Äuglein aus dem
Grün, den flaumig behaarten ganzrandigen
Laubblättern, aufschauen und etwas Zartes in

uns wecken. In vielen Ländern hat es deshalb die selbe Bedeutung wie bei uns: Abschied in Liebe oder zärtliche Erinnerung. Es wirkt beruhigend, stärkend, adstringierend (zusammenziehend) und entzündungshemmend. In der feinen Küche kandiert man die Blüten oder streut sie über den Salat.

Richard Dehmel (1863-1920)
Vergißmeinicht

Vergißmeinicht in einer Waffenschmiede –
was haben die hier zu tun?
Sollte heimlich der Friede
hinterm Hause am Bache ruhn?

Laut hallen die Hämmer in hartem Takt:
angepackt, angepackt,
die Arbeit muß zu Ende!
Und das Eisen glüht, und das Wasser zischt;
und wenn der Schwalch die Flamme auffrischt,
glänzen die schwarzen Hände.

Aber manchmal blickt ein rußig Gesicht
still nach dem himmelblau blühenden Strauß.
Dann scheint's, eine Stimme singt hinterm Haus:
vergiß mein nicht!

Die Schwingung des Vergissmeinicht verhilft uns zu mehr Erinnerung, Erinnerung an unsere innewohnenden, oft schlummernden Fähigkeiten und Möglichkeiten; Erinnerung an das Licht im unverkörperten Zustand; Erinnerung an die ideale Liebe; und Erinnerungen an alles, was wir je erlebt haben, denn häufig ist dort der Schlüssel

für unseren Lebensüberdruss zu finden. Alles ist in uns wie in einer Bibliothek abgespeichert. Die meisten von uns kommen nicht an diese Informationen heran, vor allem darum nicht, weil sie sich nicht vertrauen. Das Vergissmeinicht hilft uns, womöglich verdrängte Ereignisse in diesem und vorhergehenden Leben abzurufen. Es unterstützt die Fähigkeit, Bilder zuzulassen oder Informationen in anderer Weise zu empfangen, sei es durch Träume, Visionen oder blitzartige Erkenntnisse. Wir können diese Bilder ordnen und in einen Gesamtzusammenhang stellen. Häufig erkennen wir dann sofort die Ursache für Probleme in unserem heutigen Leben. Unser Vertrauen in uns selbst kann wieder wachsen. Das Vergissmeinicht stützt das Selbstvertrauen, besonders im Zustand der extremen Lustlosigkeit am Leben bei mangelhafter Verbindung mit dem Höheren Selbst. Es führt uns zu unserer inneren Lauterkeit. Wir werden klar und rein wie ein Gebirgsbach, durchschaubar, weil wir es so wollen, gradlinig und in höchstem Maße vergnügt.

ICH HABE DEN ÜBERBLICK.
ICH ERINNERE MICH.
ICH ERKENNE DAS PRINZIP VON
URSACHE UND WIRKUNG IN MEINEM LEBEN.

130. Wacholder (Juniperis communis)

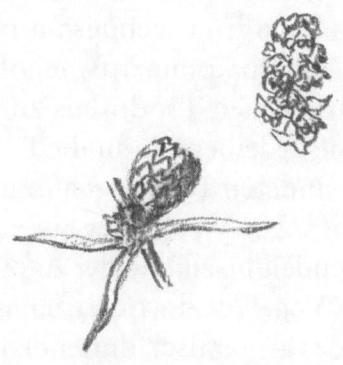

In dieser Nacht

In
dieser
Nacht,
so kalt, bist du
die Hitze des Sommers mein,
duftend nach Haut und nach Pinien,
bist mein Lavendel. Du bist Wacholder mein,
in deinen Händen ein Sirren, Zikaden am Waldessaum.
Du bist die Stimme im Zentrum der Schwärze, bist Auge
aus Mond und Gestirnen, bist Atem, der mich befeuchtet
und tränkt meine Erde, du, Hitze des Sommers mein.

Der „Gemeine Wacholder" aus der Familie der Zypressengewächse wird in Grimms Märchen auch „Machangelstrauch" genannt. Er ist in allen seinen Teilen heilwirksam, Beeren, Triebspitzen, Holz und Wurzeln wurden früher als Gartenapotheke genutzt. Es gibt an die siebzig Arten vorwiegend auf der Nordhalbkugel, in Mitteleuropa jedoch

nur zwei, neben dem „Gemeinen Wacholder" ist es der „Sadebaum." In der Lüneburger Heide bedeckt er einen Großteil der Flächen. Die säulenartigen Büsche sind immergrün, genügsam und anpassungsfähig. Deshalb kommen Wacholderbüsche von der subarktischen Tundra bis zu den Halbwüsten vor, sie gedeihen bis an die Baumgrenze, dort, wo die anderen Bäume schon aufgegeben haben. Es gibt sogar Wacholder auf einer mitten im Meer liegenden Inselkette der Azoren, dessen Samen durch Vogelkot dorthin gelangt ist.

Der Kern des aromatisch duftenden Holzes ist rötlich-braun, der Splint darum herum hell. Die Blätter an den vier- bis sechsflügeligen Zweigen sind schuppen- oder nadelförmig. Der höchste bekannte Wacholder wächst in der Türkei, es ist ein „Syrischer Wacholder", der vierzig Meter erreicht hat. Für Tiere sind die Pflanzen uninteressant, auf stark beweideten Flächen sind sie oft die einzigen Überlebenden. Die Blüten sind zweihäusig, wachsen also auf verschiedenen Pflanzen. Aus den weiblichen Blüten bilden sich die Beeren, die leicht giftig sind. Sie enthalten u. a. ätherische Öle, darin Terpineol, Sabinen (eine licht- und oxidationsempfindliche, wasserunlösliche Flüssigkeit - ungesättigter Kohlenstoff), Myrcen (farblose bis leicht gelbe Flüssigkeit, häufiger Bestandteil ätherischer Öle), Flavonoide (sekundäre Pflanzenstoffe), der Bitterstoff Juniperin, Kampfer, Zitronensäure, Phosphor, Gerbstoff, Harz, Menthol,

Zink und Oxalsäure. Eine Überdosierung kann Nierenversagen bewirken, dazu Leberschäden, Krämpfe, Herzklopfen und hechelnde Atmung.

Eva Strittmatter (1930-2011)
Wacholder

Die Hügel unter den Himmeln
und über den sterbenden Seen:
da wohnt der Wind im Wacholder.
Gehen
muss man zu den Hügeln
im toten Januar.
Wacholderbeeren zerreiben
und atmen, was wird und was war.
Da muss man sich verwurzeln.
Bei Wacholder und Wind.
Rauch vom Wacholderfeuer.
Drei Worte überm Wind.

Im Mittelalter wurde Wacholderholz zum Räuchern und Desinfizieren benutzt. Man hielt ihn für einen mächtigen Schutz vor Hexen und bösen Geistern und räucherte damit ganze Dörfer aus, wenn die Pest drohte. „Vor dem Holunder zieh' den Hut, vor dem Wacholder geh' in die Knie" wurde gesagt, in Verkennung der Tatsache, dass beide gleich mächtig sind und nur auf verschiedenen Ebenen wirken. Getrocknete Wacholderbeeren („Kronwittlbirl", „Gewürzbeere") sind traditioneller Bestandteil von Sauerkraut, Sauerbraten, Wildgerichten sowie bei der Herstellung geräucherten Fleischs. Syrische Bergbauern stellen aus

den Zapfen ein Mus her, das viele Vitamine und Zucker enthält („Andiz Pekmezi").

Ohne Wacholderbeeren gäbe es keinen Wacholderschnaps, Gin, Steinhäger und Genever; Wacholderbeerentrank stand aber auch in dem Ruf, das „zweite Gesicht" zu begünstigen, also hellsichtig zu machen. Als Tee wirkt er heilsam auf die Verdauung, verhindert oder lindert Blähungen, Mundgeruch und Sodbrennen (man kann eine oder zwei Beeren kauen); weiterhin wird er eingesetzt bei Darmentzündungen, Rheuma, Gicht, Blasenleiden, Leberschwäche und Menstruationsbeschwerden. Er hilft bei Erkältungskrankheiten, ist antibakteriell, schleimlösend, schmerzlindernd, schweißtreibend, blutreinigend, harntreibend und blutbildend. Bei Gelenkbeschwerden massiert man die betroffenen Stellen mit Wacholderöl. Dazu hat er heilende Wirkung bei Kopfschmerzen, Migräne, Zahnfleischentzündungen, Krampfadern und schlechter Stimmung.

Die energetische Wirkung des Wacholders beruht auf seiner Fähigkeit, Bewusstseinsnebel zu lichten und äußerste Klarheit zu schaffen. Im Laufe unseres Lebens entwickeln wir eine ausgeprägte Fähigkeit, Dinge wegzublenden, die nicht in unser System passen. Warum entwickeln wir dieses System? Weil wir überleben, sprich, geliebt werden wollen. Um an diese Liebe heranzukommen, passen wir uns an, wir verändern uns, verdrängen

wesentliche Bestandteile unseres echten Wesens und erscheinen so, wie das Umfeld es womöglich gut heißt. Unser Liebesbedürfnis hält uns in einem Schwebezustand zwischen uns als echter und uns als vorgespiegelter Persönlichkeit mit vorgespiegelten Vorlieben. Wir sind womöglich bereit, etwas zum Schein zu mögen, obwohl wir es verabscheuen, nur um anerkannt und geliebt zu werden. Wir fahren ans Meer, obwohl wir die Berge lieben, wir sagen „Ja", obwohl unser Inneres „Nein" schreit.

In dieser Notsituation, die häufig zu Krankheit führt oder zu Ausrastern, Black-Outs, Burn-Outs und ähnlichem, wirkt die klärende Energie des Wacholders. Sie konfrontiert uns mit unseren Lebenslügen, mit dem Konstrukt unserer Persönlichkeit und verhilft uns zu unserer Echtheit. Sie unterstützt uns bei dem Prozess des Untersuchens und Sichtens in den Tiefen unseres Bewusstseins, damit wir unsere Handlungen wieder dem anpassen können, was wir wirklich wollen. Aus diesem Echt-Werden können wir unsere naturgegebene Fähigkeit des Hell-Sehens weiterentwickeln, die auf der Basis äusserster Klarheit beruht.

ICH ERKENNE MEINE LEBENSLÜGEN.
ICH FINDE ZU MIR ZURÜCK.
ICH BIN WIEDER AUTHENTISCH.

131. Waldmeister (Galium odoratum)

Waldmeister

Willst
du deine
ganze Kraft?
Dann behindere
sie ab jetzt nicht mehr.

Der Waldmeister aus der Gattung der Labkräu-
ter (Galium; „odoratum", wohlriechend) wächst
in Mitteleuropa. Er bevorzugt eher kalkreiche
Böden in schattigen Laubwäldern (gerne Rot-
buchen-, Eichen- und Hainbuchenwälder), man
findet ihn aber auch im Norden, in Osteuropa
bis nach Kasachstan und Westsibirien, Afrika
und Asien. Auch in anderen Sprachen wird die
im April bis Mai blühende Pflanze als „Wald-
mutter" (lateinisch: „matrisylvia"), als „Königin
der Wälder" (französisch: „Reine des bois") oder
„Anführer" (serbisch „prvenac") bezeichnet, was

seine Wichtigkeit in Punkto Heil- und Energie-
wirkung unterstreicht, obwohl er klein ist und
für unwichtig gehalten werden könnte.

Er ist zwischen 5 und 50 Zentimeter groß
und vermehrt sich mittels unterirdischer, dünner
Rhizome (ein Sprossachsensystem wie bei der
Ingwerwurzel). An den aufrechten, vierkantigen
Stängeln bilden sich Quirle mit etwa sechs bis
acht einzelnen, schmal-lanzettlichen dunkelgrünen
Blättern. Die kleinen weißen vierzähligen Blüten
sind zwittrig, sie stehen in lockeren Trugdolden,
in einem endständigen „zymösen" Blütenstand
(Die jeweilige Hauptachse endet mit einer Blüte).
Die Samen sind kleine Klettfrüchte und verhaken
sich im Gefieder der Vögel, im Fell der Waldtiere
und in den Kleidungsstücken der Menschen und
sichern so die Verbreitung und das Überleben
der Pflanze.

Das getrocknete Kraut entwickelt durch den
Cumarin-Gehalt einen angenehm aromatischen
Duft, den typischen Heugeruch. Waldmeister-
grün wurde seit alten Zeiten erfolgreich gegen
Wanzen und Motten eingesetzt (Duftkissen oder
Sträußchen). Eine alte Regel: Wenn Waldmeister
im Garten stark zu duften beginnt, steht Regen
bevor. Waldmeister enthält neben Asperulosid
(beruhigend, krampflösend), Gallussäure, Kaffeesäure, Vanillin, Gerb- und Bitterstoffen u. a.
das leicht giftige Cumarin, das im Übermaß genossen Kopfschmerzen und Benommenheit, im

Extremfall Leberschäden hervorrufen kann, es wird aber kaum jemanden geben, der sich einer Waldmeisterkraut-Orgie hingibt. Deshalb kann er seine Heilwirkung (Verminderung der Blutgerinnung durch Cumarin) zusammen mit den anderen Inhaltsstoffen entfalten, zum Beispiel in der Waldmeisterbowle, in Limonaden und Süßwaren, das jedoch nur ohne den Gebrauch von geschmacksverstärkenden und farbgebenden Chemikalien, wie es leider bei Likören, Speiseeis und Wackelpudding der Fall ist.

Zusammen mit Johanniskraut und Minze soll er gegen Verhexung wirksam sein, aber das wurde im Mittelalter praktisch jeder Heilpflanze nachgesagt, die nicht gleich als Hexengift gebrandmarkt wurde. Den Beinamen „Tabakskraut" verdankt er seiner Verwendung als Zigarettenzusatz. Der Waldmeistertee mit dem würzig bitteren Geschmack hilft gegen Kopfschmerzen und Migräne, leichte Benommenheit, nervöse Unruhe, Herzschwäche („Herzfreund"), Blasen- oder Leberprobleme („Leberkraut"), Verdauungsbeschwerden, Menstruationskrämpfe, Gliederschmerzen („Gliederkraut"), Venenschwäche, er wirkt entzündungshemmend, krampflösend, gefäßerweiternd, schweißtreibend, blutreinigend und beruhigend. Wegen letzterer Eigenschaft verwandte man es auch für Wöchnerinnen, denen man Waldmeister als „Mariae Bettstroh" in die Matratzen hineingab. Als Badezusatz oder in Form von Umschlägen eignet

er sich zur Behandlung von eitrigen Wunden, Ekzemen und Geschwüren. Die Pharmaindustrie setzt inzwischen synthetische Cumarin-Derivate als Blutgerinnungshemmer ein (Derivate sind abgeleitete synthetische Verbindungen).

Die Energie des Waldmeisters bewirkt eine sofortige Entspannung in Situationen, die einem über den Kopf gewachsen sind. Der Waldmeister vernetzt uns augenblicklich mit unserer ursprünglichen Kraft, lädt unsere Batterie auf und lehrt uns, uns nicht von Situationen oder Personen beherrschen und manipulieren zu lassen. Wir lernen durch ihn, die Oberhand zu behalten, indem wir nicht auf „Knopfdruck" reagieren, also unseren unbewussten angelernten Mustern folgen, sondern unseren eigenen Weg finden und beschreiten. Wir entlarven unsere Denk- und Handlungsmuster, die uns unter beständigen Druck setzen und uns suggerieren, wir müssten besser, schneller, überlegener, kreativer, aggressiver, spontaner, flexibler, erfolgreicher sein. Druck führt letztendlich zum Versagen, weil wir nur aus der inneren Entspannung heraus optimal funktionieren können.
Der Waldmeister führt uns mit sicherem Schritt in das Zentrum unserer Kraft. Wir lernen, dass das in unserem mentalen, seelischen und körperlichen System geschieht, was wir wollen, was wir befehlen. Wir können uns von einer Sekunde auf die andere mit Kraft erfüllen, indem wir uns

sagen: „Ich bin voller Kraft!" Wir können uns diese Kraft von einer Sekunde auf die andere nehmen, indem wir sagen: „Ich bin vollkommen müde und kraftlos." Wir können uns krank oder gesund machen, wir können für gute oder schlechte Laune sorgen. Wir sind die Beherrscher unseres Systems und entscheiden, wie wir uns dem Leben stellen.

ICH ATME. ICH ENTSPANNE MICH.
ICH BIN GANZ BEI MIR. ICH ERREICHE,
WAS ICH MIR VORNEHME.
WAS ICH DENKE, WIRD GESCHEHEN.

132. Weidenröschen
(Chamerion angustifolium)

Weidenröschen

Ich
bin das
Immer neu.
Ich bin das Wieder
da! Ich bin das Ewig dein.

Es gibt weltweit circa 190 Arten von Weidenröschen. Sie gehören zur Gattung der Nachtkerzengewächse und kommen vorwiegend in den
gemäßigten Zonen der Nordhalbkugel vor. Das
„Schmalblättrige Weidenröschen" findet sich noch
im hohen Norden und verträgt Höhen bis zu 2500
Metern. Man findet es an Böschungen, auf Schutthalden, Lichtungen und Trümmergrundstücken.
Nach Waldbränden ist es erstaunlich schnell wieder
zur Stelle, deshalb nennt man es auch in Alaska und

Kanada „Staudenfeuerkraut" oder „Fireweed"; dort ist es sogar im Wappen des kanadischen Yukon-Territoriums abgebildet. In Deutschland verbreitete es sich wegen des flächendeckenden Bombardements im zweiten Weltkrieg auf den Trümmerfeldern, daher nennt man es hierzulande immer noch „Trümmerblume." Diese erstaunliche Erweckungskraft verdankt das Weidenröschen seiner erstaunlichen Fähigkeit, hunderttausende von Samen pro Pflanze hervorzubringen.

Es erreicht Wuchshöhen zwischen 50 bis 120 Zentimeter, doch es kann bei günstigen Bedingungen auch bis zu zwei Metern hoch werden. Es besitzt ein unterirdisch kriechendes Wurzelsprossensystem (Rhizom) und ist sehr ausdauernd. Die Stängel sind meist unverzweigt, die schmalen, lanzettlichen Blätter sind wechselständig angeordnet, die blaugrüne Unterseite weist einen ausgeprägten Blattnerv auf. Die rosa- bis purpurfarbenen Blüten stehen endständig in Trauben. Sie sind im Gegensatz zu anderen Weidenröschenarten „zygomorph", das heißt: sie bestehen aus zwei spiegelgleichen Hälften; die vier Kelchblätter sind schmal und oben spitz zulaufend („linealisch"), die vier Kronblätter abgerundet und breiter mit leicht gewelltem Rand. Die langlebigen Samen besitzen einen weißen Haarschopf und benutzen als „Schirmchenflieger" die Verbreitungskraft des Windes. Man nutzte die Samenfasern zum Flechten von Kerzendochten.

In Amerika werden die Fasern des schmalblätt-rigen Weidenröschens zu Schnüren verarbeitet, aus denen Fischernetze oder Körbe geflochten werden. Aus den langen Samenhaaren in Verbindung mit Ziegenwolle wird Kleidung hergestellt. Die Kopten trinken ihn als Tee, mit anderen Kräutern vermischt ergibt sich ein wohlschmeckendes, Vitamin-C-reiches Getränk. Doch auch Wurzelausläufer, junge Triebe und Sprossen können wie Spargel zubereitet oder als Salat genossen werden. Wegen seiner Inhaltsstoffe, u. a. Flavonoide, Schleim- und Gerbstoffe, wirkt sich das Weidenröschen günstig bei Verdauungsproblemen, Magen- und Darm-entzündung, Hämorrhoiden, Erkältungskrank-heiten und Husten aus, dafür wird die Wurzel abgekocht. Als Gurgelwasser oder Mundspülung hilft es bei Entzündungen oder Verbrennungen im Mundbereich; bei äußeren Verbrennungen kann man Kompressen mit dem Wurzelabsud tränken und auflegen.

Die Energie des Weidenröschens vernetzt mit der Kraft der Wiederauferstehung. Wir Menschen bergen ungeahnte Kräfte in uns. Diese Eigenschaft zeigt sich besonders in Krisensituationen, die unsere Improvisationskünste und unser Durch-haltevermögen fordern. Wir könnten zusammen-brechen, uns schwach, überfordert, ausgebootet, ausgenutzt, verletzt, ausgelaugt und apathisch fühlen. Das Weidenröschen hilft uns, unsere Kräf-

te zu bündeln und völlig neu auszurichten. Wir weigern uns unterzugehen. Im Gegenteil! Kraft unseres Verstandes analysieren wir die Ursache für unsere problematische Situation, unser Herz versorgt uns mit intuitiven Erkenntnissen, unsere Seele entspannt sich, lässt locker und weiß: Es wird alles gut.

ICH SCHAFFE DAS!
ICH BEISSE MICH DURCH!
ICH LASSE MICH NICHT UNTERKRIEGEN!
ES WIRD ALLES GUT!

133. Weinraute (Ruta graveolens)

Georg Trakl (1788-1866)
Aus: **Abendlicher Reigen**

. . . Lachen flattert auf, verweht,
spöttisch klimpert eine Laute,
leise eine stille Raute
an der Schwelle niedergeht.
Klingklang! Eine Sichel mäht . . .

Die Weinraute mit ihrem herb-bitteren, sehr
gewöhnungsbedürftigen Geschmack und Geruch
gehört zur Familie der Rautengewächse. Man findet sie wild im Mittelmeerraum und vom Balkan
bis zur Krim. Sie wird auch „Gertrudenkraut"
genannt, denn man hatte die segensreiche Schutz-
funktion der germanischen Göttin auf die französische Äbtissin Gertrud von Nivelles übertragen
(626-659). Die Heilige wurde, so wie Freya vor
ihr, zur „Sommerbraut", „Frühlingsbotin" oder

„Ersten Gärtnerin" erklärt, man feierte ihr Wirken am 17. März, dem Festtag der Freya.

Die Weinraute wird zu den Halbsträuchern gezählt, die unteren Zweige neigen zum Verholzen. Die vierzähligen Blüten sind gelb und nahezu geruchslos und wachsen als Trugdolden. Es bilden sich kleine kugelige Kapselfrüchte daraus, die in Äthiopien geröstet und als Gewürz verwendet werden. Die blaugrünen Blätter sind spatelförmig und fein gegliedert und mit einer wächsernen Schicht überzogen; wenn man sie gegen das Licht hält, erkennt man die vielen winzigen Öldrüsen, mit denen die Blätter übersät sind. Sie enthalten ein ätherisches Öl, das den Geruch bestimmt und deshalb „Rautenketon" genannt wird.

Schon lange wird die Weinraute als mächtiges Heilmittel geschätzt. Sie wird in der Bibel erwähnt; in der Antike hatte sie ihren festen Platz, die römische Küche wäre ohne sie nicht ausgekommen. Ein Beispiel ist das „Moretum", ein Gericht aus Schafskäse oder Walnüssen mit Olivenöl, Knoblauch, Salz, Selleriegrün, Koriander und Weinraute. Diese Paste wurde zu frischem Brot gegessen. Man verwandte das Gewürz weiterhin für Fleisch- und Fischgerichte, Salate, Soßen, Käse, Gebäck und Buttermischungen. Sie ist zudem wesentlicher Bestandteil des italienischen Grappas.

Der römische Philosoph Ovid bescheinigte ihr ironisch die Macht, das sexuelle Verlangen abzuschwächen, denn da die Pflanze das Sehvermögen

schärfe, fielen den Männern dann auch gleich die Schwächen der Frauen ins Auge und sie könnten sich besser von ihnen lösen. Walafried Strabo (8. Jahrhundert) sagte von ihr: „ . . . Rührt man sie nur leicht an, so verbreitet sie starke Gerüche. Kräftig vermag sie zu wirken, mit vielfacher Heilkraft versehen. So, wie man sagt, bekämpft sie besonders verborgene Gifte, reinigt den Körper von Säften, die ihn verderblich befallen."

Die Weinraute ist „phototoxisch", das heißt, sie kann bei Berührung und gleichzeitiger Sonneneinstrahlung allergische Hautreaktionen nach sich ziehen. Sie enthält giftige Alkaloide sowohl in der Wurzel als auch im Kraut, Cumarine, Rutin, Glykoside, Gummi, Harz, Stärke, Gerbsäure, Bitterstoffe und Apfelsäure, dazu ätherisches Öl, das in der Parfum- und Aromaindustrie genutzt wird.

Sie galt nicht nur wegen ihrer triebdämpfenden Wirkung als unentbehrlicher Bestandteil der Klostergärten, sondern auch wegen ihrer krampflösenden und regulierenden Eigenschaften bei Menstruationsbeschwerden und Verdauungsproblemen, Appetitlosigkeit, Kreislaufproblemen, Bluthochdruck, Hysterie, Quetschungen, Prellungen, Überanstrengung und Rheumatismus; sie ist durchblutungsfördernd, schwächt Hitzewallungen in den Wechseljahren ab und lindert Ohren- und Kopfschmerzen. Unter der Hand wurde sie als Abtreibungsmittel benutzt. Das trug ihr in Frankreich den Beinamen „Herbe à la belle fille" ein,

das Kraut der schönen Mädchen; schwangeren Frauen ist deshalb vom Genuss abzuraten.

Weinraute gilt als ein bewährtes Mittel für Küche und Speisekammer, um Ameisen fernzuhalten. Da Ratten den Geruch ebenfalls verabscheuen, war die Weinraute im 17. Jahrhundert ein gefragtes Mittel gegen die Pest. Sie war auch Bestandteil des berühmt-berüchtigten „Vierräuberessigs", einem Gemisch aus Essig mit Salbei, Thymian, Lavendel, Rosmarin, Knoblauch und Weinraute, mit dem sich französische Plünderer einrieben, um ohne Ansteckungsgefahr die von der Pest Geschwächten oder Getöteten auszurauben. Die Weinraute galt fortan als Universalmittel gegen das Böse schlechthin, es hieß, man solle sie unter Flüchen und Verwünschungen säen, damit sie gegen den Teufel wirksam sei und dergleichen Unfug mehr.

Die Weinraute

In deinen Augen
spiegelt sich das Wissen
der Jahrtausende. Und weiter
führst du uns ins Tal und auf die
Höhn, und von den Gipfeln schauen
wir hinauf in unser Heimatland.

Die Energie der Weinraute verhilft zu mehr geistiger Weite, zu mehr Toleranz vor allem bei Menschen, die auf der Suche nach Anerkennung allem ihren Stempel aufdrücken wollen. Aus Unsicherheit spiegeln sie vor, alles zu wissen, sie

geben sich unfehlbar und hinterlassen überall ihre Spuren, um geistigen oder materiellen Besitzanspruch zu untermauern. Anderen versagen sie die Anerkennung, die sie selbst glauben bitter nötig zu haben.

Die Frequenz der Weinraute macht frei und rein, der Mensch wird geklärt und mit seinem ursprünglichen Wissen und Wollen wieder vereint. Er lässt sich selbst und andere leben und versagt sich das Manipulieren. Er liebt das Wissen und bildet sich fort, lehrt und lernt, gibt und nimmt in einer Selbstverständlichkeit, die sich weit vom erlernten Geiz entfernt hat. Unser Horizont erweitert sich bis hinauf in Sphären, zu denen man den Zugang verloren zu haben glaubte.

ICH GEBE RAUM.
ICH WEITE MICH.

134. Weißdorn (Crataegus monogyna)

Weißdorn

Meine Liebe duftet lieblich zart und fein
in doldig goldnen Fragezeichen.
Antwort geb ich gerne dir, mag sein,
dass sie zu mager dir und wird nicht reichen.

Dann frag weiter, viele stehen dir zur Seite.
Und mein Blühen wird die Stärke sein,
die dich geleitet in die eigne weiße Weite;
sie versichert dir: Du bist nicht mehr allein.

Der „Eingriffelige Weißdorn" aus der Familie
der Rosengewächse ist die am häufigsten vorkommende Weißdornart in Mitteleuropa; weltweit
gibt es 200 bis 300 Arten. Bevorzugter Standort
sind lichte Laub- und Mischwälder, Felshänge und
Waldränder mit kalkhaltigen, lehmigen Böden,
doch als „bodentolerante" Pflanze wächst sie
auch auf weniger idealem Grund. Der Weißdorn
gehört zu den Kernobstgewächsen und heißt auch

„Hagedorn" (weil er als „Hag" Bestandteil der die Äcker und Häuser umgebenden Hecken war), dazu „Hagapfel", „Christdorn" oder „Heinzelmännerchen." Der stachelige Strauch hat normalerweise Wuchshöhen zwischen zwei bis sechs Metern, er kann aber auch Baumgröße entwickeln und bis zu zwölf Metern hoch werden. Rot blühende Arten werden „Rotdorn" genannt. Das Holz ist sehr hart, die weißen und duftig leichten Blütendolden sind eine ideale Bienenweide. Die kleinen Apfelfrüchte stehen rot und büschelig. Ihr Fleisch, eine wichtige Nahrungsquelle für Vögel, ist meistens trocken und mehlig, daher auch der Beiname „Mehlfäßchen." Die Stachelhecken sind schwer zugänglich und deshalb ideal als Nistplatz.

Der botanische Name „crataegus" (stark, kräftig) verweist auf seine Heilkraft. Weißdorn enthält Flavonoide und Procyanidine, die ihn so besonders wertvoll bei der Behandlung von Herzkrankheiten machen. Er entspannt und verbessert die Durchblutung des Herzens, verstärkt seine Pumpkraft und wirkt der altersbedingten Herzschwäche, der Abnutzung des Herzens entgegen. Auch bei Herzrhythmusstörungen wird er erfolgreich eingesetzt. In Asien nutzt man ihn deshalb schon seit Tausenden von Jahren, u. a. in der traditionellen chinesischen Medizin. Man verwendet Blüten und Blätter.

Eva Strittmatter (1930-2011)
Rotdorn

Rotdorn meiner Kinderjahre.
Unterm roten Rotdorndach
bin ich ein und ausgegangen.
Und der Rotdorn ging mir nach.
Roter Rotdorn meiner Kindheit.
Straßenbaum der kleinen Stadt,
die ich liebte, die mich liebte,
die mich aufgezogen hat.

Der Weißdorn lässt uns wieder neu werden in Bezug auf unsere Fähigkeit zu lieben. Dort, wo wir nachgelassen haben, wo wir verhärtet sind, anderen Menschen etwas nachtragen, verbohrt sind in Zweifel, Ängste, Rechthaberei, dort, wo wir neidisch sind und verbissen, egoistisch und negativ, wo wir vom anderen Veränderung und Anpassung verlangen, ohne die Freiheit zu geben, den anderen selbst entscheiden zu lassen - überall dort wirkt die Energie des Weißdorns wie ein Jungbrunnen. Das Herz wird berührt, es wird nach und nach wieder geöffnet, es kann wieder unser Haupt-Ratgeber werden, es wird nicht mehr dem reinen Zweckdenken untergeordnet. Weißdorn hilft uns, zu unserer innewohnenden Herzlichkeit zurückzufinden und andere Menschen wirklich an uns heranzulassen. Liebe wird dann nicht mehr nur vorgetäuscht, ersehnt und als ent-täuschend empfunden, sondern gefühlt und erlebt. Unser Herz klopft wieder entspannter, weil es nun seiner

Doppelfunktion ungestört nachgehen kann: Den Körper und das Lichtwesen am Leben zu erhalten.

Der Rotdorn verbindet uns mit den Kräften der Kindlichkeit, es lässt uns die Vergangenheit wieder in klareren Bildern sehen, er vernetzt uns mit unserer Süße, der Süße der ursprünglichen Liebe, der naiven vertrauensvollen Zuwendung, die durch ein „un-schuldiges" Herz entgegengebracht wird. "Un-schuldig" meint: alles, was je geschah, wird jetzt, da ich lieben will, verziehen werden. Ich kann sofort ins Licht gehen. Das, was ich ab jetzt will zählt. Alte Sünden werden sich nicht mehr in mir schwer machen. Ich befreie mich von den Schuldgefühlen, die die Liebe und den Respekt mir gegenüber verhindern. Ich mache dort etwas wieder gut, wo es möglich ist. Doch alles andere, auf das ich jetzt keinen Einfluss mehr habe, wird mir vergeben.

MEIN HERZ IST FREI ZU LIEBEN.
ICH LIEBE IN UN-SCHULD.

135. Wermut (Artemisia absinthium)

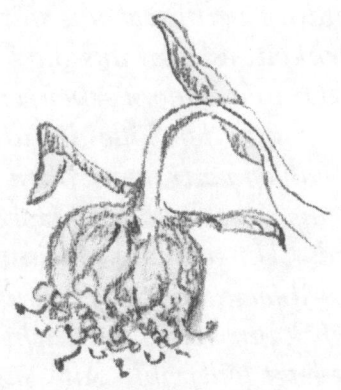

Oskar Loerke (1884-1941)
aus **Der Wermutbaum**

Dessen Krone niemals zittert,
doch den Vogelruf im Raume
mit dem Schatten schon verbittert –
unterm schwarzen Baume
stand ich plötzlich. Sein Gelaube
urverborgen, war enthüllt!
Sein Genist stieg wie ein Glaube,
der den ganzen Himmel füllt . . .
Und nun bin ich plötzlich bei ihm,
und nun wogt er, nachtverkrallt.
Seine Welt, mir ist, sie sei ihm
Gott in anderer Gestalt.

Der „Gemeine Wermut", auch „Bitterer Beifuß", „Absinth", „Gottvergesse" oder „Alsem"
genannt, gehört zur Familie der Korbblütler aus
der Gattung „Artemisia"; zu dieser Gattung zählen zwischen 250 bis 500 Arten, hauptsächlich

580

in den gemäßigten Zonen der nördlichen Halb-
kugel, nur wenige davon wachsen in Afrika oder
Südamerika. Die griechische Göttin Artemis,
Mondgöttin, Göttin der Jagd und des Waldes,
Hüterin der Frauen und Kinder gilt wegen ihrer
Heilwirkung bei Frauenkrankheiten als Namens-
geberin der Gattung.

Alle Arten der Artemisia enthalten Bitterstoffe und ätherische Öle. In Ägypten war sie unter
dem Namen „Somi/Saam" der Fruchtbarkeitsgöttin Bastet geweiht, man benutzte sie u. a. als
Liebeszauber. Isispriester trugen Wermutzweige
bei rituellen Handlungen. Dioskurides beschrieb
den Wermut als „erwärmend, zusammenziehend
und verdauungsbefördernd." Man bereitete Wein
daraus, in Essig eingelegt wirkte er gegen Vergiftung durch Pilze. Kindern mit Wurmbefall verabreichte man den überaus bitteren Trank, indem
man den Rand des Bechers mit Honig bestrich.
Tabernaemontanus widmete der Heilpflanze ganze
dreizehn Seiten in seinem Kräuterbuch und pries
sie u. a. als Wundmittel, Heilmittel gegen Pest,
Cholera, Rheuma, Gicht, Lähmungserscheinungen,
Gelbsucht, Wassersucht, Skorbut, Bleichsucht,
Magenleiden („Magenkraut"), Frauenleiden und
Epilepsie. Im Kaukasus wird Wermut seit langem
als wehenförderndes Mittel eingesetzt, eine zu
schwache Menstruation wird angeregt.

Der Wermut ist eine ausdauernde Pflanze mit
einem waagerecht wachsenden Rhizom, aus dem

viele aufrechte Sprosse wachsen. Sie erreicht auf kargen Böden eine durchschnittliche Wuchshöhe von 60 Zentimeter, kann aber auch deutlich größer werden. Die grau-filzigen, weich behaarten Blätter sind dreifach fiederspaltig, unten sind sie größer als im Umfeld der gelben unscheinbaren Blüten.

Wermut enthält so viele Bitterstoffe, dass er nur in geringen Dosen als normales Küchenkraut zu gebrauchen ist; dann jedoch entfaltet er seine Heilkraft: er regt den Appetit und die Lebertätigkeit an, wirkt günstig auf die Gallenproduktion, beschwichtigt Magen- Darmprobleme, Blähungen und Krämpfe. In der Homöopathie wird er gegen Übereregung und Krämpfe eingesetzt. Er wirkt blutbildend und blutreinigend. In der Antike schätzte man zusätzlich seine Wirksamkeit im Bereich Kopfschmerz, Gelbsucht und Entzündungen. Von Mönchen wurde er aus Südeuropa nach Norden gebracht und dann in den Klostergärten kultiviert.

Im Mittelalter sagte man ihm, wie üblich, eine Abwehrwirkung gegen Hexen, Dämonen und den bösen Blick nach, gleichzeitig war er Bestandteil von Hexensalben und –tränken. Der Rauch galt als Schutz der Kinder vor dem Teufel. Weit praktischer war seine Nutzung als Mottenkugel („Mottenstock") oder Tintenzusatz, um die Bücher vor Mäusefraß zu schützen. Im dreißigjährigen Krieg wurde humorvoll in einem „Kriegsarzneibüchlein" empfohlen: „Willst du von Ungeziefer

gesichert sein, so tauche dein Hemd in einen Absud von Wermut und Hufabschnitzeln von Pferden in halb verdünnter Lauge und laß es trocknen: so kommt dir keine Laus hinein, während sonst eine im Hemd stürbe und viele Tausende mit ihrer Leiche gehen."

Natürlich wird auch Schnaps aus der bitteren Pflanze gebrannt, denn, wie es im Bergischen heißt: „Wärmot ist för alles got." Gleicherweise berühmt und berüchtigt wurde der Absinth, eine Mischung aus Wermut, Anis, Fenchel mit weiteren Kräutern, der Alkoholgehalt variierte zwischen 45 und 85 Prozent. Ursprünglich in der Schweiz im 18. Jahrhundert als Heilelixier hergestellt (unter der Hand auch als Abtreibungsmittel), wandelte es sich zum Modegetränk und eroberte die Salons und feinen Gesellschaften ebenso wie die Spelunken. Bekannte Absinth-Trinker waren Paul Gauguin, Edgar Allan Poe, Ernest Hemingway, Charles Baudelaire, Henri de Toulouse-Lautrec, Oscar Wilde und viele andere. Durch den übermäßigen Genuss traten bei unmäßigen Absinth-Trinkern Erbrechen ein, Schwindel, Bewusstlosigkeit, Zuckungen und Krämpfe bis zur Epilepsie, dazu Wahnvorstellungen. Seit Beginn des 19. Jahrhunderts wurde er bekämpft und ab 1915 in vielen Staaten verboten. Erst seit 1998 ist die „Grüne Fee" wieder erlaubt. man brennt sie inzwischen mit qualitativ besserem Alkohol und hofft darauf, dass der Missbrauch durch übermäßigen Genuss ausbleibt.

Eva Strittmatter (1930-2011)
Wermut

Der Frost rötet die Buchen
und macht aus Luft weißen Wein.
Noch könnte man gehen und suchen.
Manches könnte noch sein.

Das ist ein Abend zum Leben.
Es riecht nach Bitterkraut.
Bei Leiden und bei Freuden
braut man das Bitterkraut.

Ich hab es nicht getrunken.
Frost hat den Ruch angerührt.
Da bin ich bitternistrunken.
Vom Wermut berauscht und berührt.

Die Energie des Wermuts lässt den Menschen einerseits die uns allen innewohnende Trauer und Schwere überwinden und das Bittere in Süßes verwandeln. Ohne die Kenntnis des Gegenteils wüssten wir Glück, Liebe, Freude, Leichtigkeit und Licht weniger wertzuschätzen. Das Wissen um die inneren Gegensätze macht uns tief, verständnisvoll, milder und weiter. Es macht uns zu gemütvollen Menschen, die ihre Liebe und Wärme aus dem Bewusstsein der Abgründe schöpfen.

Zudem verleiht der Wermut die Fähigkeit, innere und äußere Bilder im sogenannten „unsichtbaren" Bereich zu sehen, was nur scheinbar einen Gegensatz darstellt. Das visionäre Schauen, das jedem Menschen von Geburt an mitgegeben

wird, erfordert das unbedingte Vertrauen in die Führung durch das Göttliche. Nur der, der wirklich vertrauen kann, der sich hingibt und weiß, dass wir aus der Liebe heraus erschaffen wurden und zur Liebe zurückfinden werden, kann in sein volles Seherpotential gelangen. Deshalb ist es wichtig, sich immer wieder zu überprüfen und folgende Fragen zu stellen und zu beantworten: „Wo vertraue ich mir nicht? Warum bin ich misstrauisch und ver-zweifelt?" Wir sollen die Gründe aufspüren und unsere ganze Kraft dareinsetzen, Miss-Trauen in Ver-Trauen zu verwandeln. Wer dies hundertprozentig kann, bekommt ungehinderten Zugang zu seiner Intuition, der inneren Weisheit und kann sich von ihr (dem Höheren Selbst) führen lassen.

ICH BIN TIEF UND MITFÜHLEND.
ICH VERWANDLE BITTERES IN SÜSSES.

136. Wiesenschaumkraut
(Cardamine pratensis)

Wiesenschaum

Auf
den verschneiten
Wiesen des Frühlings
segelst du, Blume des Lichts.

Das Wiesenschaumkraut aus der Familie der
Kreuzblütengewächse und der Gattung der Schaum-
kräuter ist vor allem auf der Nordhalbkugel verbreitet; es gedeiht am besten auf nährstoffreichen
Feuchtweisen, an Quellen und Gewässern oder auf
Hochstaudenfluren in Europa bis zur arktischen
Klimazone, in Nordasien und Nordamerika. Im
Frühling überzieht es die Wiesen mit einem violetten bis weißen Blütenflaum, der sehr nektarreich
ist und viele Insekten anzieht. Mit ihrem kleinen
knolligen Rhizom (wurzeliges Überdauerungsor-

gan) überwintert sie problemlos. Die aufrechten unverzweigten Stängel tragen fiederteilige, schmal lanzettliche Blätter, die vierzähligen zwittrigen Blüten stehen endständig und traubig; bei Regenwetter und während der Nacht senken sie sich, um die Pollen zu schützen.

Das Wiesenschaumkraut gehört zu den „Saftdruckstreuern." Die schmalen Samenschoten reifen während des Sommers, der Zellsaftdruck steigt an, die Schotenwände schwellen und irgendwann ist der Druck so hoch geworden, dass die Schote aufreißt und die einreihig stehenden hellbraunen Samen explosionsartig bis zu 2,4 Metern weit ausgestreut werden; man nennt diese Art von Ausbreitung „Ballochorie" (griechisch: „Ballo", ich werfe, treffe; „chorie", Land, Raum). Der botanische Name „Cardamine" bedeutet im griechischen „Kresse", „Pratensis" heißt „auf Wiesen wachsend."

Kigô (um 1700)
Haiku

Beim Wiesenschaumkraut
lässt doch der Wind nicht in Ruh
das dürre Waldlaub.

Die jungen Triebe und Blätter sind essbar und schmecken leicht scharf. Sie enthalten u. a. Senfölglykosid, Bitterstoffe und Vitamin C, deshalb eignen sie sich als gesunde Beigabe zu Salaten,

Suppen, Saucen und Quarkzubereitungen. In der Volksmedizin wird das Wiesenschaumkraut gegen Rheuma, Wassersucht, Hautprobleme und Immunschwäche verwandt; der Tee wirkt blutbildend, blutreinigend, harntreibend, entwässernd und nierenanregend ("Harnsamen", "Bettsoicher", "Griesblümel"). In der Homöopathie setzt man den Wiesenschaum zusätzlich gegen Magenkrämpfe ein.

Der Wiesenschaum verbindet mit den zauberischen Kräften der Erde. Die Erde hat die Materie zur Verfügung gestellt, aus der unser Körper komponiert ist. Sie sorgt für ihn durch Nahrung und Wasser und vieles mehr, sie ist unsere Überlebensgrundlage; ohne sie wäre ein Leben in dieser Form im menschlichen Körper nicht möglich. Deshalb ist viel Irdisches in uns, das uns mit unseren Urkräften vernetzt und dafür sorgt, dass wir nichts tun, was uns und unserem Fortbestand schadet.

Die Energie des Wiesenschaums stärkt unsere Triebe, vernetzt uns mit dem Wissen der Erde und allen, die je gelebt haben; er hilft, das Wissen der Vorfahren zu integrieren und neues Wissen hinzuzufügen. Dort, wo wir lebensabgewandt handeln, wo wir durch zu starken Materialismus den Fortbestand der Erde gefährden, zieht uns der Wiesenschaum wieder in unsere Mitte, damit wir uns daran erinnern, dass die Erde lebensnotwen-

dig ist und wir alles tun müssen, um sie gesund zu erhalten. Auch derjenige, der das Leben nicht schätzt und „lebensmüde" geworden ist, der vielleicht sogar schon sein Ab-Leben plant, erhält Impulse, die ihn zurückhalten, denn „sterben" (auftanken) wollen wir in Wirklichkeit dann, wenn wir unsere Aufgabe erfüllt haben. Gehen wir zu früh, werden wir bald darauf wieder an denselben Abzweig gehen und erneut entscheiden müssen.

ICH BIN DIE ERDE.
ICH BIN GESUND UND STROTZE VOR KRAFT.
ICH SCHÜTZE UND HEILE MICH UND DIE ANDEREN.

137. Wolfsmilch (Euphorbia lathyris)

Wolfsmilch

In
der Milch
der Mutter bade
ich, reinige mich von
wölfischen Trieben, übe
mich in Bescheidenheit
und setze meine
Demut ein,
um deine
Freiheit
zu wahren.
Doch wo ich
kämpfen muss,
rechne mit mir.

Die „Kreuzblättrige Wolfsmilch", auch „Teufelsmilch" oder „Hexenmilch", stammt aus der Familie der Wolfsmilchgewächse. Ursprünglich in Asien beheimatet, ist sie inzwischen im Mittelmeerraum und in Mitteleuropa eingebürgert.

Die immergrünen Pflanzen erreichen Wuchshöhen bis zu einem Meter. Der Stängel ist unverzweigt und trägt kreuzweise gegenständige Laubblätter mit einem ausgeprägten Mittelnerv. Im zweiten Jahr bildet sich eine endständige zwei- bis vierstrahlige Scheindolde mit gelblich grünen Hochblättern.

Die Pflanzenmilch ist ebenso giftig wie die Samen, sie enthalten hautreizende Harze, Bitterstoffe, Euphorbon, Kautschuk und Ingenol. Bei Überdosierung bewirkt sie starke Durchfälle, innere Verätzungen und Vergiftung mit Todesausgang. Abtreibungen mit Wolfsmilch endeten häufig mit dem Tod der Frauen. Wolfsmilch wirkt antibakteriell, harntreibend, verdauungsfördernd bis abführend, äußerlich gegen Hautkrankheiten („Krätzekraut"), Hühneraugen, Warzen („Warzenkraut") und starke Behaarung, die durch den Milchsaft einfach weggeätzt wird (man lasse Vorsicht walten!).

Auch die Energie der Wolfsmilch hilft bei der Selbstanalyse und bei der objektiven Beobachtung von Situationen und Personen. Seine Schwingung unterstützt die Fähigkeit, nicht zu werten, sondern einfach nur zu schauen, was da ist. Wenn wir in uns hineinschauen, werden wir nicht mehr sagen: „Ich mache alles falsch", sondern wir können uns annehmen mit all unseren Fehlern und durch reines Beobachten und Um-Entscheiden einen neuen Weg einschlagen. Im menschlichen Zusammenleben bedeutet es:

Freiraum zu gewähren, den anderen anders sein lassen zu können und ihn nicht „hinbiegen" zu wollen. Kein Gemäkel, keine feinen Spitzen, keine groben Anschuldigungen, sondern reine Toleranz.

Die Wolfsmilchschwingung korrigiert zusätzlich die Tendenz, andere Menschen im weiteren oder engeren Sinne zu missbrauchen. Sie hebt auf die Ebene des Respekts vor der Unantastkeit des anderen, sei es Partner, Kind, Untergebener oder ein in irgendeiner anderen Form Abhängiger. Sie erfüllt mit Erkenntnis, verleiht den klaren Blick auf sich selber und lässt dort erschrecken und umkehren, wo wir zu weit gegangen sind oder noch gehen. Die Wolfsmilch verleiht die Kraft zur Korrektur. Dort, wo wir uns schuldig gemacht haben, werden wir in Demut wissen, wie wir es wieder gut machen können. Und dort, wo wir „Stellung" beziehen müssen, wo man unsere Zivilcourage braucht, werden wir da sein und nicht wegschauen, sondern mutig eingreifen.

ICH HABE DIE KRAFT ZUR UMKEHR.
ICH KORRIGIERE MICH DORT,
WO ICH FEHLER ERKANNT HABE.
ICH GREIFE EIN, WO ES NOTWENDIG IST.

138. Zaubernuss (Hamamelis virginiana)

Zaubernuss

Wirr stehen mir die Strahlen vom Kopf,
ich sättige mit Licht, meine Erkenntnis
reicht für so viele, dass ich schon
im Frühjahr beginne, Sonne zu sein.

Die Zaubernuss gehört zu der Gattung der
Hamamelisgewächse. Der botanische Name leitet sich von „hama" gleichzeitig und „melon"
Frucht ab, denn die Zaubernuss trägt zuerst die
Samen und dann die Blüten, sodass beides am
Strauch zu sehen ist. Die Samen werden weit
hinausgeschleudert, sodass Ableger meistens in
einiger Entfernung keimen. Die Zaubernuss wird
auch „Zauberbusch" und „Hexenhasel" genannt
(in englisch „witch-hazel"), da ihre behaarten
Blätter den Haselnussblättern ähneln; die Nüsse
sind ebenfalls genießbar. Die Äste wurden als

Wünschelruten zur Auffindung von Wasseradern, aber auch negativen Energien verwandt.

Es gibt nur wenige Arten der Zaubernussgewächse, wild beheimatet ist sie an der Atlantikküste Nordamerikas. Die Sträucher können bis zu drei Meter hoch werden. Ihre gelben Blütenstände mit den langen schmalen Kronblättern sehen wie verwuschelte Haarschöpfe aus. Sie bringen schon Frühjahrsgefühle im Dezember bis Januar, denn sie sind eine der ersten Blüher in unserem Jahreszeitenzyklus. Den nordamerikanischen Indianern gilt sie schon seit langem als bewährtes Heil- und Schönheitsmittel. Erst im 18. Jahrhundert fand sie ihren Weg nach Europa. Ihre Inhaltsstoffe sind u. a. Gerbsäuren, Bitterstoffe, Flavonoide und ätherische Öle.

Zaubernuss bewährt sich bei Schleimhautreizungen und Hautentzündungen (als Salbe bei Wundliegen oder gereizter Babyhaut). Sie wirkt zusammenziehend, Juckreiz lindernd, gefäßschützend und blutstillend. Sie wird auch gegen Menstruationsbeschwerden eingesetzt. Krampfadern (Tinktur) und Hämorrhoiden (Sitzbäder) eingesetzt; weiter dient sie zur Blutdruckregulierung und zur Linderung der Wechseljahrsbeschwerden (Tee). Verwandt werden Blätter, Zweige und Rinde.

Die Zaubernuss fördert die Kraft unserer Gedankenprojektion. Wie wollen wir sein? Wie wollen wir unser Leben gestalten? Wie wollen wir auftreten, uns als Person vermitteln, tätig werden? Je klarer wir in unseren Gedanken und inneren Bildern unsere Ziele anstreben, desto schneller werden sie Realität. Die Zaubernuss hilft in diesem Sinne wirklich zu zaubern, unsere Wirklichkeit zu schaffen. Sie schleudert ihre Samen bis zu 10 Meter weit, das deutet auf ihr Durchsetzungsvermögen im Wunschbereich.

Ihre Energie speist das Wissen um die eigene, unverwüstliche Kraft. Auch hoch gesteckte Ziele werden erreicht, wenn es für uns gut ist. Denn unser Engel wird, wenn er von uns dazu ermächtigt ist, immer dafür sorgen, dass alles von uns Angestrebte die bestmögliche Wendung nimmt; er würde niemals zulassen, dass wir Schaden nehmen. Die Zaubernussfrequenz sorgt für eine enge Zusammenarbeit mit Engeln und nicht verkörperten Wesenheiten, mit denen wir somit leichter in Kontakt kommen. Die Zaubernuss intensiviert und verfeinert ebenfalls die Kommunikation mit Naturgeistern und Tieren.

ICH DENKE UND SCHAFFE MEINE WELT.
ICH DENKE VERNETZT UND
HABE DAS WOHL ALLER IM BLICK.
MEINE GEDANKEN WERDEN REALITÄT.

139. Zittergras (Briza media)

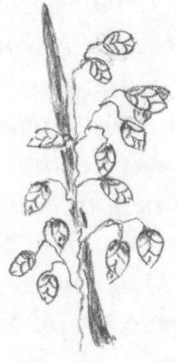

Zittergras

Ich bin nicht schwach,
seh nur so aus.
Ich mache wach,
entzünd im Haus
die Lampen, ich
rühr sacht dich an,
erleichter dich
soweit ich's kann,
befrei dein Herz
und lös den Schmerz.

Mit seinen kleinen wippenden Herzchen erobert das Zittergras aus der Familie der Süßgräser
auch unsere Herzen, lässt uns über die Vielfalt
der Schöpfung staunen, ihre Feinheit und ihren
Witz. Es ist die einzige in Europa vorkommende Zittergrasart, sie ist ausdauernd und in den
gemäßigten Zonen weit verbreitet. Das Zittergras braucht Licht und eher mageren Boden.

Wo gedüngt wird, verschwindet es.

Das Zittergras vermittelt eben genau dieses: wir sind Lichtwesen und brauchen im Prinzip weder Nahrung noch Schlaf. Wir stehen über der Materie mit ihren Irrungen und Wirrungen, wenn wir es so wollen. Deshalb hilft die Schwingung des Zittergrases den Menschen, die sich zu schwer gemacht haben, zu abhängig von materiellem Wohlstand oder festgefügten Ordnungen, die sich schwer machen vor Sorge, Angst oder Wut und Hass. Das Zittergras macht uns wieder leicht, experimentierfreudig, flexibel, vergnügt, lichtvoll und tolerant. Es ist die Energie, die auch in festgefahrenen politischen Systemen immer wieder durch frische, kühne Gedanken in Kunst und Kultur das Licht einschleust und das Neckische: „Warum nicht?" Es hilft aus dem Zustand: „Bitte nichts Neues" heraus. Es sorgt dafür, dass wir wieder vom Leben überrascht werden können und dass auch wir andere in Staunen und Freude versetzen können, die nicht mit etwas Neuem, Ungewohnten gerechnet hatten. Ohne Inspiration aus dem Reich des Lichts vergehen wir ebenso schnell wie das Zittergras auf zu fettem Grund.

ICH BIN FLEXIBEL UND FREI.
ICH PROBIERE GERN ETWAS NEUES AUS.

140. Zitrone (Citrus)

Johann Wolfgang von Goethe (1749-1832)
Mignon (aus **Wilhelm Meister**)

1. Kennst du das Land, wo die Zitronen blühn,
im dunkeln Laub die Goldorangen glühn,
ein sanfter Wind vom blauen Himmel weht,
die Myrte still und hoch der Lorbeer steht?
Kennst du es wohl? Dahin!
Dahin möcht' ich mit dir, o mein Geliebter, ziehn.

2. Kennst du das Haus? Auf Säulen ruht sein Dach,
es glänzt der Saal, es schimmert das Gemach,
und Marmorbilder stehn und sehn mich an:
Was hat man dir, du armes Kind, getan?
Kennst du es wohl? Dahin!
Dahin möcht' ich mit dir, o mein Beschützer, ziehn.

3. Kennst du den Berg und seinen Wolkensteg?
Das Maultier such im Nebel seinen Weg,
in Höhlen wohnt der Drachen alte Brut;
es stürzt der Fels und über ihn die Flut.
Kennst du ihn wohl? Dahin!

Dahin geht unser Weg!
O Vater, laß uns ziehn!

(Vertont durch Beethoven, Schubert, Liszt, Schumann)

Die Zitrone, auch Limone genannt (vom arabischen) „laimun", hat über das Jahr verteilt wunderschöne weiße Blüten, die herrlich duften, gleichzeitig reifen die Früchte, ein wunderbarer Anblick. Die oft dornigen Zweige treiben glatte, glänzende, stark grüne Blätter hervor. Die Frucht, Namensgeber der Farbe „Zitronengelb", enthält viel Vitamin C, Zitronensäure, Kalium, Phosphor, Magnesium, Pektin und in der Schale ätherisches Öl.

Vielfältig genutzt ist die Zitrone aus unserer Küche nicht wegzudenken, die abgeriebene Schale aromatisiert viele Gerichte, sie diente sogar als Parfum für Weine und andere Getränke, man legte die in Ringel geschnittene Schale einfach hinein. Gemälde aus mehreren Jahrhunderten belegen ihre Wichtigkeit und Beliebtheit.

Im Barock war sie unerlässlicher Bestandteil der Orangerien, die sich der Adel leistete und mit denen er den Süden in die nördlichen Breiten zu holen pflegte. Man hielt allgemein die Zitronen für die „goldenen Äpfel der Hesperiden", der Botaniker Carl von Linné nannte deshalb die Zitrusfrüchte „Hesperides." Von den Nymphen bewacht sollten die Früchte ewige Jugend gewähren, man stahl sie deshalb oft aus den Treibhäusern und Winterquartieren, die daraufhin bewacht wurden.

Die Zitrone hilft gegen Skorbut, eine Krankheit, die auf Vitamin C- Mangel beruht. Zudem nützen ihre Inhaltsstoffe bei Frühjahrsmüdigkeit, Immunschwäche, Bluthochdruck, Appetitlosigkeit, Verdauungsproblemen und Blasenschwäche.

Die Schwingung der Zitronenblüte verhilft zu neuer Frische in Gedanken, Gefühlen und Taten. Sie hilft bei der inneren Reinigung. Sie erneuert den Menschen und befreit ihn aus Mutlosigkeit und Negativität. Das innere Strahlen, das durch den „Lebenskampf" auf der Strecke geblieben ist, intensiviert sich wieder, gleichzeitig wächst das Wissen um die Möglichkeit, nicht kämpfen zu müssen, sondern ohne Kriegszustand leben zu können. Die Zitronenblüte hilft somit auch bei der Neubewertung unserer Lebensumstände. Wir lernen, das scheinbar Negative in eine positive Richtung zu lenken und somit unserem Leben eine neue, vielversprechende Ausrichtung zu geben.

In der Partnerschaft bewirkt die Zitrone neue Liebe. Die Stolpersteine, die sich oft in langjährigen Beziehungen angesammelt haben und das gemeinsame Gehen erschweren, werden aus dem Weg geräumt. Damit gemeint sind die kleinen Fehler, die jeder hat und die eigentlich als liebenswert empfunden werden könnten, wenn wir mehr in uns ruhen und weniger auf den Partner projizieren würden. Die Zitrone hilft uns, humorvoller miteinander umzugehen und Altes zu vergessen

statt es immer wieder hervorzukramen und dem anderen vorzuhalten. Unterschwellige Aggressionen verschwinden, die Klärung kann stattfinden, ohne dass gleich eine Trennung ins Haus steht.

Die Schwingung der Zitrone geht noch tiefer und hilft Folgendes in uns zu klären: Da wir durch unsere vielen Leben hindurch sowohl Mann als auch Frau waren, tragen wir alle Erfahrungen und Perspektiven in uns. Das bedeutet karmisch gesehen: Verstrickung und Erlösung liegen direkt beieinander, wenn man sich alles verzeiht, was man sich je als Mann oder Frau angetan hat. Man lernt den Tätern zu verzeihen, weil sie vorher unsere Opfer waren. Die vergangenen Un-Taten werden im partnerschaftlichen Bereich keine Rolle mehr spielen müssen, ebenso wenig im familiären, freundschaftlichen und beruflichen Umfeld.

ICH FÜHLE MICH FRISCH UND FREI.
ICH LÖSE MICH VON ALTEN MUSTERN.
ICH ERNEUERE MICH.

Anhang

Novalis
(eigentl. Friedrich Freiherr von Hardenberg, 1772-1801)
Die blaue Blume
aus Heinrich von Ofterdingen

Die Eltern lagen schon und schliefen, die
Wanduhr schlug ihren einförmigen Takt, vor den
klappernden Fenstern sauste der Wind; abwech-
selnd wurde die Stube hell von dem Schimmer
des Mondes. Der Jüngling lag unruhig auf seinem Lager und gedachte des Fremden und seiner
Erzählungen. »Nicht die Schätze sind es, die ein
so unaussprechliches Verlangen in mir geweckt
haben«, sagte er zu sich selbst; »fern ab liegt mir
alle Habsucht: aber die blaue Blume sehn' ich
mich zu erblicken. Sie liegt mir unaufhörlich im
Sinn, und ich kann nichts anderes dichten und
denken. So ist mir noch nie zumute gewesen: es
ist, als hätt ich vorhin geträumt, oder ich wäre
in eine andere Welt hinübergeschlummert; denn
in der Welt, in der ich sonst lebte, wer hätte da
sich um Blumen bekümmert, und gar von einer
so seltsamen Leidenschaft für eine Blume hab' ich
damals nie gehört. [. . .] Der Jüngling verlor sich
allmählich in süßen Phantasien und entschlum-
merte. Da träumte ihm erst von unabsehlichen
Fernen und wilden, unbekannten Gegenden. Er
wanderte über Meere mit unbegreiflicher Leichtigkeit; wunderliche Tiere sah er; [. . .] neue,

nie gesehene Bilder entstanden, die auch inein-
anderflossen und zu sichtbaren Wesen um ihn
wurden [. . .].

Berauscht von Entzücken und doch jedes Eindrucks
bewusst, schwamm er gemach dem leuchtenden
Strome nach, der aus dem Becken in den Felsen
hineinfloss. Eine Art von süßem Schlummer befiel
ihn, in welchem er unbeschreibliche Begebenheiten
träumte und woraus ihn eine andere Erleuchtung
weckte. Er fand sich auf einem weichen Rasen am
Rande einer Quelle, die in die Luft hinausquoll
und sich darin zu verzehren schien. Dunkelblaue
Felsen mit bunten Adern erhoben sich in einiger
Entfernung; das Tageslicht, das ihn umgab, war
heller und milder als das gewöhnliche, der Himmel
war schwarzblau und völlig rein. Was ihn aber
mit voller Macht anzog, war eine hohe lichtblaue
Blume, die zunächst an der Quelle stand und ihn
mit ihren breiten, glänzenden Blättern berührte.
Rund um sie her standen unzählige Blumen von
allen Farben, und der köstliche Geruch erfüllte
die Luft. Er sah nichts als die blaue Blume und
betrachtete sie lange mit unnennbarer Zärtlichkeit. Endlich wollte er sich ihr nähern, als sie auf
einmal sich zu bewegen und zu verändern anfing;
die Blätter wurden glänzender und schmiegten
sich an den wachsenden Stängel, die Blume neigte
sich nach ihm zu, und die Blütenblätter zeigten
einen blauen ausgebreiteten Kragen, in welchem
ein zartes Gesicht schwebte. Sein süßes Staunen

wuchs mit der sonderbaren Verwandlung, als ihn plötzlich die Stimme seiner Mutter weckte und er sich in der elterlichen Stube fand, die schon die Morgensonne vergoldete. Er war zu entzückt, um unwillig über diese Störung zu sein; vielmehr bot er seiner Mutter freundlich guten Morgen und erwiderte ihre herzliche Umarmung.

Hermann Hesse (1877-1962)
Stufen

Wie jede Blüte welkt und jede Jugend
Dem Alter weicht, blüht jede Lebensstufe,
Blüht jede Weisheit auch und jede Tugend
Zu ihrer Zeit und darf nicht ewig dauern.
Es muss das Herz bei jedem Lebensrufe
Bereit zum Abschied sein und Neubeginne,
Um sich in Tapferkeit und ohne Trauern
In andre, neue Bindungen zu geben.
Und jedem Anfang wohnt ein Zauber inne,
Der uns beschützt und der uns hilft, zu leben.
Wir sollen heiter Raum um Raum durchschreiten,
An keinem wie an einer Heimat hängen,
Der Weltgeist will nicht fesseln uns und engen,
Er will uns Stuf' um Stufe heben, weiten.
Kaum sind wir heimisch einem Lebenskreise
Und traulich eingewohnt, so droht Erschlaffen,
Nur wer bereit zu Aufbruch ist und Reise,
Mag lähmender Gewöhnung sich entraffen.
Es wird vielleicht auch noch die Todesstunde
Uns neuen Räumen jung entgegen senden,
Des Lebens Ruf an uns wird niemals enden . . .
Wohlan denn, Herz, nimm Abschied und gesunde!

Oskar Loerke (1884-1941)
Nirwana

Das Tal ist wie aus klarem Golde,
es stehn im Tale ohne Hauch
die Bäume schief wie Trunkenbolde
an Seen diamantenen Lichts.

Das Tal vergeht zu goldnem Rauch
und dann zu goldnem Traume
und dann zu goldnem Raume
und dann zu goldnem Nichts . . .

Weitere Informationen über die Autorin:
www.oehmen-art.de

Inhaltsverzeichnis